CALOR

BILL BUFORD

Calor

Aventuras de um cozinheiro amador como escravo da cozinha de um restaurante famoso, fazedor de macarrão e aprendiz de açougueiro na Toscana

Tradução
Pedro Maia Soares

COMPANHIA DAS LETRAS

Copyright © 2006 by William Buford

Título original
Heat: an amateur's adventures as kitchen slave, line cook, pasta-maker, and apprentice to a Dante-quoting butcher in Tuscany

Capa
Kiko Farkas/ Máquina Estúdio
Elisa Cardoso/ Máquina Estúdio

Foto de capa
Christopher Thomas/ Getty Images

Preparação
Maria Cecília Caropreso

Revisão
Isabel Jorge Cury
Carmen S. da Costa

Dados Internacionais de Catalogação na Publicação (CIP)
(Câmara Brasileira do Livro, SP, Brasil)

Buford, Bill
Calor : aventuras de um cozinheiro amador como escravo da cozinha de um restaurante famoso, fazedor de macarrão e aprendiz de açougueiro na Toscana / Bill Buford ; tradução Pedro Maia Soares — São Paulo : Companhia das Letras, 2007.

Título original: Heat: an amateur's adventures as kitchen slave, line cook, pasta-maker, and apprentice to a Dante-quoting butcher in Tuscany
ISBN 978-85-359-1027-8

1. Alimentos – Itália – Toscana 2. Culinária italiana – Estilo Toscano 3. Jornalismo I. Título.

07-2662   CDD-641.59455

Índice para catálogo sistemático:
1. Culinária Toscana : Itália   641.59455

[2007]
Todos os direitos desta edição reservados à
EDITORA SCHWARCZ LTDA.
Rua Bandeira Paulista, 702, cj. 32
04532-002 — São Paulo — SP
Telefone: (11) 3707-3500
Fax: (11) 3707-3501
www.companhiadasletras.com.br

Para Jessica

... che muove il sole e le altre stelle.

Sumário

Jantar com Mario, 9
Escravo de cozinha, 23
Cozinheiro de linha, 109
Fazedor de massa, 237
Aprendiz, 287
Açougueiro toscano, 349
Jantar com Mario, 403

Referências e agradecimentos, 421

JANTAR COM MARIO

O ser humano é primeiramente um saco para pôr comida dentro; as outras funções e faculdades podem ser mais divinas, mas, na ordem de tempo, vêm depois. Um homem morre, é enterrado e todas as suas palavras e ações são esquecidas, mas o que ele comeu sobrevive nos ossos saudáveis ou frágeis de seus filhos. Acho que seria plausível afirmar que as mudanças de dieta são mais importantes do que as mudanças de dinastia ou até de religião. A Grande Guerra, por exemplo, jamais teria acontecido se o alimento enlatado não tivesse sido inventado. E a história dos últimos quatrocentos anos na Inglaterra teria sido imensamente diferente não fosse a introdução da plantação de tubérculos e de várias outras hortaliças no final da Idade Média, e, um pouco depois, a introdução de bebidas não alcoólicas (chá, café, chocolate) e também de bebidas alcoólicas destiladas às quais o inglês bebedor de cerveja não estava acostumado. Contudo, é curioso como a grande importância dos alimentos é raramente reconhecida. Vêem-se estátuas por toda parte de políticos, poetas, bispos, mas nenhuma de cozinheiros, defumadores de bacon ou hortelões.

George Orwell, *O caminho para Wigan Pier*

O primeiro vislumbre que tive do que os amigos de Mario Batali me haviam descrito como "o mito Mario" foi numa noite fria de sábado, em janeiro de 2002, quando o convidei para um jantar de aniversário. Batali, o chef e co-proprietário do Babbo, um restaurante italiano de Manhattan, é um cozinheiro tão famoso e capaz que raramente é convidado para uma refeição na casa dos outros, contou-me ele, que se esforçou para ser um convidado agradecido. Chegou trazendo sua própria grapa com sabor de marmelo (o suco da uva de fim de colheita destilado e transformado em algo quase bebível pela adição da fruta); uma jarra de *nocino* caseiro (o mesmo princípio, mas feito com nozes); uma braçada de vinhos; e um pedaço denso de lardo — o toucinho de um porco muito gordo, que ele mesmo havia curado com ervas e sal. Eu era o que se pode generosamente chamar de um cozinheiro entusiástico, mais confiante do que competente (isto é, interessado, mas acima de tudo ignorante), e até hoje me surpreendo por ter tido a coragem de convidar alguém com a reputação de Batali, junto com outras seis pessoas que acharam que teriam uma noite divertida, testemunhando minha humilhação (Mario era amigo do aniversariante, então pensei "Por que não convidá-lo também?", mas quando, maravilha das maravilhas, ele aceitou e contei à minha mulher, Jessica, ela ficou furiosamente espantada: "Você ficou louco? Convidar um chef famoso para vir ao nosso apartamento *jantar*?").

No caso, houve pouca comédia, principalmente porque Mario não me deu chance. Assim que aprendi que apenas um débil mental deixaria a carne descansando embrulhada em papel-alumínio depois de cozida, desisti alegremente e deixei Batali me dizer o que fazer. De qualquer modo, àquela altura, ele já havia assumido o comando da noite. Não demorou para que cortasse o lardo em fatias finas e, com um surpreendente toque de intimidade, colocasse uma fatia sobre a língua de um de nós, sussurrando que deveríamos deixar a gordura derreter na boca para apreciar sua intensidade. O lardo vinha de um porco que nos últimos meses de sua vida de 340 quilos havia passado a maçãs, nozes e creme ("A melhor canção cantada no tom de porco"), e Mario nos convenceu de que, à medida que a gordura derretesse, detectaríamos os sabores da feliz dieta do animal — ali, no fundo da boca. Ninguém presente naquela noite já havia comido gordura pura ("No restaurante, digo aos garçons para chamar de *prosciutto bianco*"), e quando Mario nos persuadiu a prová-la pela terceira vez, o coração de todo mundo estava disparado. Batali era um bebedor devotado — mencionou de passagem que em viagens à Itália feitas com Joe Bastianich, o co-proprietário do Babbo, os dois haviam entornado uma caixa de vinho durante um jantar —, e embora eu não creia que algum de nós tenha bebido uma quantidade semelhante, estávamos com muita sede (o lardo, o sal, o calor humano de toda aquela jovialidade) e, animados, nos vimos derrubando garrafa após garrafa. Não sei. Realmente não me lembro. Havia também a grapa e o *nocino*, e uma de minhas últimas imagens é a de Batali, às três da manhã — um sujeito rotundo e corpulento, com as costas perigosamente arqueadas, os olhos fechados, um longo rabo-de-cavalo ruivo sacudindo ao ritmo da música, um cigarro não aceso pendendo da boca, tênis vermelho de cano longo marcando o compasso no chão —, fingindo que tocava guitarra ao som de "Southern man", de Neil Young. Batali estava com 41 anos e lembro de ter pensado que fazia muito tempo que eu não via um homem crescido fingir que tocava guitarra. Depois, ele achou a trilha sonora de *Buena Vista Social Club*, tentou dançar salsa com uma das convidadas (que prontamente desabou no sofá), tentou dançar com o namorado dela, que não reagiu, pôs então um CD de Tom Waits e cantou junto enquanto lavava os pratos e varria o chão. Lembrou-me do que havíamos combinado para o dia seguinte — quando convidei Batali para o jantar, ele retribuiu com um convite para vermos o jogo de futebol americano dos New York Giants, cujas entradas eram cortesia do diretor da NFL, que havia jantado no Babbo — e depois desapareceu com três de meus amigos, assegurando-lhes que, com seu conhecimento na palma da mão dos estabelecimentos do centro abertos até as cinco, ele encontraria um lugar para continuar a noitada. Eles acabaram no Marylou's, no Village — na descrição de Batali, "uma espelunca esperta onde você pode conseguir qualquer coisa a qualquer hora da noite, e nada é bom".

Era dia claro quando Batali chegou em casa. Fiquei sabendo disso pelo zelador de seu prédio na manhã seguinte, quando nós dois tentamos acordá-lo — o motorista do diretor esperava lá fora. Quando Batali finalmente apareceu, 45 minutos depois, ficou perplexo por um momento, de pé junto à porta do apartamento, com roupas de baixo, se perguntando por que eu também estava lá. (A cintura de Batali tem uma circunferência notável, e era espantoso vê-lo vestido daquele jeito.) Depois, em poucos minutos, ele se transformou no que eu viria a conhecer como o *look* Batali: bermudas, tamancos, óculos escuros do tipo máscara, cabelos ruivos presos num rabo-de-cavalo. Em um momento, um rotundo Clark Kent de cuecas; no instante seguinte, "*Molto Mario*" — o nome muito bem sacado e de múltiplos significados de seu programa de televisão que, em um de seus sentidos, significa literalmente *Muito* Mario (ou seja, um Mario *intensificado, exagerado*) —, uma figura de cuja reputação eu não tinha idéia até que, na qualidade de convidados do diretor, entramos no campo antes do jogo. Os fãs dos New York Giants têm fama de ser tão grosseiros que viraram cartuns (de peito nu numa manhã de inverno ou usando capacetes de operário; de qualquer modo, nada que lembre sujeitos fazendo serviços domésticos na cozinha), e fiquei surpreso ao ver quantos reconheciam o chef de rabo-de-cavalo, ali de frente para eles, de braços cruzados sobre o peito, sorrindo. "Hei, Molto!", gritavam. "O que está cozinhando, Mario?" "Mario, me faz um macarrão!" Na época, *Molto Mario* passava à tarde na televisão a cabo, e vi surgir um retrato complexo do trabalhador urbano correndo para casa no final de seu turno de trabalho a tempo de ver as lições sobre como cozinhar brócolis no vapor e como obter a textura correta para o orecchiette. Fiquei mais atrás, com um dos seguranças, apreciando o espetáculo (agora, pessoas na multidão gritavam "Molto, Molto, Molto") — exatamente aquele mesmo homem redondo cujo comportamento e cuja roupa diziam "Cara, onde é a festa?".

"Adoro esse sujeito", disse o segurança. "Só de olhar para ele fico com fome."

Mario Batali é o mais reconhecido chef da cidade com mais chefs do mundo. Além de seu programa na televisão — e suas aparições promovendo a categoria de corrida Nascar em Delaware —, ele era simples e energicamente onipresente. Seria correto dizer que nenhum chef de Nova York come mais, bebe mais e sai mais do que ele. Se você mora na cidade, acabará por encontrá-lo (e rápido, se suas noites começam a ficar animadas por volta das duas da manhã). Com seu sócio Joe, Batali era dono de dois outros restaurantes, Esca e Lupa, e de uma loja de vinhos italianos, e quando nos conhecemos eles falavam em abrir uma pizzaria e comprar um vinhedo na Toscana. Mas o Babbo era o coração do negócio deles, comprimido dentro do que originalmente foi uma cocheira do século XIX, perto do Washington Square, em Greenwich Village. A construção era estreita; o espaço ficava lotado, congestionado, barulhento; e a comida, conscienciosamente italiana, em vez de ítalo-americana, caracterizava-se pelo desbordamento exagerado típico de Batali. As pessoas iam ao restaurante na expectativa do excesso. Às vezes, eu me perguntava se Batali era menos um cozinheiro convencional do que um defensor do negócio mais tenebroso de estimular apetites escandalosos (quaisquer que fossem eles) e satisfazê-los intensamente (por quaisquer meios). Um amigo meu, que certa vez deu uma parada no bar para tomar um drinque e foi então alimentado pelo próprio Batali pelas seis horas seguintes, entrou numa dieta de frutas e água por três dias. "Esse cara não conhece o meio-termo. É simplesmente excesso numa escala que nunca vi — é comida e bebida, comida e bebida, comida e bebida, até você se sentir o próprio viciado." Os chefs que costumavam visitá-lo eram submetidos a versões extremadas do que já era uma experiência exagerada. "Vamos matá-lo", Batali me disse com um júbilo maníaco enquanto preparava uma refeição para um rival que havia inocentemente pedido um menu degustação de sete pratos, ao qual Batali acrescentou um número letal de pratos extras. As entradas (todas variações de carne de porco) incluíam lonza (lombinho defumado do porco alimentado com maçã, nozes e creme), coppa (do quarto dianteiro), um pé frito, um cogumelo porcini assado com a pancetta feita pelo próprio Batali, mais ("só pelo prazer") uma massa coberta com guanciale (a papada). Naquele ano, Mario estava pondo à prova um novo lema: "O mísero excesso é mal-e-mal o suficiente".

Batali nasceu em 1960 e cresceu nas cercanias de Seattle; foi um garoto de subúrbio com uma sólida formação em seriados infantis de televisão. Sua mãe, Marilyn, é canadense inglesa e francesa — dela vêm os flamejantes cabelos ruivos do filho e uma tez clara, não italiana. O lado italiano vem do pai, Armandino, neto de imigrantes que chegaram aos Estados Unidos na década de 1890. Na infância e no começo da adolescência de Mario, seu pai era um executivo bem pago da Boeing, encarregado da compra de peças de avião no exterior. Em 1975, quando foi designado para a Europa, a fim de supervisionar a fabricação de perto, instalou a família na Espanha. De acordo com Gina, sua irmã mais moça, foi quando Mario mudou ("Ele já estava forçando os limites"). Madri, nos anos pós-Franco (bares sem exigência de idade mínima, pontos de haxixe, a mais velha profissão do mundo subitamente legalizada), era um lugar de uma licenciosidade estimulante, e Mario parece ter experimentado um pouco de tudo. Foi apanhado plantando maconha no terraço do edifício em que seu pai morava (o primeiro incidente de uma série semelhante: mais adiante, foi expulso do dormitório de sua faculdade, por suspeita de tráfico, e, mais tarde ainda, teve alguns problemas em Tijuana que o levaram à prisão). A ligação com a maconha também traz à memória de Batali as primeiras refeições que lembra ter preparado tarde da noite: panini com cebolas caramelizadas plantadas na região, um queijo espanhol de leite de vaca e fatias finíssimas de chouriço: "A melhor coisa para larica que você possa imaginar; eu e meu irmão mais moço Dana éramos os clássicos chapados — éramos tão felizes...".

Quando retornou aos Estados Unidos, em 1978, para freqüentar a universidade Rutgers, em Nova Jersey, Batali estava decidido a voltar para a Europa ("Eu queria ser um banqueiro espanhol

— eu *adorava* a idéia de ganhar muito dinheiro e levar uma vida luxuosa em Madri"), e sua improvável dupla especialização foi em administração de empresas e teatro espanhol. Mas depois de ser expulso do dormitório, Batali arranjou um emprego de lavador de pratos numa pizzaria chamada Stuff Yer Face [Encha a Cara] (no próprio nome, o destino chamava) e sua vida mudou. Ele foi promovido a cozinheiro, depois a cozinheiro de linha (trabalhando numa "praça" de uma "linha" de praças, fazendo determinada coisa) e mais tarde lhe pediram que fosse gerente, oferta que recusou. Não queria a responsabilidade, pois estava se divertindo muito. A vida na Stuff Yer Face era rápida (25 anos depois, ele ainda reivindica o recorde de mais pizzas feitas em uma hora), sexy ("As mais liiiindas garçonetes da cidade") e muito excitante ("Não quero me pintar como um doidão, mas quando um cara entra na cozinha com a forma de pizza virada para baixo, o fundo coberto com carreirinhas de pó, como você pode dizer não?"). Em seu penúltimo ano de faculdade, ao assistir a uma conferência sobre carreiras profissionais de que participaram representantes de grandes empresas, Batali percebeu que estava enganado: jamais seria um banqueiro. Queria ser um chef.

"Minha mãe e minha avó sempre me disseram que eu deveria ser cozinheiro. Na verdade, quando eu estava preparando meu requerimento de ingresso na faculdade, minha mãe sugeriu a escola de cozinha. Mas eu disse: 'Mãe, isso é gay demais. Não quero ir para a escola de cozinha — isso é coisa de veado.'" Cinco anos depois, Batali estava de volta à Europa, freqüentando a Cordon Bleu, em Londres.

Seu pai, que ainda supervisionava as operações estrangeiras da Boeing, tinha sua base então na Inglaterra. Gina Batali também estava lá e lembra-se de ver o irmão mais velho somente quando estava se arrumando para ir à escola e ele retornava de suas escapadas noturnas, depois de freqüentar as aulas durante o dia e trabalhar num pub. O pub era o Six Bells, na King's Road, em Chelsea.

Mario atendia no assim chamado "American bar" ("Não tinha *idéia* do que estava fazendo"), quando um salão de jantar caro abriu nos fundos e contrataram um chef para dirigi-lo, um sujeito de Yorkshire chamado Marco Pierre White. Batali, entediado com o ritmo da escola de cozinha, foi contratado para ser o novo escravo do chef.

Hoje, Marco Pierre White é considerado um dos chefs mais influentes da Grã-Bretanha (bem como o mais mal-humorado, o mais volúvel e o mais opressor) e é uma casualidade extraordinária que esses dois homens, ambos com vinte e poucos anos, tenham se encontrado numa minúscula cozinha de pub. Batali não entendeu o que estava testemunhando: sua experiência em restaurantes havia sido fazer calzone em Nova Brunswick. "Supus que estava vendo o que todo mundo já conhecia. Não achei que estivesse no topo de uma revolução. Mas embora eu não tivesse idéia de que aquele sujeito estava prestes a se tornar tão famoso, podia perceber que ele preparava comida de uma maneira nova e diferente. Era um gênio do prato. Eu nunca tinha trabalhado a apresentação. Só jogava a gororoba no prato." Ele descreveu White fazendo um purê verde com folhas de manjericão e um molho de manteiga branca, depois rodopiando o molho verde numa direção e o branco na outra, desenhando uma linha em ziguezague no meio do prato. "Eu nunca tinha visto alguém desenhar aquelas porras de linhas com dois molhos." White mandava Batali acompanhá-lo ao mercado ("Eu era seu burro de carga — 'Sim, chefe, o que você quiser, chefe'"), e eles voltavam com aves de caça ou ingredientes para alguns dos pratos mais improváveis servidos num pub inglês: *écrevisses* em molho reduzido de lagosta, ostras com caviar, hortulano assado (um passarinho pequeno e raro servido praticamente vivo, engolido com entranhas e tudo, como um crustáceo cru) — "o menu inteiro escrito em francês".

Segundo Batali, White era basicamente analfabeto, mas como era muito intuitivo e um homem de físico — "um belo espécime, perfeito, um corpo clássico, como uma escultura, com ombros largos, cintura estreita" — podia cometer coisas com a comida que ninguém tentara antes. "Ele fazia um molho holandês batendo com tanto vigor que aquilo começava a fazer espuma e se transformava em outra coisa — parecia um zabaione." Estava sempre picando coisas, reduzindo-as e fazendo Batali passá-las por uma peneira — "que não era maior que a porra de um coador de chá, porque era tudo o que havia no pub, e eu passava o dia inteiro esmagando uma redução de mariscos naquela coisa minúscula, espremendo sem parar com uma colher de pau".

A palavra preferida de White era "*navvy*".* "Você vê, éramos só nós dois na cozinha", relembra Batali, "e eu não faço as batatas fritas direito, segundo ele, ou a abobrinha, ou seja lá o que for, e então ele me manda saltear as ervilhas tortas enquanto está no canto fazendo alguma coisa teatral com seis lagostins, e de repente grita: 'Me traz as ervilhas *agora*', e eu obedeço. 'Aqui estão as ervilhas tortas, chefe', mas ele não gosta da aparência delas. 'Estão erradas, seu babaca. Estão cozidas demais, seu idiota de merda. Você estragou as ervilhas, seu *navvy* filho-da-puta.' Mas eu sou americano e não entendia o que significava *navvy*, e dizia algo como '*Navvy* isso, *navvy* aquilo, se não gosta das minhas ervilhas tortas então faça você mesmo', o que o deixava mais furioso ainda." White jogou um risoto no peito de Batali. Bateu num garoto irlandês que lavava os pratos. "Ele era intimidador", lembra Batali, que agüentou durante quatro meses — "Eu temia por minha vida, aquele cara era um filho-da-puta perverso" —, depois jogou duas mãos cheias de sal num *beurre blanc* e foi embora.

"Jamais vou esquecê-lo", disse White, quando o encontrei em Londres. "Ele tem umas panturrilhas fodidas de grandes, não é? Devia doá-las para a cozinha quando morrer. Farão um ótimo

---

* Significa trabalhador manual não qualificado, peão de obra, burro de carga. (N. T.)

ossobuco. Se Mario aparecesse hoje, só de ver aquelas panturrilhas eu saberia que era ele." De acordo com White, Mario não levava sua vocação a sério. "A coisa de dormir acabava com ele." Ele teria sido um chef muito competente, disse White, se conseguisse levantar quando o despertador tocava. Lembra de ter mandado Batali comprar frutas tropicais. "Ele voltou com quatro abacates. Estava esgotado. Não sabia o que estava fazendo. Ficara na rua até quatro da manhã. Estava desvairado. Da pesada. Joy Division era a banda preferida dele, e isso diz tudo." White pôs o dedo no nariz e fungou. "Está entendendo?" Sacudiu a cabeça. "Seria justo dizer que, naquela época, o entusiasmo dele pela gastronomia era consideravelmente maior do que seu talento? É um comentário justo? O talento dele alcançou o nível do entusiasmo?"

Batali foi um fracasso na cozinha de White, e dá para perceber que ele gostaria de esquecer a experiência, mas não pode: afinal, White foi a primeira pessoa a lhe mostrar o que um chef poderia ser. Em razão disso, White é ao mesmo tempo odiado e respeitado por Batali. Mesmo agora, vinte anos depois, percebe-se no relato de Batali uma irritação ranzinza por não ter conseguido encantar ou trabalhar com alguém que compreendia tão bem o potencial da comida — que "era um jogo completamente aberto". Com White, Batali aprendeu as virtudes da apresentação, da rapidez, da energia e da cozinha intensa e vigorosa. E de White adquiriu um ódio pelas coisas francesas. Batali é contra os molhos reduzidos, aquilo de ferver um caldo de carne até reduzi-lo a um xarope denso ("Se você passar o dedo nele e restar uma digital, então não é meu, não vou servi-lo, é francês demais"). E detesta acessos de cólera ("É coisa da velha escola, feita para o cinema"). Mas Batali aprendeu principalmente o quanto tinha a aprender.

Desafiado pela autoridade da culinária de White, Batali partiu para uma grande excursão pelos melhores restaurantes da Europa, remontando às origens da perícia de White como alguém que pesquisa uma árvore genealógica: o Tour d'Argent, em Paris; o Moulin de Mougins, na Provença; o Waterside Inn, nas cercanias de Londres, então considerado o melhor restaurante da Inglaterra. "Em quatro meses, você aprende o essencial dos lugares", contou Batali. "Se quiser aprender sobre eles adequadamente, precisa permanecer um ano, para cozinhar durante todas as estações. Mas eu tinha pressa." Na maior parte do tempo, ficava preso a tarefas repetitivas: espremer carcaças de pato, noite após noite, usando uma máquina projetada para obter aquelas gotas a mais de suco para compor um caldo de pato que, por sua vez, seria reduzido a um daqueles molhos "grudentos, viscosos" pelos quais Batali começava a desenvolver tamanha aversão. "Você aprende trabalhando na cozinha. Não lendo um livro, assistindo a um programa de televisão ou freqüentando uma escola de cozinha. É assim que se faz."

Era o que eu queria fazer — trabalhar na cozinha do Babbo, como escravo de Mario.

ESCRAVO DE COZINHA

Por um feliz acaso, descobri que um homem que cozinha tornava-se sedutor. Eu havia convidado uma mulher para jantar — vamos chamá-la de Mary Alice. Pus um pouco de Erroll Garner, depois um pouco de Miles Davis, depois "Moonglow" e o tema de *Picnic*, a música mais romântica que conheço da cena de amor mais romântica jamais filmada, e trouxe o primeiro prato, que eu havia preparado de antemão — camarões Rothschild, que são pedaços de pão sem miolo salteados em manteiga clarificada e depois recheados com camarões cozidos em caldo de peixe por dois minutos, com o caldo reduzido praticamente a um xarope, rematados no forno com um pouco de gruyère e uma fatia de trufa. Eu trouxe o prato para ela.

"Oh", ela disse, e me seguiu de volta para a cozinha, onde montei os tournedos Rossini — pequenos filés cobertos com foie gras, uma fatia de trufa e molho madeira reduzido.

"Ah." Ela começou a fazer perguntas muito detalhadas sobre o que eu estava fazendo e quem eu era.

O toque final era uma criação espetacular chamada Le Talleyrand. Faz-se — vejam só! — com cerejas enlatadas, amêndoas moídas e açúcar; cobre-se com merengue e no merengue põe-se uma metade de casca de ovo vazia, leva-se ao forno e, para a parte espetacular, apagam-se as luzes, põe-se um pouco de kirsch ou rum na casca do ovo quando ela sai do forno toda dourada e se acende: fica com a aparência de um pequeno vulcão — que é quando as coisas podem ficar muito úmidas.

Os olhos de Mary Alice estavam límpidos e súplices. "Você é o homem mais profundo e complexo que conheço, e adoro seu conhecimento e seus dedos... mas tenho outro encontro esta noite, às dez." E lá foi ela passar a noite com outro sujeito. Todo o meu trabalho reverteu em benefício dele! E ele nunca telefonou para me agradecer.

Jonathan Reynolds, *Dinner with demons*, 2003

1.

Fui aceito para um período de experiência. "O problema é o espaço", disse Mario. "Haverá espaço para mais um corpo?" Não havia. Não havia espaço suficiente para as pessoas que já trabalhavam lá. Mas de algum jeito me espremi. Para começar, eu serviria massa uma ou duas noites e, às sextas, trabalharia na preparação da comida para a noite. Mario convidou-me então para uma reunião da cozinha na manhã de sábado. Era 26 de janeiro de 2002.

Vinte pessoas se reuniram ao redor de uma longa mesa no andar de cima, com Mario no centro. Em abril, o *The Babbo cookbook* seria publicado, e isso, disse ele, teria várias implicações. "Vamos ser mais vigiados. Vai haver equipes de televisão, mais gente e, o que é mais importante, os críticos voltarão." O Babbo era um restaurante três estrelas e, de acordo com Mario, provavelmente seria reavaliado para ver se ainda merecia suas estrelas. O que ele de fato queria dizer era que o novo crítico de restaurantes do *New York Times* ainda não escrevera sobre o local e poderia aproveitar a publicação do livro para fazer uma visita, e Mario queria que todos estivessem prontos. "E mais ainda", acrescentou.

"Como o livro vai revelar nossos segredos, será preciso mudar o cardápio." Pediu idéias para pratos e sugeriu que os cozinheiros lessem receitas velhas, procurando uma coisa tradicional que pudesse ser renovada. Depois relembrou a todos os três princípios essenciais da cozinha: que estávamos ali "para comprar alimentos, prepará-los e vendê-los com lucro — isso é o que fazemos"; que a constância era fundamental ("Se alguém come um prato maravilhoso e volta para comê-lo de novo, e você não o serve exatamente do mesmo modo, então você é um idiota"); e que o sucesso de Babbo, "o melhor restaurante italiano dos Estados Unidos", vinha de seu estilo: "Mais feminino que masculino. As pessoas devem pensar que há avós nos fundos preparando o jantar".

Quando Mario terminou, Andy Nusser, o chef executivo que dirigia o dia-a-dia da cozinha, levantou uma questão de trabalho: raiva na cozinha. Andy tinha 41 anos, a mesma idade de Mario, mas uma aparência totalmente diversa, apolínea, em oposição à dionisíaca do patrão. Tinha 1,80 metro, ombros largos de nadador e traços de bom garoto em que a idade só era denunciada pelos primeiros cabelos grisalhos em sua grande cabeça. Estava no Babbo desde a inauguração. Seus modos (austeros, graves, apressados) transmitiam disciplina e um respeito militar pelas regras. Um cozinheiro, declarou, havia sido despedido porque não conseguia controlar seu humor. Batera em panelas, jogara utensílios no chão, "havia envenenado a cozinha com sua raiva". Esse tipo de comportamento não seria tolerado, disse Andy. Mario interrompeu para dar sugestões: fazer uma pausa antes de começar o serviço, porque senão "o estresse penetra no que você está cozinhando e nós vamos ter um gosto dele". Sugeriu estratégias para a semana: embora você talvez tenha de trabalhar treze, catorze, possivelmente quinze horas no "primeiro dia, porque o primeiro dia é sempre brutal, seu segundo dia será mais fácil e o último dia da semana vai ser moleza. Dá para chegar às duas horas". Um turno termina por volta da uma da manhã; mesmo que se comece às duas da tarde, o dia de trabalho ainda tem demoradas onze horas.

"Sejam pacientes", acrescentou Andy. "Agüentem firme. Sei que a maioria de nós está aqui porque quer ser dono do próprio restaurante."

Olhei ao redor. A idade média era de trinta e alguma coisa. Na maioria, homens. Estavam pálidos e com a barba por fazer. Muitos falavam mal o inglês. Será que todos estavam ali porque esperavam ser donos do próprio restaurante?

Na sexta-feira seguinte, às sete da manhã, me apresentei para a chefe da preparação, uma mulher bonita e atlética de seus quarenta anos chamada Elisa Sarno. Eu estava ansioso, esperançoso, totalmente pronto. Mas Elisa não pareceu muito feliz de me ver.

Vesti um avental e um jaleco e ganhei uma excursão pela cozinha. Um canto estava tomado pelo *walk-in*, uma câmara frigorífica do tamanho de um pequeno vagão, com prateleiras do chão ao teto. A resenha de restaurantes do *New York Times* daquela semana estava colada na porta, como era costume — um lembrete da competição e da importância das três estrelas do Babbo (pouquíssimos restaurantes, você ficava sabendo, mal conseguem duas). Outro canto era ocupado pela lavagem de pratos. Panelas, frigideiras e vários recipientes de plástico estavam guardados no alto. Elisa descrevia cada um de acordo com seu tamanho, porém eu estava distraído pelo lavador de pratos, um jovem irritadiço (não fui apresentado a ele, mas depois descobri que se chamava Alejandro) que atacava uma panela do tamanho de uma lata de lixo com uma mangueira de alta pressão que espalhava água em direções imprevisíveis. "Esses são os de um quarto", dizia Elisa, "e aqui estão os de dois quartos, quatro quartos, seis quartos e oito, todos com suas próprias tampas coloridas de acordo com o tamanho da panela.* As *hotel pans* e as *half hotels* ficam aqui, junto com as *sheet trays* e as *half-sheet trays*", disse apontando para diversos tipos de formas. Aprendi que os recipientes eram o veículo da cozinha de preparação — tudo que você fazia ia para dentro deles, de tal modo que pudesse ser usado mais tarde —, e haveria grande peso em perguntas como: "Isto (pés de galinha, digamos, ou uma quantidade de pedaços de carne) deve ser posto num seis-quartos ou caberá num quatro-quartos?". Eu já estava refletindo sobre a linguagem autista particular da cozinha, na qual todos ali se mostravam fluentes — é isso que se aprende numa escola de cozinha, o que é uma *hotel pan*? —, quando Elisa parou de repente. "Onde você pôs suas facas?", perguntou.

"Minhas facas?"

"Você não tem facas?"

"Era para eu ter facas?"

"Ai, meu Deus. O.k. Traga-as na semana que vem." E murmurou para si mesma: "Saco, eu odeio emprestar minhas facas".

Ela me levou à câmara frigorífica, falando muito depressa agora, querendo fazer seu dia andar. "Aqui é onde pomos as coisas para a praça de grelhar" — apontou para uma prateleira cheia de recipientes com tampa verde, indistinguível de todas as outras prateleiras, também cheias de recipientes com tampa verde. "Esta é a prateleira da massa. Esta, a prateleira da despensa. Esta, a do sauté. Ah, sim, e esta é a fita adesiva. Tudo é etiquetado e datado. Onde está sua caneta? Você não trouxe uma caneta?"

As hortaliças estavam no fundo — caixas de cenouras, aipo, cebolas-brancas. Os peixes estavam empilhados no chão, entregues antes de eu chegar, alguma monstruosidade mediterrânea prateada.

"Está na hora de desossar os patos. Venha."

Havia quatro caixas de patos, seis em cada uma delas.

---

* O quarto americano equivale a pouco mais de um litro ou de um quilo. (N. T.)

"Limpe o balcão, umedeça um pano — lembra onde estão os panos? —, pegue uma tábua de cortar" (Onde elas estão mesmo?, perguntei em pânico), "um oito-quartos, dois quatro-quartos, uma *hotel pan*" (quais eram as *hotel pans*?) "e papel vegetal. Você consegue umas folhas na praça de pastelaria. Os quatro-quartos serão para as moelas. Aqui, pegue uma das minhas facas. Você trará suas facas na semana que vem?"

Sim, sim, claro.

"Desembrulhe o pato a partir de cima, assim não espirra sangue em você. Retire as moelas. Os fígados vão para um recipiente, os rins para outro. Tire as pernas para fazer um confit, mas primeiro corte a ponta nodosa de baixo com um talhador, tome, use isto", ela disse, entregando-me uma machadinha gigante, "e depois retire o peito. Você sabe como se desossa um pato, não sabe?"

"Bem, acho que, sim, sei. Quer dizer, já fiz isso." Mas quando? Parece que me lembro de um jantar. Foi em 1993?

"E você conhece a ostra da carne?"

"A ostra?", perguntei, e minha cabeça fez um raciocínio simples. Pato, um animal com asas: ave. Ostra, coisa molecular sem asas: molusco. Patos não têm ostras; ostras não têm patos. "A ostra?", repeti.

"Sim, é o pedaço de carne que você não pode perder. Fica aqui", disse Elisa, cortando com agilidade o peito ao meio e circulando a faca ao redor da coxa. Ela tinha um jeito fácil e encantador de manejar a faca, que parecia não envolver esforço algum, e a carne dividiu-se instantaneamente em duas. Eu estava pensando Quero aprender a fazer isso e acabei não vendo direito a localização da ostra do pato — era na frente ou atrás da coxa? — quando ela já estava extraída. Um entregador havia aparecido, trazendo caixas de carne.

Olhei ao redor da cozinha. Os chefs da pastelaria estavam ao meu lado, dois sujeitos cortando abacaxis. À minha frente havia uma parede de fogões, com vasilhas de alguma coisa que fervia. Atrás de mim, dois sujeitos faziam macarrão. No chão, uma batedeira gigantesca batia ritmicamente uma grande porção de massa. Eram sete e quinze da manhã.

    Peguei um pato, retirei as asas e fui à caça da tal da ostra. Sentia a obrigação de honrar aquela ave que tinha em minhas mãos, garantindo que a ostra da coxa encontrasse o caminho para o prato. Mas onde estava a filhinha-da-puta?

    Avancei devagar pelos meus primeiros patos e empilhei suas partes em minha tábua de cortar. A idéia era pegar cada um deles, cortar, cortar, cortar, tal como Elisa havia feito — a faca agindo sem esforço, toda gume, nenhuma pressão, a carne se abrindo como por mágica — e ir jogando os pedaços no recipiente apropriado. Mas eu não tinha certeza de estar fazendo certo. Empilhei as coxas num canto da tábua de cortar, escondendo minhas primeiras experiências estropiadas embaixo dos melhores exemplares, caso Elisa viesse inspecionar o trabalho.

    Enquanto isso, ela abria as caixas de carne ("Bochechas de porco *congeladas*", disse ao entregador. "Congelado não me serve"). O entregador não respondeu. Estava olhando fixo para mim. ("Você contou estas pernas de cordeiro?", perguntou Elisa. "Nunca é a quantidade que você diz — não posso dirigir uma cozinha se não sei o número de pernas de cordeiro.") Qual era a daquele entregador? Seu olhar estava me deixando constrangido. Você não tem coisa melhor para fazer? Acha divertido ficar olhando um cara arruinar 24 pratos principais porque não consegue achar a ostra?

    Olhei para um dos cozinheiros, que parecia estar desossando codornas, uma operação muito mais desafiadora. E ele fazia aquilo com uma velocidade espantosa. O entregador não se mexia. Será que ele estava sacudindo a cabeça? — quando, de alguma forma, arrastei a lâmina da faca de Elisa, suave e delicadamente, pela parte de cima de meu dedo indicador, do primeiro nó até a unha. Por um instante pensei: será que acabei de fazer o que acho que fiz? Sim. E meu dedo lançou um jato de sangue.

"Você se cortou?", perguntou Elisa, interrompendo a contagem das pernas de cordeiro com um tom que dizia 'Você está aqui há meia hora e é isso que fez?'.

"Cortei, mas não se preocupe", respondi enquanto enrolava a mão num pano sujo de carne. "Faço isso o tempo inteiro. Devia ver meus dedos. Um mapa rodoviário de cicatrizes e talhos. Acho que preciso usar óculos. Miopia. Ou hipermetropia. As duas, na verdade. Realmente, é o que eu faço."

"Você precisa ir ao hospital?" Soava como uma acusação.

Sacudi a cabeça, um pouco preocupado com a preocupação dela. Havia muito sangue.

"Os band-aids estão no refrigerador. Você vai precisar de uma luva de borracha. O band-aid não vai ficar seco."

Fui até o salão de jantar, apertei o ferimento com dois band-aids cruzados, enfiei uma luva de cirurgião e retornei. Eram quase nove horas e minha tábua de cortar tinha um modesto quadrado de cerca de dez centímetros de espaço para trabalhar. No resto havia pilhas de pedaços de pato.

Retomei a rotina. Corta, poda, torce, joga, bate. Limpei minha tábua. E, ao fazê-lo, os band-aids começaram a afrouxar, e a luva cirúrgica sintética começou a se expandir e a cair, enchendo-se com meu sangue como um balão de água. A verdade é que estou sempre cortando pequenas fatias de mim, mas dava para ver que, se eu cortasse um pedacinho daquela luva, ia ser uma mixórdia. Eu estava me atrasando e Elisa estava de olho em mim.

Ela pegou uma coxa. Para mim, parecia que eu tinha tirado a ostra. Na frente e atrás, onde quer que a coisa estivesse, havia muita carne. Esse não era o problema.

"Tem gordura demais", ela disse, cortando-a fora, e acrescentou, como se tivesse esquecido de mencionar uma instrução fundamental: "Você *está sabendo* que elas serão servidas para as pessoas?".

Passei a considerar a preparação como algo semelhante a um acampamento de treinamento culinário de recrutas, especialmente durante minhas primeiras semanas, quando me ensinaram as técnicas básicas de um cozinheiro, em particular as habilidades com a faca. Parecia que eu havia utilizado faca durante anos sem saber como usá-la. Naquela primeira manhã, fiz uma pausa para afiar minha faca — bem, na verdade, a faca de Elisa —, ela parou para ver o que eu estava fazendo e me olhou fixamente: eu estava afiando no sentido inverso (logo, eu sempre fizera ao contrário). Depois, tinha a questão do movimento. A idéia é que, quando você está cortando, deve deixar a ponta da faca no lugar, sobre a tábua: você acaba balançando a faca para a frente e para trás, e a lâmina desliza sem esforço, e com muito mais controle, através daquilo que você está cortando. Todo cozinheiro provavelmente sabe disso, mas eu não sabia.

Algumas técnicas pareciam intricadas. Cenouras eram um trauma. Os caldos de carne que cozinham por muito tempo levam cenouras, junto com aipo, cebola e ervas, que amaciam o caráter carnoso de um líquido feito de carne. Era uma coisa que eu sabia, ou pelo menos achava que sabia. Eu havia feito caldos em casa — sopas, caldo de galinha, esse tipo de coisa — e me limitava a jogar lá dentro as cenouras, picadas ou não: que importância tinha se iam cozinhar durante horas? Errado.

Evidentemente, há apenas duas maneiras de preparar uma cenoura: corte bruto ou em pequenos cubos. Corte bruto significa fatiar a cenoura em duas ao longo do comprimento e depois — cortar, cortar, cortar — em meias-luas perfeitamente iguais (o que, aos meus olhos, não tinha nada de bruto).

O pesadelo eram os pequenos cubos, o que significava cortar cada pedaço da cenoura em cubos idênticos de um milímetro quadrado. A cenoura não tem o formato de um cubo, então é preciso primeiro fazer um longo retângulo, depois cortá-lo em tabuinhas finas de um milímetro, e depois cortá-las em longas lascas de um milímetro, depois pegar as lascas perfeitas e picar, picar, picar em cubos de um milímetro. Parecia que eu tinha feito minha primeira porção quase direito — ou isso, ou era tarde e todos estavam apressados e ninguém olhou de perto a confusão geométrica no recipiente que enchi. Minha segunda remessa compunha-se de 36 cenouras. Levei muito tempo para cortá-las em cubos. Normalmente, Elisa passava por perto para ver se eu não estava destroçando alguma coisa, mas deve ter confiado em mim em relação às cenouras — afinal, que mal se pode fazer a uma cenoura? —, e assim, quando ela finalmente veio olhar, eu tinha quase terminado o serviço. Ela exclamou com voz estridente: "Eu disse cubos pequenos! Isso não são cubos pequenos! Não sei o que são, mas estão errados". Fazia duas horas que eu cortava cenouras e então, sem mais nem menos, elas foram jogadas fora, de tão ruins que estavam. Eu queria chorar. Demorou três dias até eu conseguir contar a alguém minha experiência ("Ela jogou fora as minhas cenouras — todas!"), e mesmo então ainda senti um tremor de indignação em minha voz. Um mês depois, consegui finalmente cortar as cenouras como deveria, embora o sucesso — "Uau", disse Elisa, pegando meu quatro-quartos e jogando o conteúdo num líquido fervente, "estas estão boas" — fosse secretamente frustrado por eu ter comido às escondidas várias centenas de pequenos cubos imperfeitos.

Cortei carne de porco em cubos para um ragu (mas só depois que minha primeira remessa foi devolvida — "isto são pedaços, eu pedi cubos") e aprendi como retirar a gordura de uma barrigueira. Ao desmembrar coelhos, me ensinaram a amarrar o lombo com um nó de alça de açougueiro, e fiquei tão entusiasmado pela descoberta que fui para casa e pratiquei. Contei minhas façanhas a Elisa: "Amarrei tudo. Uma perna de carneiro, alguns utensílios, uma cadeira. Minha mulher chegou em casa e a amarrei também". Elisa sacudiu a cabeça. "Vá se catar", disse, e voltou ao que estava fazendo.

Fiquei cativado pelos odores da cozinha. No meio da manhã, quando muitas coisas já haviam sido preparadas, elas eram cozidas em rápida sucessão, e os cheiros vinham um após outro, ondas de odor, como sons na música. Havia o cheiro da carne, e a cozinha era tomada pelo cheiro forte e viscoso de um carneiro invernal. Depois de alguns minutos, era o chocolate derretendo numa tigela de metal. Então vinha um *non sequitur* perturbador, como tripa (uma disjunção curiosa, ter chocolate no nariz logo seguido de dobradinha ensopada). Depois, alguma coisa sazonada e marinha — polvo fervendo — acompanhada do que parecia ser abacaxi superdoce. E assim eles vinham, um após o outro — mirtilos, caldo de galinha, a química reconfortante da vitela, porco e leite, enquanto alguém preparava um ragu à bolonhesa.

Até então, minhas aventuras na cozinha baseavam-se no que eu lia em livros. Eu era um cozinheiro do lar, sempre desejoso de fazer mais que um simples jantar, embora minhas refeições, especialmente quando preparadas para amigos, tendessem a ser estressantes, caracterizadas por duas qualidades incompatíveis: ambição e falta de experiência. Meus amigos sempre calculavam o quanto deveriam se atrasar, porque sabiam o que os esperava se chegassem cedo demais: o anfitrião salpicado, em pânico, sem banho tomado, querendo que eles fossem embora. Certa vez, os convidados chegaram no auge de uma modesta conflagração, quando uma nuvem negra vinha da cozinha e eu estava paralisado na porta, incapaz de lembrar como apagar um fogo de gordura.

Eu nunca havia trabalhado numa cozinha profissional e sempre respeitara aqueles que o faziam. Eles sabiam de coisas que eu desconhecia. Agora, eu estava entre eles. Depois que dominei algumas habilidades básicas, descobri que deixei de me sentir constrangido. Eu era um membro da equipe de cozinheiros, fechado lá nos fundos, as facas batendo nas tábuas de cortar no mesmo ritmo de vai-e-vem, inclusive a minha: nenhuma janela, nenhuma luz natural, nenhuma conexão com o mundo exterior, nenhuma idéia de como estaria o tempo lá fora; apenas um telefone, cujo número não consta da lista; inatingível — um grande conforto, cercado por essas intensas associações de refeições festivas.

2.

Califórnia. Na primavera de 1985, Mario retornou da Europa e foi para San Francisco. Ouvira falar de uma revolução culinária na Bay Area e queria participar dela. ("O que há de novo na culinária", começava um artigo da *Life* intitulado "A nova cozinha americana", publicado um mês antes de Batali mudar-se para o Oeste, "é nada menos que a redescoberta da América.") A revolução distinguia-se por um uso radical de ingredientes locais, mas no primeiro emprego de Batali, numa grande empresa de *catering*, ele viu muito pouco de radical e local. Numa festa da Apple Computer para 7 mil pessoas, realizada num estádio de beisebol, Batali ficou encarregado do camarão: colocou-o num carrinho de mão e serviu com uma pá ("Falando sério, onde está a porra da diversão nisso?"). Seu irmão Dana tinha vindo de Seattle e os dois alugaram uma casa vitoriana no bairro de Haight-Ashbury,* um arranjo que não deixava de ter suas tensões previsíveis. O emprego de Dana (em animação computadorizada) era do outro lado da baía, em

---

* Famoso bairro hippie de San Francisco. (N. T.)

Oakland, uma viagem de quarenta minutos, e ao acordar ele costumava encontrar uma festa em seus últimos estertores: seu irmão, junto com vários chefs estranhos e fedorentos, em vários estágios de colapso no chão da sala, a casa imersa numa nuvem de fumaça, garrafas vazias por toda parte, o som tocando alto.

Seis meses depois, Mario conseguiu emprego num hotel da rede Four Seasons, o Clift, e depois de outros seis meses foi promovido a subchef, seu primeiro cargo de importância desde a época do Stuff Yer Face. Era uma experiência californiana mais representativa, e a cozinha, como muitas na época, fazia experimentações com todos os tipos de combinações improváveis (pimentões, capim-limão e feijão-preto chinês, o neolatino fundindo-se com o asiático, que encontra a vizinha que vende maçãs). Muito se escreveu sobre a Revolução Californiana; muita graça também se fez às custas dela: um momento pós-moderno na cozinha, gerado pela dedicação da Bay Area a qualquer improvisação, inclusive invenções completamente tolas. Eu estudei em Berkeley até 1979 e agora me dou conta de que a revolução começou a poucas quadras de onde eu morava, no Chez Panisse, o famoso restaurante dirigido por Alice Waters. Comi duas vezes lá e tenho duas lembranças: uma vaga, de um prato que se distinguia por sua bizarrice intencional (caramujos criados em casa, talvez, com gelatina de kiwi adornada com flores comestíveis — uma coisa que, de qualquer forma, exclamava "admire-me"); e uma específica, de Leonard Michaels, um ficcionista e professor de inglês, que comia na mesa ao lado. Michaels havia crescido no Lower East Side de Nova York, tinha um jeito urbano e cediço e suspeitava dos entusiasmos excêntricos da Califórnia. Mas nessa ocasião, cercado por três discípulos extasiados, ele discursava com uma animação que não lhe era comum sobre um pedaço de comida — um aspargo. Ele o segurava entre os dedos e falava dele como se não fosse um mero vegetal, mas uma matéria de grande importância — um manuscrito de Milton, digamos, ou de Susan Sontag. O jantar transformara-se numa questão intelectual. Nos Estados Unidos, a comida nunca foi um tema intelectual. Naquele aspargo havia uma revolução.

Um dos revolucionários era Jeremiah Tower, o chef executivo do restaurante. Quando Batali chegou, Tower havia deixado o Chez Panisse e aberto o Stars. Estava entre os cozinheiros mencionados na matéria da *Life* (uma das legendas citava uma frase de Tower enquanto ele olhava para os animais com uma intensidade amorosa: "Aqueles bodes núbios, como adoro a aparência deles"). Tower define sua cozinha como franco-californiana: técnicas francesas com ingredientes americanos e uma noção de jogo do Novo Mundo, ou uma "nova-velha comida em um novo-novo cenário". Em sua autobiografia, *California dish — what I saw (and cooked) at the American Culinary Revolution* [Prato à Califórnia — o que eu vi (e cozinhei) na Revolução Culinária Americana], encontram-se receitas de consommé de maconha (os galhos e sementes são torrados antes de serem postos em caldo de galinha), sua interpretação dos rolinhos primavera chineses (uma pele de peixe gordo, em vez de massa) e um suflê de ouriço-do-mar servido com enguias cozidas no próprio sangue. Ele tinha uma energia sexual famosa ("Que tal uma punheta no banco traseiro do meu Mercedes?", Batali lembra da pergunta de Tower quando os dois se encontraram pela primeira vez), uma inclinação autodestrutiva em eventos sociais (serviu leitão numa festa judaica) e uma concepção do jantar como teatro ("Mandei todos os cozinheiros beberem uma taça de champanhe e pegarem duas enormes frigideiras", escreveu, relembrando um almoço para a imprensa em 1983, que marcou o momento em que a cozinha californiana foi amplamente reconhecida pela primeira vez. "A um sinal meu, eles encheram as frigideiras com frutas tropicais mistas, framboesas e suco de maracujá adoçado; então nós todos, em uníssono, jogamos as misturas de frutas para o ar, como se fossem omeletes. Fomos ovacionados de pé").

Para Batali, o Stars, no Civic Center de San Francisco, era "o restô perfeito do momento". Steve Crane, um amigo que trabalhava então de garçom, lembra que ele e Mario ("um clown numa Suzuki 1100 pintada de zebra") ficavam lá depois do expediente porque "era *o* lugar" — todos os chefes iam ao Stars quando terminavam seus turnos. "Tower fazia uma comida forte, estilizada, com personalidade e energia", diz Batali. "Ou seja, muito da inspiração para tudo o que fiz desde então."

As lembranças de Batali me fazem pensar em uma coisa de outra época: uma livraria ou um café literário, em vez de um restaurante, como a City Lights de vinte anos atrás. "Foi no Stars, durante a explosão da Califórnia, que encontrei pela primeira vez chefs que queriam falar sobre seu ofício e onde aprendi que o paladar é uma coisa muito individual." Sabores intensificados, contrastes fortes — essas qualidades (qualidades *extremas*) caracterizavam boa parte da cozinha: vinagretes cítricos e molhos de cores vivas, frutos do mar crus e crustáceos intensamente marinados. De acordo com Batali, foi quando ele desenvolveu um apetite por vinagres e limões. "Desde então, minha comida sempre esteve no limite superior da acidez, que é onde eu gosto naturalmente dela. Eu afino as coisas com acidez. Eu acerto as coisas com acidez. Um monte dos pratos defeituosos feitos por esses franceses ganharia realce com um toque de acidez — para fazer você salivar."

Depois de dois anos no Clift, Mario foi convidado a trabalhar no Biltmore, em Santa Barbara, um velho e imponente hotel colonial espanhol que o Four Seasons acabara de comprar e queria revitalizar. Mario foi convidado por todos os motivos óbvios ("energia, veemência, ardor, juventude", segundo Brian Young, o gerente que o contratou), ganhou seu próprio restaurante, La Marina, e aos 27 anos se tornou o chef jovem mais bem pago da empresa. Andy Nusser, designer de informática na época, conheceu Mario numa festa de embalo num fim de noite (Batali bebia tequila de um odre de pele de cabra e o líquido respingava em toda a sua cara). Alguém havia trazido foie gras, mas não sabia como servi-lo; aceitando o desafio de que um bom cozinheiro deveria ser capaz de preparar uma refeição com o que estivesse à mão, Mario fez uma redução parecida com vinagre do refrigerante Orange Nehi com balas de frutas Starburst. ("Primeiro você remove o papel encerado das balas e as põe numa caçarola onde, em fogo baixo, elas vão derreter lentamente, até produzir um xarope de cor brilhante; depois, em separado, você cozinha o refrigerante, até reduzir pela metade.") Nusser garante que o resultado foi muito bom e que ele ficou tão impressionado que naquele momento decidiu ser chef.

No final daquele ano, a direção do Four Seasons pediu que Mario comandasse um restaurante mais exclusivo, no Havaí, por um salário ainda maior ("eles me imploraram, estavam desesperados"), mas Batali recusou a oferta; depois, deixou a empresa. Estava entediado: com Santa Barbara, com o Four Seasons, com "as figurinhas de terno dos recursos humanos". Depois do período estimulante em San Francisco, havia parado de aprender, mas não podia parar de jogar. Ele tem dificuldade em lembrar um menu que seja de seu próprio restaurante — "umas massas fracas, uma costela de vitela defumada, uma lagosta grelhada com alcachofras fritas" — e depois fica tudo nebuloso. "A verdade é que não lembro muita coisa dessa época. A verdade é que eu ficava na rua até tarde. Até muito, muito, muito tarde." Ele não sabia o que fazia com seu salário. "Eu não comprava roupas. Não havia nada que eu pudesse dizer que tinha comprado com ele. Para onde ia todo o dinheiro?" Tornara-se imperativo ir embora. Pensou em ir para a Itália. Queria aprender a cozinhar como sua avó Leonetta Merlino Batali.

Leonetta Merlino crescera trabalhando na primeira loja de importação italiana do estado de Washington — a Merlino's, que seus pais haviam aberto em Seattle, em 1903. A loja foi vendida no final dos anos 1960, e foi uma tristeza enorme para Mario que seu pai não a tivesse assumido ("Eles perderam a loja. Fizeram uma cagada"). Todos os membros da família têm memórias intensas das visitas à casa de Leonetta para o almoço, estrelado por seu ravióli feito em casa. (Seu marido, Armando, que morreu quando Mario tinha seis anos, cuidava das carnes, criando porcos para fazer prosciutti, morcilha, lingüiças e gelatina da cabeça; fazia escambo com os nativos americanos de uma reserva próxima para conseguir veado e alce.) Embora Leonetta produzisse grandes quantidades de ravióli, mil, 1200 de cada vez, usando uma receita familiar do Abruzzo (miolos de bezerro, lingüiça de porco, frango, acelga, queijos parmesão e romano) e abrisse a massa com um rolo comprido, valorizado pela textura que criava ("áspera, como a língua de um gato"), só permitia que cada criança comesse seis. Eles ainda falam disso. "Nós sabíamos que tinha mais!", lembra Gina Batali. "A gente podia vê-los!" Mas Leonetta estava decidida a ensiná-los a comer do jeito italiano, a massa depois do antepasto — um prato de embutidos e hortaliças marinadas — e antes do *secondo*, uma carne assada, com freqüência carneiro, sempre cozida com alecrim, sempre bem-passada. A receita do ravióli ainda está com a família — o irmão de Mario o prepara no Natal. Leonetta, tendo feito ravióli tantas vezes que não tinha mais idéia de como o fazia, foi filmada por um primo, que a estimulou com perguntas. Outras receitas estão preservadas em 2 mil fichas de sete por doze: um molho de macarrão preparado com costeletas de porco (com "esse tipo de sabor vermelho rosado porcino", lembra Mario); tripas; e, uma especialidade do Ano-Novo, um *baccalà* salgado (bacalhau seco, reidratado com leite), servido com polenta quente derramada sobre uma tábua de madeira.

Armandino Batali mandou-me cópias das receitas. Para mim, a pilha de fichas foi uma surpresa comovente, uma conversa de cozinha entre os mortos e os vivos. Pensei muitas vezes que a comida é uma mensagem concentrada de uma cultura, compactada na nossa necessidade de ter de comer para sobreviver, e senti toda a força disso ao ler aqueles mementos de outra geração e escutar os filhos de Armandino falar sobre as receitas aparentemente excêntricas da avó, que as havia aprendido na sala dos fundos de uma mercearia em Seattle com sua mãe, que, por sua vez, as havia aprendido com *sua* mãe numa casa de aldeia no Abruzzo.

Mario telefonou para seu pai. Será que o velho sabia de algum lugar na Itália onde ele pudesse trabalhar com um cozinheiro de estilo matronal em troca de cama e mesa? Armandino não sabia, mas alguns amigos poderiam saber. Escreveu cinco cartas. Recebeu uma resposta, de uma trattoria no alto de uma cidade onde fabricavam peças de avião para a Boeing. Cama e mesa para o filho de Armandino? Um subchef de um restaurante Four Seasons? Quando ele pode começar?

3.

Como muitos restaurantes de Nova York, o Babbo aceita "estagiários", estudantes de escolas de culinária que trabalham de graça e depois escrevem uma tese sobre a experiência — com freqüência, a exigência final para obter o diploma. Os Estados Unidos têm 229 escolas de culinária oficialmente reconhecidas, que formam 25 mil alunos por ano, inclusive pessoas mais velhas (como eu) que sempre quiseram cozinhar mas não sabiam como. A mais conceituada é o Culinary Institute of America, o CIA, duas horas ao norte da cidade de Nova York, junto ao rio Hudson, que oferece um curso de quatro anos por uma anuidade de 20 mil dólares na qual estão incluídos aventais e facas. Não é barato, mas a maioria dos cozinheiros do Babbo a freqüentou. Agora sei que, quando Mario me aceitou, ocupei a vaga deixada pelo último externo, e me senti um sortudo por isso. Certa manhã, li a tese dele, que incluía uma receita de intestinos de ovelha para 75 pessoas e a quantidade de farinha, ovos e queijo de cabra necessária para fazer 1500 unidades de tortelloni — uma coisa útil, refleti, se eu me visse atravessando o Atlântico no *Queen Mary*, digamos, e todo o pessoal da cozinha morresse de repente, e circulasse o rumor de que um passageiro dominava duas receitas da bíblia da cozinha do Babbo (um caderno azul com instruções sobre cada prato da história do restaurante, guardado numa prateleira entre um espremedor de frutas e uma máquina que pulveriza bochechas de vaca e as transforma em um grude com aparência de lama), e centenas de passageiros, temerosos de passar fome, se aglomerassem e exigissem que eu entrasse na cozinha, onde, depois de examinar os armários e uma pequena câmara frigorífica, eu encontraria uma quantidade suficiente de intestinos de ovelha para pôr meu conhecimento em prática.

Elisa costumava receber os chefs em treinamento às sete da manhã e lhes contava como a cozinha funcionava. Era o que ela fazia, mais ou menos, a cada três meses. Eles precisavam dela para completar os estudos e ela, comecei a entender, precisava deles para completar todas as coisas que tinha de fazer em um dia. A diferença entre mim e eles era óbvia e explicava a continuidade do meu período de teste. Ela continuava a pensar em mim como alguém que deveria saber o que estava fazendo. Certa manhã, pediu-me que fosse ao porão buscar 25 laranjas e cinquenta limões. "Use o avental", disse, e depois, notando minha perplexidade, suspirou e juntou as duas pontas de seu avental, como uma rede, para mostrar como se fazia. Quando voltei, ela pegou um zester. É o que se usa para raspar frutas cítricas. "Você *sabe* usar um zester?", perguntou num tom que mal disfarçava a irritação, como se dissesse: "Não me diga que é tão ignorante que não sabe o que é isto". Depois, relutei muito em admitir que o zester que ela me dera não raspava nada — estava tão sem fio que destruía a fruta —, até minha tábua de cortar se transformar num campo de batalha pegajoso de laranjas e limões estropiados e eu, hesitante, sugerir que talvez aquele zester não fosse um dos melhores da cozinha.

Minha situação complicada confirmou-se numa sexta-feira, sempre um dia longo e estressante, pois é quando se prepara a comida não apenas daquela noite mas de todo o fim de semana. Eu estava na câmara frigorífica, tentando achar lugar para uma bandeja de cogumelos morchela. Não havia. Elisa estava no chão, transferindo caldo de galinha de um recipiente de vinte quartos para um de doze quartos, porque precisava de um recipiente de vinte quartos e não encontrara nenhum. (Caldo de galinha era o único caldo aceitável — se fosse feito com qualquer outra coisa seria francês demais —, e todas as manhãs enchia-se uma panela com pés de galinha e água, que fervia durante horas. Os pés de galinha propiciam uma visão curiosa — parecem mãos humanas sem o polegar, enrugados e cheios de nós —, e a primeira vez que os observei, borbulhando em uma panela gigantesca, pareciam presos a braços de pessoas, encrespados na água espumante, tentando saltar fora, como se a panela fervente fosse um portal do inferno, lá no fundo da cozinha, contra a parede, o lugar mais quente.)

Andy também estava na câmara frigorífica, tramando o que ele chamava de "especial do frigorífico", um menu de fins de semana para dar cabo de algum ingrediente que não estivesse saindo, antes que vencesse o prazo de validade. "Barbo crocante" era um especial do frigorífico, porque "compramos barbos para vinte noites e só fizemos nove, e é quase domingo, então temos de fazê-los ou jogá-los fora; e tem ainda um pouco de porcini, que também não tem saído, não sei por quê, e sempre tem pancetta, então vamos reinventar nosso prato de peixe com porcini e pancetta crocante em cima e vender pra cacete".

Gina DePalma também estava na câmara frigorífica, e ela era o problema. Gina era a chef da pastelaria — um papel executivo, como o de Elisa — e as duas dirigiam a cozinha pela manhã. Elisa chegava às seis e começava a elaborar uma longa lista de alimentos que necessitavam de preparação para a noite. Gina chegava duas horas depois e fazia as sobremesas. Embora tivessem muitas coisas em comum — ambas haviam crescido em grandes almoços dominicais com seus avós italianos, por exemplo —, não poderiam ser mais diferentes.

Elisa era magra e esportiva. Nos dias de folga, treinava para maratonas e, às vezes, ia correndo para o trabalho de manhã, quase dez quilômetros ("De que serve chegar limpa e fresca, não é?"). Seus cabelos estavam ficando grisalhos e ela tinha um rosto estreito, com ossos proeminentes. Gina não fazia exercícios. Tinha cabelos pretos e espessos e era rechonchuda, como se esperaria de alguém que provava caldas, chocolates e cremes todos os dias. Era a única pessoa com telefone celular — na cozinha, telefonemas pessoais estavam proibidos —, em parte porque não queria atravessar a cozinha para usar o telefone instalado na parede ao lado de onde Elisa trabalhava. (A questão não era a distância, mas a companhia que teria naquele lugar.) Além disso, Gina era tagarela e não podia ficar sem um telefone.

Elisa não era de falar. Passavam-se manhãs inteiras sem que ela dissesse uma palavra. Tudo — seus modos, a eficiência de seus movimentos, seu rosto, de aparência firme, sensata — transmitia objetividade. Podia ficar de mau humor ("Quando ela está de lua, a cozinha inteira fica sabendo", queixava-se Gina), mas nunca se sabia por quê. Não se conhecia muito da vida pessoal de Elisa. Da vida de Gina conhecia-se muito. Sabia-se que, no ano anterior, ela tivera um encontro amoroso, o que havia acontecido nele, qual era o nome do sujeito, e depois ela se perguntava em voz alta se voltaria a ter algum encontro amoroso na vida.

"Você não tem um vôo para pegar?", Gina perguntou-me. Ela sabia disso por causa das conversas fiadas da manhã. "Você devia ir embora, sabe, *realmente*; do jeito que nós tratamos nossos estagiários: não é como se você estivesse sendo pago."

Querendo ser simpático, assenti com a cabeça, um pouco confuso, porque ainda não entendia o conceito de estagiário. (Os estagiários respondem a Elisa, agora eu sei, e Gina acreditava que

Elisa era uma feitora severa e hostil. Ou talvez Gina sentisse ciúme por não ter seus próprios escravos.)

Gina continuou a me olhar fixo. E eu permaneci mudo com minha bandeja de cogumelos.

"Realmente, você precisa ir. *Agora*."

Ela deu de ombros e saiu. Andy, satisfeito com sua contagem de barbos, saiu também. Ficamos Elisa e eu.

"Você *não* responde a essa mulher", ela disse em voz baixa e irada. Ela ainda estava no chão e eu ainda segurava a bandeja de cogumelos. "Está me entendendo? Você sai quando eu disser que você pode sair. Sou sua chefe. Eu é que digo quando você pode ir embora. Está claro?"

Gaguejei pateticamente. Eram quatro da tarde — quando a preparação costuma estar encerrada —, mas dava para ver que ainda havia muito a fazer.

Voltei para a cozinha com minha bandeja de morchelas e pensei no que havia acontecido. A explosão me surpreendera, embora não devesse: eu estava familiarizado com o que considerava uma irritabilidade normal da pressão da cozinha. Eu a havia testemunhado entre Elisa e Memo Trevino. Memo era um dos dois subchefs — um homem grande com uma cabeça desproporcionalmente grande de cabelos pretos e grossos, 28 anos mas, sem sombra de dúvida, dono de uma autoridade de alguém muito mais velho. Se Memo batia sem querer em você, o golpe vinha do torso, não porque sua barriga fosse tão grande, mas porque ele sempre avançava com a virilha. Mais de uma vez uma imagem me veio à cabeça — não tenho idéia de onde: Memo com uma lança e uma touca. Ele tinha a arrogância de um chefe tribal.

Eu estava na preparação havia três semanas quando Memo me puxou para o lado, querendo saber o que eu achava da culinária de Elisa. Eu estava tão despreparado para essa situação, alguém vir pedir minha opinião, que não entendi do que ele estava falando.

"Não é exatamente perfeita, não é?"
"O que não é perfeito?"
"A comida."
Não entendi.
"Já notou quanta comida ela queima?", ele sussurrou.
Não, eu não havia notado, embora, era verdade, lembrasse de uma bandeja de bochechas de vaca queimadas.
"Exatamente. É inaceitável. Já notou a falta de fio de sua faca?"
Ponderei a questão. Na verdade, eu havia experimentado a faca de Elisa e não a achara rombuda.
"Digamos de outra maneira. Já a viu afiá-la?"
"Claro", respondi. "Algumas vezes." Àquela altura, eu já conhecia os rituais da faca. Frank Langello tinha especial orgulho das suas. Frankie era o outro subchef. Tinha mais ou menos a mesma idade de Memo, era ítalo-americano, com cabelos pretos ondulados, cílios extraordinariamente longos e a boa aparência magra de um daqueles cantores das décadas de 1940, 1950, como um jovem Sinatra em seus anos de Hoboken, sua cidade natal. Frankie e Memo haviam trabalhado juntos no Le Cirque, um quatro estrelas então dirigido pelo famoso e frenético Sottha Khunn, e ambos julgavam que estavam entre as poucas pessoas no Babbo que entendiam a importância da disciplina na cozinha, o que, evidentemente, incluía o cuidado com as facas. Frankie usava apenas as mais baratas, porque as esfregava na chaira de uma maneira tão brutal que as lâminas gastavam logo. De vez em quando, usava uma pedra de amolar para obter mais fio ainda: testava o gume passando-a nos pêlos de seus antebraços ("Quando os pêlos voltarem a nascer, pego a pedra de amolar de novo").

Memo sacudia a cabeça. "É o que eu digo — *algumas* vezes. Você viu Elisa afiar a faca *algumas* vezes. Confie em mim. A faca dela é um pedaço de pau. O problema é: ela carece de uma abordagem dedicada, séria. Os grandes chefs", explicou, "já nascem chefs, não são feitos. Está no sangue ou não: a pai-xão."

Eu não sabia o que dizer. Era um lugar bem pequeno para posições tão fortes. Memo não gostava de Elisa porque ela não era séria o suficiente. Gina não gostava dela porque era séria demais. E Elisa não gostava de Gina porque *ela* não era séria o suficiente. ("A maioria dos restaurantes tem chefs de pastelaria que realmente trabalham", dizia Elisa quase todas as manhãs, quando Gina tagarelava em seu celular.)

O episódio da câmara frigorífica foi esclarecedor em outro sentido também.

Quando comecei, eu me referia a mim mesmo, de brincadeira, como um escravo da cozinha. Agora, eu tinha uma nova compreensão. Eu *era* um escravo da cozinha. Este era meu papel: escravo da cozinha da manhã. Com efeito, eu havia estabelecido um contrato de tipo colonial. Nas manhãs, eu dava meu tempo a Elisa e ela me dava instrução, e a instrução era tão preciosa que lhe dava direito sobre meu tempo, de forma exclusiva, e as Ginas da cozinha que tomassem cuidado ao falar comigo.

Outros também me ensinavam como fazer as coisas. ("Sou um grande professor", Memo me disse, depois de me mostrar como desossar uma paleta de javali, "e as pessoas sempre me dizem que isso é o que eu deveria fazer, ensinar, mas tenho um problema — impaciência.") Porém, a maior parte de minha instrução vinha de Elisa. Para meu espanto, ela me levava a sério. Eu era um projeto: estava sendo treinado para ser um cozinheiro.

A verdade é que agradeci à altercação na câmara frigorífica entre Gina e Elisa: havia tanto trabalho que até *eu* era necessário. Eu queria ser necessário. Ansiava pelo dia em que minha presença fizesse diferença. Desde aquela primeira reunião na cozinha, eu me imaginava investindo tanto tempo que viriam a confiar em mim para cozinhar na linha — talvez para cobrir alguém numa emergência ou num aperto inesperado. Só não compartilhei esses pensamentos com Mario, Elisa ou Memo porque eu ainda era o sujeito que não sabia fatiar uma cebola sem apoiá-la na palma da mão. No entanto, estava sendo levado a sério: não me davam permissão para sair.

Ou talvez a verdade fosse mais simples: Elisa precisava de ajuda, e em vez disso, tinha a mim.

Às vezes, Elisa me surpreendia. Eu estava trabalhando em alta velocidade, esperando nervosamente que ela aparecesse e perguntasse se eu havia terminado as cinco coisas que me pedira que fizesse, para me dar mais uma (e, invariavelmente — e não exagero no *invariavelmente* —, eu ainda estava ocupado com a primeira), quando, sem mais nem menos, ela me oferecia uma caneca de chocolate quente ou um pedaço de carne. "Uau! Obrigado!" Se ela estava preparando um bife de fraldinha — o corte barato da barriga da vaca, que precisa ser cortado fino e levado em fogo alto e rápido —, podia separar alguns pedaços, temperá-los agressivamente, jogá-los na *flattop* e servi-los numa travessa (*flattop* é uma chapa de aço colocada sobre os queimadores do fogão — soldada, pouco calor escapa dela: podem-se pôr mais coisas sobre essa chapa do que num forno, e fica muito quente; um bife de fraldinha fica pronto em segundos). Outra vez, ela desossou um peru e o enrolou em folhas de dente-de-leão e queijo de cabra. Seus pratos eram fortes em proteínas e muito salgados. Ao fazê-los, tinha a aparência levemente distraída, como se uma música tocasse dentro de sua cabeça. Esses momentos pareciam importantes e eram os únicos em que Elisa relaxava. Ela não sorria — nunca chegava a esse ponto de relaxamento —, mas se podia dizer que estava pensando em sorrir.

Preparar comida parecia algo que todos precisavam fazer: não para o restaurante, mas para a cozinha. Havia a refeição coletiva, claro — servida com abundância por volta das quatro da tarde —, mas quase sempre alguém estava cozinhando alguma coisa o dia inteiro. Essa prática parecia ilustrar um princípio que sempre ouvi chamarem de "cozinhar com amor". Um prato era um fracasso por não ser feito com amor. Um prato era um sucesso porque o amor ali estava óbvio. Se você cozinha com amor, cada prato é um evento especial — você nunca se permite esquecer que uma pessoa está esperando para comê-lo: é a sua comida, feita com as suas mãos, arrumada com os seus dedos, provada com a sua língua.

Um sábado, quando nem Andy nem Elisa estavam por perto, Memo levou-me a um canto de novo. "Vou mostrar para você como cozinhar com amor." De repente, ele queria improvisar um jantar familiar. Achara algumas línguas de vaca no frigorífico, que eu suspeito destinavam-se a algum momento especial: não importava, agora eram dele. Memo as escaldou, grelhou, fatiou e depois misturou a carne numa tigela com seu próprio molho picante. "É *assim* que se fazem tacos", disse, reunindo sua invenção numa travessa: pilhas e pilhas de tortilhas, junto com vários quilos de língua e uma grande quantidade de tomates e raspas de limão. Foi meu primeiro taco de cinco andares. Não se parecia com nenhum taco que eu tivesse visto — na verdade, alto daquele jeito, com montes de queijo cremoso espalhado nas laterais, parecia mais um bolo de casamento —, mas continua sendo o melhor taco que já comi.

Não dá para cozinhar assim quando se está numa cozinha atarefada, porém todos, de algum modo, em algum momento, arranjavam tempo para preparar alguma coisa pessoal. Parecia estar no cerne do motivo de ser cozinheiro. Elisa contou-me certa vez que em uma vida ideal ela "cozinharia somente em casa, com os amigos à mesa". Gina dizia isso de uma maneira mais vigorosa: "Eu convido você para ir à minha casa, passo o dia inteiro preparando sua refeição, observo seu rosto enquanto você come, pedaço por pedaço, e você me diz que sou maravilhosa. Uau! Isso é que é fantástico!".

Certa manhã, Gina criou uma sobremesa nova. "Tem amêndoa demais nisso?", perguntou-me, pondo um pedaço em minha boca.

Pensei: ela não está interessada na minha opinião. "Não, Gina, está perfeito."

"Tem amêndoa demais nisso?", perguntou para um sujeito que estava entregando alcachofras, pondo uma fatia em sua boca; ele ficou desajeitado, sem poder usar as mãos, enquanto ela limpava um farelo do lábio inferior dele.

"Hmmmm..., está delicioso", ele disse com a boca cheia.

"Tem amêndoa demais nisso?", perguntou a Andy, segundos depois de ele ter aparecido, logo após o meio-dia. Andy se inclinou para a frente com os lábios franzidos, como se fosse beijar, para que Gina pusesse o pedaço em sua boca.

"Gina, você é um gênio."

E assim a coisa prosseguiu com dez pessoas diferentes, todas ganhando comida na boca.

Descobri-me pensando na sedução de Tom Jones pela sra. Waters, no romance de Henry Fielding. Na verdade, vi a versão para o cinema com o jovem Albert Finney, em que "paixões e apetites" se confundem e os suspiros da sra. Waters misturam-se à enérgica mastigação de Tom, consumindo enorme peça de rosbife. A comida sempre teve associações eróticas, e suspeito que cozinhar com amor é uma inversão de um princípio diferente: cozinhar para *ser* amado. A premissa de um jantar romântico é que ao estimular e satisfazer um apetite, o outro também será estimulado do mesmo modo. De que maneira exatamente o apetite de Tom Jones por uma carne malpassada estimula um anseio pela sra. Waters? Massa fresca cozida na manteiga, Mario disse-me certa vez, ilustrando como essas coisas se conjuminam, "incha como uma mulher excitada". A manjerona, explicou em outra ocasião, tem o perfume oleoso do corpo de uma mulher: "É a erva mais sexy". Lídia, a mãe de Joe Bastianich, foi mais explícita: "Que outra coisa você põe no corpo de outra pessoa?", foi a pergunta retórica que me fez quando a encontrei para almoçar um dia. "Você entende?"

4.

Porretta Terme, 1989. O pequeno restaurante La Volta ficava bem no alto da cidadezinha de Porretta Terme, num morro que dá vista para um vale montanhoso, entre Bolonha e Florença. Mario chegou de trem numa tarde de segunda-feira, em novembro, carregando tacos de golfe, embora não houvesse campo de golfe num raio de 150 quilômetros, e uma guitarra elétrica com uma pequena caixa amplificadora ("distorção total no volume três"), na esperança de que quando o dinheiro ficasse curto ele pudesse cobrir suas despesas tocando na rua. Vestia pantalonas tipo pijama e tamancos vermelhos. Mas não havia ninguém a esperá-lo ("Cheguei sozinho na estação ferroviária do cu-do-mundo"). Ele não sabia usar o telefone local e não falava italiano. Quando Roberto e Gianni Valdiserri finalmente o encontraram, se espantaram com o que viram. Ele não parecia o subchef mais bem pago do Four Seasons, mas um camponês da Albânia, contou-me Roberto quando o visitei durante uma folga de meu período no Babbo.

A palavra "terme" em Porretta Terme significa "termas" e se refere às fontes sulfurosas do lugar. Em minha primeira manhã lá, fui acordado por um instrutor que comandava pelo alto-falante um exercício para idosos em uma das piscinas. Os italianos têm direito a duas visitas por ano, pagas pelo governo, e podem se submeter a um certo número de irrigações (nasal, retal, vaginal) para tratar de problemas intestinais, infertilidade, calores da menopausa e reumatismo. Numa parte mais antiga da cidade, as construções são do século XVIII, quando famílias bolonhesas ricas costumavam vir nas férias de verão para fugir do calor da planície: quartos grandiosos, tetos altos, janelas enormes, com venezianas de madeira pintadas de um laranja-amarelo, lembrando a Viena dos Habsburgo. Muitas estão abandonadas, assim como a velha estação ferroviária em estilo imperial, entalhada na encosta da montanha. Durante quase dois séculos, o trem, a melhor maneira de atravessar os Apeninos, parava em Porretta (vendia-se uma "caixa de Porretta" na plataforma — um prosciutto panino, uma fruta, um pedaço de parmesão e meia garrafa de Lambrusco). Agora os turistas chegam em ônibus fretados, usando toucas de banho. Não consegui localizar Porretta nos guias de turismo, embora tenha encontrado uma primeira edição de *Eating in Italy* [Comendo na Itália], de Faith Willinger, publicado no ano em que Mario chegou. Não havia nada sobre a cidade, mas La Volta, na aldeia vizinha de Borgo Capanne, era citado como "a estrela ascendente na estrada conhecida como a Porrettana" (a antiga rodovia no fundo do vale). "Giovanni Valdisseri comanda a sala de jantar rústica, e sua esposa e sua cunhada trabalham juntas na cozinha", escreveu Willinger. "Os embutidos são do lugar e a massa é fresca, feita à mão, e não deve ser dispensada."

Borgo Capanne fica dez quilômetros acima de Porretta. Chega-se lá por uma estrada em ziguezague de aclive feroz. O primeiro quilômetro é pura subida, até chegar a uma igreja, logo antes de uma aldeia chamada Pieve. Em italiano antigo, *pieve* é uma "igreja do campo". Depois de outro quilômetro e pouco, o terreno fica mais plano e se entra em uma aldeia cercada de pequenas hortas. É Orti, que significa justamente "hortas". A próxima localidade é Poggio, que fica no alto de um morro. *Poggio* significa "colina". Por fim, chega-se a Borgo Capanne. *Cappana* é cabana, *borgo* é aldeia: aldeia das cabanas. E se subirmos o morro atrás da aldeia, descobrimos, como era de prever, ruínas de pedra das primeiras habitações, protegidas pela floresta. A parte moderna da aldeia tem uma ampla vista para o vale e as montanhas (com picos vulcânicos de história em quadrinhos, como pirâmides, cobertos por densa vegetação). Borgo Capanne é um agrupamento de casas interligadas, todas contíguas, ao estilo de um favo, como se buscassem proteção — do mato, dos lobos, de qualquer coisa desconhecida que possa vir da estrada. Para entrar na colméia, passa-se sob um arco de pedra. Em italiano, arco é *volta*. É ali que se encontra o restaurante. Em cima do restaurante há um apartamento: o novo lar de Mario.

La Volta estava fechado no dia em que Mario chegou, mas um jantar sazonal foi preparado para ele ("Eu sou do tipo, puta merda, que gosta de comida caseira, e serviram trufas brancas!"), e todos se apresentaram. Roberto era responsável pelo salão, depois que seu dia de trabalho terminava (ele era engenheiro numa fábrica que produzia peças de aviões desde a Segunda Guerra Mundial, quando Mussolini inventou de esconder a fabricação de sua Força Aérea nas montanhas das vizinhanças). Gianni, irmão de Roberto, gerenciava o lugar. Sua esposa, Betta, era a cozinheira. O pai dela, Quintiglio ("Quintiglio Canario, o quinto filho do canário, belo nome para uma bela pessoa"), era o forrageiro da floresta, catador de trufas e hortelão místico; ele e Mario se entenderam imediatamente: "Muito encantado por ter um americano na aldeia".

Na manhã seguinte, Mario se apresentou para o trabalho. Berta só apareceu duas horas depois, quando abriu, à mão, uma gigantesca folha de massa. "Foi a primeira comida que vi", relembra Mario, embora ele só fosse receber permissão para tocar na massa duas semanas depois. Ele fazia anotações e começou um aprendizado de seis meses do que chama "segredos das senhoras da massa caseira". Betta fez *stricchetti*, "gravatinhas" servidas com cogumelos porcini e pequenas cebolas vermelhas cozidas em azeite de oliva. No dia seguinte, fez uma massa diferente e um ragu diferente, com coxas de galinha-d'angola assadas até os ossos se desprenderem e a carne se dissolver em um molho. Demorou um mês para que alguém preparasse um bolonhês, o tradicional molho de carne da Emilia-Romagna. "Estavam cansados dele", contou Mario, "mas então me ensinaram a fazê-lo, e isto se tornou minha tarefa semanal: vitela, porco, carne e pancetta, cozidos lentamente com azeite de oliva e manteiga. Apenas dourar e dourar, embora nunca fique dourado por causa da gordura que sai da carne — que você deixa lá, faz parte do prato —, e acrescentar vinho branco e leite e, no fim, um pouco de massa de tomate, para ficar cor-de-rosa acastanhado."

Ele acompanhava Quintiglio ("um cara sal da terra, com pés grandes, mãos fortes, voz grave, orelhas caídas, camisa abotoada até em cima e jaqueta") em sua busca por cogumelos e frutas silvestres. Seguia regras para os porcinis e só colhia os que estavam perto de carvalhos e castanheiros — os que estavam embaixo de pinheiros e choupos eram inferiores. Seu verdadeiro talento era achar trufas. Quando Armandino visitou Mario no ano seguinte, ele disse: "Era como se Deus tivesse chegado à cidade um pouco antes de mim — as trufas estavam em tudo".

Com o tempo, Mario e Quintiglio adquiriram o hábito de tomar o café-da-manhã juntos: um copo de vinho tinto e um ovo cozido em azeite de oliva com uma fatia de queijo fontina. Para o almoço de Natal, Quintiglio mostrou a Mario como fazer um brodo clássico, o caldo festivo servido com tortellini. Exigia uma galinha velha (que não botasse mais ovos), alguns ossos de vaca, um resto de osso de presunto, e uma cebola, e uma cenoura — inteiras, para manter o caldo claro. Na primavera, comiam da horta de Quintiglio, plantada de acordo com um calendário lunar (alfaces durante a lua crescente; beterrabas e pastinacas na minguante). Quintiglio levou Mario ao rio Reno para pegar "um estranho agrião pequeno que cresce lá", cebolas silvestres e um dente-de-leão silvestre e amargo que ele ferveu por 45 minutos e serviu com azeite de oliva e vinagre balsâmico. Hoje, as hortaliças de Mario são cozidas do modo como Quintiglio lhe ensinou. ("É bem melhor ferver muito e *depois* salteá-las em azeite e alho — você pode realmente mascar as filhas-da-puta.") Para Mario, Quintiglio foi o primeiro a propor buscar o que é produzido pela terra e banquetear-se com isso, a reconhecer que você está comendo uma coisa que só pode desfrutar agora, aqui, neste dia desta estação, que cresceu nesta terra.

Mas os primeiros meses não foram fáceis. Dana Batali lembra daquele período como um momento em que Mario foi forçado a aprender a ser humilde, e "zombavam das coisas que ele queria cozinhar", embora, pelo que posso dizer, os pratos que Mario preparava (lagostins crus, um suflê de alho-poró, salmão curado na grapa) fossem feitos para estabelecer suas credenciais e lembrar a seus anfitriões que ele havia sido, até não muito tempo antes, um chef altamente considerado. Mas o pai de Mario também percebeu uma inquietação nas cartas do filho. "A experiência o abalou um pouco." De sua parte, Mario lembra da época como o último período solitário de sua vida, um período de uma melancolia agradável, de uma "tristeza feliz". Terminado o jantar, subia para seu quarto, acendia uma vela, punha os fones de ouvido e escutava principalmente Tom Waits em sua fase baladosa de autocomiseração, do tipo "Ei, cara, me dá mais um drinque", lia (desbravando os romances de Faulkner), olhava a paisagem — as montanhas, o rio Reno — e sentia falta de companhia, mas reconhecia que era melhor assim. "Foi uma grande investida. Eu percebi, naquela primeira semana, depois que via a comida, que tinha tomado a decisão certa. Aquilo não era a comida que eu conhecia. Era tradicional. Simples. Sem molhos, sem tabelas de vapor, sem panelas de caldo de vitela, nada das coisas que eu havia aprendido a fazer."

A Itália mudou Mario, disse seu pai. "Quando ele chegou, ainda era um sujeito selvagem. Bebia muito, fumava, caçava garotas. Não tinha idéia do que ia fazer com o resto de sua vida. A Itália deu-lhe um foco. Deu-lhe sua cultura."

Jim Clenenden, o dono dos vinhedos Au Bon Climat, em Santa Barbara, e um dos antigos amigos de noitadas de Mario, descreveu a mudança de maneira mais prosaica. Ele visitou Mario no La Volta cinco meses depois de sua chegada. "O que aconteceu? Quando o vi pela última vez, era um cara da Costa Oeste com um sotaque de Nova Jersey. Olhem para ele: cabelos ruivos, tez pálida. Parece um italiano para você? Poderia ser Mark Battle. De repente, era Mario Batali! Uma mudança bestificante." A visita de Clenenden foi bestificante de outra maneira: onze pratos, onze garrafas de vinho, uma refeição que terminou às quatro da manhã, uma ressaca brutal, e "Mario falando italiano o tempo todo — embora ainda americano o suficiente, *apenas* para tolerar um visitante da Califórnia". Batali ainda não dominara o cardápio, lembrou Clenenden, mas estava em meio a uma tremenda transformação. "Ele não estava nem perto de atingir um platô. A qualquer momento iria descobrir a próxima grande coisa — dava para perceber." Quando o verão chegou, a metamorfose estava completa.

Na última noite de minha visita, jantei com Gianni e Roberto. A comida foi preparada por Betta — uma mulher com aparência de boneca, de quarenta e tantos anos, cabelo preto retinto e pele muito clara — e servida por seus dois filhos, Emiliano, de 28 anos, e Mila, agora com dezesseis, de quem Mario se lembra quando era bebê, deitada numa cesta de vime no chão da cozinha. Presente também Joe Bastianich, que por coincidência estava na Itália a negócios. O período que Mario passou em Porretta e região parece ter tanta importância na história que ele conta sobre si mesmo que Joe também queria ver o lugar com os próprios olhos. Eu não conhecia bem Joe. No Babbo, ele trabalhava na frente da casa — o serviço, o vinho — e raramente era visto na cozinha. Também não era muito visto durante o dia, porque achava intolerável o escritório do Babbo. Comparado com Mario, Joe tinha uma maneira tranqüila, um jeito circunspecto que podia ser confundido com timidez. Mas ele não era tímido, apenas menos expansivo que seu sócio freqüentemente escandaloso, com quem tinha o bom senso de jamais competir por atenção ou reconhecimento. ("Joe precisa de mim", confessou Mario uma noite. "Ele não poderia fazer nada disso sem mim." "Mario é o cozinheiro", explicou-me Joe certa noite. "Eu sou o garçom.")

Gianni e Roberto estavam intrigados com Joe. Gianni é um homem delicado. Tem pulsos grossos, mãos grandes e uma cintura larga que revela uma vida levada sem o menor exercício. Mas come com alegria e, uma vez que come com abundância e desinibição, parece quase sempre feliz. Tem um rosto bonito, com sobrancelhas grossas e expressivas que estão sempre se unindo numa aparência inquisitiva, como a de um animal de floresta confuso.

Seu irmão Roberto parece ter os pés mais na terra. É atarracado e possui uma cabeça quadrada, um corpo quadrado e um jeito sólido. Ao contrário de Gianni, que é calvo, Roberto tem muito cabelo, que é grosso e parecido com palha, lembrando um capacete. Pode-se imaginar Roberto de terno e gravata, embora naquela noite (como pedia o interminável inverno dos Apeninos) ele estivesse com um suéter escuro de lã e uma camisa de algodão por baixo.

Os dois irmãos são dedicados românticos da culinária. Mario havia me contado sobre as longas viagens que os três costumavam fazer em busca de algum prato de autenticidade regional indiscutível — uma jornada de quatro horas de carro até Mantova, digamos, para comer o perfeito ravióli recheado com abóbora da primavera — só para em uma única mordida perceber que a massa havia sido feita por uma máquina, e não à mão, e irem embora em protesto, dando um jeito na fome com alguns panini de emergência comprados num bar no caminho de volta para casa. Até hoje Roberto fica indignado com um espaguete à carbonara preparado por Mario que foi servido com os ovos em cima da massa, em vez de misturados a ela. "Eu vi com meus próprios olhos! Eles estavam em cima da massa! Um escândalo!"

Joe Bastianich não é um romântico. Ele cresceu em restaurantes de imigrantes no Queens e trata o dinheiro de uma maneira simples e direta. Estava impaciente com Gianni e Roberto. Sua conduta dizia: "Seus montanheses babacas, restaurantes são um negócio: por que vocês são tão bundões?". Joe é filho de Felice e Lídia Bastianich, ambos imigrantes que tinham um restaurante de trinta lugares chamado La Buonavia em 1968, ano em que Joe nasceu. (Lídia tem agora um programa de tevê, publicou livros de culinária e é dona de um restaurante na parte central de Manhattan.) As lembranças de infância de Joe são dominadas pelas "não tão agradáveis realidades de preparar comida para ganhar a vida" — limpar sifões engordurados, varrer os insetos após as visitas dos dedetizadores, o cheiro penetrante de graxa de sapato e o fedor de um vestiário cheio de "italianos e croatas gordos e suados lendo os programas de corridas", onde Joe fazia suas lições da escola e dormia sobre caixas de tomate até ser carregado para casa. Até hoje, ele não suporta folhas de louro. "Três vezes tirei uma folha da garganta de alguém que sufocava, inclusive minha avó, quando eu tinha nove anos, e para quê? Você acha que o sabor é tão importante?" Frangos fazem-no tremer, consequência de suas idas com o pai ao mercado para comprar frangos baratos, "os *mais baratos*", empilhados com gelo por cima para evitar que apodrecessem, e quando o gelo derretia, virava uma "água de galinha" cor-de-rosa que escorria pelas costas de Joe. Ele jamais quis um restaurante; queria dinheiro e se tornou um corretor de Wall Street, só para descobrir que odiava aquilo. Ele relembra quando esperou para receber sua primeira bonificação, contando os minutos, em seguida a converteu em dinheiro e retornou ao escritório para pedir demissão imediata. Depois foi direto para o aeroporto e comprou uma passagem para Trieste. Ficou lá um ano, ganhando a vida com uma Kombi, trabalhando para chefs e fabricantes de vinho, disposto a entender aquela coisa que, percebeu então, seria sua vida.

Joe é oito anos mais moço do que Mario, porém tem a gravidade de alguém doze anos mais velho. Tem a cabeça raspada. Ele é grande, mas não corpulento, e seu tamanho transmite poder. Tem o andar gingado de um pugilista — pernas separadas, mãos para o lado, prontas para a ação — que, quando compareci a um batizado da família Bastianich, notei que seu filho de quatro anos já estava imitando. Ao longo de um jantar preparado por Betta — uma pizza branca, seguida de pappardelle verdes com ragu de codorna, depois tortellini em creme espesso —, Gianni e Roberto especularam sobre como Joe trabalhava com Mario.

"Você deve ser o sal e Mario a pimenta", sugeriu Roberto.

"Você é o homem do dinheiro", esclareceu Giovanni. A idéia era que Joe deveria ter posto Mario sob controle e tê-lo amansado.

Joe deu de ombros e se virou para mim. "Como se diz 'digam o que quiserem' em italiano?"

Roberto e Gianni continuaram insistindo na questão. Para eles, era inconcebível que aquele sujeito de pantalonas que haviam apanhado na estação em 1989 tivesse se transformado num chef famoso sem a ajuda de alguém com os pés no chão. Mario havia sido o *clown* da cidade — ou pelo menos seu representante mais sibarítico. Ele se apresentara num show anual de calouros de Porretta ("Os outros concorrentes eram garotas de catorze anos", disse Roberto) com uma banda de três integrantes: o barbeiro na bateria, o entalhador de tumbas ao saxofone e Mario na guitarra elétrica. Tocaram uma longa e barulhenta versão de "Hey, Joe", de Jimi Hendrix. Ele havia sido um dançarino furioso na discoteca e retornou para casa com Bruno, o agente dos correios, para cantar canções de colheita até o amanhecer. Ninguém de lá nunca tinha visto alguém beber tanto quanto Mario havia bebido.

"Quinze uísques em uma sentada", disse Roberto. "Dá para imaginar?"

"Foram vinte", corrigiu Gianni. "Eu costumava contar."

Ele era o sujeito gordo com dezenas de namoradas, e todas pareciam se chamar Jennifer. "Até as italianas eram Jennifer", disse Roberto.

"Por que um homem gordo atrai tanto as mulheres?", perguntou Gianni.

"Ele está mais gordo agora?", perguntou Roberto como forma de resposta.

"Sabe", Joe sussurrou para mim, "acho que não agüento mais isso." Cantarolou uma ária de ópera.

Depois de três anos, Mario deixou a Itália e as coisas ficaram difíceis para Gianni e Roberto. Foi como se a partida de Mario e o declínio da sorte dos Valdiserri estivessem ligados. Mario retornou aos Estados Unidos para ganhar dinheiro, exatamente quando Gianni e Roberto começaram a perdê-lo.

O restaurante sempre fora caro, eles disseram. Então, em questão de meses, passou a haver menos dinheiro na cidade. O ano, 1992, marcou o início de uma recessão em toda a Europa, embora nenhum dos irmãos tivesse compreensão do que estava acontecendo em outros lugares; eles apenas sabiam que em um mês haviam estado atarefados e no mês seguinte não. Os pedidos na fábrica em que Roberto trabalhava diminuíram e havia menos visitas de executivos do exterior. Menos famílias vinham de Bolonha, e suas casas de veraneio não eram alugadas: quem quer ir para as montanhas e comer o espaguete que pode comer em casa, quando, pelo mesmo preço, pode ir a uma praia no sul do Pacífico? Houve mortes, da mãe de Gianni, do pai de Betta. Havia dívidas de jogo — os cassinos eram o tormento secreto de Gianni. La Volta foi vendido. Hoje, há um restaurante no mesmo lugar, mas tem um nome francês e serve peixe, e nas duas vezes em que fui até lá estava fechado. Demorou nove anos para que Gianni conseguisse capital para abrir um lugar novo, La Capannina, uma pizzaria, situada num parque junto ao rio, onde se pode comer do lado de fora numa noite quente de verão. Foi ali que tivemos nosso jantar, mas estava frio demais para sentar ao ar livre, e os outros clientes — cinco, todos trabalhadores — comiam pizza e tomavam cerveja. Era possível ver apreensão nas tristes rugas ao redor dos olhos de Gianni. Borgo Capanne, a pequena aldeia no morro, estava morta, disse sua filha Mila ao me levar para uma visita no dia seguinte. *Più bestie che persone.* Havia mais animais do que gente.

Mario partiu antes do declínio, com a ajuda de seu melhor amigo de universidade, Arturo Sighinolfi. Arturo o havia visitado em Porretta. Os dois tinham a mesma opinião sobre a cozinha italiana. O pai de Arturo estava prestes a se aposentar: durante 25 anos, havia dirigido o Rocco, um restaurante ítalo-americano perto da Bleecker Street, na "zona do molho vermelho". Arturo convidou Mario para comandar o restaurante numa sociedade meio a meio — Arturo na frente, Mario na cozinha. Havia um apartamento em cima onde Mario poderia morar. O novo Rocco, inspirado no La Volta, teria um vigoroso cardápio italiano.

5.

A cozinha do Babbo era, na verdade, várias cozinhas. De manhã, aquele espaço pequeno — a área de trabalho tem cerca de oito metros por três — era a cozinha de preparação, dirigida por Elisa. No final da tarde, o mesmo espaço se transformava na cozinha do serviço, dirigida por Andy. Mas entre a uma e as quatro e meia, as diferentes cozinhas (mais metáforas do que lugares) se sobrepunham.

Andy era o primeiro a aparecer, calculadamente um minuto ou dois depois do meio-dia, pois não queria perturbar a estrutura da autoridade matinal. Memo, o subchef sênior, chegava uma hora depois. Frankie, o subchef júnior, era o próximo. E depois vinham os que levantavam mais tarde, um após o outro, digerindo o primeiro café, cheirando a sabonete, os cabelos ainda molhados. O último a chegar era Nick Anderer, o "cara da massa". Nick era alto, magro, compleição de jogador de tênis, sempre com uma bandana azul amarrada na testa, cabelos negros e olhos castanhos que compunham os traços de um eurasiano. Seu pai era de origem alemã e sua mãe nipo-americana, por isso ele era chamado de China (embora, em um mundo melhor, ele não seria nem china nem japa, mas apenas Nick). Sua praça era a mais fácil de montar, porém a mais exigida. Quase todo mundo pede massa. Quando ele chegava, entre duas e três da tarde, a cozinha ficava muito ocupada.

A essa hora, havia entre dezoito e vinte pessoas na cozinha. Nesse período, o pessoal da preparação terminava freneticamente suas tarefas, enquanto os cozinheiros de linha montavam suas praças, aterrorizados com a perspectiva de não terminarem antes dos primeiros pedidos. Sob muitos aspectos, essas tardes eram expressões exageradas de algo característico tanto de Nova York (onde, com tanta gente concentrada numa pequena ilha, o espaço é precioso e seu valor inflacionado) como do negócio dos restaurantes (em que o tamanho da cozinha e do salão são cálculos financeiros e uma cozinha pequena significa mais mesas). A preocupação com o espaço era excessiva. O Babbo não servia almoço porque a preparação ainda estava em atividade na hora do almoço. Não servia almoço também porque boa parte do equipamento do restaurante — toalhas, talheres, pratos, copos — estava guardada sob as banquetas onde os clientes do almoço se sentariam: todas as manhãs, o restaurante era desfeito; todas as tardes, montado de novo. O assim chamado escritório do Babbo eram duas cadeiras e um computador que ficavam em alguma fenda disponível no porão. Parecia uma extensão do encanamento, construído às pressas. Quando um tanque de água quente explodiu — durante vários dias a água de lavar os pratos foi fervida —, o "escritório" foi removido para poder se chegar ao tanque. A escrivaninha do assistente de Mario ficava embaixo de uma pia de despejos, que gorgolejava enquanto os restos de comida passavam pelo encanamento. O cheiro era penetrante.

À tarde, havia uma hierarquia do espaço. Mario me advertira sobre isso depois que mencionei que eu devia estar esticando meu traseiro demais, porque todo mundo dava encontrões em mim.

"Eles têm o direito de bater em você — estão pondo você no seu lugar." No dia seguinte, contei: esbarraram em mim quarenta vezes. O espaço era a primeira preocupação de Andy; quando cheguei, ele foi direto à câmara frigorífica para ver se conseguia trocar coisas de recipientes grandes para menores. Se não conseguisse, não haveria lugar para guardar o trabalho feito pela preparação. Uma vez, ajudei-o a preparar salada de ervas tirando seus talos, para concentrar o sabor. Começamos no salão de jantar, porque não havia espaço na cozinha. Passamos para a praça do café, diante das portas da cozinha, quando as mesas começaram a ser montadas, até que finalmente nos empurraram para junto do banheiro feminino.

À tarde, se você consegue um poleiro na cozinha, não o larga mais. Não atende o telefone, não leva um recado, não faz uma xícara de café, não urina, porque se fizer isso perde seu espaço. Por volta das duas, bandejas de carne assada saíam do forno, mas, como não havia onde pô-las, ficavam em cima das latas de lixo. Outras bandejas eram empilhadas em cima delas. E, às vezes, empilhavam-se outras ainda.

Mario aparece entre os turnos, de maneira imprevisível. Ele não dirige mais a cozinha — dá umas espiadas, para ver se tudo está funcionando bem, ou simplesmente a visita quando lhe dá na telha —, mas a expectativa do público é que ele esteja lá todas as noites, preparando cada prato, uma idéia que ele reforça, saindo com espalhafato da cozinha, levando os pratos para clientes especiais. No ano seguinte à abertura do Babbo, ele teve um aneurisma cerebral que alarmou a família. "Eu pensei 'Ah, meu Deus, lá vem'", relembra seu irmão Dana. "O momento Marilyn Monroe de Mario, depois de querer abarcar tudo." Os clientes do Babbo também ficaram alarmados e cancelaram suas reservas. "A única vez em que alguém pôde vir direto e conseguir uma mesa sem reserva", lembra Elisa.

Uma tarde, Mario apareceu para fazer um prato especial chamado *cioppino*. Ele o havia preparado na noite anterior, mas só houvera quatro pedidos. "Dessa vez, os garçons vão empurrá-lo, e, se não venderem tudo, vou demiti-los", disse de bom humor. *Cioppino* é a contração de "*C'è un pó?*" — tem um pouco? —, uma sopa de imigrantes italianos feita com restos e qualquer "coisa pequena" que um membro da família conseguisse implorar aos pescadores no fim do dia. Naquela ocasião, a "coisa pequena" seria carne de caranguejo e, fiel à idéia do prato, Mario percorreu a cozinha coletando tudo o que estivesse à mão — polpa e suco de tomate, sobras dos tomates assados, pontas de cenoura, uma tigela de cascas de cebola, qualquer coisa. Ele cobraria 29 pelo prato.

Mario tomou o lugar normalmente ocupado por Dominic Cipollone, o chefe dos salteados. Dominic estava no Babbo havia dois anos; era seu primeiro emprego em restaurante. ("O que quer que ele seja, fomos nós que o fizemos", disse Mario.) Ele tem um estilo pesado, sombrio e uma cara de Fred Flintstone precisando fazer a barba e, a certa altura, com seu jeito lúgubre, virou-se e deu um encontrão em Mario.

"Dom, você acabou de me atropelar", disse Mario.

Dominic pediu desculpas. Seu tom era irônico e dizia: "Claro que esbarrei em você. Você é gordo e estava no meu caminho".

Mas Mario não se deu por satisfeito. "Dom, nunca mais faça isso."

Dom não sabia como responder. Seria uma brincadeira?

"Não quero ser atropelado por você", Mario continuou. "Está vendo este balcão? É meu. Está vendo este chão? É meu. Tudo aqui é meu. Não quero que você esbarre em mim."

Encontrei Dominic na câmara frigorífica. "Mario está na minha praça. Estou limpando para ele e, enquanto isso, ele me empurra. Vou ficar por aqui."

(Foram vendidos 34 *cioppini* naquela noite. "Os garçons deram conta do recado", Mario me contou quando cheguei na manhã seguinte e o encontrei numa banqueta, bebendo uísque. "Estou muito contente.")

Depois que Mario saía da cozinha, nunca se sabia quando ele ia voltar. Elisa lembrava da apreensão que cercava suas saídas nos primeiros dias, especialmente durante uma fase Chinatown, quando ele voltava com compras que achava que deviam ser servidas como pratos especiais. Pés de pato, por exemplo, ou línguas de pato. "Muito, muito pequenas, com um osso minúsculo na parte de baixo que era quase impossível extrair." Ou águas-vivas que, conforme a tradição de preparar ingredientes locais à maneira italiana, eram cortadas em tiras, marinadas com azeite de oliva, limão e manjericão, e servidas cruas, como salada. "Nojento", disse Elisa. Era igualmente enervante quando Mario voltava sem nada, porque então, sem se perturbar, ele começava a remexer no lixo. A primeira vez que testemunhei isso — uma visão peculiar, aquele homem enorme inclinado e com os braços enfiados até os cotovelos dentro de um saco preto com comida descartada —, fui o objeto involuntário de sua investigação. Eu havia cortado aipo em pequenos cubos e jogado fora as pontas com florículos (afinal, como cortar folhas em cubos?). Nas florzinhas concentrava-se todo o sabor, e eu sabia que não estava certo jogá-las fora, mas mesmo assim eu jogara: eu tinha muito aipo para picar.

"Que diabo é isto aqui?", Mario perguntou, segurando um punhado das minhas folhas de aipo, para depois mergulhar de novo no saco plástico e ver o que mais havia a descobrir — que, óbvio, eram mais florzinhas de aipo, centenas delas. Trouxe-as para fora, sacudindo coisas gordurosas que tivessem aderido às folhas (seriam servidas naquela noite com bife). "O que você fez?", perguntou-me, pasmo. "Você está jogando fora a melhor parte do aipo! Peguei o escritor no flagra! Lembre-se da nossa regra: ganhamos dinheiro comprando comida, preparando-a e fazendo outras pessoas pagar por ela. Não ganhamos dinheiro comprando comida e jogando fora." Testemunhei a rotina do lixo várias vezes, envolvendo rins ("Elisa, não jogamos fora rins de cordeiro"), os talos verdes de alho fresco ("Frankie, o que você está fazendo? Eles ficam perfeitos numa sopa") e as pontas sujas de alho-poró silvestre ("Alguém fale com o cara das hortaliças — ele está me matando"). Qualquer coisa vagamente comestível só era jogada fora quando se tinha a certeza de que Mario não estava por perto.

Às noites, comecei a servir massas no prato.

"Assim", disse Mario. Ele segurou meu pegador antes que eu servisse o espaguete e soltou-o devagar bem do alto. "Você tem de fazer um monte de massa e deixá-la bem aerada." E mais tarde, com os tortelloni: "Ponha apenas um borrifo de molho. Trata-se de massa, não de molho" — uma máxima que eu ouviria sempre, o diferencial entre aquele restaurante e os ítalo-americanos. (Em espeluncas do molho vermelho, o prato é mais de molho do que de massa, além da carne moída no molho, mais as almôndegas e as lingüiças, bem como as pimentas, as cebolas em conserva e os flocos de pimenta chili.) Mario pegou minha colher — os tortelloni quebram se você usar pegador — e me ensinou a segurá-la. "Você não é uma dona-de-casa. Não use o cabo. Pegue a colher aqui, na base do cabo. Você terá mais controle. É só calor." (Como sou estúpido, pensei, e tive uma fantasia súbita, causada pelo meu constrangimento, de um faqueiro futurista em que a colher pós-moderna era toda colher, sem cabo, exceto, talvez, por uns dois centímetros de ponta do lado, para os fracos que precisassem disso.) Mais tarde, Mario explicou os componentes dos tortelloni. Era uma massa macia, fofa, recheada com queijo de cabra e servida com raspas secas de laranja e com uma polvilhada de pólen de erva-doce, uma espécie de versão exagerada da erva-doce. O pólen de erva-doce era uma descoberta de Faith Willinger, uma escritora americana especializada em culinária que morava em Florença e tinha algumas fontes secretas naquela cidade: quando ia aos Estados Unidos, ela contrabandeava o pólen de erva-doce escondido na mala, comprimido num saco plástico de cem gramas. E a casca de laranja? Porque laranja e erva-doce constituem uma combinação clássica. E também dá um pouco de acidez a um prato suave.

Recuei para olhar a cozinha e perceber como era diferente à noite. Toalhas brancas cobriam os balcões, onde Andy conferia os pratos antes de serem levados ao salão. A longa área de trabalho do meio também havia mudado. Durante o dia, era onde eu havia posto minha tábua de cortar, assim como dois cozinheiros da preparação, Cesar Gonzalez e Abelardo Arredondo. Agora, ela havia se transformado na "passagem". Andy, que dirigia a cozinha, estava de um lado, gritando pedidos e recebendo pratos que os cozinheiros de linha "passavam" para ele. Atrás deles ficava a "linha", uma parede de aparelhos de cozinha. Em um canto, estava o monstro intratável da massa, uma máquina de água quente borbulhante, obscurecida pelo vapor. No outro canto havia uma grelha, um quadrado de aço de chamas azul-amareladas. No meio, ficavam os três cozinheiros em fila, cada um com um forno ligado a 260 graus Celsius. Era muito calor. Eu estava ao lado de Andy e podia senti-lo. Quando me aproximava, como quando espiei para ver como um prato estava sendo montado, sentia o calor com muito mais intensidade — um golpe de calor, como uma nuvem, ao mesmo tempo um fato físico (estava nas raízes dos pêlos do meu pescoço) e uma abstração. Mas era suficientemente real: uma muralha quente, ainda que invisível, e eu me sentia feliz de estar do outro lado.

Nick trabalhava sobre o cozedor de massas, com o rosto no vapor e o suor pingando, e esquentava molhos em panelas sobre a chapa de aço. Ali era a praça das massas. Dominic, ao fogão, reaquecia coisas no forno embaixo. Ali era a praça dos salteados. Entre o *sauté* e a grelha ficava o *swinger*, a pessoa que girava entre a praça à sua esquerda e a praça à sua direita, ajudando os dois cozinheiros, servindo seus pratos, de plantão caso acontecesse um desastre. Mark Barrett estava na grelha. Ele apenas começara. Era um sujeito alto, de óculos, atento, de barba por fazer e, com seus cabelos ondulados e amarfanhados, parecia alguém que havia dormido tarde e acabara de levantar da cama.

Ele era diferente dos outros, assim como Nick. Ambos vinham de famílias abastadas de profissionais liberais. Não precisavam ser cozinheiros. Às vezes, eu achava que eram intrusos de classe média, sempre tendo de explicar sua carreira para pais preocupados, que consideravam um emprego na cozinha equivalente a entrar para o circo. Nick havia estudado história na universidade de Columbia, onde seu pai lecionava literatura japonesa. Aprendera italiano porque era uma exigência para se formar, e havia passado um ano na Europa, principalmente em Roma. Quando voltou, não estava mais interessado nos fundamentos da arquitetura clássica ou na pintura renascentista, ou no que quer que tivesse estudado durante seu dispendioso ano no exterior, bancado pelos pais. Havia descoberto o macarrão, queria ser um chef. Mark também tinha um pai bem-posto na vida (era dermatologista), um diploma em humanidades (literatura inglesa) e uma epifania semelhante que interrompeu sua trajetória intelectual — no seu caso, uma viagem a Dublin, onde havia ido conhecer as ruas em que outrora caminharam Joyce, Yeats e Beckett, mas em vez disso acabou descobrindo os sabores intensos de produtos de uma pequena fazenda de leite, creme, manteiga e ovos. Sua estada foi subsidiada com um emprego na cozinha de um café. Quando Mark voltou, abandonou a literatura irlandesa e foi para uma escola de culinária. Ele havia crescido em Ohio e tinha um jeito de se maravilhar com o mundo típico de cidade pequena. Naquele dia, estava com o rosto coberto de ataduras e gaze. No seu dia de folga, havia ido a um concerto de rock e quebrara o nariz ao se jogar sobre a multidão. Era algo também apropriado: é óbvio que é isso que faz em seus fins de semana o filho de um dermatologista com educação superior.

Até então, eu achava que estava familiarizado com o cardápio do Babbo; era capaz de recomendar pratos: o papardelle — bom de morrer; ou o chamado Calamari Dois Minutos, Estilo Salva-vidas Siciliano — apimentado, não perca. Eu não sabia nada. Na bíblia azul do Babbo, contei cinqüenta pratos de massa. Eu não tinha idéia de que havia tantos. Eram sessenta pratos principais. Havia quarenta entradas. Olhei para o menu. Estava fixado diante de Andy, acima da passagem e logo abaixo de uma prateleira cheia de coisas italianas: um garrafão de *vino rosso da tavola*, uma garrafa de azeite de oliva, alguns vinagres balsâmicos — uma natureza-morta de uma cozinha italiana, como se fosse uma imagem de revista de turismo, e a única coisa que os clientes viam quando espiavam através dos vidros das portas de vai-e-vem da cozinha, a caminho do banheiro. (Ah, o romantismo da Itália, era o que dizia a natureza-morta para quem espiasse, embora o vinho tivesse ficado marrom com o calor, o azeite fosse rançoso e a verdadeira cozinha, que não parecia nem italiana nem romântica, ficasse fora da vista.) O menu tinha quatro páginas — "descomunal", admitiu Andy. Os cozinheiros de linha movimentavam-se com tamanha rapidez que eu não conseguia acompanhar o que eles faziam. Os pedidos entravam por uma teleimpressora, num longo fluxo de papel, um depois do outro. Andy os retransmitia aos gritos e, sem eu saber quando ou como, me dei conta de que todo mundo havia aumentado simultaneamente a velocidade de suas preparações. Havia uma nova rapidez em seus movimentos, uma urgência. No final da noite, eu não seria capaz de dizer o que havia visto: um borrão, comida sendo jogada para o alto e modos radicalmente diferentes de ser — o jeito sem rodeios e agressivo com que os cozinheiros tratavam o calor e o fogo, longas chamas que flamejavam de suas panelas; e depois uma delicadeza de artista quando montavam cada prato à mão, movendo folhas de ervas e hortaliças ao redor dos dedos e dando o toque final com linhas coloridas de um líquido esguichado de uma garrafa de plástico, como se assinassem uma pintura. Significava o quê? Algo que eu não compreendia. Eu podia ter estado em Marte.

    Eu vivia um momento decisivo. Se voltasse para trás, estaria dizendo: muito obrigado pela visita, muito interessante, mas nada a ver comigo. E se eu seguisse adiante? Não haveria lugar para mim. Aquelas pessoas estavam num nível de trabalho muito alto. Elas não pensavam. Suas habilidades já estavam tão inculcadas que era como se fossem instintos. Eu não tinha habilidades daquele tipo e não imaginava como iria adquiri-las. Estava consciente de ter sido posto na beira de alguma coisa: de uma experiência longa, árdua, destruidora da confiança e profundamente humilhante.

    Mario, enquanto isso, examinava os pratos que saíam da cozinha. Era uma de suas visitas-surpresa.

    Ele pôs os olhos num bife de fraldinha e chamou Mark. "Moço da grelha, sua salsa verde está se dissolvendo. Você pôs azeite demais nela e o prato está muito quente. Refaça." Mark refez o prato, com movimentos milagrosamente acelerados, como um vídeo em *fast forward*. "Estou contando. Dez. Nove. Oito. Sete... Se posso ouvir você falando, você está falando alto demais." A cozinha era como uma biblioteca. Mario analisou um prato da praça de salteados, o pato, enfiou o dedo nele e provou. "Dom, enfraqueça o molho." Estava salgado demais, precisando ser diluído. "E o pato", disse, pegando uma fatia do peito. "Você precisa dar ao lado gordo um minuto a mais. A carne está boa." Estava quase malpassada. "Mas derreta um pouco mais da gordura." Durante quinze minutos eu havia observado Dominic cozinhar o peito em fogo brando, com o lado da pele gorda para baixo. Era o que Mario pedia que ele fizesse um pouco mais, para que a pele ficasse especialmente crocante.

Então, perturbado com a atenção, Dominic deixou um prato escorregar, cair em seus molhos e espatifar-se no chão. Havia timos no molho de tomate e molho de tomate no caldo de galinha, e louça quebrada no chão. Dominic tentou tirar os timos com a escumadeira, mas na pressa atrapalhou-se e os deixou cair em outro molho. Mario não disse nada, mas permaneceu na frente de Dominic, afastou as pernas, cruzou os braços e cravou os olhos nele. "Dom leva as críticas muito para o lado pessoal", me disse. Dominic suava. O olhar fixo, fiquei sabendo depois, era a maneira de Mario expressar preocupação — em outros lugares, haveria gritos. (Memo, que vinha de uma cozinha francesa, lembrava de uma prática chamada "*plating*": o chef pega o prato de sua mão e joga no chão, geralmente durante a hora de maior movimento, e você deve limpar o chão e preparar um prato novo. Nas palavras de Memo, "foi o momento mais humilhante da minha vida, e não aconteceu de novo".)

Um orecchiette foi devolvido do salão, comido pela metade; o maître John Mainieri o trouxe e explicou: "Não tem florículos suficientes nos brócolis". Cinco pessoas se reuniram em torno do prato e começaram a comê-lo. "Ele diz que na última vez que comeu aqui os brócolis tinham mais florzinhas." Todos pegaram um florículo e examinaram de perto.

"É verdade", disse Mario. "Já tivemos maiores, mas a natureza não está fazendo florículos grandes no momento." Uma nova massa foi preparada e Mario passou-a para um dos garçons. "Quando der isto para ele, por favor, dê-lhe uma coronhada com seu pênis."

Meia hora depois, outra devolução da mesma mesa — dessa vez, de uma mulher. Um bife. Estava duro. "Ela não quer outro prato. Quer bife, preparado adequadamente." Indignados, os cozinheiros atacaram a carne, arrancando pedaços com as mãos, e viraram-se uns para os outros dizendo "duro?".

O bife voltou. Dessa vez, evidentemente, foi cozido demais. E também tinha um talho. Aquele também não foi satisfatório.

"Cacete. Descubra os nomes deles. Aqui eles não voltam mais." Mario fez uma pausa. "O que eles estão bebendo?"

"Um Solaia 1997." A garrafa custava 475 dólares.

"Esquece", disse Mario, e mandou servir outra rodada de pratos principais.

6.

Nova York, 1992. Os pratos que Mario preparava no novo Rocco parecem compor capítulos de uma autobiografia: cada um está tão estreitamente associado a um momento específico de sua vida que o menu é quase mais literário do que culinário — a cozinha como memória. Raviólis recheados com miolos e acelga suíça é uma receita de sua avó. Uma crítica da revista *New York* elogiou um "tagliatelle à moda antiga em um ragu à bolonhesa" — o mesmo ragu que Mario fazia no La Volta. Os stricchetti com cogumelos porcini e cremini são uma variação do que Betta fez no primeiro dia de Mario em sua cozinha. O suflê de alho-poró (com salmão curado na grapa) foi o prato que ele preparou para seu primeiro almoço de Natal na Itália. Mario havia finalmente chegado a Nova York e tinha toda uma vida na cozinha para expressar.

Em seu segundo mês no Rocco, Mario conheceu Susi Cahn, sua futura esposa, que vendia hortaliças orgânicas e queijo de cabra aos restaurantes do sul de Manhattan. (O queijo era feito por seus pais; as verduras eram plantadas por Susi em suas terras no norte do estado de Nova York.) Duas semanas depois, ela levou os pais para jantar no Rocco: era seu aniversário e o restaurante parecia o lugar certo para comemorar. Acontece que a família de Mario estava na cidade, também para festejar um aniversário, o de sua mãe. O jantar só terminou às três da manhã. Para Susi, foi uma festança meio enevoada, cheia de energia e bebida, com Mario indo e vindo da cozinha, trazendo cada vez uma surpresa — mais um prato, mais uma garrafa de vinho, outra grapa e, por fim, um acordeão que seu pai tocou, fazendo todos cantarem canções italianas. Cahn, que é muito diferente de Mario — ela é baixinha, de cabelos escuros, da Costa Leste e judia, ele é um católico meio relapso, ela dorme cedo, ele fica acordado até de madrugada, ela é reservada e metódica, ele é sociável e impulsivo —, ilustra o tipo de pessoa com quem Mario provavelmente se dá melhor. "Eu sou *muito, muito* diferente dele", ela disse, quando nos encontramos para conversar, como se pensasse: "Cai na real, cara, Mario não poderia viver com outra versão dele mesmo". Parece que Arturo, seu novo sócio, não era muito diferente e, nove meses depois, a sociedade ruiu.

Não conseguiam clientes. Até Dana Batali ficou perplexo. "A comida era boa. Não sei por que ninguém ia." O que quer que fosse, ela confundia os freqüentadores. "Pedi que o Mario fosse devagar", contou-me Arturo pelo telefone, depois que consegui localizá-lo em Miami, onde ele agora é barman. "Estive na Itália. Sei o que é bom. Também não gostava do estilo antigo de comida. Mas não, para Mario era seu caminho em direção à glória. Era o restaurante do meu pai. Eu conhecia os clientes havia 25 anos. Eles olhavam para o cardápio e diziam: 'Que merda é esta?', e iam embora." Houve discussões sobre dinheiro. Mario estava sempre dando pratos extras às pessoas, até refeições inteiras, e não cobrava por elas. "A maior parte da grapa ele mesmo bebia."

A separação foi amarga. "Não posso assistir ao Food Network porque não sei se ele vai estar no ar", disse-me Arturo. "Ontem à noite, eu tinha convidados para o jantar e eles mencionaram *Molto*

Mario. Como puderam fazer isso comigo? E você", disse numa raiva súbita, "como é que me telefona do nada e menciona o nome deste cara? Você arruinou minha noite."

Mario estava desempregado e sem lar. Armandino convidou-o para abrirem um restaurante em Seattle — um desejo causado pela tristeza que sentia por ter perdido o armazém da família. Mario não aceitou o convite, pois havia encontrado um lugar, um restaurante indiano abandonado, com um aluguel especialmente barato porque os inquilinos haviam desaparecido no meio da noite e o proprietário estava perturbado. Batali não tinha dinheiro, mas tomou emprestado de Susi Cahn ("Nunca duvidei que ele iria fazer sucesso", disse-me ela) e convidou Steve Crane, seu amigo de San Francisco, para ser seu sócio. O Pó abriu seis semanas depois, no final de maio de 1993, sem alarde, pois estavam curtos de grana (e, portanto, com poucos ingredientes), não tinham licença para vender bebidas alcoólicas nem dinheiro para instalar ar-condicionado, naquele que foi o segundo verão mais quente da história da cidade. Mas estavam de portas abertas e, no final de agosto, o crítico de restaurantes do *New York Times*, Eric Asimov, fez uma visita e ficou assombrado com a deslavada italianidade de sua comida. Mario lembra que foi animador descobrir, finalmente, que "o que eu queria fazer em Nova York era o que Nova York queria comer". (Na esteira disso, Armandino, instigado por Mario, largou seu emprego na Boeing e, aos 61 anos, foi para a Itália a fim de ser um aprendiz de Dario Cecchini, um dos açougueiros mais famosos do país — tal pai, tal filho.)

O Pó era como um Babbo adolescente — treze mesas, mais duas na calçada, e um menu muito parecido com o do La Volta. Para Steve Crane, os dois primeiros anos foram os melhores. Ele ficava na frente, Mario na cozinha ("como um atleta"), e logo o lugar se transformou em ponto de encontro de chefs, resultado, lembra Crane, do fato de Mario enfiar seu cartão na mão das pessoas que encontrava, fazer o negócio crescer na base do boca-a-boca, consolidá-lo tratando clientes convidados como VIPs. (A prática foi refinada no Babbo, e as únicas vezes em que vi Batali de rosto vermelho de ira tiveram a ver com algum descuido com os VIPs. Ele raramente grita, mas quando o maître deixou de reconhecer um produtor de discos que havia aparecido no bar, ele explodiu — "Seu idiota de merda! Seu filho-da-puta de merda!" — e o expulsou da cozinha com tantas ameaças que achei que ia jogar alguma coisa nele. "Se é uma mesa VIP, vocês vão preparar o pedido *agora*", sibilou para o pessoal da cozinha, reforçando sua regra de que os VIPs devem ser servidos em primeiro lugar e com rapidez. "Você não vai preparar a comida só quando acha que está pronto para isso. Você não faz um VIP esperar porque você é um grande talento de merda e sabe mais. Você não é a porra de um artista. Estou contando. Dez segundos. Eles têm de receber as entradas em dez segundos. Nove. Oito. Sete." E com velocidade histérica, as entradas apareceram, e a palidez dos chefs da copa que as prepararam revelava seu pavor.)

De acordo com Crane, os problemas no Pó começaram depois que um executivo da nascente Food Network viu Mario dirigindo a cozinha e o convidou para um teste. A celebridade televisiva de Mario ("Como eu podia dirigir a frente se havia filas de gente de Nova Jersey esperando um autógrafo dele?") causou tensões entre os sócios. "Eu entrava e havia uma sessão de fotografia que eu desconhecia, e o fotógrafo dizia 'Ei, você aí, sai da frente'", lembra Crane. ("O que eu podia fazer?", pergunta Mario. "Ninguém estava interessado no maître.") Em 1999, Mario atribuiu um preço ao restaurante e deu a Crane uma escolha: pague, e é seu. Receba, e é meu. Crane pagou. Quando o negócio foi fechado, os olhos de Mario se encheram de lágrimas. "Mario é o cara mais durão que eu conheço — pode me bater, é essa a sua atitude. Nunca o vi chorar." Foi doloroso, disse Mario. "Como alguém pondo o nome dele em seu primeiro filho." Ele nunca pensou que Crane fosse querer o restaurante, muito menos pagar por ele. "Ele ficou chocado quando eu disse que ficaria com o Pó — não achava que eu pudesse tocá-lo sem ele." Mas curiosamente Crane não o dirige sem Mario, que permanece lá como um fantasma — não somente no menu, que continua a apresentar seus pratos do La Volta, mas também na cabeça do pessoal.

"Mario está?", perguntei a uma garçonete quando estive lá num fim de semana.

"Não esta noite", ela respondeu, incomodada por ter de responder a uma pergunta feita com tanta freqüência.

7.

Estávamos na segunda semana de março, no dia mais quente desde o verão, e as pessoas queriam um menu novo. O coelho não seria mais servido com couve-de-bruxelas, e sim com ervilhas, brotos de ervilha e um vinagrete cor de laranja feito com cenourinhas. "Damos aos clientes não apenas o coelho, mas o que ele tem na cabeça", explicou Mario. "Você come o coelho e o que ele quer comer também!"

Houve uma entrega de favas. Elas substituiriam os grãos-de-bico em um prato de pato chamado Pirâmides in Brodo: uma obra arquitetônica de massa em forma de monumento egípcio, recheada com o que sobrava do desossamento dos patos — rins, corações, pedaços retorcidos de carne cozidas, um risoto feito com caldo de pato. "Ninguém faz idéia do que tem dentro!", declarou Mario. "Poderia ser o pênis de Jeffrey Dahmer,* e não custa nada, e as pessoas adoram." Mas o caldo seria feito com ossos de pato e de peru; se feito só com pato, ficaria viscoso demais, "um francês afrescalhado demais".

* *Serial killer* americano que matava e comia suas vítimas. (N. T.)

Urtigas silvestres haviam sido encomendadas, mas não chegaram. "É típico", observou Gina. "No momento que a temperatura esquenta, todos querem primavera. Favas, morangos e ervilhas, e não sei o que vamos receber. Não será produção local, com certeza." Na realidade, o mercado da Union Square ainda estava desabastecido, exceto pela primeira leva de *ramps*, o inequívoco alho-poró silvestre do norte do estado de Nova York. Os *ramps* eram adicionados ao espaguete, enrolados no filé de porco, postos em conserva para o verão ou servidos com uma cobertura de lascas de um queijo de leite de vaca do Piemonte. "Ah, preparados assim, eles me dão tesão", disse Mario com ar feliz. Todos os funcionários da cozinha também os comiam — jogados na chapa, borrifados de óleo, virados uma vez e retirados com pegadores. Os *ramps* eram evanescentemente macios e tinham um frescor verde e natural: arautos de tempos mais amenos.

Houve mudanças na cozinha. Nick estava indo embora. Desejoso de voltar para Roma e inspirado nas histórias que Mario contava de Porretta, decidiu retornar à Itália. Mario sentiu-se lisonjeado — a decisão equivalia a dizer "seguirei seu exemplo, mestre" — e deixou claro que considerava Nick um discípulo ("Ir para a Itália é a única maneira de aprender"). Mario era agora uma fonte efervescente de conselhos: sobre o que Nick deveria procurar ("Se seu objetivo é depois ter seu próprio restaurante, escolha com cuidado — você precisa ir para um lugar que faça todos os pratos que você vai querer fazer"), sobre finanças ("Você precisa de cinco mil dólares e de um bom cartão de crédito"), e aonde deveria ir ("A grande cozinha está no Sul, mas lá você nunca vai trepar"). Essa a grande questão — onde? —, e Mario a debateu consigo mesmo em voz alta, enquanto Nick o observava em silêncio, sentado num banco do bar, até que Mario se decidiu finalmente por uma trattoria romana chamada Checchino ("Muito movimento"). Mario telefonaria para lá na segunda-feira. Na cozinha, a saída de Nick foi um grande acontecimento, por abandonar seu emprego e seu país. Todos reconheceram que não se podia aprender tanto sobre cozinha italiana em um país que não fosse a Itália.

Stacie Cassarino, uma das cozinheiras de Gina, retornou para trabalhar na preparação durante o dia. Ela havia feito um teste no serviço da noite, mas não era rápida o bastante. "Infelizmente, ela é uma poeta com livro publicado", explicou Andy com um tom de voz que dizia: 'Precisa dizer mais?'. "Ela pensa demais." A cozinha tinha quatro vagas — nem todas ao mesmo tempo, mas quase — e Mario e Andy tinham de tomar decisões rápidas.

Uma vaga foi preenchida de imediato porque o candidato perfeito apareceu na porta. Tony Liu seria o novo cozinheiro da pastelaria de Gina, uma dádiva, pois Tony era superqualificado, mas estava desesperado para trabalhar no Babbo. Era baixo, com cabelos pretos bem curtos, ombros largos e jeito sério. Era do Havaí — surfista no verão, praticante de snowboard no inverno, com um vigoroso andar de atleta — e se sentia freqüentemente deslocado numa cozinha urbana cheia de cozinheiros pálidos e nervosos que passavam meses sem ver a luz do sol. Mas estava ali para aprender o que o Babbo tivesse para lhe ensinar — era a sua missão — e parecia jamais perder o foco. Nunca sorria, por exemplo, nem uma vez, embora conseguisse ser sempre amistoso. Quando apareceu ao meio-dia, cumprimentou cada funcionário da preparação em espanhol, uma coisa que ninguém mais fazia. Tony fora cozinheiro no restaurante francês quatro estrelas de Daniel Boulud. Também morara na Espanha, onde trabalhara num três estrelas do *Michelin*, nos arredores de San Sebastián. Em sua mente, havia dominado duas cozinhas européias. A italiana seria a próxima. Era um sujeito pão pão, queijo queijo, e foi aceito como colega.

O mesmo não aconteceu com Abby Bodiker. Ela havia sido uma cozinheira de preparação na cozinha da Food Network e os outros estavam desconfiados: um estúdio de televisão não é um restaurante e, aos olhos de Memo e Frankie, Abby não tinha qualificação suficiente, era inexperiente e, ao mesmo tempo, mulher *e* feminina — em suma, não merecia uma posição na linha. Memo e Frankie podiam compor uma dupla ameaçadora, como gêmeos sinistros com uma linguagem particular própria. Eles mal falavam um com o outro, mas se comunicavam sempre — um movimento de sobrancelhas, um pequeno aceno de cabeça — e estavam sempre unidos no que tivessem de fazer: preparar um prato, ajustar um especial ou dar trotes no recém-chegado. Frankie, em particular, se opôs ao método de Abby, o que quer que isso significasse — que sabia eu? — e os dois logo cultivaram uma antipatia mútua. Abby era bem mulherzinha. Tinha cabelos loiros, que às vezes prendia num rabo-de-cavalo, e era mignon, com nariz arrebitado e feições delicadas. Em poucos dias de trabalho — todos os cozinheiros novos começavam na praça da copa, preparando entradas — ela se tornou claramente mais dura, sem expressão no rosto, como se usasse uma máscara.

"Todas as mulheres passam por isso", disse Elisa. "Era pior antes, quando o Neanderthal era o chefe da preparação." (Elisa assumira esse posto depois que o Neanderthal mudou-se para Pittsburgh para dirigir um restaurante que Joe e Lídia Bastianich abriram lá.) Elisa costumava reclamar dele para Mario — "Ele é grosseiro, sexista, ofensivo" — junto com outras queixas: a linguagem cifrada da cozinha para "estupro", os relatos vívidos de visitas de prostitutas. Mas Mario lhe respondeu que não podia fazer nada. "Realmente, Elisa, estamos em Nova York. Se acostume com isso." Neanderthal não durou em Pittsburgh e foi despedido. "Ele apertava o traseiro das garçonetes e pedia que elas fizessem sexo oral nele", contou-me Lídia.

Depois, testemunhei o que pode ter sido uma discussão sintomática envolvendo moleja. Elisa e Memo tentavam decidir o que constituía uma porção. Elisa havia recomendado 180 gramas e o uso de uma balança, mas Memo discordava.

"Vamos dizer que é do tamanho de um sutiã de bojo médio. Confie em mim, Elisa, todos os rapazes sabem que tamanho é esse", e pôs a mão em concha sobre o próprio peito para ilustrar seu argumento. "Você quer uma porção bojo médio de molejas."

Elisa ficou vermelha. "Eu, eu, eu realmente acho que devemos usar a balança", e virou-se para mim como se eu fosse uma testemunha do mundo exterior. "Qual é a desses caras? É porque têm de usar avental?"

Havia mais duas vagas a preencher e Mario estava ansioso, porque ele e Andy iam viajar na mesma época. Andy ia fazer uma viagem muito aguardada à Espanha, que não podia ser adiada. Como segundo homem de Mario havia oito anos, ele vira os chefs do Babbo partir e, com o apoio de Mario e Joe, abrir seus restaurantes. Agora era a sua vez. "Basicamente", confidenciou para mim, "só quero ser chef para ter meu próprio lugar. Finjo que o Babbo é meu, mas não é, e qual é a graça de fazer isso se o dinheiro não está na minha conta?" Tal como Mario, Andy vivera na Espanha, e seu restaurante, quando ele encontrasse um espaço, seria ibérico. A viagem de agora era para servir de inspiração; ia comer em 48 restaurantes em três dias.

Um dos postos foi preenchido por Holly Burling, de 28 anos, alta, magricela, masculinizada, cabelos ruivos e pele alva. Testemunhei Mario fingindo que a entrevistava, mas sabia que ele já tinha se decidido: Holly havia trabalhado na Itália. O que mais ele precisava saber? Ela não ficara por lá muito tempo (algumas semanas em um *agriturismo*, uma fazenda com instalações para hóspedes, aprendendo a fazer nhoque e massa feita à mão), mas a questão é que havia aprendido italiano e encontrado uma cozinha. "Ela faz. Ela fica." Ao observar os dois conversando (e observando em Mario uma determinação de ver Holly como um espírito aparentado), achei também que havia indícios de sua convicção de que as mulheres são melhores cozinheiras. Mario acreditava que Elisa era a melhor chef do

Babbo, "não só porque é ela que tem mais experiência, mas porque é uma mulher. Sei que não faz sentido e não entendo isso. Mas é uma coisa que se repete: as mulheres são melhores cozinheiras. Elas abordam a comida de uma forma diferente". Um exame científico da questão talvez não confirmasse essa hipótese, mas Joe também acreditava nela. Um dia depois que Elisa começou a dirigir a preparação, Joe experimentou o molho à bolonhesa e assentiu com a cabeça, descobrindo nele uma confirmação do que estava procurando. "É verdade", disse, "as mulheres cozinham de um jeito diferente. Este molho está muito melhor do que aquele que o último cara costumava fazer." O último cara havia sido o Neanderthal, e, na verdade, não era ele quem preparava o bolonhês. O molho era feito pelo principal ás da preparação na época, Miguel Gonzalez.

O emprego foi oferecido a Holly. O salário era de quinhentos dólares por semana, com cinco dias de férias a partir do segundo ano. Não havia menção de licença médica porque estava subentendido que não se ficava doente, o que eu já havia descoberto no silêncio gélido com que fui recebido quando peguei uma gripe e telefonei a Elisa para dizer que não ia trabalhar naquele dia porque, obviamente, ela não ia querer uma pessoa doente na cozinha. Não era nada óbvio. Memo explicou-me isso mais tarde, depois que se recusou a ir para casa quando estava com febre, espirrando e limpando o nariz na manga. "Quando tomei a decisão de ser um chef, aceitei que jamais deixaria de trabalhar por doença pelo resto da minha vida. É um dos sacrifícios da minha vocação."

O problema era a última contratação. Não havia dinheiro no orçamento para contratar o cozinheiro experiente que Andy queria. Ele perguntou-se então se poderia usar Marcello, "um dos latinos", que trabalhava no período da manhã fazendo macarrão. Mas Andy não tinha certeza se queria um latino para o posto.

"Não sei se é apropriado. Tivemos alguns deles no Pó. Mas o Babbo é diferente."

As pessoas falavam dos "latinos" dessa maneira (entre aspas, pois, afinal, a América Latina é um lugar grande). Ainda assim, a observação era curiosa. Por que os restaurantes três estrelas não gostam que mexicanos façam sua comida?

"Não, não, não. É apenas uma cozinha maior e não quero ter de parar para traduzir." É verdade, o inglês de Marcello era rudimentar e quando Mario o entrevistou, falou em espanhol.

Você está pronto para trabalhar à noite?, perguntou-lhe. Sabe que será o único latino? Pode agüentar a pressão?

Marcello, que estava com o antebraço enrolado em muita gaze (havia se cortado numa faca de chef que estava com a lâmina exposta), escutou atentamente e respondeu que sim, que era capaz de fazer aquilo. Ele era uma espécie de versão em miniatura do patrão: baixo e compacto, cabelos ruivos presos num rabo-de-cavalo, pescoço grosso (no futebol americano, seria possível imaginá-lo jogando de *center* numa equipe universitária de juniores) e um rosto redondo e cordial. Tinha modos respeitosos, educados, atentos. Confessou-me depois que a entrevista o deixara muito nervoso. A ansiedade fora percebida por Mario, que tinha o dom de um vendedor para perceber os sintomas fisiológicos do desconforto: "Adoro quando eles ficam nervosos. Faz com que eu me sinta muuuuito bem".

Mario perguntou se ele estava trabalhando em outro lugar. Muitos "latinos" tinham dois empregos.

"Estou", respondeu Marcello. Mencionou os horários e o salário.

"Quanto estamos pagando para você?", Mario perguntou. Olhou para Andy. Ele não sabia.

"Trezentos e setenta e cinco por semana", disse Marcello.

"A partir de agora você só trabalha aqui. Seu salário será de quinhentos e cinqüenta dólares por semana."

Era uma mudança tremenda. E ela trazia implícita uma nova

designação: a partir de agora, Marcello, você é um de nós. Ele voltou para a cozinha. Tinha um ar solene, mas vinha com um andar levemente distinto. Era como se caminhasse sobre balões de água.

Eu havia testemunhado um momento privilegiado e, na pequena história de um pequeno restaurante, um modesto marco. Os "latinos" estão em todas as cozinhas de Nova York. Eles servem sua mesa e limpam os pratos depois. O pressuposto tácito é que eles são os *Gästarbeiter* dos Estados Unidos, que estão aqui para fazer o trabalho sujo, a rotina do lavador de pratos. Mas eles também fazem a maior parte da comida, enquanto as posições de elite, na linha, estão reservadas para os sujeitos brancos. Dois dos cozinheiros mais produtivos da preparação de Elisa eram César, de vinte anos, e Abelardo, de 21: ambos "latinos". Todas as manhãs, Elisa lhes passava uma lista — às vezes com trinta tarefas diferentes — e no final da tarde eles já haviam feito a maior parte do que o restaurante servia à noite. Para a maioria das pessoas, eles eram invisíveis — até mesmo para seus patrões (eles são da raça "latina", em vez de mexicanos, uruguaios ou peruanos) —, um bolsão de trabalhadores intercambiáveis, que mal falavam inglês e viviam na periferia dos bairros da cidade, empilhados em apartamentos de um quarto, de quem ninguém quer saber. Estava claro que Mario e Andy não sabiam qual era o salário de Marcello: até aquele momento, mal sabiam de sua existência.

"Vamos precisar de um lavador de pratos", Mario disse a Marcello ao final da entrevista. "Você conhece algum?" Mario não saberia onde achar esse tipo de empregado. Nisso, havia uma corrente latina: o atual lavador de pratos, Alejandro, passaria a fazer a massa, tarefa que fora de Marcello. "Primos? Alguém da família?"

Passei uma tarde de sexta-feira, dia de pagamento, com Jesus Salgado. Ele trabalhava no Babbo desde o segundo dia de existência do restaurante e era primo de Miguel, o cozinheiro que fazia o molho à bolonhesa feminino. Miguel havia morrido. No dia 19 de maio faria um ano de sua morte e as pessoas falavam da data com reverência. Eu não havia conhecido Miguel, mas sabia dele através de Elisa — sua habilidade com a faca, sua compreensão da comida, seu modo espalhafatoso de se vestir, seu carisma: qualidades que também caracterizavam César, seu sucessor (e primo), embora Elisa insistisse que Miguel era "muito mais sexy". Foi Jesus quem propôs ao restaurante contratar César depois da morte de Miguel. Jesus também havia proposto Miguel. (Jesus e Miguel "eram como irmãos" e compartilhavam o mesmo cartão de visita, com o nome dos dois, e que, estranhamente, era o mesmo que Jesus usava agora.) Jesus também havia proposto seu irmão, Umberto, que limpava o restaurante durante o dia, e seu primo, Marco, que trabalhava na preparação. Por tê-los recomendado, Jesus sentia-se responsável por eles: se chegavam atrasados ou faltavam, Jesus tinha de responder por eles. Para o patrão, esse sistema informal era bastante confiável, embora reforçasse a distância entre os "latinos" e todos os outros. A única coisa que um empregador pedia aos funcionários era o cartão da Seguridade Social (sem cartão, nada de emprego), e, mesmo depois do 11 de Setembro, ainda é possível comprar um cartão sem gastar muito.

Jesus era um patriarca por natureza. No dia do pagamento, reuniu os membros de sua extensa família ao seu redor — Umberto usava uma jaqueta e sapatos de couro; os mais jovens, César e Marco, estavam de jeans baggy estilo hip hop e tênis vermelhos de corrida, ambos com fones de ouvido, balançando ao som abafado do rap. Jesus fora ao porão do Babbo pegar os cheques semanais e depois conduziu todos até um lugar na rua 8 para trocá-los por dinheiro (nenhum deles tinha conta em banco); César e Marco iam meio atrás, bamboleando felizes. Mais tarde, achamos um banco no Washington Square Park. Eu queria que Jesus me falasse sobre Miguel.

Jesus vinha de Puebla, no México, distante cerca de duas horas da capital mexicana. De lá também chegavam seus muitos primos. No Babbo, havia a opinião de que os melhores fazedores de massa vinham de Puebla. A observação foi feita pela primeira vez por Joe, ao perceber que o restaurante havia contratado, em seqüência, três cozinheiros de preparação excepcionais, e todos eram do mesmo lugar. Perguntei a Jesus: os melhores fazedores de massa são de Puebla?

"Bem, é um pouco mais complicado", respondeu. "*Todos* vêm de Puebla. A maioria dos mexicanos que estão em Nova York é de Puebla." *La migra*, era como Jesus chamava a migração. Puebla é pobre e superlotada de gente, e Nova York é uma cidade de destinação na trilha dos imigrantes simplesmente porque alguém de Puebla conseguiu fazer a jornada e outros o seguiram. "Em Puebla, não conhecemos fast food. Só conhecemos a comida que cozinhamos. Tem um McDonald's, mas nunca comi lá. Não tinha dinheiro para isso. Para nós, era um restaurante três estrelas. Um hambúrguer equivalia a uma semana de salário. Nós todos fazemos nossa comida."

Jesus disse que quando voltar ao México — há oito anos que não retorna —, sua avó vai comemorar matando um bode. Vai esfregá-lo com folhas de abacateiro — "o óleo das folhas disfarça o cheiro forte do bode!" —, cobri-lo com uma pasta feita de sementes de abóbora, amendoim, chocolate e cravo-da-índia, e enterrá-lo num buraco cheio de carvão quente. "Cozinhamos a cabeça de ovelha do mesmo jeito. Muitas das preparações do Babbo, que são bastante rústicas, são familiares para nós. O bife de fraldinha é uma preparação mexicana. Ou a praça da grelha, *la barbacoa*, como chamamos — é como fazemos nossa carne. Ou assar na panela: é como lidamos com cortes grandes. Ou o banho-maria, que usamos para preparar *tamales*. Temos muito a aprender quando trabalhamos numa cozinha como a do Babbo, mas há muita coisa que já conhecemos." Ele descreveu um casamento a que iria naquela semana no

Queens. "Todos levarão comida — um porco, um peru, uma galinha." O mesmo acontecia no Natal: "Passa-se o dia cozinhando em grupo". Elisa lembrava de conversas com Miguel. "Ele falava com freqüência sobre a comida que fazia em casa. César é assim também. Eles têm uma capacidade de olhar para a cozinha toda e entender como ela funciona. Os dois sempre sabem o que tem no frigorífico e o que é preciso encomendar de novo. Sabem mais do que a maioria dos garotos que saem da escola de culinária."

Quando Miguel chegou a Nova York, Jesus cuidou dele. Moravam juntos, uma família extensa de primos, irmãos e amigos, num apartamento de três quartos no Bronx: três em cada quarto, nove no total. Depois que arranjou o emprego no Babbo, Miguel começou a ter aulas de inglês com uma porto-riquenha chamada Mirabella, e os dois começaram a se encontrar.

Elisa lembra dela. "Eles tinham problemas e ela sempre ligava para cá. Era mais velha e dava para perceber a idade na voz, mas eu não sabia o quanto mais velha ela era até vê-la no enterro. Miguel tinha vinte e dois anos, ela quarenta e dois. Por que uma mulher de quarenta e dois sairia com alguém de vinte e dois?"

Por volta do Natal do ano passado, Miguel pediu conselhos a Jesus. A relação era tempestuosa, mas, de acordo com Miguel, eles tinham resolvido suas dificuldades. Mirabella queria que Miguel fosse morar com ela, em seu apartamento no Brooklyn. Planejavam casar em junho.

"Eu nunca a conheci", contou-me Jesus. "Miguel nunca a levou em casa. Isso me intrigava. Havia outras coisas. Ela sempre estava precisando de dinheiro. Tinha um problema no coração e precisava ver um especialista. Miguel não tinha muito dinheiro. Não tinha o suficiente para dar a uma mulher mais velha com problema no coração. Miguel me pediu conselho. Eu disse que ele não deveria ir morar com ela." Miguel perguntou aos outros moradores do apartamento. Eles disseram a mesma coisa.

No Ano-Novo, ele foi morar com ela.

As brigas continuaram. Mirabella telefonava para a cozinha todos os dias. Havia uma insistência no tom de voz dela, sentia Elisa, um tom imperioso. "Outros da cozinha me contaram que ela negociava algum tipo de carteira de identidade — ela comprava e vendia identidades." Na época, o preço de um número da Seguridade Social era 65 dólares. Um *green card* valia um pouco mais. O passaporte variava: um dos bons podia custar várias centenas de dólares. "Nenhum desses garotos tem documentos", disse Elisa. "Às vezes eu me perguntava se ela assustava Miguel por causa da sua condição de imigrante. Ele temia que, se arranjasse confusão, toda a sua família seria envolvida."

A relação não funcionava, disse Jesus. "Mas como Miguel havia pedido nosso conselho e nós dissemos que ele não se casasse com aquela mulher, ele achava que não podia voltar para nós. Ele estava atrapalhado. Não tinha um lugar para ir."

No dia 18 de maio, seu último dia na cozinha, Miguel terminou uma enorme quantidade de trabalho, lembra Elisa. Fez a preparação para toda a semana. "Depois pôs suas facas de peixe num recipiente de plástico e as entregou para mim. Eu não sabia o que ele estava fazendo. 'Obrigado', ele disse. 'Essas são muito boas.'" Naquela noite, enforcou-se no cano do chuveiro do apartamento no Brooklyn. Jesus correu para lá ao saber da notícia. Era a primeira vez que ia ao apartamento. A polícia não o deixou ver o corpo.

Jesus estava com 33 anos, mas parecia mais velho. Tem cabelos pretos grossos, duros como palha alcatroada, um nariz forte e anguloso e um rosto rude e com cicatrizes. Tem um ar sério e uma firmeza atraente. Ele telefonou para seu tio, o pai de Miguel. "Sua dor foi inacreditável. Nada do que eu disse fazia sentido para ele."

Jesus fez uma pausa. Estávamos sentados no banco da praça, cercados por seus primos e seu irmão, que nos observavam, sem nenhuma pressa aparente. O olhar de Jesus estava fixado em algum lugar e me evitava. Parece que não queria que eu visse as lágrimas que surgiam como óleo pesado ao redor de seus olhos. Ele respirou fundo. Depois de um culto na igreja, continuou Jesus, mexeu seus pauzinhos para mandar o corpo para o México. Andy escreveu uma carta em que contava "como Miguel era um herói, porque os pais não entendiam o que aconteceu. Nós não entendemos. Até agora".

Jesus se levantou. Sua família se levantou. "Agora somos muito próximos", disse, apontando para os outros. "Não queremos que isso aconteça de novo. Nós conversamos. Fazemos questão que ninguém se sinta sozinho." Ele se afastou na direção do metrô, o grupo seguiu atrás, subjugado, todos de ombros baixos e tristes.

Telefonei para a polícia. Jesus tinha o nome e o número de um investigador que se encarregara da ocorrência, o detetive Lamposone. Consegui falar com um de seus colegas.

"Ah, sim, lembro daquela noite. Garoto mexicano. Coisa muito feia. Estava bebendo com os amigos e começaram a brincar de um jogo com uma pistola. Ele perdeu. Uma confusão."

Fiquei horrorizado: seria por isso que não deixaram Jesus ver o corpo? "Oh, não", interrompi, chocado. "Ninguém disse nada sobre roleta-russa."

O detetive ficou confuso. "Sabe, é melhor você falar com Lamposone. Eu talvez tenha confundido com outro caso."

O detetive Lamposone havia sido transferido para outra delegacia, em Bay Ridge. Ele não se lembrava da ocorrência. Contei-lhe os detalhes, dei-lhe o nome, a data. Nada. "Desculpe-me. Dessa eu esqueci."

Certa manhã, cerca de dez meses depois, eu estava trabalhando na preparação. Fazia massa com Alejandro, o sucessor de Marcello. (Alejandro era lavador de pratos no meu primeiro dia de Babbo.) Ele crescera numa fazenda, nos arredores de Puebla, e partira quando tinha dezesseis anos. Estava em Nova York havia quatro. Era um garoto. (Uma tarde, quando todos os funcionários da preparação estavam no porão, trocando de roupa para sair — a rotina era que todos se despiam num espaço não maior que a metade de um closet muito pequeno —, Alejandro notou que Elisa olhava para a barriga dele. Para alguém tão jovem, era uma barriga especialmente macia e redonda. "Homens mexicanos", ele disse alegre, batendo nela com vigor. "Pança de macho.")

Eu falava um pouco de espanhol. Queria saber como funcionava a fazenda da família de Alejandro — que animais criavam, o que plantavam, o que comiam em casa. Alejandro, embora muito contente em responder às perguntas, não tinha aquela "capacidade de olhar para a cozinha como um todo". Para ele, aquilo era um emprego. Não estava interessado em conversar sobre comida, embora fosse, sem dúvida, um bom cozinheiro. Estava interessado em conhecer garotas americanas. Propôs me ajudar no espanhol e, sim, se eu insistisse, falar sobre hortaliças da fazenda, desde que eu o levasse a alguns clubes. Nesse instante, Marcello entrou. Sua esposa estava lá fora, no carro. Ele queria mostrar para a cozinha seu bebê, uma menina em miniatura aninhada em seus braços, com poucas semanas de vida, concebida — me dei conta — não muito depois de sua entrevista com Mario: com a confiança adquirida na nova posição, Marcello começou uma família.

As pessoas que não moram em Nova York não fazem idéia de como a cidade está sendo novamente moldada por imigrantes; é o lugar para onde você vai hoje a fim de se tornar o que será amanhã. Em 1892, quatro em cada dez nova-iorquinos haviam nascido no exterior. É o que voltou a acontecer a partir de 1998, graças à chegada, legal ou ilegal, de imigrantes da América Latina, da Rússia, do subcontinente asiático, da Albânia, dos países do Báltico. Os pais de Joe são imigrantes, italianos que viviam na Istria quando ela foi incorporada à Iugoslávia por Tito. Os italianos da região (a maioria havia sido fascista) receberam ordens para se assimilar ou cair fora.

O pai de Joe saltou num navio e chegou a Nova York de forma ilegal. Tinha quinze anos. Lídia teve uma passagem marginalmente mais convencional e recebeu asilo político. "Trabalhar em restaurante", observou Joe, "é a corda salva-vidas dos imigrantes nesta cidade." O primeiro emprego de seu pai foi num restaurante; seu primeiro lar foi em cima de uma padaria (de propriedade de um imigrante). Trinta e cinco anos depois, seu filho, agora co-proprietário de um negócio, propiciava uma corda salva-vidas para outra geração. Ele empregava Marcello, emigrado da Argentina (e não de Puebla, apesar de todos os seus dons de fazedor de macarrão). E agora Marcello sentia-se suficientemente seguro para começar uma família. Alguém havia morrido; alguém havia nascido.

Certa vez, perguntei a Mario o que eu poderia esperar aprender em sua cozinha.

"A diferença entre a cozinha caseira e a profissional", disse ele. "Você vai aprender a realidade da cozinha de restaurante. Em casa, você pode preparar qualquer coisa, de qualquer jeito, quando quiser. Não importa se seu cordeiro estiver malpassado para seus amigos no sábado, tampouco quando eles voltarem no ano que vem. Aqui, as pessoas querem exatamente o que comeram na última vez. Consistência sob pressão. E esta é a realidade: muita pressão."

Ele pensou por um instante. "Você também desenvolve uma consciência mais expandida da cozinha. Vai descobrir como usar seus sentidos. Vai descobrir que já não depende apenas do que os seus olhos vêem. Você vai escutar quando alguma coisa estiver cozida. Vai sentir o cheiro dos graus de cozimento."

Uma vez, na cozinha, Frankie usou a mesma expressão — "consciência da cozinha" —, como se fosse uma coisa aprendida nos bancos escolares. E achei que podia ter visto provas disso no modo como os cozinheiros eram alertados por um cheiro e se viravam para cuidar do que estavam cozinhando, ou no modo como pareciam ouvir alguma coisa numa caçarola de sauté e então ir lá sacudir a comida. Mesmo assim, me parecia improvável que eu chegasse a dominar aquilo: a cozinha permanecia teimosamente incompreensível para mim. Do início ao fim do dia, o lugar vivia num frenesi. Na verdade, sem que eu tivesse plena consciência disto, havia conhecimento no frenesi, porque sempre havia repetições. Reiteradamente, eu assimilava um cheiro enquanto uma tarefa era executada, até que, por fim, eu passava a identificar não apenas o alimento mas o ponto de sua preparação. No dia seguinte, acontecia a mesma coisa. (Àquela altura eu já conseguia de algum modo dedicar dias extras à preparação, embora, tecnicamente, estivesse empregado em outro setor.) Lembrei-me de uma coisa que Andy me havia dito: "Você não se torna hábil com uma faca numa escola de cozinha, porque lá eles lhe dão só seis cebolas, e, por mais que você se concentre naquelas seis cebolas, elas são apenas seis, e você não vai aprender tanto quanto se cortasse cem cebolas". Um dia, deram-me 150 línguas de cordeiro. Eu jamais havia posto a mão numa língua de cordeiro e a achei gordurenta e esquisitamente parecida com a língua humana. Mas, depois de cozinhar, aparar, tirar a pele e cortar 150 línguas de cordeiro, eu me tornei um especialista.

Certa manhã, Elisa foi cuidar de uma entrega e percebi uma mudança no cheiro das pernas de cordeiro. Elas estavam dourando numa grande panela, a uns três metros de mim. Numa espécie de transe, fui até lá, virei-as e retomei minha tarefa. Meu nariz me havia dito que elas já estavam suficientemente douradas e ficariam arruinadas em um minuto. Quando Elisa retornou, eu já havia retirado as pernas e colocado uma nova porção para dourar. Ela olhou para mim, levemente espantada.

Era um avanço modesto e recebi permissão para cozinhar. A primeira coisa foi, apropriadamente, pernas de cordeiro. Vieram depois bochechas de vaca, ambas as carnes cozidas basicamente da mesma maneira: douradas e assadas na panela até se desmancharem, num líquido cuja base era vinho. Depois vieram coxas de pato, ragu de coelho, língua de vaca e coxas de galinha-d'angola. Uma vez, quando estava fazendo bochechas de vaca, meu nariz me informou que elas estavam cozidas, embora devessem ficar no fogo por mais uma hora. No entanto, não as tirei de imediato, o que foi um erro, pois estavam quase queimadas, mas assim aprendi a confiar em meus sentidos.

8.

Senti necessidade de entender as *short ribs* [costelas ponta de agulha] provavelmente porque eu não sabia o que elas eram, ainda que ajudasse Elisa a prepará-las todas as semanas e reconhecesse sua ubiqüidade avassaladora: quase todos os restaurantes de Nova York com alguma ambição pareciam tê-las no cardápio e, com efeito, as ofereciam havia quinze anos. Não é comum admitir que em algumas cidades os pratos de restaurante, algum ingrediente ou uma preparação se reproduzem de forma misteriosa (contudo, eles raramente emigram — até há pouco tempo, não se encontrariam *short ribs* em Boston ou Chicago) por causa da promiscuidade profissional dos chefs, que sempre pulam de um lugar para outro, nunca permanecendo por muito tempo, em especial em Manhattan, motivo pelo qual Mario se recusava a dar referências profissionais para quem trabalhasse menos de um ano no Babbo. ("Por que deveria? Para que possam roubar idéias que levei a vida inteira para aprender?") A ponta de agulha presta-se a ser roubada porque, a cada aparição, ela pode ser tematicamente reinterpretada sem esforço. Torna-se gaulesa quando surge num estabelecimento francês quatro estrelas (cozidas em caldo de vitela, as costelas são servidas com aipo ao vapor); passa a ser vagamente *fusion* num elegante quatro estrelas euro-asiático (sobre arroz branco, com *bok choy* e castanhas-d'água); é um prato satisfatório num restaurante americano caseiro duas estrelas (com purê de batatas e molho); torna-se um artigo exótico no boteco vietnamita que só aceita dinheiro vivo (enfiada num espetinho e servida com molho de ameixa); e vem acompanhada de um indicador de italianidade — quase sempre polenta — quando servida em um restaurante italiano. No Babbo, era sempre coberta com um montinho de salsa, raspas de limão e raiz-forte (raiz-forte e carne formam um casal tradicional e o limão dá o toque cítrico imprescindível a um prato Batali). O prato tinha também um nome italiano, Brasato al Barolo, que significa "braseado no Barolo", ou seja, num vinho tinto encorpado típico do Piemonte, norte da Itália.

Um braseado, variação do assado de panela, é aquele em que a carne é cozida com a tampa fechada, muito lentamente, em líquido — vinho ou caldo, ou ambos — até começar a se desmanchar. A carne costuma ser um corte duro, como músculo ou paleta, um daqueles pedaços nervosos, complexos, só mastigáveis depois de batidos durante várias horas. Na Itália, o braseado é uma preparação de inverno de longa tradição, associado a fogões à lenha que aquecem a casa e a sabores suavizados de tubérculos. (As carnes braseadas, por exemplo, aparecem no livro mais antigo de cozinha da península, *De re coquinaria*, escrito em latim por volta da época de Cristo por Marcus Gavius Apicius, que também recomendava o mesmo método obliterador para patos selvagens e aves de caça dessecadas e duras, impossíveis de comer de outra forma.) O problema com a versão piemontesa do Babbo é que não é fácil encontrar um *brasato* feito com ponta de agulha, com ou sem Barolo, em qualquer lugar do Piemonte, e Mario, quando pressionado, concede que pode haver um pouquinho de invenção no nome do prato. Tal como eu, ele não fazia idéia do que eram *short ribs* até comê-las numa noite invernal de 1993 em um restaurante chamado Alison, na rua Dominick, onde ele foi preparado ao estilo norte-africano, com cuscuz. Em mais um sinal da síndrome "como posso lhe dar meu coração se ele já está despedaçado?" de nossa época, o Alison — que com sua iluminação a velas foi considerado, ainda no Dia dos Namorados de 2002, o restaurante mais romântico de Nova York — fechou, mas consegui localizar um de seus antigos chefs, Tom Valenti. No final dos anos 1980, ele fez grande sucesso com um prato de músculo de cordeiro que seguia o mesmo princípio: um músculo duro e barato da perna era cozido em vinho e caldo até que a carne se desmanchasse ao toque, e o resultado foi tão popular e tão imitado que Valenti tratou de procurar outra carne para preparar da mesma maneira. "Eu queria fazer alguma coisa com carne, mas jamais gostei de picadinho. Achava seco e borrachudo. Então fiz algumas pesquisas e descobri receitas velhas que usavam *short ribs*. Eu gostava desse corte de carne mais que de qualquer outro: ela é suculenta e marmorizada, e tão cheia de gordura que jamais seca." Quando pôs o prato no cardápio, em 1990, ele era acompanhado por um pequeno filé — "tecnicamente, um prato feito de duas carnes, para que as pessoas tivessem escolha, caso odiassem a ponta de agulha". Valenti dirige agora os próprios restaurantes, e as *short ribs* estão sempre presentes — exceto por um breve período de seis meses, quando as tirou do menu e "ouviu muita merda dos clientes". Em 1990, a ponta de agulha custava um dólar o quilo; agora, graças a Valenti, custa mais de dez dólares.

Mas o que são *short ribs* e onde se localizam numa vaca? Elisa não sabia, e as preparava havia quatro anos. Nem Valenti tinha certeza; suas costelas, como as do Babbo, eram preparadas pelo sujeito da carne e chegavam em unidades fechadas a vácuo contendo três ou quatro. Então, fui ao açougueiro do meu bairro —

Benny, do Florence Meat Market, no West Village — e ele me explicou. Há treze ossos em cada caixa torácica do boi. Seis deles — os mais longos e mais carnudos — são a *prime rib*, ou seja, a costela assada habitual (era o que Tom Jones devia estar comendo quando seduziu a sra. Waters — um grande pedaço de carne com um osso que se pode segurar com as mãos). Mas há três ou quatro ossos na parte de baixo da caixa torácica e outros três ou quatro no alto, perto da paleta, que são mais curtos. São as *short ribs*. Por isso elas são entregues pelo açougueiro em unidades de três ou quatro: três ou quatro da parte de baixo e três ou quatro da parte de cima, embora as costelas do alto sejam freqüentemente gordas demais para ser usadas.

No entanto, as costelas não são curtas de forma alguma — têm cerca de trinta centímetros de comprimento. São também surpreendentemente carnudas, parecidas com as costeletas de porco, mas com muito mais para comer.

Começa-se por dourá-las. Você as retira "por cima da embalagem", Elisa lembrou-me depois que eu já as havia puxado pelo lado, "assim, você não fica todo respingado de sangue" — porque, é óbvio, eu já estava todo ensangüentado — e depois as separa uma por uma, cortando de alto a baixo entre cada costela. "Cuidado", disse Elisa, "*por favor.*" Põem-se as costelas numa *hotel pan* e tempera-se com sal e pimenta em abundância, dos dois lados: elas parecem sardentas quando se termina de temperar. (Uma *hotel pan*, entendi por fim, não é, na verdade, uma panela, mas uma assadeira, e tem esse nome porque é uma das maiores assadeiras que cabem num forno, o tipo de forma muito grande de que um hotel precisa.)

No Babbo, eles preparavam uma quantidade de *short ribs* equivalente a três vacas de cada vez, cerca de 48 costelas, mas um quarto delas era sempre gordo demais e inutilizável. (Meu Deus, me vi dizendo, segurando alguma costela anã e torta, imaginando se entre os passatempos da pastagem estava o boxe bovino. O que aconteceu com esta vaca?) Essa é a natureza do corte — algumas são simplesmente mutantes —, de tal modo que se você for preparar *short ribs* em casa tenha sempre o dobro do que pensa que vai precisar: oito costelas para quatro pessoas. Podem-se fazer outras coisas com os pedaços não utilizados — no Babbo, a carne descartada, desfiada à mão e misturada com queijo parmesão, virava recheio de ravióli, a não ser que César chegasse primeiro, quando então acrescentava flocos de pimenta chili e pimenta-de-caiena para fazer um recheio ardente de tacos, com tortilhas de farinha branca grelhadas em chama aberta.

Hoje, é amplamente reconhecido que não se doura a carne para selar seu suco: doura-se pelo sabor. A crença de que a crosta externa seria um Magipac protéico surgiu no século XIX com as especulações não testadas do químico alemão Justus von Liebig. Sua teoria dizia que quando a proteína coagula em altas temperaturas, cria-se um selo, do mesmo modo como os ferimentos são cauterizados, e ela ganhou aceitação popular como prova científica para o que foi considerado o método de cozinhar do momento: quente e rápido, em vez do tradicional lento e úmido. É notável que essa teoria só tenha sido contestada mais de um século depois, em 1984, quando o químico e autor de livros sobre cozinha Harold McGee confirmou que tal selo não existia e que douramos a carne apenas porque gostamos do sabor.

Na carne, o processo de dourar resulta do rompimento das proteínas sob o fogo — a superfície é caramelizada (ela fica literalmente mais doce e mais aromática) e a textura muda —, mas isso só ocorre quando a temperatura atinge pelo menos 170 graus Celsius. Acontece que o azeite de oliva extravirgem prensado a frio começa a fumegar aos 180 graus, então suponho que, se você é escrupuloso nessas questões, pode encontrar a felicidade dentro dessa zona intermediária de dez graus e dourar sua carne em azeite de oliva sem poluir a cozinha e os pulmões de seus colegas.

Infelizmente, não era esse o método no Babbo, onde mandavam você pegar uma panela grande e pesada — uma "*rondo*" com quase um metro de diâmetro —, pôr sobre a chapa e jogar azeite de oliva quando o fundo estivesse fumegando. Na primeira vez que fiz isso, hesitei, espiei pela beira da *rondo* quentíssima, com uma costela em cada mão, como pistolas prontas para serem sacadas numa brincadeira de caubóis e índios. O azeite de oliva havia adquirido o aspecto de líquido quente, alguma coisa molecular parecia estar acontecendo, e o azeite se movia em correntes circulares. Eu nunca tinha visto correntezas de azeite de oliva e não gostei do que via. Enquanto estava parado, escutei uma voz débil, proveniente do pequeno homem que mora nos fundos do meu cérebro e que sempre chamei de sr. Bom Senso. O sr. Bom Senso, que também não freqüentara a escola de culinária, me dizia que eu não deveria enfiar minha mão até o fundo de uma panela gigantesca e quente, tão quente que estava cuspindo azeite, certo? Claro que não. Então, decidi enfiar minhas costelas lá dentro e só largá-las pouco antes de chegarem ao fundo. As costelas aterrissaram. Elas irromperam com estardalhaço no óleo quente, que então deu a impressão (na minha cabeça, pelo menos) de *rugir* e subir por uma das costelas, saltar no fim delas e explodir, envolvendo meus dedos. A dor foi extraordinariamente intensa e minha pele reagiu de imediato, formando bolhas em forma de globo na área sensível entre a cutícula e o primeiro nó dos dedos. Quatro bolhas, uma em cada dedo. Os globos eram bem bonitos, não muito diferentes de pequenas jóias brilhantes.

Certo, assim aprendi uma coisa que, tenho certeza, todo mundo já sabia: não se joga nada em óleo quente, aterrissagens com choque são fortemente desaconselhadas. Eu tinha 46 costelas para cuidar e concluí que elas deveriam ser postas com delicadeza no fundo da panela. Mas havia um problema. Os globos parecidos com jóias em meus dedos estavam supersensíveis ao calor e quanto mais eu me aproximava do fundo quente, mais eles protestavam. Então, aconteceu algo extraordinário: quando eu estava prestes a soltar outra costela, as pontas de meus dedos, como animaizinhos de estimação que se soltam da corrente, fugiram sozinhas e largaram a costela. Mais uma vez ela mergulhou com estardalhaço. Mais uma vez houve um borrifo. E mais uma vez o óleo quente subiu pelo osso, saltou no fim dele e explodiu, envolvendo dessa vez não os nós dos dedos mas as bolhas brilhantes que lá estavam. Bolhas sobre bolhas. O processo foi parecido com o que eu tentava aplicar na carne — romper a proteína no tecido a alta temperatura. Mas essa idéia só me ocorreu mais tarde. Na hora, pensei apenas numa coisa: afastar-me da fonte da dor. Entrei em órbita. Enfiei os dedos entre as pernas (não tenho idéia de por que os homens fazem isso — esperam encontrar conforto lá?) e uivei. Quando voltei à terra, estava cercado por vários chefs mexicanos da preparação que me olhavam com compaixão, mas também com uma mensagem clara: o señor é realmente muito estúpido. César me passou seu pegador.

Use um destes, disse.

Claro. Outra lição aprendida: usar pegador.

Depois de dourar, o resto não tem mistério. Na verdade, com o pegador, dourar também não tem mistério. Restam cinco passos.

Um. Remova as costelas agora douradas e faiscantes (usando pegador, *por favor*) da *rondo* e faça um líquido para ensopar, aquele que vai cobrir as costelas enquanto elas cozinham. Nesse método, o líquido é o ingrediente essencial e não importa o que seja, desde que seja úmido e abundante (num ensopado irlandês, é água), embora o líquido ideal deva ser ao mesmo tempo saboroso e capaz de dar sabor, feito com uma parte de vinho (no Babbo, o equivalente a uns seis litros, não do Barolo que dá nome ao prato, mas de um merlot californiano muito barato porém perfeitamente aceitável) e uma parte de caldo de carne ou galinha, mais uma grande quantidade de hortaliças: algumas cenouras, uma cebola, dois maços de aipo e cinco dentes de alho descascados, tudo picado grosseiramente, que você joga na panela, ainda quente, e mexe. Acrescente o vinho, o caldo, uma lata de tomates e cozinhe por alguns minutos.

Dois. Ponha as costelas douradas numa assadeira, jogue o líquido sobre elas, acrescente alecrim e tomilho, tampe, bote no forno (a 180 graus) e esqueça.

Três. (Três horas depois, as costelas já estão cozidas.) Transforme o líquido do ensopado em um molho, embora essa instrução levante uma questão óbvia: o que é um molho? Nessa preparação, por exemplo, eis o que você faz: primeiro, retire as costelas e deixe-as de lado para esfriar; então coe o líquido em que foram cozidas e ponha em outra panela. Esse líquido, mesmo antes de as costelas cozinharem nele, já era bastante suculento, por ser um caldo feito com pés de galinha e muitas hortaliças, ervas e vinho. *Depois,* as costelas foram cozidas nele. (Os ossos de qualquer animal, cozidos em fogo brando, constituem uma expressão intensa da carne; aqui, você obtém uma expressão dupla, como um caldo feito de caldo.) Em seguida, ponha esse líquido denso, aromático e já condensado para ferver em fogo alto. A todo o vapor. Muita gordura derretida, na forma de uma espuma amarelada e repugnante, vai subir à superfície. Remova-a com uma escumadeira e continue fervendo a coisa até que se reduza a menos da metade, quando então, *voilà,* deixa de ser um líquido de ensopar ou caldo e passa a ser um molho. O resultado é muito, muito, muito concentrado (na verdade, é quase francês).

Quatro. Depois que as costelas esfriaram, você descobre que o osso se soltou da carne e sai com facilidade. Descobre também que o que sobrou é bem feio. Consiste de duas partes: uma espécie de tendão musculoso (cuja textura não é muito diferente da de uma luva de beisebol) preso à carne por uma camada de gordura. As duas partes podem ser separadas à mão. O pedaço que parece uma luva de beisebol, além de ser muito feio, é intragável. Com grande prazer, você o joga fora. O outro pedaço é bastante apetitoso, embora seja necessário aparar as gorduras indesejáveis e deixá-lo no formato de um retângulo. Mas, curiosamente, misturadas às costelas boas, encontram-se vários mutantes. Neles, por algum motivo, não há distinção entre as duas partes, a boa e a ruim. Estão misturadas e não é possível separá-las sem desfiar aquilo tudo, o que você acaba fazendo para encontrar alguma coisa, qualquer coisa realmente que César possa usar para preparar a refeição coletiva.

Cinco. Monte. Sua carne agora está disposta como soldadinhos de brinquedo mortos, todos bem-arrumadinhos. O molho está sem gordura e foi reduzido a algo que poderia ser descrito como o equivalente em comida à maioria dos astros do cinema: sombrio, rico e espesso. A coisa está pronta. O próximo passo é guardá-la de uma forma que se possa depois pegá-la com rapidez, jogá-la no forno e servi-la: digamos, seis *short ribs* em uma *half hotel pan* (que também não é uma panela, mas uma forma, metade do tamanho de uma *hotel pan*, ou, na vida normal, o tipo usado para assar bolinhos), jogar um pouco de molho por cima para manter a carne úmida e embalar tudo primeiro com filme plástico, depois com papel-alumínio, bem apertado, de modo que depois de guardada no chão da câmara frigorífica se possa pisar em cima dela (e na hora do rush do restaurante essas coisas acontecem — sempre acontecem) sem que o molho esguiche e grude na sola de seus sapatos, deixando um rastro vergonhoso até o banheiro, quando você tiver finalmente uma chance de ir até lá. O que você tem agora é uma típica preparação de restaurante, na qual a maior parte do trabalho é feita muito antes de o prato ser pedido (e se um restaurante pode fazer isso, por que não você?). Dura uma semana.

Esses passos — dourar a carne, fazer um líquido, cozinhar a carne nele, removê-la e reduzir o líquido até se transformar em molho — são os mesmos para todos os pratos braseados, em qualquer lugar. Pernas de cordeiro são feitas desse modo, assim como paleta de cordeiro, perna de vitela, pernil de javali, paleta de veado: é sempre do mesmo jeito.

Então, em 2 de dezembro de 2003, uma proposta modesta, com implicações potencialmente históricas, foi feita pelo fornecedor de carnes do Babbo, Pat La Frieda. Ele perguntou a Elisa se ela queria experimentar *chuck flaps*.

"O que é *chuck flap*?", ela perguntou.

"É como uma *short rib* sem uma *short rib*", ele respondeu.

"Uma *short rib* sem *short rib*? Você quer dizer que não tem nenhuma feia que precise ser jogada fora?"

"Exatamente, é como a *short rib* perfeita — a *short rib* dos sonhos, a *short rib* do céu, o ideal platônico de *short rib*, mas sem uma *short rib*."

E assim, pela primeira vez em cinco anos, na quinta-feira seguinte, o menu de inverno do Babbo não tinha *short ribs*. Tinha *chuck flaps*. O prato ainda se chamava "Brasato al Barolo" (por que mudar agora?) e, para o meu paladar, não apresentava muita diferença no gosto, embora eu me pergunte se o molho, sem os ossos da costela para enriquecê-lo, não teria perdido um pouco da consistência. Evidentemente, ninguém sabe o que é *chuck flap* nem onde se localiza na carcaça do boi. Mesmo assim, Tom Valenti gostou dele. Pouco depois da mudança no cardápio feita por Elisa, ele jantou no Babbo em sua noite de folga e ficou particularmente entusiasmado com a *chuck flap*. Quem sabe?

E assim a *short rib* termina com um novo começo. Ou pelo menos foi o que pensei. Mas pouco tempo atrás dei com um texto publicado em 1979 por Jane Grigson, autora inglesa de livros sobre cozinha, em que ela relatava suas tentativas de recriar os pratos citados por Proust em *Em busca do tempo perdido*. O segundo volume do romance começa com um jantar em que é servido *boeuf à la mode*, que Grigson descreve como um corte de carne de segunda braseado lentamente e servido em sua própria geléia. Um corte de segunda abrange muitas coisas e várias funcionam nesse prato. Grigson prefere um que lhe é enviado por Charles MacSween & Son, de Edimburgo. Eis como ela o descreve: "O corte especial é o longo músculo magro da parte interna da escápula, conhecido por muitos nomes, mas principalmente como *shoulder fillet* e também como o corte do salmão ou peixinho. A primeira vez que o vi foi em nosso açougue na França e não entendo por que os açougueiros ingleses não o fornecem". Um músculo longo e magro da parte interna da escápula? Fui até Benny, meu açougueiro, e lhe perguntei se tinha um nome para tal corte: "Bem, há várias possibilidades. Poderia ser um *mush steak*, ou um *flat square*, ou até um *Scotch tender*. Além disso, poderia ser *chuck flap*". *Chuck flap*? As implicações são interessantes: o Brasato al Barolo do Babbo, além de não ser feito com Barolo nem vir do Piemonte, é francês.

Então, trabalhando ao lado de Mario numa noite, lancei-lhe uma pergunta audaciosa que mudaria minha vida. Relembrei uma sugestão que ele havia feito, a de que em algum momento eu poderia tentar ser um cozinheiro de linha. "Quando posso começar?", perguntei.

"Que tal agora?" Ele dirigiu-se ao cozinheiro da grelha. "Mark, venha cá. A partir de hoje, você vai treinar uma nova pessoa."

COZINHEIRO DE LINHA

Imagine uma grande cozinha no momento de um grande jantar. Veja vinte cozinheiros entrando e saindo de um caldeirão de calor. Conceba uma grande massa de carvão, de um metro cúbico, para cozinhar os pratos principais, e outra massa para fazer as sopas, os molhos e os ragus, e outra ainda para fritar e para os banhos-marias. Acrescente a isso um monte de lenha para quatro assadores, todos girando, um com um lombo que pesa entre vinte e trinta quilos, outro com uma peça de vitela que pesa entre quinze e vinte quilos e outros dois para as aves e caças. Nessa fornalha, todos se movem com rapidez; não se ouve um som: somente o chef tem o direito de falar e, ao som de minha voz, todos obedecem. Por fim, a gota d'água: todas as janelas estão fechadas para que o ar não esfrie os pratos enquanto eles são servidos. Desse modo passamos os melhores anos de nossa vida. Devemos obedecer mesmo quando nossas forças nos falecem, mas é o carvão em brasa que nos mata. Isso importa? Quanto mais curta a vida, maior a glória.

Antonin Carême, 1833

Cozinhar é o barato mais poderoso. É como ter a ereção mais espantosa, com Viagra borrifado em cima, e ela ainda estar lá doze horas depois.

Gordon Ramsey, 2003

9.

A praça da grelha é o inferno. Você fica cinco minutos e pensa: era isto que Dante tinha em mente. É um canto escuro e quente — mais quente do que qualquer outro ponto da cozinha; mais quente do que qualquer outro lugar em sua vida. Recentemente, instalaram ar-condicionado na cozinha, mas não sobre a grelha durante o serviço: senão, como manter alta a temperatura? A iluminação é ruim, por nenhuma razão apreciável, exceto que não há luz suficiente, reforçando o sentimento de que se trata de um lugar onde ninguém deseja estar — gordurento demais, desagradável demais. A luz que ali existe parece vir das próprias chamas: elas são acesas cerca de uma hora antes do início do serviço e permanecem acesas durante as oito horas seguintes. Eu não havia pensado em todas as implicações do aprendizado naquela praça. Jamais me imaginei naquele canto, fazendo as tarefas dali. Mario disse "Vá para lá"; fui e cruzei a parede de calor que eu havia erguido em minha mente, sentindo a súbita elevação da temperatura como uma crepitação na pele. De perto, Mark Barrett, que recebera ordem para me ensinar o trabalho, lembrou-me alguém de outra época. Suas mãos tinham um encardimento do século XIX. As unhas eram luas crescentes de grumo preto. Os braços não tinham pêlos e estavam cheios de queimaduras purpúreas. Seus olhos eram aumentados — ele piscava deformadamente atrás de óculos de aros grandes — e o nariz, ainda enfaixado por ter sido quebrado, estava listrado com faixas fuliginosas de gordura. Ele cheirava a suor.

Mark descreveu-me a praça. Havia dois dispositivos de cozinhar, além da grelha. À direita, um forno para finalizar o cozimento de coisas grandes, como um bife de sete centímetros de espessura (primeiro na grelha, depois no forno), e à esquerda, uma chapa para preparar os contornos — os acompanhamentos, o restante das coisas que iam no prato. Mark apontou para trás, para uma vitrine onde havia quase uma centena de diferentes bandejas de comida: ervas, vagens, corações de alcachofra e sabe-se lá o que mais — montes de vermelhos, verdes e amarelos. Olhei tudo aquilo e pensei: nunca na vida. Olhei de novo para o canto. Eu estava encurralado pelo calor. "Cuidado com seu jaleco", advertiu Mark. "Se ficar de costas para a grelha, os fios derretem e grudam na pele." Ele propôs uma divisão de tarefas: ele serviria os pratos e eu cuidaria da grelha. Acrescentou que, de qualquer modo, essa divisão era a prática da maioria dos restaurantes.

Fiquei emocionado. Aquilo significava que eu faria *toda* a carne do restaurante? (Não significava também que não teria de aprender os contornos?)

Mark me explicou a operação. Uma vez que a carne precisava de descanso, ela era feita no momento em que chegava o pedido, mesmo que só fossem precisar dela uma hora depois. (Mais tarde, quando o pedido era disparado, a carne seria rapidamente reaquecida e posta no prato.) Os pedidos eram gritados pelo expedidor — Andy cinco noites por semana e um dos subchefs, Memo ou Frankie, nas outras noites — e a pessoa de cada praça gritava de volta para confirmar. "Dois chinos", diria Andy, a abreviação do menu degustação de massas, e Nick responderia "dois chinos". Ou Andy diria "Seguido por *love, sweetie, butt*", significando que os próximos pratos do pedido eram uma massa chamada *love letters* [cartas de amor], uma porção de *sweetbreads* [molejas] e um *halibut* [linguado], e o chefe das massas responderia "*love*", e Dom, o chef dos salteados, diria "*sweetie, butt*" — uma seqüência de palavras que, se ouvida com algum distanciamento, parecia uma narrativa em si mesma. Ou: "*Bar, loser, tender*", que significava que no bar havia uma pessoa sozinha (o *loser* [perdedor]) que havia pedido um *tenderloin* [lombinho de porco].

Gritei de volta e retirei o porco de um refrigerador que ficava sob a vitrine dos contornos. Tudo era planejado para minimizar os movimentos, de modo que você pudesse girar como um jogador de basquete, com um dos pés plantado no chão. A carne crua estava numa bandeja, na qual eu temperava ambos os lados com sal e pimenta. Depois de cozida, ela ia para outra bandeja, descansar. A idéia era que, a qualquer momento, eu deveria ser capaz de ver tudo que fora pedido, cozido ou não. No chão, havia um grande balde de plástico com água quente e sabão. "Suas mãos vão ficar cheias de óleo e gordura e você precisa mergulhá-las na água para evitar que a comida escorregue entre os dedos", disse Mark. "Infelizmente, o excesso de movimento costuma impedir a troca de água." Depois de uma hora, mais ou menos, a água não estava mais quente, nem com espuma de sabão. Na verdade, depois de uma hora a água era uma coisa para a qual eu não queria olhar, e fechava os olhos ao mergulhar as mãos nela. No final da noite, eu já nem fazia isso — minhas mãos pareciam mais gordurentas depois de lavá-las.

O branzino, considerado o prato mais simples do menu, foi meu primeiro pesadelo. O peixe (um barbo do Mediterrâneo) já havia sido limpo por alguém da preparação e recheado com erva-doce e alho torrado. A dificuldade estava no cozimento.

A grelha era do tamanho de um forno, as chamas vinham de longos jatos de gás e o peixe devia ser posto na diagonal. O ângulo era importante: no começo, o peixe apontava para o canto da direita. Era a mesma coisa com as carnes — cozidas na diagonal, sempre apontando para nordeste. Depois de cozidas, elas eram viradas noventa graus, o que as deixava com a pele crestada e com marcas transversais da grelha. Isso também ajudava a saber em que ponto estava a carne a qualquer momento. Estágio um: apontando para a direita. Estágio dois: apontando para a esquerda. Estágio três: virada, ainda apontando para a esquerda. No último estágio, apontando de volta para a direita. Parece óbvio, mas quando a grelha fica movimentada, você precisa do óbvio. Com o branzino, todas essas mudanças eram feitas com um pegador, enfiando uma das tenazes na cavidade aberta e prendendo a parte de cima do peixe com a outra (parecido com tirar um sapato do fogo, embora, de início, eu odiasse fazer aquilo, pois achava, sem nenhuma lógica, que estava machucando o peixe). Depois que um lado estava assado, rolava-se o peixe com delicadeza, para que ele cozinhasse do outro lado. A parte complicada era o último estágio, quando era preciso segurar a cabeça com uma toalha, enfiar uma das tenazes sob a cauda e levantar o peixe para obter as marcas finais. Três coisas podiam dar errado. Se fosse feito com pressa, o peixe podia se romper pela metade. Se feito cedo demais, a pele grudaria na grelha. E se feito devagar demais, seus braços ficariam em chamas.

Na minha primeira noite, foram pedidos muitos branzinos. Às sete horas, os pêlos de meus braços já haviam desaparecido, exceto por um tufo junto ao cotovelo, que se transformara num grude preto. Destruí muitos peixes. O cálculo de Mark era que 21 haviam sido pedidos, mas 39 haviam sido cozidos. Por algum motivo, eu não conseguia pegar o jeito de mergulhar no fogo aberto e pegar um peixe pela cabeça. Entrei em pânico. Fiz a coisa devagar demais. Depois depressa demais. Havia pedaços de peixe por todo lado.

Antes de ir para casa naquela noite, me mandaram caminhar pela cozinha segurando um branzino com meu pegador. Isso me fez sentir estúpido. Todo mundo estava ocupado e eu andando em círculos com um peixe cru. Mas na segunda noite, eu já estava pegando o jeito — assim é a miraculosa pedagogia da repetição incessante. Depois de uns cinqüenta branzinos, até *eu* conseguia entender como cozinhar um peixe.

Aprender a cozinhar carne era aprender a se sentir à vontade com a variação e a improvisação, porque a carne era o tecido de uma criatura viva, e cada peça era diferente. Nisso, eu começava a reconhecer que há dois tipos de cozinheiro: o de carne e o de pastelaria. Este último é um cientista que trabalha com medidas exatas e ingredientes estáveis, que se comportam de maneira previsível. Mistura-se uma quantidade específica de leite, ovos, açúcar e farinha, e obtém-se a massa. Se acrescentar mais manteiga, a massa fica farelenta; mais um ovo e ela fica empastada. A carne está pronta quando se tem a impressão de que está pronta. Você cozinha uma ave, como uma codorna ou um pombo, até saber, por experiência, que está pronta (ou, se você é como eu e não tem essa experiência, abre a ave um pouquinho e espia lá dentro). Você cozinha um bife até que seu "toque" lhe diz que ele está pronto. É algo que não pode ser ensinado em livros de receitas — essa sensação, uma coisa que você deve aprender até ela se impregnar em sua memória como um cheiro —, e eu estava tendo dificuldades com isso. Convencionalmente, um corte de carne — digamos, uma costeleta de carneiro — está ao ponto quando apresenta certa maciez ao toque. Para ilustrar, Mario apertava a parte mais macia de sua palma rechonchuda e dizia que a carne deveria ter "este tipo de elasticidade", como uma rede de acrobata fofa, o que não ajudava, porque as mãos dele eram diferentes de quaisquer outras, enormes luvas de beisebol, grossas e largas. Meu toque era sempre pesado, eu me queimava e não descobria se *aquele* era o momento ou não.

Então comecei a tocar na carne não na hora de ver se ela estava no ponto certo, mas antes disso. Pus minhas costeletas de cordeiro na grelha — cinco, cada uma de um formato diferente — e toquei em uma, embora soubesse que ia estar macia e mole. Virei a costeleta e toquei-a de novo. Ainda macia, como lã úmida. Toquei de novo, mais uma vez, outra vez ainda, até que finalmente uma das costeletas começou a ficar firme — mas só um pouco. Toquei-a. Mais firme. Toquei-a. Nenhuma mudança. Toquei-a. Pronta. Apliquei o mesmo princípio ao bife de *rib eye* [ponta do contrafilé]: depois de grelhada, a carne ia para o forno e o *timer* era programado para cinco minutos. Então eu tirava a carne para ver o quanto havia cozido: enfiava um palito de metal nela e depois o levava aos lábios. O palito estava frio. A carne voltava para o forno e o *timer* era reprogramado. Uma vez mais, a rotina do palito: ainda frio. De volta ao forno, dessa vez por dois minutos, até que, por fim, a temperatura mudava, não muito, mas perceptivelmente: estava um pouco mais quente do que os lábios — logo acima da temperatura do corpo. Assim estava bastante malpassado. De volta ao forno por um minuto, e mais uma vez a rotina do palito de metal. Agora ele estava mais quente do que a temperatura do corpo: entre malpassado e ao ponto. Um pouco mais quente, e estaria ao ponto. Mais quente ainda e ficaria bem passada e meus lábios, infelizmente, com bolhas. (Mesmo assim, recomendo a técnica do palito — melhor do que um termômetro —, porque você consegue *ver*, com a sensibilidade, todo o corte.)

Eu estava na grelha havia dois meses quando, na linguagem da cozinha, fui declarado "malhado". Era junho, o início quente de um verão quente. O menu havia mudado de novo. Saíram as pernas de cordeiro e as costelinhas. O pato não era mais servido com cevada, mas com uma compota de cereja e um vinagrete de cereja. O acompanhamento do *branzino* era agora uma salada de nove ervas, a mesma que eu havia feito com Andy, cortando os talos enquanto éramos empurrados ao redor do restaurante: cebolinha e flores de camomila, salsa, cerefólio, orégano, levístico, folhas de aipo, as folhas fofas de brotos de erva-doce e algo chamado "salada de pimpinela", uma explosão verde de verão.

 Fazia 34 graus lá fora. Dentro? Vai saber! Mais quente. Depois que o serviço começava, o ar-condicionado acima da grelha era desligado. Disseram-me para providenciar jarras de água. "Se prepare", observou Frankie: quando a temperatura esquenta, todo mundo pede grelhados. (Por quê? Porque o estilo diz "rústico, ao ar livre, italiano"? Ou porque as pessoas sabem que a comida vem da parte mais quente da cozinha? — vamos fazer o cara da grelha sofrer...) Às cinco e meia, ouviu-se o som da teleimpressora. "Hora do jogo", disse Memo. Uma tabela preparada por John Mainieri indicava que cerca de 250 pessoas eram esperadas. Foram mais, e o maior número delas chegou nos primeiros noventa minutos.

 Um dos mistérios de um restaurante é que há uma coisa que todos parecem pedir, mas você nunca sabe o que vai ser. Uma noite, eram duas coisas — pato e branzino —, e Dom e eu éramos os cozinheiros mais atarefados da cozinha: foram 25 *branzinos* e 23 patos. Era uma noite quente: eu compreendia o apelo de um peixe grelhado. Mas por que o pato? Outra noite, era coelho. Depois, nada de coelho. Naquela noite, foram costeletas de cordeiro, ao ponto (de malpassado para ao ponto era mais fácil de sentir ao toque, e bem passado era o mais fácil de todos — bastava torrar).

 "Pedindo branzino, dois cordeiros ao ponto, um cordeiro bem passado, um malpassado, um de malpassado para ao ponto", gritou Andy.

 Respondi: "Branzino, dois cordeiros ao ponto, um cordeiro bem passado, um malpassado, um de malpassado para ao ponto". Por quê, lembro de ter pensado, alguém vai a um restaurante italiano e pede costeletas de cordeiro? Elas são servidas com alcachofras de

Jerusalém (cortadas bem finas e salteadas) e cobertas com cebolas vermelhas (cozidas em suco de beterraba para realçar a cor), folhas de hortelã e raspas de limão, com um iogurte temperado oculto embaixo: ou seja, todos os elementos que se esperariam de um prato de Mario. Mas, afinal, não passavam de costeletas de cordeiro.

A costeleta tem uma camada de gordura ao longo da parte externa e, depois de grelhar os dois lados, é preciso derreter um pouco essa gordura. A certa altura, havia tanta gordura que ela pegava fogo: chamas de gordura, quentes e difíceis de apagar. Embora esteja fazendo carne em cima de uma chama, você não quer fogo aberto — o gosto é de plástico preto —, e é imperativo apagá-lo rapidamente. Mas havia tanta gordura que Memo me disse para deixar queimar — era a única maneira de se livrar dela; bastava evitar as chamas enquanto eu estivesse cozinhando. O fundo de minha grelha, a parte sobre a qual eu sempre tinha de me inclinar, estava em chamas. Então chegaram os pedidos, um após o outro.

"Pedindo!", anunciou Andy. "Dois cordeiros ao ponto, pombo, lombinho, *rib eye*." Eu girei, abri o refrigerador, peguei as carnes, girei de volta, larguei a carne na bandeja e temperei. Alinhei as costeletas na grelha em duas fileiras de cinco, todas apontando para a direita, deixei cair o lombinho em outro canto, pus o *rib eye*, mas não havia chegado ao pombo quando ouvi a impressora: "Pedindo três branzinos e dois cordeiros ao ponto". A mesma rotina: mais duas fileiras de costeletas apontando para a direita, mas em lugar diferente da primeira leva (que eu havia virado e agora apontavam para a esquerda), porque estas eram mais malpassadas. Mas o que eu faria com os peixes? Não havia espaço.

A impressora de novo. "Pedindo três cordeiros ao ponto, branzino, coelho". Mais? Parei o que estava fazendo — eu precisava pôr os novos pedidos na bandeja dos crus para temperá-los, ou pelo menos para não esquecê-los quando chegasse uma nova leva de pedidos, e se eu me atrasasse jogaria a cozinha no caos. As carnes cruas se empilhavam porque não havia espaço na grelha. Notei que Memo havia assumido uma posição por perto, esperando para entrar em ação se eu ficasse assoberbado demais: o que a cozinha chama de "ponto de fusão", ou "o momento do parafuso", quando há mais do que sua cabeça é capaz de lembrar.

De novo a impressora. Aquilo começava a parecer um evento esportivo. O suor pingava do meu nariz e eu me movia depressa, o mais rápido que minha concentração permitia, sacudindo, girando, remexendo, sendo queimado, uma fileira apontando para a direita, outra para a esquerda, remexendo de novo, empilhando carne, correndo para os branzini que estavam esperando um lugar na grelha, girando, as chamas no canto da grelha ainda vivas, alimentadas pela gordura que caía dos novos pedidos. De novo a impressora. Minha cabeça funcionava com capacidade plena, com um único pensamento desgarrado, uma pergunta, repetida sem parar: o que acontecerá se eu me atrasar? E havia mais: cordeiro ao ponto, cordeiro de malpassado para ao ponto. Qual é a dessas pessoas? Eu estava cercado de carne. Carne na grelha, carne na bandeja de temperar. Carne na bandeja de descanso, em grandes pilhas. Era tanta carne que não parecia mais carne. Ou talvez parecesse exatamente carne. Era tecido, músculos e tendões. E ainda mais pedidos. "Este é o lance", sussurrou Memo, ainda atrás de mim. "A gente vive para isso", disse Andy, pegando pratos da passagem e acrescentando misteriosamente: "Você se sente bem pra cacete". A observação ficou na minha cabeça pelo resto da noite e pensei muito sobre o que estava sentindo: excitação, medo, estranheza, uma coisa do tipo exercício físico liberador de endorfina. Mas *bem*? Concluí que era meu primeiro vislumbre do que Mario havia descrito como "a realidade da cozinha" — um lugar cheio de viciados em adrenalina.

E então, de repente, o primeiro ciclo da noite terminou.

Isso se repetiria outras três vezes — três picos, o último às onze e meia —, mas no momento havia uma pausa. Durante um período lento, alguém fez comida: peixe, porque no meio do calor e da gordura tinha um gosto limpo, saudável e espiritual. Uma vez, todos quiseram a preparação apimentada dos *calamari* do restaurante, e durante uma semana foi o que comemos: lulas num caldo apimentado. Eram momentos surpreendentes, alegres refeições entre colegas, os cozinheiros encostados no balcão, comendo do mesmo prato, falando uma mistura de inglês e espanhol. Nessas ocasiões, Mark me dava conselhos sobre como me comportar na cozinha — como não ser notado, como obedecer à hierarquia — e eu lhe perguntava sobre sua estranha vida noturna, que sempre começava depois do expediente. ("Atum grelhado em palitos de capim-limão", me disse certa vez, explicando o jantar que havia preparado para uma mulher em seu dia de folga. "Nunca falha: sempre me dou bem. Mas depois ela percebe que em todos os outros dias da semana minhas noites começam às duas, e as coisas não vão muito longe.")

Recebi um recado de que havia amigos meus no salão e eu quis sair para vê-los. Precisava refrescar-me primeiro. Encharquei-me de água gelada, enrolei uma toalha fria na cabeça e fiquei na câmara frigorífica. O vapor exalava de meu jaleco de chef. Tirei a toalha da cabeça e a torci. Nesse momento, Dom entrou e vaiou o espetáculo de um homem no meio de uma nuvem de calor tentando não se mover. Troquei o jaleco por um avental limpo. Eu vinha pensando sobre o processo químico da cocção, sobre a transferência de calor e como, na grelha, a comida é posta acima de uma chama até que suficiente calor tenha sido absorvido para mudar sua composição molecular. Mas agora eu não podia tirar da cabeça a idéia de que a fonte de calor — o agente da mudança molecular — não era uma chama, mas a cozinha inteira. O local de trabalho era um forno. Lavei o rosto e entrei no salão, repleto de casais civilizados e bem vestidos, e me perguntei: "O que há de errado com eles, que comem todos costeletas de cordeiro?".

A transição foi abrupta. Os cozinheiros não costumam ir até lá. Com exceção de Mario, que passa parte da noite no bar, conspicuamente, para que todos o vejam (para muitos, vê-lo é o prato principal da noite), os cozinheiros não saem da cozinha. As culturas do servir e do ser servido são muito diferentes. Os horários dos cozinheiros são anti-sociais. Eles trabalham quando os outros se divertem; eles trabalham para que outros se divirtam, preparam pratos que não podem comprar, pois não ganham o suficiente. É mais fácil permanecer na cozinha — as contradições nunca vêm à tona. Vi os cozinheiros irem até o salão somente uma vez. John Mainieri havia trazido a notícia: "Prostituta na mesa trinta e dois". Um por um, todos os homens foram espiar e depois discutiram qual seria o preço da mulher. Holly, a nova cozinheira e única mulher que trabalhava naquela noite, parecia estar numa discreta confusão moral: "Eu também preciso olhar?".

O serviço da noite desregrava as pessoas; era diferente da cozinha de preparação. À noite, elas se comportavam de modo diferente. Mais sexista, mais grosseiro, mais duro. Eu gostava daquilo. Acho que todos gostavam; a cozinha tinha uma realidade crua, sem desculpas. Mas o que eu sabia? Havia sobrevivido a uma noite de malhação. Na verdade, havia feito metade do trabalho. A outra metade havia sido feita por Mark, preparando os contornos e montando os pratos. Eu estava tão ocupado, tão frenético, tão em pânico que não olhara nem uma vez para o que ele estava fazendo.

No período em que me tornei um sujeito da grelha, Mario não apareceu na cozinha. Estava fora, promovendo alguma coisa, e quando retornou eu já trabalhava na grelha havia quase um mês. Talvez eu tenha ficado presunçoso. Talvez eu precisasse ser posto no meu lugar: na primeira noite de sua volta, ele me tirou da linha. Eu havia feito duas peças de carne erradas. Os pratos estavam na passagem.

"Seu porco não está bem cozido", disse Mario, pegando fatias de lombo e julgando-as malpassadas demais. "Refaça." Ele me devolveu o prato. "E o coelho" — ele pressionou a carne entre o polegar e o indicador — "está cozido demais." O porco podia ser consertado pondo-o sob uma salamandra, uma espécie de estufa usada para reaquecer e cozer rapidamente, embora não fosse o ideal: o rosado desapareceu, mas o resultado foi uma cor cinzenta pouco apetecível. O coelho, porém, não tinha salvação e foi servido daquele jeito mesmo. Mario chamou Memo e Frankie e falou com eles de costas para mim, num murmúrio inaudível exceto por uma palavra: "Inaceitável". Depois saiu da cozinha no que parecia ser um acesso de raiva e desapareceu no restaurante. Memo, que estivera fazendo alguma coisa no frigorífico, veio até mim e disse para eu me afastar.

"Não é o que eu faria. É o que o patrão me mandou fazer." Depois, assumiu as tarefas da minha praça.

Não havia lugar para eu ir. Estava num dilema. Deveria ir para casa? Por uma hora, fiquei considerando essa possibilidade. Foi uma longa hora. Permaneci o mais ereto possível. Estava encostado num forno quente, o mesmo que havia usado para completar os bifes de *rib eye*. Eu tentava ser pequeno. Na verdade, tentava não ocupar espaço. As pessoas colidiam em mim de propósito. O cara da copa precisou da grelha para reaquecer seu polvo e eu tive de me espremer contra o forno para ficar fora de seu caminho. Por fim, numa tentativa de ser útil, comecei a temperar a carne que Memo assava: era meu trabalho — o cara do sal e pimenta. Um pouco de sal, um pouco de pimenta, seguido de uma longa espera até que viesse outro pedido de carne. Refleti: se eu fosse embora, equivaleria a dizer que não podia suportar aquilo. Não poderia retornar. Temperei mais carne. A cozinha havia ficado quieta. Ninguém olhava para mim. Sei disso porque, sem ter o que fazer, foi o que fiz: fiquei olhando em volta, para as pessoas que não estavam olhando para mim. A cozinha favorece sentimentos de companheiros de armas — as horas, a pressão, a necessidade de trabalhar em uníssono —, e aquela reprimenda pública, aquele espetáculo de olhem-para-ele-o-fodido, deixava todo mundo constrangido: parecia atingir diretamente o coração do significado de ser um membro do lugar. Mario teria feito aquilo de propósito, para criar dissonância, para lembrar a todo mundo que ali não havia amigos, apenas resultados? Eu me tornara íntimo demais? Talvez Mario estivesse de mau humor. O porco estava mesmo tão cru? Lembrei-me de uma coisa que Mark Barrett me havia dito: Mario jamais grita, mas quando está na cozinha se torna diferente, e já pisou em algumas pessoas. Então, Mario reapareceu. (Merda. E agora, vai ser o quê?) Foi até uma das chapas e começou a fazer pizzas, "pizzas de chapa", do tipo que pretendia servir em sua nova pizzaria. As pizzas eram sua obsessão do momento e ele queria que alguém no restaurante as experimentasse. Fez várias, cobrindo-as com pedaços de banha e molho apimentado de chili, numa mistura meio líquida e esponjosa. Mario deu uma mordida numa das pizzas e a cobertura escorreu por sua bochecha, num fio avermelhado de gordura. Eu o observava porque era o que estava fazendo — observar. Então ele veio na direção do meu canto e enfiou o resto da pizza na minha boca — depressa e com força.

"Este é o sabor que a América espera", disse. Estava a centímetros do meu rosto. "Você não acha que este é o sabor que a América quer?" Sua cabeça estava inclinada para trás, como a de um boxeador dando-me o queixo, mas protegendo o nariz. Uma postura agressiva, escancarada. Seu olhar era duro, quase sarcástico. Fixou os olhos em mim, esperando minha concordância.

"Isto é o que a América espera", eu disse.

Satisfeito, Mario levou suas pizzas para seus convidados e foi para casa, e então Memo mandou-me de volta para a grelha. "Mario foi embora e você tem de voltar ao que fazia", disse. Foi um gesto profundamente simpático — generoso, rebelde, correto —, e desse modo voltei à equipe.

Frankie explicou: "Aconteceu com todos nós. É como você aprende. É a realidade da cozinha. Bem-vindo ao Babbo".

No dia seguinte, pedi desculpas a Mario.

"Você jamais fará aquilo de novo", ele disse. E tinha razão: nunca mais fiz.

10.

O que Batali aprendeu com Marco Pierre White? E, o que quer que tenha sido, seria algo que eu deveria aprender também? Eu continuava intrigado com o tempo que os dois passaram juntos. Então descobri uma coincidência extraordinária (e que Mario desconhecia, porque nunca mais falou com White): alguns dias depois que Batali foi embora, White também largou o pub. Ele saiu, trancou a porta da cozinha e nunca mais voltou. E depois, tal como Batali, iniciou uma educação culinária de penúria e duração punitivas. Com efeito, depois de se tornar um chef, inscreveu-se num curso de atualização de cinco anos.

Para Batali, o pub havia sido uma brincadeira, uma aventura que acabou mal mas lhe mostrou o quanto ainda tinha a aprender. Para White, havia muito mais em jogo — o pub fora seu primeiro negócio, um sonho e, portanto, um sonho fracassado —, mas seu fracasso resultou num ponto de inflexão: ele *também* se deu conta do quanto tinha a aprender. "Éramos dois garotos, Mario e eu, servindo cem pessoas por noite e achando que estávamos fazendo a porra de um grande trabalho. Mas não estávamos." Na opinião de

White, o simples fato de eles mal sobreviverem só confirmava o desconhecimento dos dois, e 24 horas depois de largar o pub, procurou o restaurante estrelado do *Michelin* mais próximo — La Tante Claire, então na Royal Hospital Road, a uns quatrocentos metros do pub — e se apresentou ao proprietário, Pierre Koffmann: o chef o aceitaria de graça? White trabalhou lá seis meses. ("Eu sabia que ele ficaria o tempo suficiente para roubar minhas receitas", disse Koffmann.) Não satisfeito, White procurou o restaurante duas estrelas mais próximo, então o Le Manoir aux Quatr' Saisons, em Oxfordshire, dirigido por Raymond Blanc, onde mais uma vez se apresentou ao chef e onde ficou por quase dois anos. White estava prestes a dar o próximo passo lógico e se mudar para Paris, a fim de trabalhar num três estrelas, quando o destino interveio e ele se viu novamente à frente de um negócio — o Harvey's, no sul de Londres.

Mas foi a coincidência que achei irresistível, e depois que a descobri não consegui parar de imaginar o quão ruim deve ter sido a vida na cozinha do pub, a ponto de a ausência de salário se tornar mais atraente — *qualquer coisa* seria mais atraente — do que aqueles dois enormes machos alfa engaiolados juntos naquele buraco infernal. A coincidência também era instrutiva. Ela me dizia o que era preciso fazer para aprender aquele ofício: era preciso ser escravo — não de um, mas de vários senhores, um depois do outro, até chegar a uma proficiência (o que quer que isso fosse), ou a seu estilo próprio (por mais que demorasse), ou então concluir que, finalmente, você sabia muito mais do que todos. Eu precisava ir a Londres, concluí. Precisava aprender o que Mario havia aprendido. (Por que esse processo não tem um nome — essa auto-educação pela humilhação, ou aquilo que, no meu caso, sempre se traduzia em aprender a lição me fazendo de idiota?)

Fiz cinco viagens. Em cada uma delas, White me ensinou coisas, embora raramente fossem as lições que eu esperava. Pelos caminhos misteriosos dessas questões — em que nutrição, mortalidade e tradições culinárias se unem num *continuum* —, Marco parou de cozinhar em 23 de dezembro de 1999, quando fez 38 anos, a idade de sua mãe quando morreu. Agora ensina cozinheiros a cozinhar, ou inventa os pratos que eles servirão, ou dá pequenos toques nas preparações deles, ou planeja restaurantes que outras pessoas com dinheiro montam. Em uma de minhas visitas, por exemplo, White e seu "pessoal" compraram um pequeno lugar no leste de Londres no dia em que cheguei e durante o fim de semana o transformaram numa *brasserie* de almoço. Em outra ocasião, eles haviam acabado de adquirir um grande restaurante em Mayfair chamado Madame Prunier. Dois meses depois, em outra visita, haviam comprado um cassino na St. James Street. A extensão dos interesses de White — treze restaurantes, mais um estabelecimento de jogo de cinco andares — faz pensar em uma figura do tipo magnata, com uma equipe e um escritório tecnomoderno; no mínimo, um aparelho de fax e uma secretária. Na realidade, a vida de White não passa de um caos exaltado, e é uma maravilha observá-la. Ele não tem assistente e não teria onde pô-lo, porque não possui um escritório. É incapaz de digitar, não tem computador e quase nunca lembra de andar com um telefone celular. Tem um motorista, Takanori Ishii, chamado de sr. Ishii, empregado principalmente para levar White a caçar e pescar. Na volta de uma dessas expedições, me mostraram a agenda de White — o sr. Ishii cuida disso —, que consiste de anotações para perseguir um animal ou uma ave da floresta. Os negócios são realizados durante as refeições em um dos restaurantes de White.

Testemunhei como isso era feito depois que pediram a um arquiteto que planejasse a reforma do Madame Prunier. White era esperado no escritório do arquiteto, mas estava duas horas atrasado, o que era irrelevante, pois ele se enganou sobre o local do encontro e foi para um de seus restaurantes, o Mirabelle. O arquiteto, devidamente convocado, chegou com uma maquete gigantesca do futuro Prunier e mal conseguiu passar pela porta da frente com ela. Seu rosto dizia: não posso acreditar que você me fez passar por isto. Uma vez lá dentro, teve de brigar pela atenção do cliente. Sem se dar conta, White havia marcado outros almoços ao mesmo tempo.

"Ah, Will, que bom ver você", disse a William Sitwell, o editor de *Food Ilustrated*. "Vamos arranjar para você uma mesa boa. Com quem vai almoçar?" — pergunta que surpreendeu o sr. Sitwell.

"Hã, bem, com você, Marco. Achei que você e eu íamos almoçar juntos."

Um jornalista do *Evening Standard* chegou, foi saudado calorosamente por White, que juntou mesas para acomodá-lo, pediu outro risoto e uma garrafa de vinho.

Um advogado chegou. White ficou atrapalhado. Não tinha idéia de que aquelas pessoas também contavam almoçar com ele.

Um jornalista do *International Herald Tribune* apareceu (outro vinho, mais um risoto), seguido pela esposa de White, Mati ("Opa!"), e depois Alan Crompton-Batt, seu relações-públicas e amigo íntimo, a quem Marco, por volta da 14ª garrafa de vinho, começou a se referir na terceira pessoa do feminino: "Ela nunca é muito boa depois do almoço, sabe?".

Estudei White. Usava botas Wellington cheias de lama amarela, um suéter volumoso coberto com pedaços de palha e uma camisa de lã xadrez, cortada para ser usada com abotoaduras, mas com os punhos abertos e saindo para fora da manga do suéter como barbatanas. Tinha uma aparência frenética e desmazelada — seus cabelos mal cortados apontavam para várias direções, como um ninho de passarinho — que me lembrava os retratos demoníacos do jovem Beethoven. Cheirava a sujeira. Havia passado a noite no sofá de um guarda-caça, explicava para cada pessoa que recebia. Parecia um mediterrâneo (cabelos escuros, pele azeitonada), falava como um operário e vestia-se como um fazendeiro bêbado.

Apesar do Pierre no nome, Marco Pierre White não é francês e só passou um dia em Paris, numa pista de corridas. Ele é meio inglês (nascido em Leeds) e, como Batali, meio italiano: sua mãe veio de Bagolino, perto de Gênova. Ela conheceu o pai de White, Frank — um chef, aficionado da bebida e capaz de "começar uma briga numa sala vazia"—, quando tinha 22 anos, ao vir à Inglaterra para aprender inglês. O pai escolheu os nomes dos irmãos de White: Clive, Craig e Graham. O de Marco foi escolhido pela mãe. "Era como ser chamado de Sue. Eu queria ser Tom ou John. Gary — eu teria adorado Gary. Ou Jerry. Qualquer coisa, menos Marco Pierre. Eu costumava dar meus trocados de bolso aos meus amigos para eles não me chamarem pelo nome. No fim, as pessoas acabam ficando com a cara do nome que têm, não é? Conhece alguns Nigel? Todos têm cara de Nigel, não é?"

Sua mãe morreu ao dar à luz o quarto filho. White tinha seis anos e testemunhou seu colapso. Vinte e seis anos depois, numa crise pessoal, resolveu recuperar todas as lembranças de menino que tinha dela. A maioria diz respeito aos verões que a família passava na Itália e tem, no relato de White, o aspecto de um filme antigo em preto-e-branco. O céu não é azul, mas branco, os figos são cinza, um rio cheio não tem cor, os assoalhos de madeira em que o menino dorme são frios, até que ele volta finalmente para Leeds: o carpete verde em que sua mãe caiu, o sofá azul em que o pai a deitou, o cobertor vermelho da Saúde Nacional, as portas esmaltadas de branco da ambulância desaparecendo atrás de um morro verde. O único prato criado por White é dedicado a sua mãe, um tagliatelle com ostras e caviar ("In Memoriam Maria Gallina White"), o qual, reveladoramente, é de inspiração mais francesa que italiana: os pais desse prato são preparações dos mentores de White, um "huîtres Francice", dos irmãos Roux, e um "tagliatelle de lagostins", de Raymond Blanc. Na Inglaterra, a cozinha italiana não tem carisma; não há uma tradição anglo-italiana comparável à ítalo-americana. Na expressão de White, o país "não tinha rock'n'roll", especialmente em 1978, quando ele, aos dezesseis anos, um fracasso na escola ("Não conseguia ler — ficava diante da classe com um livro e não tinha idéia do que ele dizia"), foi despachado pelo pai para Harrogate, uma cidade-spa nas Midlands, com a ordem de bater na porta das cozinhas até alguém lhe dar um emprego. Alguém lhe deu, como escravo de um açougueiro no Hotel St. George. Ali, estudou o uso da faca e memorizou-o, depois juntava os restos, os moía e transformava em recheio de torta para a refeição da família; assim, White descobriu seu jeito de imitar as pessoas à sua volta, que, invariavelmente, estavam fazendo uma versão de algum cardápio clássico francês, porque menu francês era o que se achava na época. Foi o momento em que White se transformou em Marco Pierre, a caminho de se tornar um dos melhores chefs franceses fora da França. "Minha mãe não poderia ter me dado um nome melhor."

O Harvey's, o primeiro restaurante de White, valeu-lhe a primeira estrela do *Michelin*, em 1988, um ano depois de sua inauguração. Valeu-lhe a segunda estrela, em 1990. Cinco anos depois, White, cozinhando em outro lugar, ganhou sua terceira estrela. Durante esse tempo, também ganhou uma reputação teatral: era tão nervoso, tão imprevisível e ficava tão excitado (em 1990, foi hospitalizado depois que um ataque de pânico com hiperventilação paralisou seu lado esquerdo) que as pessoas iam ao seu restaurante na expectativa de que o inesperado acontecesse. Quando ele fala sobre esse período, soergue-se da cadeira, seus olhos se tornam salientes, ele eleva a voz e fica animado e indignado de novo. Os clientes ("filhos-da-puta gordos e feios") que pediam carne bem passada eram um insulto à cozinha e, em duas ocasiões, Marco mandou que saíssem do restaurante antes do fim da refeição. ("Demorou dez meses para que eu jogasse na rua meu primeiro cliente", White teria dito na época, acrescentando com certo exagero que, depois de pegar o gostinho, não ia parar mais.) Quando alguém pedia batatas fritas, ficava tão insultado que as preparava pessoalmente e cobrava quinhentos dólares. "Eu costumava ficar maluco." Jogava coisas, quebrava coisas; insatisfeito com um prato de queijo, jogou-o contra a parede, onde grudou e começou a escorrer enquanto a noite avançava, deixando uma mancha de camembert. Quando seu chef principal caiu e quebrou a perna, White o atacou: "Como ousa? Se você fosse a porra de um cavalo, eu te daria um tiro de misericórdia". Uma vez, frustrado pela lentidão da cozinha, mandou os cozinheiros ficarem num canto no auge do serviço. "'Vocês querem se comportar mal?', perguntei. 'Tudo bem. Todos vocês — na porra do canto onde vão me ver fazer o serviço de vocês. Deixem que suas consciências falem com vocês'."

Eu tinha ouvido variações dessas histórias e, certa vez, há quinze anos, testemunhei um pouco do show enquanto almoçava no Criterion, perto de Piccadilly, pouco depois de White tê-lo assumido, e ouvi um pouco da famosa ira quando as portas da cozinha se abriram e membros da equipe saíram correndo com o rosto pálido, os ombros caídos de humilhação. Havia uma satisfação perversa em ver aquela cena. (Seria por isso que eu havia ido?) Ser um chef naquela época, explicou White, com alguma nostalgia, era ter licença para gritar. As pessoas gritavam com ele, ele gritava com as pessoas. Gostava de ser um gritador, e sustenta que todo mundo fazia a mesma coisa, exceto, é óbvio, a pessoa com quem ele gritava.

White não grita mais porque não está mais na cozinha, mas ainda é altamente inflamável. A certa altura, ao contar sobre uma ocasião em que se sentiu provocado ao ouvir por acaso o comentário de um cliente americano ("Sabe, dizem que o chef é doido"), ficou tão exaltado que esqueceu que estava me contando a história para ilustrar como a mente é de todo imprevisível, até mesmo para seu dono. "Fui até à mesa dele e disse: 'Então você acha que eu sou doido? Você acha que eu sou louco?'. Eu estava começando a ficar contraído. E disse a mim mesmo: Vou dar um jeito nesse filho-da-puta. 'Posso dizer só uma coisa em minha defesa?' O cara estava apavorado. 'Sim', ele disse com uma voz fraca. Então eu disse: 'Eu posso ser muitas coisas, mas não sou doido porra nenhuma, entendeu? Não sou louco porra nenhuma'. Claro, até eu percebi que havia confirmado que era completamente maluco."

Mesmo em coisas simples, Marco transmite uma sensação de irresponsabilidade. Em junho, estávamos almoçando no terraço do Belvedere, restaurante do qual ele é co-proprietário em Holland Park (originalmente, era uma casa de chá da Lyons — um dos segredos de Marco é pegar restaurantes ingleses queridos e reinventá-los). Era uma tarde quente e o parque estava cheio. Marco terminou um cigarro e jogou a bagana por cima da balaustrada. Pensei comigo: será que foi uma boa idéia?

Uma mulher deu um grito. Depois, com grande irritação, a mesma mulher berrou: "*Marco!*".

Nós dois nos levantamos e olhamos. "Ora, veja só", disse Marco. "É minha mulher, Mati. O que ela está fazendo ali?" Ela estava atrás de um carrinho de criança, e furiosa: o cigarro havia caído no colo da filha deles. Mãe e filha olhavam para nós iradas, a mãe com as mãos nas cadeiras, a criança de braços cruzados.

Em uma outra vez, White me convidou para uma expedição matutina de caça. No caminho de volta a Londres, ele saltou para o banco da frente, as botas apoiadas no painel do carro, ao ver um campo de flores azuis. Elas estavam emolduradas por uma falha numa cerca e pelo sol do começo da manhã, grande e vermelho. White disse para o sr. Ishii voltar, pois queria ver o campo de novo.

"Não é lindo, Bill? Olhe para isso! São flores de linhaça. Elas se abriram quando o sol nasceu. Não estavam aqui quando passamos mais cedo." E então enfiou as botas no pára-brisa. ("Ah, me desculpe, senhor Ishii, o senhor vai ter de arranjar um novo.")

No final do verão, acompanhei White em outra caçada, na fazenda de lorde Rank, uma grande propriedade em Hampshire, ao sul de Londres. Havia muitos veados ("Olhe para a luz... vê como está ficando cinza-castanho, exatamente como as colinas, e como a pele dos animais se funde com as árvores, com o céu, com tudo?"), quando Marco viu quatro homens com galgos ("Ih, isso não me parece nada bom"). Eram trabalhadores migrantes irlandeses, com aparência de durões — um deles tinha uma cicatriz em forma de lua crescente na bochecha — e evasivos ("Só estamos dando uma caminhada de fim de tarde"), e os cães, sentados e nos vigiando ansiosos, eram para *coursing*, um esporte sangrento e ilegal em que os galgos acossam uma presa e a mantêm "*on course*" até ela ficar exausta, quando então a estraçalham. Marco disse a eles: "Nesta mão, tenho um celular. Nesta outra, tenho um rifle. Com esta mão vou telefonar para o guarda-caça, e se vocês não estiverem fora desta propriedade quando ele responder, vou matar seus cães a tiro". Ergueu o rifle, apoiou-o na janela aberta e, com o telefone entre a cabeça e o ombro, apontou para um dos cachorros. Terminou de digitar o número e soltou a trava de segurança da arma.

"Por favor", me vi sussurrando. "Por favor, vão embora. Ele vai mesmo, de verdade, atirar nos animais. Depois pode atirar em vocês." Os homens partiram com uma pressa gratificante. Estavam justificadamente com medo. Todos podiam ver que White estava a um passo de atirar. Mais tarde, refleti: por que continuo a acompanhar esse homem quando ele está armado?

Mas continuei. E pouco antes de a luz desaparecer naquela que seria nossa última viagem, no final de setembro, abatemos um gamo jovem. "Nada como um veado que você mesmo abateu, não é, Bill? Você teve um longo caso de amor com o animal e, como foi você que o matou, pode saboreá-lo muito mais." Persisti porque era isto que White fazia agora — ele caçava animais —, e eu estava interessado em suas opiniões sobre carne de caça, a menos adulterada das carnes, porém magra e complicada de cozinhar. Aquele era um tema sobre o qual eu estava decidido a aprender alguma coisa, e White tinha muito a dizer, sobre aves especialmente, o que descobri na noite seguinte, quando comemos tetraz no 50 St James, sua nova aquisição.

Os ingleses têm orgulho de seus tetrazes. A temporada de caça começa no dia 12 de agosto, o "Glorioso Doze", e há um ritual de preparação que envolve um molho de pão, farofa de farinha de rosca, às vezes geléia de sorva, croûtons, agrião e um molho à base de vinho, tudo em volta de uma ave que é assada até um grau específico de cor rosada. Nosso garçom foi aterrorizado por White e, como se estivesse acometido de uma doença degenerativa, perdia um pouco da coordenação cada vez que vinha à nossa mesa (deixando cair talheres e guardanapos, tropeçando em nossas cadeiras), até que, por fim, quando o tetraz chegou, White liberou o sujeito de seus deveres e destrinchou a ave ele mesmo. O garçom recuou e ficou observando nossa mesa, impotente.

White provou a ave (junto com pouco de molho de pão). Eu dei uma mordida (junto com um pouco de molho de pão) e depois olhei-o para ver o que ele estava pensando. Provavelmente, eu olhava para ele a fim de saber o que *eu* estava pensando, quando fiquei alegremente surpreso com o que tinha na boca. Não se come aquele tipo de coisa em restaurantes americanos, onde, por lei, a carne de caça precisa ser cultivada.

"Cinco dias", disse ele.

"Cinco dias?", perguntei.

"Cinco dias. Foi maturado por cinco dias."

"Certo, cinco dias."

Quase todas as carnes são maturadas — a maturação estimula o crescimento de uma enzima que rompe os tecidos e contribui para a maciez, e à medida que a água evapora os sabores se intensificam. Em um animal selvagem, os sabores inerentes da caça são intensificados e, na Inglaterra, há uma prática de pendurar a ave num gancho até seu pescoço ficar tão podre que se rompe pela metade. Isso acontece um pouco antes do estágio dos vermes (a não ser que você tenha azar e aconteça logo depois). A coisa podre então é servida malpassada com considerável fanfarronice: Você acha que gosta de carne de caça? (risadinhas dissimuladas). Há muito tempo que suspeito de uma conspiração. Ao contrário dos Estados Unidos, onde a caça costuma ser praticada pelos menos abastados, na Grã-Bretanha é o passatempo dos donos de terras. Que melhor maneira de se livrar de forasteiros do que lhes oferecer uma prova ocasional do que eles estão perdendo, algo tão repelente que eles não se sintam tentados a voltar quando o senhor das terras não estiver olhando?

White deu outra mordida. Eu também.

"Eu teria maturado um pouco mais", disse ele, "mas não muito." Marco explicou que havia feito experiências com maturação. Na verdade, o que ele disse foi: "Maturei aves por um dia, dois dias, três dias, quatro dias, cinco dias, seis dias, sete dias, oito dias, nove dias, dez dias, onze dias, doze dias, treze dias, catorze dias, quinze dias, dezesseis dias, dezessete dias, dezoito dias, dezenove dias, vinte dias e vinte e um dias".

"E a conclusão?", perguntei.

"Vinte e um dias é demais."

"Muito ruim?"

"Totalmente intragável."

Continuamos. Ele comeu um bocado. Eu também.

"Os croûtons não estão corretos", disse Marco.

Comi um croûton. Marco olhava para o dele como se tivesse descoberto um inseto empalado no dente do garfo. "Deveria ter sido dourado com coração e fígado. Você transforma o coração e o fígado numa espécie de pasta."

Provou o molho. "Não está certo, não é, Bill?"

Provei o molho. Para mim, tinha gosto de... molho. Mas estaria certo? Eu não fazia idéia.

"Você pode servir a ave com um molho", Marco explicou, "mas o molho precisa ser leve. Por mim, prefiro os sucos do assado. Este é o meu molho: os sucos naturais da ave, e nada mais. Este molho está sofisticado demais." Provou-o de novo. "É feito com uma redução de caldo de vitela, não é, Bill?"

Provei de novo. Talvez eu não fosse muito bom naquilo. Estava parecido realmente com, sabe, molho.

"E tem um pouco de Porto e Madeira, não tem, Bill? E manteiga no fim. Não precisa desse tipo de molho. É intenso demais. Não dá para sentir o gosto da ave."

Ele comeu mais um bocado. Eu também.

"A farinha de rosca — é uma decepção, não é, Bill?"

"É?", perguntei. Provei devidamente a farofa. Que sabia eu? Nada, exceto que, até aquele momento, eu estava gostando do meu jantar: erroneamente, começava a entender.

"Bem, ela não foi cozida por inteiro, foi, Bill?" Ele passou o garfo pela farofa e o desgosto em seu rosto era agora indisfarçável. "Ela devia estar dourada, a farofa, não devia, Bill?"

Ele comeu mais um bocado. Eu também.

"O molho de manteiga, quero dizer... *realmente*. Deveria estar espumoso. E o molho de pão — tem cravo demais. Um molho de pão, com o tetraz, é muito importante", disse num tom de professor exasperado. "Você pega uma cebola, certo? Uma metade, e finca um cravo. Põe o leite, leva à fervura e acrescenta o pão. Mas não exagera. *Um* cravo, está me entendendo, Bill? Só a porra de um cravo. Você não está fazendo uma sobremesa de merda." Estava ficando agitado. Notei — logo atrás dos ombros de Marco — que outros membros da cozinha estavam ao lado do nosso garçom: era possível perceber nos olhos deles que entreviam o futuro e não estavam gostando do que viam.

Marco continuou. "E tem ervas demais. Uma ave pode ser arruinada pelas ervas. É preciso tomar cuidado. Estamos aqui para comer a porra de uma ave, não estamos, Bill? Não é por causa disso que estamos aqui, para comer a porra de uma ave?" Os garçons haviam recebido a companhia de um cozinheiro de touca. Enquanto isso, Marco já estava sentado na ponta da cadeira e seus olhos cresciam de novo. "Não estamos aqui para comer a merda de uma horta. Eu teria pedido tetraz se quisesse comer salada? E a salsinha. Quer dizer — olhe só para isso. Não faz sentido, faz, Bill?" Seus olhos dardejavam desvairadamente ao redor da sala. Eles diziam: algum filho-da-puta foi responsável por isso e vou descobrir quem foi. "Eu simplesmente não sei por que ela está aqui. Você sabe, Bill? Alguém pode me dizer por que essa salsinha de merda está salpicada em todo o meu tetraz?" Marco gritava. "Se alguém me disser o que ela está fazendo aqui, então tudo bem. Mas não tenho a mínima idéia."

Suspirou pesadamente. "É tudo uma questão de boa comida." Disse essa frase com calma. "Bons cheiros e boa comida. Muito objetivo, muito inglês. Nada sofisticado, exceto que é muito difícil conseguir as coisas simples direito. O que eu quero? O puro gosto do tetraz. Não forte demais. Quero o sabor de caça sem que ele seja excessivo. Quero senti-lo aqui, no fundo do meu palato, um sabor secundário, evocativo da charneca. Todo o resto está na travessa — a ave, o molho de pão, a farinha de rosca, o molho e o destrinchar da ave, bem ali, na sua frente. É muito visual. A natureza é o artista."

Na vida normal, "simplicidade" é sinônimo de "fácil de fazer", mas quando um chef usa essa palavra ela significa "leva uma vida para aprender". Portanto, adotei o hábito de perguntar a Marco sobre coisas simples de verdade. Certa vez, perguntei como ele fazia um ovo.

"Ah, um ovo é *muito* importante. Dê um ovo a um chef e você saberá que tipo de cozinheiro ele é. É preciso saber muita coisa para cozinhar um ovo. Você precisa compreender o ovo a fim de cozinhá-lo, especialmente se é um ovo que você quer comer."

Durante dois dias, conversamos sobre ovos. Como ele os fritava, por exemplo?

"Você começa por saber *sempre* a temperatura de sua frigideira; esquente a manteiga nela, não quente demais, nunca deixe espumar, depois acrescente o ovo e comece a tocá-lo. E continue tocando: você deve manter o controle da temperatura, *sempre*, esperando que a gema fique firme, não totalmente cozida, e no último momento você joga um pouco da manteiga por cima com a escumadeira."

E como ele faz ovos mexidos?

"Na frigideira, nunca antes, é onde você mexe os ovos, e depois os cozinha *muito* lentamente."

Perguntei-lhe sobre outras comidas. Um pedaço de salmão?

"Tempere a panela, não o peixe, e vire uma vez para liberar os sucos, que você usa para cozinhá-lo — nunca acrescente óleo. Depois limpe a panela antes de fazer o molho."

Foie gras?

"O importante é evitar que se forme uma sola — você precisa pôr papel sob o *foie gras*, senão cozinha depressa demais."

Como ele frita batatas?

"Conheça seu fornecedor. As batatas são plantadas em encostas. As de cima são as melhores. As de baixo fazem batatinhas de merda. Deixe de molho durante dois dias, para tirar a goma. Corte-as e frite-as em gordura quente até que fiquem meio cozidas — os franceses gostam de *arachide* [óleo de amendoim], mas eu uso gordura animal — e ponha-as numa travessa. Elas continuarão cozinhando sem escurecer. Se você as fritar até ganharem cor, ficarão duras no meio. Depois, frite-as uma segunda vez, o que as deixará crocantes, mas macias no meio."

Sobre gordura?

"A gordura cozida é deliciosa. A crua, não. Por que se recheia um ganso ou pato? Os chefs de hoje não sabem porque não aprendem mais as coisas básicas. Recheia-se a ave para que ela cozinhe mais devagar. Com a cavidade vazia, o calor entra e a ave cozinha por dentro e por fora, e a carne fica passada antes que a gordura derreta. Recheie sua ave com maçã e salva, e a gordura derrete primeiro."

Um dia, me encontrei com Marco para almoçar no clube Drones, sua experiência em restaurante exclusivo para sócios, uma sala estreita com paredes apaineladas de madeira e pinturas grandes de mulheres grandes com peitos muito grandes. Marco pensa no lugar como uma extensão de sua casa (sobre o consolo da lareira há fotografias de seus filhos e um par de sapatos dele), embora transmita também uma atmosfera de clube masculino: no almoço, os clientes são homens, com camisa branca impecável e madeixas de cabelos longos enfiadas atrás das orelhas (numa mesa próxima à minha, um homem negociava um acordo com alguém de Teerã). Parece-se também com um bar-cabaré de Las Vegas de, digamos, quarenta anos atrás, enfeitado para o Ano-Novo: balões cor-de-rosa e duas bolas espelhadas pendem do teto e, à noite, "os engravatados são substituídos por gatas incríveis". É o primeiro restaurante em que Marco permitiu música — principalmente Dean Martin. "Você não acha que parece um clube de Nova York?", Marco me perguntou, lembrando-me de outra pergunta que ele fizera quando começamos no Max's, outro estabelecimento seu ("É como um bistrô de Paris, não é?"). Marco tem pavor de aviões e nunca esteve num bistrô parisiense ou num clube nova-iorquino. A verdade é que não há nada parecido com o Drones em Nova York. O clube reflete a idéia de como Marco gosta de passar uma noite.

Alguém entregou a Marco sua correspondência, que incluía uma carta de Malcolm Reid, um dos co-proprietários do restaurante Box Tree, em Yorkshire, onde Marco trabalhou depois do hotel em Harrogate. ("O Box Tree mudou minha vida: de preto-e-branco passava a ser em cores.") Ele depositou a carta sobre a mesa e eu a li de cabeça para baixo, e notei como ele estava tendo dificuldade para lê-la na posição normal. Seu rosto expressava sofrimento. Estava travado no primeiro parágrafo. "É a dislexia", admitiu. "Dislexia grave. Só fiquei sabendo dela depois que a professora dos meus filhos me falou dos problemas deles — a dislexia é freqüentemente hereditária — e eu pensei: espere aí! Isso acontece comigo!" Ele mencionou uma viagem recente de pescaria com seus meninos. "Fomos pegar um barco, mas fiquei confuso com a placa. Ela dizia: 'Pesca de cavalinha, não nêmesis'. Que merda aquilo significava? Não nêmesis? Li de novo: 'Pesca de cavalinha. Não nêmesis'. Não entendi. Li mais três vezes. Disse ao meu filho Marco: 'Marco, que porra é essa de não nêmesis, esse palavrório elegante do latim — o que quer dizer?'." A palavra era "ônibus". Um ônibus da cavalinha, um barco de pesca de ida e volta. Marco havia misturado as letras e não conseguia ler a palavra de outro jeito.

A dislexia — palavra derivada do grego para descrever uma dificuldade com as palavras — é uma disfunção neurológica que perturba a capacidade do cérebro de processar a linguagem. Como a maioria dos disléxicos, Marco reage melhor a informações em forma não escrita. É capaz de passar uma hora lendo uma página do *Times* e não lembrar nada. "Mas se você a ler para mim em voz alta, sou capaz de recitá-la palavra por palavra." Em um disléxico, as anormalidades cerebrais no processamento das informações visuais muitas vezes se transformam em capacidades improváveis. Marco tem um senso excepcional de proporção. "Aquelas bolas espelhadas, ninguém acreditava que elas passariam pela porta, e começaram a tirar as molduras, mas eu sabia que havia um milímetro de folga." Ele também tem um jeito para números ("isso vem do outro lado do cérebro") e um senso visual fantástico. Possui uma memória fotográfica para pratos e, segundo Crompton-Batt, a capacidade de lembrar de todos os pratos que lhe foram servidos nos últimos vinte anos.

Vi-me pensando na maneira como Marco insiste no aspecto visual da preparação da comida — há uma história de clientes que souberam que ele estava na cozinha porque a composição dos pratos era excepcionalmente expressiva — e nos momentos mais singulares em que ele era capturado por algo que havia visto: alvoradas, pores-do-sol e mudanças da luz. Um açougue na temporada de caça era "uma obra de arte conceitual — lebres, coelhos, faisões, cada um com suas marcas e cores, pendurados na vitrine". Ao falar de seu primeiro emprego, ao lado do açougueiro, descreve em detalhes precisos as habilidades com a faca do homem mais velho. "Adoro a maneira como ele abre uma peça de carne com as mãos, usando as palmas e os dedos, tudo sem esforço, e como ele depois passa a faca, como se ela fizesse parte de sua mão. Esqueça a faca. É assim. Estas são as pontas de seus dedos, certo? Elas simplesmente deslizam pela carne. A faca é apenas uma extensão da ponta de seus dedos. *Isso* é a disciplina da faca. É *disso* que se trata. E eu costumava ficar ao lado dele — eu tinha dezesseis anos, ele mais de cinquenta — e observá-lo, até que finalmente aprendi o suficiente e ele me disse que podia cuidar das pernas do peru, desossá-las e tirar os tendões. Foi meu primeiro trabalho importante e aprendi a fazê-lo depois de observar durante horas. Depois amarrei as pernas — para me acostumar a trabalhar com cordão — massageando a carne primeiro, para emparelhá-la. Era tão difícil no começo, você é tão descoordenado, até que tudo se torna natural, como se alguém tivesse programado seus dedos."

Quando Marco falava dessa maneira, eu pensava, era como se ele dissesse: Você é uma anomalia, você não vê o mesmo mundo que eu vejo. Ele é como o cara alto da escola que, graças a sua altura, pode jogar basquete melhor do que todo mundo. De fato, Marco tem uma facilidade extraordinária para sobreviver numa cozinha. Em certo momento, ele descobriu que tinha esse dom, porém guardou-o para si mesmo. "Bem cedo, me dei conta de que tinha uma memória fotográfica para comida, mas não contei ao chef. Eu estava num emprego novo, fazendo entradas, digamos, mas estava sempre de olho e memorizando as outras praças, de tal modo que quando eu passava para uma delas sabia exatamente o que fazer. Todos me achavam um gênio."

A genialidade de Marco pode não ser mais do que uma variante exacerbada da "consciência da cozinha", mas ela me fez perceber como eu não tinha essa facilidade visual, provavelmente porque sou um sujeito da palavra — a maioria de nós é — e durante boa parte da vida minha aprendizagem se deu por meio da linguagem. A maioria das profissões metropolitanas baseia-se na linguagem — urbanas, dedutivas, dominadas pelo pensamento, pela leitura, pela abstração, do momento em que você acorda e lê a previsão do tempo para saber que roupa deve vestir. Até então, tudo o que eu sabia sobre cozinha vinha dos livros. Um processo diferente estava em andamento quando me vi numa cozinha durante doze horas. Eu não estava lendo; em certa medida, eu não pensava, mas observava e imitava. O processo parece mais típico do funcionamento do cérebro de uma criança do que de um adulto. Era como aprender a jogar uma bola. Por exemplo, como desossar uma perna de cordeiro. Agora eu tenho uma imagem de Memo trabalhando no osso da coxa com sua faca. Ou como amarrar uma peça de carne: há uma imagem no cérebro. Como usar um esguichador de plástico para criar um círculo de pontos verdes em seu prato (com azeite de oliva), ou escuros (com *vin cotto*), ou de um marrom forte (com uma redução de porcini). Como saber que suas hortaliças estão caramelizadas, que sua erva-doce está cozida, que seus dentes-de-leão, embora moles como um pano de prato, estão prontos. Como reconhecer que um *branzino* está cozido porque você é capaz de sentir o cheiro de sua pele ficando crocante. Como jogar uma frigideira de tal modo que tudo dentro dela vire do outro lado. Como fazer isso de tal modo que só as coisas que estão na beira virem — como raviólis, que precisam ser cobertos de manteiga, mas de forma delicada, para que não quebrem. Como arrumar um prato, como usar coisas assimétricas com um senso de simetria. Como, enfim, aprender como uma criança.

O masoquista que existe em mim lamenta não ter trabalhado nas cozinhas de Marco. Ele seguiu em frente. Depois que conversei com ele, vendeu o 50 St James e o Drones, talvez por descobrir que há mais dinheiro nos negócios imobiliários do que na cozinha. Mas, no final, aprendi algumas coisas (acima de tudo, a mais óbvia, que os chefs estão entre as pessoas mais malucas do mundo). Aprendi o quanto eu tinha de aprender.

11.

Fui à Itália e, no meu primeiro almoço, comi um macarrão feito em casa que, de forma modesta mas duradoura, mudou minha vida para sempre.

Eu fazia uma breve excursão culinária pelo vale do rio Pó — itinerário em grande parte sugerido por Mario —, mas, por indicação de um amigo, havia feito um desvio pra visitar Zibello, a pouco mais de trinta quilômetros de Parma. Era o centro da criação de animais da Itália. (Todos os dias e por toda parte havia um penetrante cheiro suíno, e partículas invisíveis de alguma coisa na qual eu não queria nem pensar grudavam nos cabelos e na roupa.) O macarrão foi preparado por Miriam Leonardi, a quinta mulher de gerações sucessivas de proprietários da Trattoria La Buca. Miriam, como ela insistia em ser chamada, dirige a trattoria no estilo italiano não-corte-a-cebola-antes-do-pedido e, depois de cada prato, vinha com seu andar bamboleante e me perguntava o que eu queria a seguir. Acabara de completar 62 anos. Usava um gorro branco de chef, bem justo — mais uma echarpe do que um chapéu —, tinha olhos castanho-escuros e um nariz adunco grande e masculino. Com pouco mais de um metro e meio de altura e cintura larga, andava devagar com as pernas abertas e transmitia uma sensação de completo desembaraço e confiança: afinal, ela fazia o trajeto de ida e volta entre a cozinha e as mesas havia 45 anos.

Meu amigo havia mencionado diversos pratos, além das massas: enguia, pernas de rã, tripa e culatello, uma especialidade do lugarejo. *Culo* significa cu, rabo, e o culatello é feito do patinho do porco, a parte alta e anterior do pernil, que é embutido em bexigas de porco e fica pendurado durante dois anos nos porões úmidos de Zibello. O método é considerado ultrapassado pelo Departamento de Agricultura dos Estados Unidos, que proíbe a importação de culatello. O amigo que me recomendou o restaurante de Miriam desenvolveu tal paixão por esse embutido que o importa ilegalmente.

Experimentei o culatello, coberto com aparas de manteiga. Tinha uma cor vermelho-escura, textura muito macia — nenhuma gordura óbvia, embora obviamente gordo — e uma intensidade suína que eu jamais havia experimentado. Depois, Miriam me convidou para ver suas instalações, uma *cantina* logo atrás da cozinha, onde contei os culatelli, cem fileiras de dez, pendurados nos caibros do telhado e refrigerados por nada mais que a brisa do Pó. Respirei profundamente, a fim de me deleitar com o que Miriam chamou de *profumo profondo della mia carne*, e concluí, depois de identificar o odor úmido do animal em maturação e a pungência da amônia do mofo impregnado em mil bexigas de porco, que o perfume era provavelmente um gosto adquirido. Mencionei que estava tentando curar carnes, instruído por Mario Batali (por coincidência, a filha de Miriam, que será a sexta mulher a dirigir a trattoria, havia comido no Babbo numa viagem recente a Nova York, e fez objeções apenas à tripa, que não "fedia o suficiente"). O resto da tarde, Miriam se referiu a Mario, "o famoso chef de Nova York", com gargalhadas. "Ele provavelmente usa um freezer, ele é tão esperto", comentou, rindo com estardalhaço. "O que eu preparo na minha cozinha", disse, pretendendo que fosse uma explicação definitiva, "é o que minha avó me ensinou. Ela fazia o que a avó dela lhe havia ensinado. E esta fazia o que a avó dela lhe havia ensinado. Você acha que estou interessada num chef famoso de Nova York?" Pronunciou "Nova York" como se sentisse um gosto ruim na boca.

Depois comi dois tipos de macarrão. Um foi tortellini, pequenos e complicados nós de massa, com um misterioso recheio de carne. O outro foram raviólis gigantescos, notáveis por sua leveza. Eu jamais comera algo semelhante. Eram preparados com manteiga e mel e recheados com abóbora, e de tal modo que ao mordê-los experimentava-se uma explosão de sabor. A abóbora, assada e misturada com queijo parmesão, era como um bocado do outono: o equivalente a acordar e descobrir através da janela que as folhas das árvores haviam mudado de cor. O prato chamava-se *tortelli di zucca* (*zucca* significa abóbora) e era tão memorável que me levou a tentar descobrir de onde vinha.

Fora da Itália, encontramos mais "raviói" do que "tortelli", mas as duas palavras parecem ser usadas de forma indiscriminada há séculos. Tecnicamente, raviói é o que vai dentro (ainda é possível encontrar *ravioli nudi* — raviói nu —, que se parece com pequenas bolas de recheio, como se o cozinheiro tivesse ficado sem farinha naquele dia) e tortelli são os invólucros. Tortelli é o diminutivo de *torte*, ou seja, significa pequenas tortas — e torta é uma das preparações culinárias mais antigas da península italiana. Na Idade Média, a palavra descrevia tão-somente um invólucro de massa com alguma coisa dentro, provavelmente mais uma torta do que um tipo de macarrão, embora é possível que significasse ambas as coisas. Receitas de como fazê-la aparecem no *Liber de coquina*, o primeiro livro de culinária italiana que se conhece, escrito no final do século XIII. (O outro macarrão de Miriam, os tortellini, são bem menores e datam de épocas posteriores, provavelmente do começo da Renascença, e são uma especialidade de Bolonha. De acordo com a história mais conhecida sobre suas origens, foram inventados por um engenhoso padeiro para se parecerem com o umbigo de uma mulher casada com quem ele tinha um caso — feitos com tal similitude que o infeliz marido identificou sua origem.)

Na época, minha pesquisa foi informal e limitada porque, embora eu estivesse aprendendo italiano (nas manhãs de sábado eu freqüentava religiosamente uma aula de duas horas na Scuola Italiana, em Greenwich Village, e conjugava os verbos durante minhas viagens de metrô), ainda não conseguia lê-lo, e a maioria dos livros de cozinha italiana antiga não foi traduzida para o inglês. Exceto um, talvez o mais importante e certamente o mais iluminador. (Tal como o macarrão de Miriam, esse livro também mudou minha vida para sempre de forma modesta mas duradoura.) O texto, escrito em latim, foi inspirado em um chef do século xv conhecido como Maestro Martino e se chamava *De honesta voluptate et valitudine*, "Sobre os prazeres honestos e a boa saúde". É revelador que só tenha sido traduzido para o inglês recentemente, embora, desde sua publicação no século xv, logo tenha sido vertido para todas as outras línguas européias e se tornado um dos primeiros best-sellers do continente. Foi também o livro de cozinha mais influente durante dois séculos.

O autor não era um chef, mas um bibliotecário do Vaticano, um lombardo conhecido como Platina, intelectual humanista (entre suas obras estão uma biografia dos papas, um tratado sobre a guerra e outro sobre a paz, um sobre o amor e outro contra o amor) e bom garfo. Em 1463, um ano depois que chegou a Roma, com 41 anos, foi convidado pelo cardeal Ludovico Trevisan, um lendário glutão, a fugir de um verão quente na cidade e ir para um retiro nas montanhas, em Albano, sudeste de Roma. Maestro Martino foi o cozinheiro do cardeal.

Nascido perto do lago Como, Maestro também era nativo da Lombardia e, como Platina, acabara de chegar a Roma (vindo de Milão, onde cozinhara para os nobres da cidade). Os dois homens, provavelmente da mesma idade, estabeleceram uma comunicação imediata. Para Martino, Platina parece ter sido uma das primeiras pessoas não ligadas à cozinha a apreciar os talentos de um grande chef. Para Platina, as preparações do Maestro foram uma revelação — a primeira vez que ele testemunhou o cozinhar como "arte" —, e passou o verão ao lado do amigo aprendendo tudo o que podia dessa nova disciplina. Seu estudo informal representa, com efeito, o primeiro exemplo que se tem notícia de *"kitchen trailing"* ("rastreio de cozinha", jargão para um novato que segue um chef a fim aprender seu método).

O livro que Platina então escreveu constitui, na verdade, dois livros. Um deles é um tratado humanista sobre nutrição e bem-viver, escrito no estilo da *História natural* de Plínio, como uma sucessão de parágrafos numerados (sobre sono, sal ou figos) que sempre terminam com uma observação salutar: que cinco amêndoas ingeridas antes de beber evitam que se fique bêbado; que uma porção ocasional de porco-espinho reduz o urinar na cama; ou que "os testículos de animais mais jovens são considerados melhores do que os de animais mais velhos", exceto os testículos de galos, os quais são bons qualquer que seja a idade da ave, especialmente se servidos junto com patas de bezerro e especiarias, ao estilo romano. Depois, na metade do livro, o estilo de Platina muda de forma radical. "Oh, deuses imortais", declara, em meio à descrição de um molho branco. "Que cozinheiro haveis criado em meu amigo Martino de Como!" Em seguida, exalta a eloquência do Maestro e insiste que, em sua cozinha, testemunhamos o futuro: um exemplo da "escola de cozinha moderna", em que os ingredientes são levados a sério e submetidos à "discussão mais aguçada". O restante do livro é dedicado às receitas do Maestro, escritas num tom claramente distinto — o do Maestro, eu suspeito. Ao freqüentar a cozinha de um chef apenas tempo suficiente para roubar suas receitas, Platina também ilustra um exemplo primevo de uma prática moderna (roubo de receitas), e quando, 464 anos depois, um manuscrito das receitas do Maestro, escrito em italiano do século xv, foi descoberto numa livraria por um escritor de gastronomia americano, ficou óbvio o quanto Platina plagiou seu professor, desviando-se de suas receitas somente para errar (deixando de fora um ingrediente essencial, por exemplo) ou para acrescentar uma de suas observações médicas à maneira de Plínio, como em seu adendo à receita de Maestro de almôndegas de cannabis fervida (*offa cannabina*), um prato "do qual se deve fugir, pois nutre mal, provoca enjôos, gera dor no estômago e nos intestinos e embaça os olhos". (Há várias receitas de cannabis, um detalhe dissonante para o leitor moderno, evocando o que seria um retrato anacrônico de indivíduos chapados do século xv matando tempo na Biblioteca do Vaticano.)

O Maestro, um chef obviamente talentoso, gostava também de se exibir. Ao preparar seu *blancmange* (um molho branco doce feito com peito de capão moído e leite de amêndoas), sugere dividi-lo em duas partes e adicionar gema de ovo e açafrão a uma delas, para poder servir as duas partes juntas, um redemoinho de branco e amarelo brilhante. (Li isso e pensei: então a extravagância francesa de Marco Pierre White dos dois molhos brancos de manteiga e manjericão tinha origem na Itália.) Às vezes, a excentricidade do Maestro era demais para Platina. Ele considera seus ovos assados, por exemplo, uma "preparação estúpida, uma das absurdidades e brincadeiras dos cozinheiros". (O Maestro enfiava delicadamente uma agulha em um ovo cru e o suspendia sobre o fogo, girando-o devagar, como se a agulha fosse um espeto, até que o ovo estivesse pronto para ser consumido.) Havia também o uso que o Maestro fazia da carne para rechear sua torta, que era controvertido, francês e indesculpavelmente pretensioso. Típico, diz Platina, dos "paladares mimados de nossos contemporâneos" — uma referência ao hábito dos grandes banquetes da Renascença —, "quando estamos todos tão entregues à goela e ao estômago" que as pessoas agora querem tortas feitas de carne e "pássaros e quaisquer aves selvagens que desejem, e não mais de hortaliças. Ficam revoltadas com acelga, abobrinha, nabo, pastinaca, borragem — sua comida nativa".

A digressão irada me intrigou. Para Platina, já havia uma maneira tradicional de fazer as coisas. A torta e os tortelli eram recheados com hortaliças. Assim as coisas eram feitas. Para ser justo com Maestro, a maioria de suas receitas é composta daquelas já estabelecidas — quer dizer, estabelecidas em 1465. Sua torta di zucca, por exemplo, pede abóbora ralada, fervida no leite e misturada com parmesão, mais um pouco de gengibre, canela e açafrão — as especiarias familiares da Renascença. Tradicional então, e tradicional ainda hoje: foi isso (menos os sabores renascentistas) que Miriam me serviu em seus tortelli di zucca. Com efeito, a impressão que tive das receitas do Maestro — e o prazer sinistro que senti ao lê-las — não foi só de diferença (as especiarias exóticas, o fascínio pelo açúcar, a panela suspensa sobre o fogo porque não havia forno), mas de uma continuidade esmagadora. Agora, quando penso no tempo que passei no La Buca, me espanto com o que compreendo: as versões da cada prato que comi lá podem ser encontradas no livro de Platina.

As tripas: com o Maestro, aprendi que o segredo é cozinhá-las duas vezes (o mesmo truque de Miriam), não usar sal durante a primeira cocção (para não deixá-las duras) e acrescentar um osso de porco ("fica mais saboroso").

Comi enguia. (Voltei ao La Buca à noite; havia gente que tinha dirigido quilômetros para saboreá-las.) Para o Maestro, a enguia é feita no espeto, ou assada na panela, quando é servida com salsinha e vinagre — exatamente como Miriam fazia.

As pernas de rã eram feitas da mesma maneira por Miriam e pelo Maestro — ele empanava em cereal, ela em farinha de rosca, e ambos as fritavam em azeite de oliva. Mas a apresentação mais colorida do Maestro, com um molho verde (*salsa viridi*) e pólen de erva-doce (*ad feniculi floribus*) — o verde-amarelo da erva-doce sobre o verde-claro do molho verde —, distinguia-se pelo que agora reconheço ser seu maior talento visual.

"Não sou criativa", disse-me Miriam. "Não é o que eu faço. O que eu faço é o que me foi passado. Por dez gerações — e talvez mais, não sei dizer, não há registros — cozinhamos para pessoas que não estão famintas." Suas ancestrais aprenderam nas cozinhas medievais dos nobres locais a preparar a comida que ela continua a servir. As primeiras cozinhas do Maestro — as cozinhas medievais dos nobres de Milão — não estavam muito distantes no mapa culinário. Coincidência?

12.

Eu tinha de aprender a fazer macarrão. Ansiava por entrar para uma tradição que já estava estabelecida e codificada quando um chef foi de Milão para Roma, na década de 1460. Além disso, eu não entendia como uma coisa tão simples (farinha, água, usualmente um ovo, uma panela de água fervente) podia ser tão diferente em diferentes mãos. E por "macarrão" eu queria dizer agora o tipo macio, feito à mão, como o de Miriam, o que na Itália se chama *pasta fresca*. A massa seca — *pastasciutta* — me parecia agora um alimento industrial, feito por uma máquina — não a coisa de verdade.

Voltei ao Babbo. Estivera fora durante três meses. "Mario, quero trabalhar na praça das massas", eu disse.

"Você não pode", ele respondeu. "Olhe só para você. Fisicamente, você não pode fazer macarrão. Está velho demais. Precisa ter vinte e poucos anos. É uma coisa rápida demais — você não tem mais cabeça para isso." E essa mesma cabeça, assim advertida, mergulhou momentaneamente num desespero shakespeariano, reconhecendo os limites da mortalidade e fazendo um balanço desanimado das muitas coisas da vida que estavam agora, devido à idade, definitivamente além de sua capacidade, como a alta matemática ou as sutilezas infinitesimais da biologia molecular, até que me detive. A questão era fazer comida em água fervente. Quão difícil poderia ser? E Mario cedeu. O que não era o mesmo que concordar. Suas últimas palavras foram: "O.k... Eu avisei" — o que não era exatamente um endosso entusiástico.

No período em que eu estivera ausente, Nick Anderer, o antigo cara do macarrão, havia ido à Itália mas retornara. Eu estava no salão de jantar quando Mario e Gino comentaram sobre ele. Nick ficara só e sentira falta da namorada. "Ele fez uma cagada", disse Mario. "Jamais terá uma chance como essa de novo. Ele jogou seu futuro pela janela."

"Mas fez isso por amor", disse Gina.

"Amor? De que merda você está falando?"

Localizei Nick, agora cozinheiro de linha durante o dia em outro restaurante de Manhattan. ("Inacreditável", disse Mario quando lhe contei. "Toda aquela promessa, e ele lá fazendo almoços?") Nick sempre quisera ficar em Roma e cozinhar de acordo com a filosofia dos ingredientes superfrescos do sul da Itália, mas não economizara dinheiro suficiente para trabalhar de graça e não conseguiu encontrar em Roma um restaurante disposto a lhe pagar. Acabou em Milão, numa praça de risoto no San Giorgio e il Drago (São Jorge e o Dragão). Nos seis meses em que esteve lá, dominou o risoto. ("A sabedoria recebida é não deixar o risoto grudar no fundo, mas na verdade é assim que se faz um bom risoto. Você precisa daquele rústico esmagamento do arroz no fundo da panela, de tal modo que os grãos quase queimam e se rompem, soltando o amido. O importante é tirar a goma.") Mas Milão era uma cidade moderna, chuvosa e fria, e muito solitária.

Memo havia deixado o Babbo. A Restaurant Associates, uma das maiores empresas de *catering* dos Estados Unidos, havia lhe oferecido um emprego de chef executivo no Naples 45, um lugar concorrido de pizzas e massas próximo do Grand Center Terminal, freqüentado, principalmente na hora do almoço, por funcionários de escritórios. No Babbo, Memo tornara-se ressentido. Começara a criticar a comida abertamente, o que, na hierarquia militar de uma cozinha, era um enorme tabu. "Essas coxas de galinha-d'angola recheadas", disse-me certa vez, ao retirar uma delas do forno com seu pegador como se fosse uma carcaça de gafanhoto e jogá-la sobre o balcão. "Isso não é produto de uma cozinha três estrelas, isso é uma vergonha." (Estariam assim tão ruins?, objetei em silêncio. Tinham sido desossadas e recheadas com farinha de rosca, raspas de laranja e salsinha, e eu sabia disso porque *eu* as fizera.) "Ou essa coisa triste que passa por pizza. Olhe só para aquilo", disse Memo, apontando para uma pizza de chapa que um chef da copa fazia. Mario vinha testando a preparação para a pizzaria, que agora tinha um endereço, Quinta Avenida, 1. Era um ponto micado: vários restaurantes ali instalados haviam falido, por isso Mario e Joe resolveram reformar totalmente o lugar e dar-lhe o nome de *Otto*, oito, que era o número da rua transversal. O Otto iria abrir em setembro; depois em outubro; depois em novembro. Agora ninguém sabia quando ia ser. Um mico não era algo tão fácil de se livrar.

"Não sei o que é aquilo, mas seja lá o que for, não é pizza." Toda a cozinha estava em silêncio. "Vocês são os culpados", disse Memo com uma raiva súbita. "Vocês, escritores e jornalistas que bajulam *Molto Mario*. Ele acredita em tudo. Ele acha que tudo em que ele toca se transforma em ouro. Vocês não notaram que ele não é mais capaz de cozinhar."

Mas quando me encontrei com Memo para almoçar em seu novo restaurante, ele disse que eu não havia entendido. Claro, havia pratos desapontadores, mas Mario era realmente um grande chef. "Eu trabalharia com ele de novo na mesma hora. Quem eu não conseguia tolerar era Andy. Ele é que não sabia cozinhar. Ele pode dirigir bem um lugar, mas um chef que não sabe cozinhar não pode lhe dizer como fazer um prato. Isso é inaceitável." Havia também a interminável questão da saída de Andy, para abrir um restaurante espanhol. "Mario disse: 'Quando Andy sair, o lugar dele é seu'. Andy ia sair, ia sair, ia sair e, então, inexplicavelmente, toda a conversa passou a ser sobre o Otto."

O emprego de chef executivo veio com um grande salário ("Cento e vinte mil por ano — mais do que ganha o Andy, o que Mario é incapaz de igualar porque é um mão-de-vaca filho-da-puta"). Mas ele sentia saudade do Babbo. "Suas falhas são suas perfeições — é como um quebra-cabeça, tão pequeno que tudo está ao alcance da mão, tão íntimo que você sente o cheiro dos peidos de cada pessoa." Ele havia chorado ao partir. Agora compreende que a abordagem séria do jantar no Babbo é realmente muito rara.

"Aqui, não posso fazer o que Mario chama de pratos conceituais. Um dia, fiz um especial: bife fatiado servido sobre uma *caponata*. Não vendeu. Por quê? Ninguém sabia o que era uma *caponata*. Para o Dia dos Namorados, preparei uma lagosta assada no forno à lenha com um risoto de limão. Eu tinha trinta e cinco lagostas. Não vendi nenhuma. O Dia dos Namorados foi morto. O dia mais movimentado em Nova York, mas para aquela refeição especial todos foram a outros lugares. Naquela noite, limpei eu mesmo as lagostas. Quebrei as patas com as minhas mãos nuas. Todas as trinta e cinco. Eu queria ferir minhas mãos. Queria que sangrassem. Depois congelei a carne. Farei alguma coisa com ela mais tarde."

Com a saída de Memo, Frankie tornou-se o primeiro subchef. Tony Liu, a outra pessoa com experiência na cozinha, passou a ser o segundo subchef.

Dominic foi embora. Foi contratado para dirigir um restaurante ítalo-americano no Bronx. ("Imagine! Quem diria que ele seria capaz de dirigir um restaurante?", comentou Mario, ainda aturdido.)

Mark Barrett, meu treinador da grelha, estava agora na praça do macarrão. Havia perdido peso por ficar no vapor durante oito horas. Também tinha feito uma cirurgia nos olhos, não usava mais óculos e deixara o crescer cabelo, o qual ficava bastante encaracolado na umidade de seu canto. Já havia trabalhado em todas as praças da cozinha e exibia uma espécie de arrogância, causada por esse novo gesto de confiança. Quando uma mulher entrava na cozinha — uma nova garçonete, digamos, ou uma estranha fazendo uma entrega —, ele se aproximava e pedia o número de telefone dela. "Oi, meu nome é Mark, você é casada? Gostaria de jantar comigo na quinta-feira?" As longas horas de cozinha não o incomodavam mais. Tornara-se um habitante natural da Nova York noturna, renunciara à luz do dia e deleitava-se com uma cidade sem trânsito ou multidões, organizada em torno de uma matriz de bares e clubes que ficavam abertos até tarde no Lower East Side.

Para começar, Mario sugeriu que eu testasse minha mão fazendo algumas massas de manhã, e pôs-me a trabalhar com Alejandro. (No Babbo, a massa fresca é feita durante o dia, congelada em sacos plásticos e cozida conforme os pedidos vão surgindo à noite. Em minha cabeça, eu escutava a voz de Miriam: "Mario Batali é tão esperto que tem um freezer!".)

Nossa primeira tarefa era fazer orecchiette. *Orecchiette* é o diminutivo de *orecchio*, que significa "orelha", e é considerado um dos macarrões mais fáceis de preparar. A massa é feita apenas com água e farinha (semolina, mais grosseira do que a massa usada para todas as finalidades) e enrolada na mão até se transformar num tubo branco. Corta-se então o tubo em segmentos pequenos e esmaga-se cada um deles com o polegar num pedaço enrugado de madeira. Tal como numa mágica para crianças, a massa muda de forma sob a pressão e, quando é removida, está cheia de estrias e se parecendo com uma orelha (a não ser que fique como as que tiraram a pele do meu polegar no primeiro dia, caso em que as estrias pareciam um tabuleiro de jogo-da-velha, porque eu tinha invariavelmente de fazer a coisa duas vezes e não conseguia alinhar direito na segunda vez, e a orelha ficava grande e distorcida, uma massa desajeitada, mais parecida com uma orelha de elefante de desenho do que com uma orelha normal, porque minhas mãos estavam tão pegajosas com a excitação de fazer macarrão pela primeira vez que o diabo da coisa não desgrudava do meu polegar). No final da sessão, Alejandro mostrou a Mario exemplos do que eu havia produzido — as minhas eram mais gordas do que uma orecchiette normal, não esmagadas o suficiente e quase mutantes —, para ver se podiam ser servidas naquela noite. Mario examinou-as. "Ah, estão o.k.", disse, e deu uma risadinha que significava: "Bill, esta é a massa mais fácil, e no entanto...".

Acabei por dominar a técnica do esmagamento. Descobri também que depois de fazer umas 2 mil dessas pequenas orelhas, a cabeça da gente se distrai. Você pensa sobre qualquer coisa, pensa em tudo, pensa no que for, não pensa em nada. Esses momentos ilustram o que chamam de o zen de fazer macarrão, que é também uma maneira de dizer que fazer massa pode ser muito tedioso. Eu estava bastante zeloso durante essa fase e descobri que quando minha mente vagava ela tendia a não se distanciar muito da matéria à mão. Por quê, ela perguntava, alguém iria querer comer uma coisa parecida com uma orelha amassada? Então estudei cada um e pensei muito sobre sua forma. A explicação que arranjei tinha a ver com umbigos. Tal como acontece com os umbigos, há dois tipos de macarrão: os *innies* e os *outies*. Os *innies*, como o ravióli e o tortelli, são projetados para nos surpreender com o que trazem dentro deles: mordemos e descobrimos uma coisa suculenta anteriormente escondida da vista. Os *outies* são projetados para "se agarrar" às coisas boas de fora. As pessoas gostam de comer orecchiette porque eles retêm uma minúscula quantidade de molho dentro deles, ao mesmo tempo que guardam engenhosamente um pouco mais no fundo, ao longo das estrias.

Depois de chegar a essa iluminadora distinção filosófica, achei apropriado que minha tarefa seguinte fosse fazer *innies*, o que, afinal, eu realmente queria fazer. (Os tortelli di zucca de Miriam eram *innies*.) Eu havia tentado produzi-los num jantar de muito tempo antes, e havia sido um fracasso, o que talvez explique meu interesse exagerado por eles. Não sei por que achei que poderia fazer uma massa fresca — algum livro de cozinha deve ter dado a impressão de que era fácil. Os amigos chegaram e me encontraram na cozinha — uma panela de água fervente embaçando as janelas, as paredes escorrendo umidade — implorando para que doze raviólis recheados com cogumelos porcini mantivessem o formato. Era minha primeira tentativa e depois que os depositei numa armação de arame, o invólucro de massa derreteu e desapareceu, sumindo no ar úmido, até que sobraram apenas montes de cogumelos, enfiados nos furos do arame.

Os *innies* do Babbo tinham uma variedade de nomes exóticos, embora eu agora soubesse que, fundamentalmente, eram apenas diferentes tipos de ravióli. Na versão de Mario dos tortelli di zucca de Miriam, por exemplo (que ele recheava com abóbora-menina, em vez de moranga), eles eram cortados em rodelas e chamados de lune. Outra massa, depois de recheada com bacalhau seco, era chamada de mezzalune, porque era dobrada como uma meia-lua. Havia também "cartas de amor" com ervilhas e menta, moldadas para parecer retângulos do tamanho de selos, com bordas em ziguezague. (O nome era uma versão poética de uma massa chamada francobolli, ou selos de correio.) Na realidade, havia tantos nomes exóticos e formas estranhas que precisei parar por um momento e me entregar um pouco à especulação cultural. Selos de correio, meias-luas, luas, pequenas orelhas, umbigos: do que se trata exatamente? Ou dito de outra maneira: que outro país serve sua cozinha nacional na forma de pequenos brinquedos? E o que isso nos diz? Que os italianos estão sempre brincando com sua comida? Quando se faz tortelli, diz o *Liber de coquina* do século XIII — e com tal júbilo destemperado que somos levados a concluir que essa característica lúdica da comida estava nas refeições italianas havia muito tempo —, pode-se dar à massa a forma de "ferraduras, broches ou anéis, letras do alfabeto ou qualquer animal que se possa imaginar". É o encanto secreto do macarrão, a comida mais reconfortante do mundo, em sua evocação da infância? Um jantar italiano deve sempre incluir uma versão de "biscoitos de bichinho"? O macarrão me intimidava. Havia um mistério nele no qual eu não estava penetrando — os segredos do quarto de crianças de uma nação, uma história muito íntima de madonas intrometidas. E, sendo bem sincero, se eu não conseguia nem reconhecer todas aquelas formas (falando sério... umbigos? selos?), como eu aprenderia a prepará-las?

Hoje me sinto mais animado quanto a essa perspectiva, talvez porque tenha começado a suspeitar que os italianos também não conhecem todas as formas. Mesmo que você tenha crescido comendo gravatinhas, letrinhas e cabelinhos, jamais conhecerá todas as massas, porque existem centenas delas, de acordo com Amelia Giarmoleo, curadora do Museo Nazionale delle Paste Alimentari, o museu do macarrão italiano, em Roma, onde é possível se perder durante horas maravilhando-se diante de séculos de brinquedinhos de massa, exibidos como borboletas de uma coleção de lepidopterologista. Mas há um vocabulário básico do macarrão — que a maioria dos italianos domina — que lhes permite interpretar todas as variações que vierem a encontrar pelo resto da vida. ("Ah, entendi, é como penne, mas enorme e com estrias.") E eu estava decidido a aprender o léxico essencial.

O molho ao qual um *outie* se agarra é um ramo totalmente diferente da filosofia. Costuma ser um ragu, e serei honesto nessa questão: até começar a trabalhar no Babbo, o máximo que eu sabia sobre ragu é que havia visto frascos poucos atraentes disso em prateleiras de supermercado. Não tinha idéia de que se tratava de algo tão sério.

Um *ragù* italiano e um *ragoût* francês são mais ou menos a mesma coisa. Em qualquer que seja o idioma, o processo de pegar um pedaço de carne e, como me foi descrito na linguagem da cozinha, cozinhá-lo até o cu fazer bico. Tanto a palavra como a técnica, descobri depois, estão no cerne de um debate secular entre os defensores da cozinha francesa e os da italiana para saber quem foi o primeiro a usá-las. A rivalidade, sentida de forma mais aguda pelos italianos, que acham que os franceses os consideram uma tribo de primitivos divertidos, pode ser resumida assim: na história da cozinha européia, a península italiana foi a primeira a estabelecer uma alta cozinha sofisticada, que começa com o Maestro Martino no século xv. Depois, afirmam os italianos, seus segredos foram empacotados e transportados para o outro lado dos Alpes por Caterina de Medici quando, em 1533, ela se casou com o homem que viria a ser Henrique ii da França.

Posteriormente, a França passou pela própria renascença culinária, que culminaria nos eventos gastronômicos pós-Antigo Regime de Antonin Carême — galantinas elaboradas, molhos que levavam o dia inteiro para ser feitos, sobremesas arquitetônicas —, enquanto os italianos, tendo concluído que o fruto do Novo Mundo conhecido por nós como tomate não era venenoso e que até prometia como molho, mergulharam em uma depressão culinária de 250 anos e, numa franca violação de seu caráter chauvinista, começaram a imitar os franceses. Todas aquelas construções *alla* — risotto alla milanese, pollo alla cacciatora, bucatini all'amatriciana — são o equivalente italiano do francês *à la* e surgiram de um esforço nervoso para parecer elegante. Outros termos culinários também mudaram, inclusive *sugo*, que se tornou um ragu. Em 1903, a então grandiosa cozinha francesa foi codificada enciclopedicamente no *Guide culinaire* de Auguste Escoffier, que continua sendo o texto seminal da abordagem "clássica". O texto seminal da Itália, *La scienza in cucina e l'arte di mangiar bene*, escrito na mesma época, era um monte de receitas caseiras reunidas por um comerciante de tecidos chamado Pellegrino Artusi. Escoffier, baseando-se em sua experiência de chef principal de grandes hotéis, nos conta as duzentas maneiras de se fazer um molho. Artusi, baseado em cartas de donas-de-casa do campo, fala de umbigos e tortellini. Os franceses tornaram-se profissionais, científicos e urbanos. Os italianos são amadores que improvisam, seguindo as preparações rústicas transmitidas por gerações. Os italianos, se poderia dizer, ainda estavam brincando com sua comida.

Basicamente, o ragu é uma equação que envolve um sólido (carne) e um líquido (caldo ou vinho), mais um cozimento lento, até alcançar um resultado que não é sólido nem líquido. O ragu mais famoso é o *bolognese*, embora não exista apenas um, mas vários bolonheses. Quando eu estava em Porretta, Gianni Valdiserri me confessou que quando se casou com Betta — ela grávida, com dezesseis anos, ainda no colégio — ficou preocupado porque, na pressa, ele não havia provado seu ragu. Esse ragu, que ela aprendeu com uma tia, era transmitido em sua família havia gerações e seria diferente do ragu que Gianni crescera comendo, o de sua mãe, que era profundo e complexo, e tocava o fundo de sua alma. Ele também sabia que jamais seria capaz de ensinar Betta a preparar o ragu de outra pessoa. Um ragu, disse ele, é uma coisa muito pessoal. Imaginem então a felicidade dele quando comeu pela primeira vez um ragu feito por Betta e descobriu que, sim, era diferente do de sua mãe — e melhor.

O *bolognese* é feito com um senso singular de ostentação e sabor da cozinha medieval. Leva pelo menos dois tipos de carne (vaca e porco, embora variações locais possam insistir em vitela em vez de vaca, prosciutto em vez de porco e, às vezes, prosciutto, pancetta, lingüiça e porco, para não mencionar capão, peru ou fígado de galinha), três líquidos (leite, vinho e caldo), tomates (se a receita de sua família é moderna) ou nenhum tomate (se a receita familiar é mais antiga do que Cristóvão Colombo), além de noz-moscada, às vezes canela e qualquer outra coisa que sua tataravó dizia ser essencial. (No de Miriam, por exemplo, a única carne é a lingüiça, cozida lentamente com manteiga e azeite, mais seu molho de tomate caseiro e uma pitada de alho, além de um cravo, retirado antes do término da cocção.) Em qualquer variação, o resultado é uma textura característica de todos os ragus: uma viscosidade farelenta, uma consistência que não é sólida nem líquida, mais seca do que úmida, mais para creme do que para molho ou, como Mario o descreve, um "condimento", termo que usa para a equipe a fim de enfatizar aquilo com que o macarrão é servido — como ketchup num cachorro-quente — que nunca é mais importante do que a própria massa. (E, contudo, ainda muito importante: Gianni fala do erotismo de um novo ragu enquanto cozinha, enchendo a casa com seu perfume, uma promessa de apetite que crescerá até ser satisfeito. Na verdade, o que ele disse foi que o cozimento de um ragu *mi da libidine* — lhe dá tesão —, e até que consiga comer um pouco dele anda pela casa de pau duro.)

De acordo com Betta, o ragu bolonhês feito no Babbo é incompleto, o que suponho ela deveria saber, uma vez que ensinou Mario a fazê-lo. "Não tem prosciutto!", contou-me, estarrecida, quando lhe perguntei sobre a visita que ela e Gianni fizeram ao Babbo em sua primeira viagem a Nova York, em 1998, crítica que, quando repeti para Mario, o espantou: "Ela foi capaz de dizer isso comendo-o uma única vez!". O ragu sem prosciutto é servido com pappardelle, um macarrão longo e achatado, feito (Betta também observou isso, ainda mais horrorizada) "com uma máquina".

Falando com franqueza, nada disso significava muito para mim quando finalmente tive permissão para trabalhar na praça do macarrão. O que importava era que o pappardelle ("Pap!") era o pedido mais fácil de fazer, porque não havia muita coisa que pudesse dar errado. Eu punha duas colheres de ragu numa panela e acrescentava água, um bocado de tomates crus e um pouco de manteiga — e só. Quando o prato ficava pronto, salpicava com queijo e salsinha (chamado de "chiff", diminutivo de *chiffonnade*, para representar o aspecto de uma pluma depois de picada). Na realidade, todos os pratos com ragu eram bastante simples. O nhoque ("Ox!") era servido com um ragu de rabada (um ensopado viscoso), as cartas de amor ("Love!") com um ragu de lingüiça de cordeiro e o orecchiette ("Ork!") com ragu de lingüiça de porco, mais um punhado de *broccoli di rapa*.

Desde o início, a praça foi um teste para a capacidade do cérebro de manter muitas coisas no lugar sem precisar pensar sobre elas. Havia uma "cola" afixada na parede. Evidentemente, todo mundo precisa disso no início, o que é tranqüilizador descobrir, e, olhando para aquela página de papel ofício amarelada e engordurada em algum momento por azeite de oliva, fiquei aliviado ao ver que meu antecessor também não sabia nada. Os ingredientes de cada prato estavam escritos com um lápis rombudo, junto com diagramas grosseiros. Dois círculos concêntricos ilustravam o bucatini oco, por exemplo (*buco* significa "buraco", *bucatini*, "buraquinhos"). Um oblongo achatado era linguine ("pequenas línguas"). A *chitarra* era uma linha grossa, como a corda grave de uma guitarra. A maioria era composta de aproximações fonéticas grafadas erradamente. "Ork" era orecchiette, embora ninguém, ao aprender as tarefas da praça, viesse a conhecer a palavra italiana, até porque ela nunca era usada. O que se ouvia era "ork", e nunca se via uma versão escrita, porque, ao contrário das outras praças, onde havia papeizinhos impressos pregados na prateleira logo acima do nível dos olhos, nessa não havia lugar para colá-los, sem falar que não resistiriam ao vapor e cairiam. Além disso, os pedidos chegavam tão depressa que não havia escolha senão guardá-los na cabeça, do jeito que estivessem grafados quando eram postos lá.

O problema eram as variações. Para reidratar o ragu de rabada, eu tinha de acrescentar água e meia concha de tomates crus — tal como fazia com o bolonhês —, mas sem manteiga. E embora salpicasse queijo e salsinha no fim, eram folhas inteiras de salsa, e não picadinhas. Por quê? Eu não sabia. Ainda não sei. Para foder com a minha cabeça, eis o porquê. E ao ragu de lingüiça de cordeiro que acompanhava as cartas de amor, acrescentava-se um pouco de água e manteiga, como no bolonhês, mas dessa vez sem tomates, embora terminasse com queijo, como os outros, porém com folhas de hortelã em vez de salsa — afinal, as cartas de amor eram recheadas com hortelã e ervilhas. O que não fazia sentido eram os flocos de pimenta chili: era preciso acrescentá-los também. Dá pra imaginar: flocos de chili em suas cartas de amor?

"Não tem chili nas suas cartas de amor", Frankie me disse. Era o dia de folga de Andy, e Frank estava na expedição. Ele havia provado o ragu com o dedo depois que o prato estava montado, mas deixou que o levassem para o salão mesmo assim, porque ia junto com três outros pratos e não havia tempo para preparar outro sem segurar a mesa inteira. Mas ele não estava satisfeito. "Como é que você esqueceu a porra do chili — de novo?"

Virei-me para Mark: "Como é que eu esqueci a porra do chili de novo?".

Ele olhou para mim inexpressivamente: "Não tenho idéia de como você esqueceu a porra do chili de novo".

A praça não era fácil. A cozinha conta com seu funcionamento fluente, e não havia lugar para luxos como um jornalista-turista fascinado pela mística do que continuava a chamar de *pasta fresca* — a não ser que ele não cometesse nenhum erro. Podia ser bem tenso. "Queimei você?", perguntou Frankie uma noite, quando estava salteando uma frigideira de caranguejos que incharam no calor e explodiram, jogando água e óleo quente em todas as direções. E antes que eu pudesse formular uma resposta inteligente, ele disse "Ótimo" e depois esvaziou o resto do óleo em sua frigideira com tal violência que respingou no chão e em mim, queimando-me de novo.

Uma massa recheada não costuma ser servida com ragu porque o próprio macarrão é um veículo para o ragu. (Na dicotomia do umbigo, é um *innie*.) O que se punha por fora para acompanhar era, portanto, muito simples — em geral, molho de manteiga. Quando estava na cozinha, Mario pedia pequenas quantidades de manteiga nesse molho e sempre dizia ao cara da praça do macarrão para usar menos. Quando ele não estava na cozinha, Andy pedia quantidades imoderadas e sempre dizia ao cara da praça das massas para usar mais. (Uma vez protestei, até que Mark me sussurrou: "Nunca conteste o sujeito que está no comando, especialmente se ele estiver errado, ou ele vai transformar sua vida num inferno. Ele vai lhe passar mais pedidos do que você pode dar conta. Vai achar defeito em tudo. Vai obrigar você a refazer pratos que estavam perfeitos".)

O molho de manteiga é uma emulsão. "Emulsão" era outra palavra que eu não compreendia bem, embora soubesse o suficiente para entender que estava criando uma quando acrescentava manteiga ao caldo para fazer um molho de carne em casa. Nos livros de culinária francesa, era um momento delicado e eles enfatizavam muito que tudo devia estar exatamente correto: o caldo muito quente, a manteiga muito gelada e cortada em pedaços muito pequenos que deveriam ser incorporados, um por um, ao caldo com um movimento muito constante. O temor era que a emulsão "se partisse" (o que quer que isso significasse). É diferente num restaurante: ali você parece estar fazendo tantas coisas, uma depois da outra, que nunca pensa que uma delas pode ser mais difícil que as outras.

Eis o que acontece. Mandam você preparar um pedido de tortelloni ("Tort!"). Você põe oito unidades numa cesta de água fervente. A massa fresca é menos exigente do que a seca e o objetivo do cozimento é diferente: nada desse negócio de al dente. Você quer uma comida macia e mole, e não uma que resista à mordida. Para os tortelloni, isso leva cerca de três minutos, mas você pode deixar mais tempo. Para preparar o molho, você pega uma panela (de uma prateleira acima de sua cabeça) e solta lá dentro uma colherada de manteiga (retirada de um recipiente junto da parede). Como em todas as praças, sua esperança é jamais precisar mover os pés. Então, inclina a panela sobre a máquina de macarrão e tira uma concha de água quente. Trata-se de um movimento sutil: mergulhar a ponta em colher do pegador na água fervente e removê-la rapidamente de forma que ela aterrisse na panela e não em seu antebraço — onde, é claro, a minha sempre costumava descer, causando vergões vermelhos de queimadura, a não ser que eu errasse completamente. Acertei Mark mais de uma vez, e sempre o deixava assustado.

Em seguida, acrescente um condimento, uma erva ou algo cítrico: raspas de laranja para os tortelloni (ou cinco folhas de sálvia para as lune, cinco cebolinhas para as mezzalune — algo forte mas simples). Pegue a panela, que agora está bem repugnante — uma lagoa de água enevoada, um montinho de manteiga derretendo junto à borda, algumas raspas de laranja dessecadas — e a ponha na chapa e gire. Verifique a cesta no cozedor de massa: alguns tortelloni subiram. Volte para a panela e dê uma girada nela. Os conteúdos mudaram. Com o calor e o movimento da panela, eles formam uma sopa amarelo-alaranjada (amarelo da manteiga, alaranjado das raspas). Verifique novamente a cesta: os tortelloni estão flutuando. Volte para a panela e gire-a de novo — quase pronto, parece uma crosta. Porém, outros três pedidos estão chegando, você cuida deles e quando volta à panela, apenas trinta segundos depois, o líquido está mosqueado: ainda é um molho, mas doente, muito feio, não é uma coisa que você queira comer. Está arruinado. Para salvá-lo, você põe mais um salpico de água (ou talvez alguns, até que um acerte a panela), e devolve a panela à chapa, e com um miraculoso movimento giratório a textura mosqueada se dissolve.

Isso é uma emulsão: um acordo improvável entre dois elementos (manteiga e água) obtido por calor e movimento. Se você comete um pequeno erro — como quando o molho começa a secar, destruindo o equilíbrio entre a gordura e o líquido —, os elementos improváveis se separam e se partem. Às vezes, durante momentos mais calmos, eu deixava deliberadamente meu molho ficar feio, para testemunhar sua volta ao ponto com um pequeno salpico de água, como numa aula ilustrada de química. Uma vez, fui surpreendido em meio a esse devaneio.

Eu estava fazendo um molho de cogumelos que ilustrava duas coisas características da praça: como usar o calor e como detê-lo. Tal como muitos molhos, esse era preparado em dois estágios e levava poucos ingredientes: cogumelos (*yellowfeet*, embora qualquer cogumelo silvestre sirva), algumas folhas frescas de tomilho, uma chalota cortada bem fininho, um pouco de manteiga. Para começar, você precisa de muito calor. Ponha a panela na chapa até ela ficar realmente quente, até escurecer, até parecer que vai derreter, e então borrife-a com azeite de oliva — a panela fica enfumaçada rapidamente — e em seguida verta os cogumelos. Depois: nada. Não mova a panela até detectar o cheiro doce e defumado de madeira dos cogumelos caramelizando. Eles têm agora uma crosta como de açúcar, não queimada, mas à beira de queimar. Salpique a panela com as chalotas e o tomilho, segure-a até que eles reajam ao fogo alto e então ponha água da massa suficiente para deter o cozimento: a panela assobia, fumega e silencia. Esse é o Estágio Um: do calor alto a nenhum calor. O Estágio Dois ocorre quando o pedido é finalizado. Você retorna à panela e faz a emulsão: a manteiga, a rotina de girar, até que a água dos cogumelos se transforme num molho viscoso o suficiente para aderir a uma massa.

O devaneio aconteceu no final do Estágio Um, quando ergui a panela da chapa e salpiquei o tomilho. Que posso dizer? Eu adorava esse momento. Por alguns segundos, nada acontecia. As folhas estavam no metal quente da panela, ganhando calor. Então, uma a uma, elas inchavam quase imperceptivelmente e explodiam, uma sucessão de explosões pequeninas, como pedaços minúsculos de uma pipoca de ervas. E com cada explosão ocorria uma erupção aromática do tomilho. Fechei os olhos e pus meu rosto sobre a panela, inspirando o aroma. Não sei quanto tempo fiquei assim.

"Que merda você está fazendo?"

Abri os olhos. Era Frankie.

"Que merda está fazendo?" Ele estava a centímetros de meu rosto. Os outros me olhavam fixamente.

"Gosto do cheiro do tomilho explodindo", eu disse com voz fraca. Eu estava esperando escárnio, ou uma sucessão de palavrões, gozação no mínimo. Em vez disso, Frankie pareceu surpreso e não soube o que dizer. Seu rosto suavizou-se e ficou com uma expressão de cachorrinho.

"Ah, bom", disse por fim. "Tudo bem." Acho que ficou constrangido.

Todos esses pratos levavam um ingrediente que você não tem em casa: a água do macarrão do restaurante. No começo da noite, ela estava perfeitamente clara — era possível ver o fundo reluzente do cozedor de massa — e muito salgada. ("Como o mar", Mario sempre dizia, e depois ele lembrava você de enfiar com freqüência o dedo na água fervente, prová-la e ajustá-la, até trazer à tona a lembrança infantil de sua primeira ida à praia; mas nunca dominei o mergulho rápido de dedo ou pensei na minha infância — apenas queimava o dedo, sempre.) Na metade do serviço da noite, o fundo reluzente desaparecia. Era a fase nebulosa, cerca de duas horas antes da lamacenta, quando a água deixava de ser água normal para se transformar num veículo cada vez mais espesso de amido solúvel, de som repugnante, aspecto repugnante, mas, na verdade, maravilhoso. Quando atingia esse estágio, a água se comportava como um engrossador de molho, ligando os elementos e, na realidade, dando à massa o sabor dela mesma. Ainda assim, não havia como escapar ao fato de que, no final da noite, a água em que o macarrão era cozido estava muito diferente do que fora, digamos, às seis da tarde. (Elisa confessou certa vez que "jamais pediria massa depois das dez".) O quanto era diferente ficava claro quando era preciso lavar a "puta", como o cozedor da massa era chamado quando você finalmente o conhecia — minha tarefa e uma indicação de minha posição na hierarquia. Mais tarde, transpirou que, quando eu não estava presente, me chamavam de "a puta da cozinha". Toque legal, pensei, enquanto matutava sobre minha posição e minha responsabilidade do fim do dia: a puta da cozinha, limpando a puta da cozinha.

Com tudo isso, era um negócio simples. Depois de remover as cestas da massa, sobravam apenas duas bacias e um grande elemento de aquecimento a gás. A dificuldade estava no que se encontrava no fundo das bacias — em geral, uma expressão em camadas da arqueologia do restaurante, composta de, digamos, queijo de cabra (porque os tortelloni vazavam sempre), abóbora-menina (porque as lune também perdiam um pouco de recheio) e pedaços minúsculos de todo o resto, inclusive mariscos (de onde eles vieram nadando?). Além disso, o cozedor de massa estava quente — como se saído de uma fornalha. Mesmo depois que o elemento de aquecimento era desligado, ele permanecia muito quente, e a esponja abrasiva que se usava para limpá-lo fumegava ao contato, amolecia devagar e acabava por cozinhar, como um ravióli de plástico. Não é que você fique quente limpando a puta; você apenas não esfria. Você já está muito quente, há várias horas. Nunca me senti tão quente. Demorava horas para que a temperatura de meu corpo começasse a baixar. Às quatro da manhã, quando eu finalmente ia para a cama, continuava a irradiar calor, minhas entranhas eram uma coisa carnosa que ainda cozinhava, e minha mente se mostrava incapaz de deter o pensamento recorrente de que aquilo era a minha vida: eu me transformara numa lingüiça.

Por que as pessoas não usam água de macarrão em casa? Às vezes eu pensava que ela deveria ser engarrafada, porque não há como a água caseira atingir a viscosidade da água de restaurante. Ela custaria barato — feita de restos líquidos —, e a garrafa seria bem grande, provavelmente escura, como a de vinho, porque não ia valer a pena ver de perto o que estaria flutuando dentro dela.

A idéia também me deixou curioso sobre em que momento da história da cozinha americana a eficiência venceu o sabor e, em vez de usarem um pegador para puxar o espaguete direto da panela, as pessoas começaram a usar um escorredor (um instrumento pernicioso), deixando toda aquela "água" densa, saborosa e suja escorrer pelo ralo. A prática é descrita na edição original de 1931 de *The joy of cooking*, em suas "Regras para cozinhar espaguete, macarrão, *creamettes* e massas", junto com o hábito mais alarmante ainda de pegar o escorredor cheio de espaguete (bem mole, pois foi cozido durante uma hora), ou macarrão (fácil de mascar, depois de cozinhar por vinte minutos), ou *creamettes* (que não se encontra mais em supermercado, infelizmente, mas que era o ingrediente essencial de um pão de *creamette* assado) e passá-lo na água fria — oh, heresia das heresias — para certificar-se de que não ficou nada grudado. Considero a autora desse livro culpada pelos muitos pratos de espaguete mergulhado em molho que eram preparados na minha infância por minha mãe, que nasceu dois anos depois da publicação do livro de receitas. Para ser justo com minha mãe e com a autora, um prato de espaguete com molho de carne continua sendo um alimento de consolação eterna, mesmo que a refeição não seja centrada na massa. Ainda assim, o descaso cultural pelo macarrão contribuiu para minha ignorância sobre o assunto. Contribuiu também para meu preconceito contra massa seca, o qual eu finalmente superei numa espécie de epifania.

A ocasião foi uma refeição coletiva improvisada tarde da noite — duas refeições, na verdade. A primeira foi uma gigantesca panela de linguine alle vongole que Mark estava fazendo para os cumins e lavadores de pratos (cada um deles pegava um prato e punha uma tigela em cima para manter a comida quente, e depois o escondia atrás de uma panela ou sob uma toalha — ainda ocupados demais para comer, mas desconfiados uns dos outros). A segunda refeição foi preparada por mim: uma tigela de amêijoas ao vapor para o gerente do restaurante e o *sommelier*, executivos que, graças a suas posições, tinham o direito de ser servidos numa mesa do salão.

Eu tinha ficado curioso sobre a diferença entre amêijoas e mariscos. Dos dois moluscos, as amêijoas historicamente são as maiores, encontradas ao redor do Mediterrâneo. Os mariscos, que proliferam ao longo da costa da Nova Inglaterra, tendem a ser tudo o mais. Em geral, se você fica perplexo diante de um molusco, chame-o de marisco. Na prática, os dois nomes são usados indiferentemente; no Babbo, alternávamos, porque eram o mesmo molusco e não vinham nem do Mediterrâneo nem da Nova Inglaterra, mas da Nova Zelândia, todas as segundas e quintas de manhã. Esses "amêijoas-mariscos" neozelandeses eram pequenos, de cor púrpura e redondos, e valorizados por sua uniformidade:

nenhuma variação no formato, nenhuma variação no tempo de cozimento, que era, com fogo alto, exatos seis minutos, um pouco menos dos seis minutos e trinta segundos que os linguine levavam para cozinhar, os quais, aliás, não eram linguine, que demora nove minutos, mas linguine *fine* (um primo mais fino e de cocção mais rápida). Para ser sincero, eu odiava os dois pratos com moluscos. As preparações eram intrincadas: uma delas ("Ling!") começava com alho, cebolas vermelhas e flocos de pimentão vermelho; a outra ("Cock!") levava alho, cebolas vermelhas e um pimentão verde ardido. Pimentão verde? Pimentão vermelho? Você acha que sentiria a diferença? Uma levava manteiga, a outra não. Uma levava vinho branco, a outra molho de tomate. Uma era finalizada com salsinha, a outra com manjericão tailandês. Por que manjericão tailandês? Por que a salsinha funciona com amêijoas-mariscos neozelandeses quando eles são chamados de mariscos e servidos sobre uma massa, mas não funciona quando eles são chamados de amêijoas e servidos numa tigela sem macarrão? E, por falar nisso, por que era mesmo que eu estava preparando amêijoas? Onde estava a massa? Por quê? Por quê? Você sabe por quê.

Àquela altura, eu tinha fichas de memorização para todos os pratos do restaurante e havia perdido uma manhã decorando as supostas e, na minha opinião, totalmente inventadas diferenças entre Ling e Cock. Não que eu tivesse dificuldade para lembrar o que era o que — afinal, era o mesmo molusco nos dois pratos. A dificuldade era ter aquela lembrança instantânea, irrefletida, exigida na praça das massas. Eu ganhava um problema e me atrasava quando mudava a panela da mão esquerda para a direita (demorava demais); eu ganhava um problema se tivesse de procurar pelo meu pegador (tempo demais); eu ganhava um problema se tivesse de perguntar, imaginar ou lembrar, então ansiava ter tudo memorizado em um nível tão profundo — como a língua, o alfabeto e os números — que eu nunca me pegasse pensando. E também, francamente, não entendia por que pôr moluscos com concha no macarrão. Não dá para comer as conchas, dá? E o processo de comer ficava complicado. Era preciso um babador, um prato extra, uma tigela para limpar os dedos, um guardanapo extra, uma quantidade extra de vigilância apenas para ter certeza de que não se enfiou uma concha na boca. Parecia mais um exercício de higiene, como tomar banho — de qualquer modo, não um jantar.

Eu tive outra revelação naquela noite, decorrente do fato de notar que, quando fica tarde, o cozinhar que importa é para os funcionários e não para os jantares que você acabou de servir. Por volta da meia-noite, a cozinha parecia uma zona desmilitarizada, já perto de fechar, mas ainda oferecendo comida, devido à insistência do maître John Mainieri em às vezes aceitar clientes retardatários, sendo por isso descaradamente detestado pela equipe da cozinha: eles vaiavam quando ele aparecia, assobiavam e irrompiam num coro grosseiro de "Olás" pronunciados de forma caricata (uma coisa constrangedora para mim, quanto mais não fosse porque eu gostava de John). Em geral, é possível convencer um restaurante a atendê-lo no momento em que a cozinha está fechando. Mas eu o aconselho, na próxima vez que tentar persuadir o *maître* a acomodá-lo — curvando-se abjetamente com desculpas, mencionando o trânsito, a multidão, uma sucessão fluente de servilismo obsequioso, uma cédula novinha na mão —, a levar em conta que o pessoal da cozinha sabe que você está lá. Eles estão esperando seu pedido, reunidos em torno da teleimpressora, contando os segundos e soltando imprecações porque você não consegue se decidir. Eles especulam — será algo leve, um único prato, talvez? ("Isso é o que eu pediria", alguém diz, e todos concordam em voz alta.) Já posso limpar o cozedor de massa? O cara da grelha pode desligar os queimadores? Ou os clientes — e os retardatários são chamados simplesmente de "aqueles filhos-da-puta" — serão tão ignorantes a ponto de pedir um menu degustação de cinco pratos? Isso acontece, e a reação da cozinha — um urro de desgosto — é tão alta que todos no restaurante devem escutar. A essa altura, a cozinha está diferente. Às onze, a cerveja é liberada e por quase uma hora os cozinheiros ficam bebendo. As figuras mais graduadas desapareceram: Andy está lá em cima fazendo alguma coisa no computador; Frankie está ocupado com alguma coisa na câmara frigorífica. Não há ninguém no comando. As pessoas estão cansadas e sujas. O chão está gordurento e úmido — então a porta do frigorífico se abre e alguém é subitamente transportado pelo ar. O cozedor de massa está tão grosso e imundo que a água ficou púrpura e começou a espumar. Quer mais detalhes? Em outras palavras: você acha que, se seu pedido for o último a ser recebido pela cozinha, ele será preparado com amor?

Mas foi então que — na correria da limpeza, da lavagem, da esfregação, da enxugação; da busca por recipientes de um quarto (por que nunca há recipientes de um quarto suficientes?); da queda de uma bandeja; da velocidade com que você dá fim aos alimentos na sua praça, embrulhando alguns, jogando fora a maior parte, inclusive os ingredientes necessários para atender àquele pedido retardatário (desculpe, Jack, é o que você consegue chegando tão tarde); os insultos ao *maître*, que voltou para ver se tem uma refeição coletiva; a fome persistente dos lavadores de pratos (eles não têm nada em casa); o frenesi levemente bêbado e tardio de uma cozinha que está fechando, desejosa de acabar e sair —, em meio a tudo isso, eu entendi o porquê do macarrão com mariscos.

Eis o que aconteceu: Mark, depois de cozinhar uma grande quantidade de linguine durante os seis minutos e trinta segundos regulares, jogou-o numa panela de amêijoas-mariscos neozelandeses, deixando cair junto uma grande quantidade daquela água viscosa, formando um grande monte de macarrão úmido em cima de várias dúzias de mariscos. Ele girou a panela, deu uma pequena sacudida, girou de novo e depois deixou em repouso para cozinhar por mais meio minuto. (Curioso, pensei enquanto o observava: normalmente, não se deixa uma panela de macarrão em cima da chapa.) Depois, ele provou um fio da massa. Deu-me um. Não era o que eu esperava. Não era mais um linguine; havia mudado de cor e de textura e se transformado em outra coisa. Provei de novo. Isto, pensei, é o equivalente do pão empapado em molho. Mas o que era o molho? Olhei para a panela: os amêijoas-mariscos estavam todos fechados poucos minutos antes e, ao cozinhar, suas conchas se abriram e soltaram os sucos que estavam dentro. Era isso que eu estava provando no fio de linguine: uma pungência oceânica. "O importante é o molho, não o pequeno muco de carne dentro da concha", explicou-me Mario depois. "Ninguém está interessado naquela meleca de carne!"

A maioria dos pratos de massa diz respeito ao macarrão, não ao molho (aquele *mero* condimento); essa lição me foi repetida sem cessar. No fio de linguine, porém, eu descobri um prato que não dependia nem da massa nem do molho, mas de ambos, da interação entre eles, e o resultado, essa coisa nova, esse macarrão tão saboroso, evocava uma viagem de infância ao mar.

Se você está tentado a fazer linguine com mariscos de acordo com a preparação da cozinha, deve compreender que o único ingrediente medido é a massa (uma porção são cem gramas). O resto é o que você pega com a ponta de seus dedos, e é uma pequena pitada ou uma grande pitada, ou algo intermediário: isso não ajuda, mas, infelizmente, é a maneira como as quantidades são determinadas em um restaurante. Quando se prepara um livro de receitas, um provador vai à cozinha, pega todos os ingredientes necessários para fazer um prato e os leva para traduzi-los em quantidades que as pessoas em casa possam reconhecer. No mundo das publicações culinárias, esses provadores — que possuem cozinhas muito brancas, com fornos cuidadosamente calibrados e balanças computadorizadas — são os déspotas da receita escrita. Mas a confiabilidade da tradução nunca me persuadiu: ou as quantidades originais do restaurante são tão grandes que não parecem corretas quando reduzidas — pernas de cordeiro para 34 pessoas não parecem as mesmas quando feitas para duas; a química é diferente, o molho menos rico —, ou as porções do restaurante são tão pequenas que não parecem corretas quando se lhes atribui uma medida específica. Por exemplo: você acredita mesmo quando o livro de receitas do Babbo diz que linguine com enguias leva quatro dentes de alho, que um spaghettini com lagosta leva dois e que a chitarra leva três? Não. É a mesma coisa nos três pratos: uma pitada pequena. E o que aconteceu com as cebolas vermelhas, essenciais para o prato com lagosta — uma pitada média —, que não são mencionadas? As cebolas estavam em falta no dia que o provador veio?

O lado ruim de medir com as mãos é o que acontece com elas. No final do dia, seus dedos estão irremediavelmente contaminados por aromas muito fortes, e não há nada que você possa fazer para eliminá-los. Você lava as mãos. Você toma banho, esfrega-as de novo. No dia seguinte, elas ainda fedem a cebola, alho e banha e, convencido de que todo mundo em volta está sentindo o cheiro, você as enfia nos bolsos, esfregando desesperadamente os dedos uns contra os outros, como uma lady Macbeth obsessivo-compulsiva. À noite, na cama, minha mulher e eu tivemos alguns momentos difíceis quando eu trabalhava na praça das massas, depois que uma de minhas mãos encostou em seu rosto e a acordou com um sobressalto revoltante.

Meu conselho: ignore o livro de receitas do Babbo e comece por refogar pequenas pitadas de alho e flocos de chili e pitadas médias de cebola e pancetta em uma panela quente com azeite de oliva. O óleo quente acelera o processo de cozimento e, no momento em que tudo fica macio, você o retira (segurando o conteúdo com seu pegador) e acrescenta um pouco de manteiga e vinho branco, o que detém o cozimento. Esse é o Estágio Um — em que você tem uma mistura amanteigada familiar —, mas já acrescentou duas coisas que jamais verá na Itália: manteiga (frutos do mar com manteiga — ou com qualquer outro laticínio — é quase uma blasfêmia culinária) e pancetta, porque, segundo Mario, porco e moluscos são uma combinação eterna encontrada em muitos outros países: em Portugal, nas *amêijoas na cataplana*, ou na Espanha, numa paella (chouriço e vieiras); ou nos Estados Unidos, no *clams casino* ítalo-americano. Mas nenhum desses lugares fica na Itália. (Os italianos, diz Mário, "não fodem com seus peixes. Há restaurantes que não usam nem limão por acharem excessivo".)

No Estágio Dois, deite a massa em água fervente e, em seguida, ponha um punhado grande de mariscos na panela com a mistura amanteigada e leve ao fogo mais quente possível. O objetivo é cozinhá-los depressa — eles começam a abrir depois de três ou quatro minutos, quando você dá uma girada na panela, misturando o suco dos mariscos com a emulsão de manteiga e vinho branco. Aos seis minutos e trinta segundos, use o pegador para passar o macarrão da água fervente para a panela com os mariscos — toda aquela água engomada que acompanha a massa ainda é uma coisa boa; dê mais uma girada na panela, uma sacudida e outra girada, para garantir que a massa fique coberta pelo molho. Se parecer seco demais, acrescente um pouco mais de água do macarrão; se parecer úmido demais, escorra um pouco a água. Deixe cozinhar por mais meio minuto, girando, girando, até que o molho forme listras no fundo da panela. Borrife com azeite de oliva e salpique com salsinha: o jantar está pronto.

Aprendi muitas coisas na praça das massas, mas não quero exagerar minhas realizações. Nunca terminei uma noite sem passar por uma experiência profundamente humilhante. Agora, eu ficava na cozinha cinco dias por semana e cada vez que o serviço começava eu tinha o mesmo pensamento: quem sabe hoje eu não faço nenhuma cagada. O cenário com que eu sonhava era dominar a praça, provar que Mario estava errado, mostrar que eu podia realizar uma tarefa que somente vinte outros eram capazes de fazer. Nunca consegui. Na noite em que finalmente me vi por conta própria, não ultrapassei a primeira hora, embora durante boa parte do tempo eu tenha me saído bem. Havia muitos pedidos e eu fazia as preparações do Estágio Um, pondo minhas panelas nas prateleiras ao redor do cozedor de massa, enchendo-as, fazendo pilhas de duas como me haviam ensinado a fazer quando ficava movimentado, e depois pilhas de três, uma medida de emergência. Eu estava rápido, seguro, totalmente pronto, quando me virei e ouvi o som de muitas panelas caindo às minhas costas dentro do cozedor de massas (Splash! Splash! Splash!), e a cozinha entrou em pânico. O medo era que a água — agora poluída com porções de ragu, manteiga de trufas, cogumelos caramelizados, guanciale tostada, molho de tomate, mariscos, manteiga, mais todas aquelas pitadas aromáticas de cebola, alho e banha de porco — não ficasse boa. O cozedor teria de ser drenado, enchido novamente e levado de volta a ferver. Levaria uma hora. Havia 28 pedidos pendentes. A cozinha desmoronaria. Tony Liu, que naquela noite ocupava o lugar de Andy na expedição, aproximou-se e inspecionou a água escura, olhou para as prateleiras, observou que apenas algumas das panelas haviam caído, não todas, e disse que estava tudo bem. Estava? Pelo resto da noite, Mark retirou mariscos dos pratos no último segundo, "no instante em que saíam", e a maior parte das massas ficou com o mesmo gosto. "A cozinha adora quando alguém comete um erro", contou-me Mark depois. "'Pssst: vejam! Ele deixou cair as panelas!' Falaram de você durante uma semana."

Naquele momento, Mark caiu fora e o meu tempo acabou. Ele decidiu que estava na hora de seguir em frente. Depois de me treinar em duas praças e suportar pacientemente o tipo de prova que só um deus inventaria, ganhou um apelido do Velho Testamento. (O que posso dizer? Eu era a Puta da Cozinha, ele era o Jó.) E embora fosse o primeiro da fila para ser subchef, ele queria um desafio. Faria trinta anos na primavera — Mario tinha 29 quando deixou seu emprego em Santa Barbara — e, tal como Mario, não estava interessado no posto seguinte da hierarquia: queria ir para a Itália. Pediu ajuda a Mario e este, novamente lisonjeado, achou o que considerou o lugar perfeito, um restaurante com uma estrela do *Michelin* e a reputação de ter o melhor macarrão feito à mão de uma região famosa por essa especialidade: Il Sole, nas cercanias de Bolonha. Ou pelo menos era para onde Mark achava que iria — "Mario fala tão depressa", desabafou, "que nunca tenho certeza do que está dizendo"; o que me fez pensar que ele demonstrava uma notável despreocupação com seu destino. Mark ainda não sabia italiano; aprenderia no trabalho, onde — quem sabe? — poderia ficar durante dois anos, talvez mais. "Nunca terei essa chance de novo. Quero ficar o máximo que puder."

A saída de Mark provocou-me uma hesitação. Ao imitar a jornada de Mario, ele partia para aprender a coisa de verdade: massa fresca feita à mão. Não era essa a minha missão? Em vez disso, passei a entender de uma coisa que eu antes repudiava: o produto industrial, a pastasciutta. Fiquei grato pela instrução. Mas também estava com um pouco de ciúme da aventura de Mark. Todo mundo estava.

Enquanto isso, uma nova pessoa assumiria a praça e precisava ser treinada, e como o treinamento demorava semanas (mesmo para cozinheiros crescidos), eu desisti do meu lugar. Não havia espaço para dois estudantes. Com a saída de Mark, haveria também uma nova contratação. A estrutura exigia que Mark, perto do topo, fosse substituído por alguém que começaria de baixo, na praça da copa, preparando entradas. (A estrutura invisível indicava também que Abby não era mais a recruta.) O novo sujeito era Alex Feldman. Eu estava lá no dia em que ele começou: não era pouca coisa, pois íamos passar horas em sua companhia e nenhum de nós sabia como ele era. De fato, ele não era pouca coisa: tinha 1,93 metro — ao menos, foi o que disse, mas não acreditei. Parecia mais alto ou, o que era mais assustador, talvez continuasse crescendo. (Tinha um apetite de adolescente: na refeição coletiva, que eram cachorros-quentes, ele comeu doze.) Tinha 22 anos, era inflamado, grandalhão, desajeitado e distraído. Lembrava um personagem de quadrinhos, um tipo desengonçado de pernas compridas: o Pateta, com suas feições de cachorro. O nariz de Alex, por exemplo, parecia o de um cachorrinho, grande e inacabado, como se ainda estivesse em formação. Tinha pés muito grandes, como patas. Usava os cabelos longos divididos ao meio, como um escolar que cresceu demais.

"Por que Mario contrata alguém tão grande?", perguntou Elisa a meia-voz. "Ele sabe que não há espaço." Mas Mario já havia se decidido antes de conhecê-lo pessoalmente porque, uma vez mais, Alex tinha experiência de cozinha na Itália. Havia trabalhado em Florença durante um ano, no Cibreo, restaurante conhecido por sua cozinha toscana sem concessões. Eu nunca ouvira falar do Cibreo. Na verdade, com exceção de Mario, ninguém havia. Mas depois de mais ou menos um mês, todo mundo já conhecia um bocado sobre o frescor do azeite de oliva do Cibreo e como ele chegava imediatamente após ter sido feito — "não dias ou semanas, mas horas". (Alex provou o azeite do Babbo e torceu o nariz em sinal de reprovação.) Ou sobre a importância do soffritto do Cibreo, o mistério das sopas toscanas e como, no Cibreo, a preparação durava toda a manhã. (Ninguém na cozinha ouvira falar de soffritto, mas quando Alex dizia a palavra sua voz adquiria um tom de murmúrio e reverência, e você compreendia que o soffritto, fosse lá o que fosse, era muito importante.) Alex também compartilhava seu conhecimento da língua italiana e corrigia a pronúncia de quem falava errado. De fato, Alex costumava falar em italiano.

"O que talvez tenhamos aqui é um gosto adquirido", disse Abby discretamente.

13.

Nova York, 1995. No dia 15 de maio, uma assistente de escritório de uma nova emissora de televisão a cabo chamada Food Network deu com um artigo no *New York Observer* que achou que poderia interessar ao diretor de desenvolvimento, Jonathan Lynne. Era sobre uma panelinha de chefs que se reunia num restaurante do centro chamado Blue Ribbon. O lugar abria tarde (os últimos pedidos eram feitos entre quatro e cinco da manhã) e não aceitava reservas, exceto para uma mesa redonda perto da porta que podia acomodar entre cinco e dez pessoas. Batali havia descoberto o Blue Ribbon pouco depois da abertura do Pó e, com freqüência, reservava a mesa, onde reunia vários chefs amigos ao final do serviço de sábado. Frank DiGiacomo, o autor do artigo do *Observer*, dizia: "Tal como a Mesa Redonda do Algonquin, que nos anos 1920 e 30 se juntava para se compadecer de suas carreiras literárias e de suas vidas amorosas, e fazer piadas uns com os outros, do mesmo modo a mesa redonda do Blue Ribbon se reúne para compartilhar histórias de horror sobre clientes infernais, técnicas culinárias, fofocas do negócio e, é claro, as dificuldades de fazer uma relação amorosa funcionar dentro do esquema de trabalho insano de um chef". Na mitologia de Nova York, em que coisas criativas secretas acontecem altas horas da madrugada, há dois cenários arquetípicos: a mesa redonda que Dorothy Parker e seus amigos freqüentavam no famoso hotel Algonquin, e o ponto de encontro dos artistas no sul de Manhattan. As pessoas estão sempre atentas para saber onde um desses arquétipos vai se manifestar de novo. O Blue Ribbon, no sul e com uma mesa redonda, tinha as duas coisas.

Mario, então com 34 anos, usando tamancos comprados de uma empresa de artigos cirúrgicos e camisa colorida, foi descrito como o extravagante e divertido animador do grupo (ele pode se comportar como um *clown*, um chef disse ao repórter, mas você ficaria surpreso — ele é na verdade muito inteligente), e sua atitude do tipo "me dou bem com todo mundo" era ilustrada por uma história que ele contava: uma vez, em San Francisco, precisou enrolar um policial que queria prender o escritor Hunter S. Thompson, seu companheiro de bebedeira, que havia apontado uma arma para um motorista de táxi que se recusava a levá-lo até a porta de sua casa: a noite acabou com Batali acordando no hotel Fairmont (do qual não era hóspede), vestido com um calção de banho (o hotel não tem piscina). Entre os chefs da mesa redonda — "um grupo de sujeitos com testosterona alta", disse Batali, para explicar o entusiasmo com que o talento do salão era comentado — estavam Tom Valenti e Bobby Flay, um "cara de bebê endurecido pelas ruas". Flay já havia publicado um livro, ganhara um prêmio de "Chef revelação do ano" e tinha um agente de publicidade. "Onde está Bobby esta noite?", alguém perguntou. "Ele não conseguiu vir hoje porque o teto daqui não tem condições de suportar seu helicóptero."

Tive uma idéia do que essas noitadas podem ter sido quando, sete anos depois, juntei-me a Mario à mesma mesa redonda, ao lado de alguns amigos. O motivo era a visita à cidade do romancista Jim

Harrison, que se autodenominava um "lunático da comida". Entre Batali e Harrison havia uma considerável admiração, e a conversa entre os dois constituiu a diversão da mesa. Para Mario, Harrison era o Homero, o Michelangelo, o Lamborghini, o Willy Mays, o Secretariat, o Jimi Hendrix dos intelectuais da comida: "Um especialista, um caçador, um comedor, um perseguidor, um vira-lata raivoso e um bebedor, sem medo de ficar excitado com o tipo de noz que uma determinada perdiz deve ter comido esta manhã para estar com um sabor tão bom no almoço". Harrison, mais modesto, descrevia Batali como uma espécie de irmão espiritual. "Provavelmente, de outra vida", disse, em seu tom de voz rouco, quase inaudível, do tipo "passei por tanta coisa na vida que me surpreendo de estar vivo". Mario esclareceu: "Da outra vida de porcos". Eram ambos homens gordos. Juntos, ocupavam boa parte da mesa redonda — na verdade, formavam um semicírculo, tão maiores eles eram do que as pessoas normais que poderiam ter sido figurantes de um auto medieval sobre os pecados capitais (todos os sete).

A primeira garrafa de um litro e meio de vinho branco chegou e Mario lembrou Harrison de que haviam bebido 28 garrafas em seu último encontro.

"Havia outras pessoas", protestou Harrison, pouco convincente.

"Elas não estavam bebendo", Mario corrigiu.

Ele pediu as entradas sem consultar o cardápio, dezoito delas, inclusive duas dúzias de ostras, em que Harrison não conseguiu tocar, pois acabara de voltar da Normandia, onde havia testado um ponto de vista do escritor do século XIX Jean-Anthelme Brillat-Savarin, de que as refeições grandiosas antigamente começavam com os convidados comendo uma grosa de ostras cada um (uma grosa são doze dúzias, 144 ostras). Brillat-Savarin havia confirmado a plausibilidade da prática pesando a carne de uma ostra, mais seus sucos, o que dava menos de dez gramas. Portanto, uma grosa daria mais ou menos um quilo e meio. Um quilo e meio de moluscos crus sem as conchas parecia muito, mas Harrison foi persuadido e, certa noite, começou o jantar com 144 ostras.

Ele suspirou. Não recomendava a prática.

Uma segunda garrafa de um litro e meio de vinho chegou, junto com os primeiros pratos. Ostras fritas (para contrastar com as cruas); um pouco de molejas salgadas, que para Harrison tinham o efeito proustiano de lembrar sua primeira namorada, de catorze anos; lagostins fritos; camarões gigantes grelhados na casca; costeletas de porco assadas; e um osso de vaca serrado e assado até o tutano ficar crocante, servido com geléia de rabada.

Uma terceira garrafa de vinho chegou. Harrison verificou o pulso de Mario ("Ah, você ainda está vivo") e fez um brinde: "A nós, Mario".

"E foda-se o resto do mundo", completou Mario.

Por volta da meia-noite e da quinta garrafa de um litro e meio de vinho, o restaurante ficou movimentado e, como não havia outro lugar para ir, a maior parte das pessoas se reuniu em torno do bar, que ficava ao lado de nossa mesa. Logo alguns estranhos — mas estranhos amigáveis e divertidos — nos fizeram companhia (nossa sexta garrafa); foram calorosa e bebadamente bem recebidos e acharam cadeiras para encaixar em torno da mesa; havia até mesmo uma prostituta russa com cabelos muito loiros e um sotaque impenetrável. Seguiram-se outras garrafas de vinho. Por fim, Mario levou Harrison para uma festa que celebrava a filmagem de alguma coisa, a prostituta russa foi junto e levou com ela boa parte da desbotada Europa Central, e a noitada acabou no início da manhã, com um caraoquê improvisado no bar Half King, que havia sido recentemente aberto pelo escritor Sebastian Junger. (O final da noite me foi contado. Eu tinha um emprego de escritório na época, ainda me levantava de manhã e fui para casa à uma e meia.)

Quando Jonathan Lynne leu o artigo do *Observer*, pensou: Uau! *Isto* é o que a Food Network precisa. "Era como uma reunião de bandas sábado à noite em Seattle. Ou artistas num bar do sul de Manhattan. Uma relação estreita entre seres criativos: era o que eu queria que a Food Network promovesse, era o que eu queria ver na televisão." Lynne considera os chefs "artistas, como pintores", e fala com energia sobre a "visão original" deles, sua "estética pessoal". Ele não é, de forma alguma, o primeiro não-chef a ver os chefs desse modo, e desde que o *De re coquinaria* de Apicius foi traduzido como *L'arte culinaria*, tanto italianos como franceses descrevem o que os grandes chefs fazem com um senso metafísico de hipérbole: não como uma penca de habilidades medianas, mas como uma realização digna de Da Vinci.

Lynne telefonou para Batali, perguntou-lhe se queria ser um astro da tevê e ele o convidou para almoçar: tortelloni com sálvia e manteiga, servidos com endívias murchas, Lynne lembra exatamente. (Batali lembra apenas o entusiasmo esbaforido de um estranho que interrompeu sua preparação matinal.) Passados seis meses, em 8 de janeiro de 1996, a Food Network lançou *Molto Mario*, e três semanas depois a fila de espera para conseguir uma mesa no Pó ia até a rua Bleecker, meia quadra adiante.

Os primeiros programas, feitos a um custo baixo (rosto de frente para a câmera, um fogão elétrico para cozinhar, porque não havia gás), eram toscos, mas dominados por um repertório central notavelmente familiar, como se tudo que Mario fez depois já estivesse no lugar desde o início: ravióli de acelga suíça (mais uma receita da vovó); cioppino, a sopa barata feita de nada; orecchiette — Mario fingindo abrir a massa, quando a maior parte dela havia sido feita pela preparação, com os orecchiette tão grandes e deformados que boiavam como brinquedos de banheira quando jogados na água fervente ("Ah, meu Deus, esta orelha parece a do Doutor Spock", sussurrou Mario). Mas em meio à previsível falta de jeito, o programa passava um sentimento apaixonado de missão. Tendo acabado de voltar da Itália, Mario havia aprendido uma coisa que pouca gente sabia: que a tradicional cozinha italiana é diferente do que se pensa, mais simples do que se imagina, mas sua simplicidade ainda precisa ser aprendida, e ele iria mostrar como.

Participei de vários "flights" — gravações de episódios — de uma versão posterior do programa. Ele era agora apresentado diante de três amigos sentados em bancos, para quem Mario cozinhava — um privilégio óbvio, porém problemático, graças a inúmeros fatores, inclusive o horário. Os convidados era apanhados antes das sete da manhã e tinham seu primeiro prato de comida uma hora depois, quando ainda ansiavam por outra xícara de café. Numa manhã, era nhoque com siba. ("Depois de fazer uma pequena incisão com sua faca, o osso sai como uma palheta de guitarra, e então você puxa para fora as entranhas... oh, vejam", diz Mario, com os dedos envoltos por intestinos escuros, "isso é exatamente o que nosso amigo almoçou ontem.") Mais duas refeições se seguiam, uma depois da outra, com uma quarta vindo logo depois do almoço (quem precisa de almoço?). Quando o programa vai ao ar, é possível dizer em que ponto estão os convidados, conforme as expressões do rosto deles — entusiasmo ou satisfação. "Vamos lá, rapazes, *buon appetito*", diz Mario, instando-os a pelo menos fingir que comem, com fios de macarrão coagulando em seus pratos, o amido esfriando e formando uma camada lustrosa naquele que é o 12º prato daquela manhã.

A expectativa é que os convidados façam uma pergunta ao anfitrião assim que seu torrencial fluxo verbal permitir: é a pequena e breve canção que se espera que eles entoem por sua ceia-desjejum. Não é fácil, cada programa tem apenas 25 minutos de duração, organizado em torno dos três atos de uma refeição italiana — antipasto, pasta e secondo —, e tanto o recitativo explanatório quanto o cozinhar transcorrem a toda a velocidade. É realmente um monólogo da cozinha teatral, interpretado com tal presteza e com uma imprevisível miscelânea de referências que poucos convidados têm confiança suficiente para interromper, quanto mais não seja porque nem sempre acompanham o que está sendo dito. E, além disso, o que se pode perguntar de tão interessante?

Por exemplo, Mario menciona de passagem que as sardinhas, em virtude de sua pele fina, devem ser cobertas com farinha de rosca quando cozidas em fogo alto, e você pensa 'Puxa, ele tem razão, a pele é bem fina'; quando, sem nenhuma lógica perceptível, ele diz que o aipo é o herói não glorificado da cozinha romana, você engole essa, tentando se lembrar da última vez que um talo desempenhou um papel heróico; e então ele entrega a cada um uma bola de massa de batata e farinha e pede que enrolem até ficar como um cabo de vassoura, para fazer nhoque, acrescentando que, ao prepará-lo em casa, você deve usar uma batata engomada e não cerosa ("Como uma batata Idaho?", o cara do último banquinho consegue se intrometer). "Como uma Idaho", Mario responde ato contínuo, e prossegue: "E você deve misturá-la com a mesma quantidade de farinha" ("Quanto de farinha?", o mesmo sujeito pergunta, decididamente com sorte), "Bem, o quanto for necessário", responde Mario, citando sua avó (nesse caso, sendo totalmente honesto mas completamente inútil), e arrebata os exemplares encaroçados resultantes dos esforços de todos eles, joga-os numa panela de água que fervia ali sem que você soubesse e lhe diz que as massas informes estarão bem cozidas *não* quando flutuarem na superfície, como a maioria das pessoas erradamente acredita (você já acreditou nisso?), mas apenas quando "elas estiverem agressivamente tentando sair da panela" (diante disso, todos se erguem um pouco dos banquinhos na esperança de ver que aspecto têm os nhoques quando se comportam como lagostas lutando pela sobrevivência), e então, sem explicação, a voz de Mario assume um tom de barítono e, tal como o mestre-de-cerimônias de uma luta de boxe ("Senhoras e senhores!"), ele apresenta uma peça de parmesão como "o inquestionável rei dos queijos!". (E você pensa nisto também — será que ele está certo, que o parmesão merece tal distinção real?) Na verdade, não faria mal se você perguntasse sobre o parmesão, pois já se passaram catorze minutos e você ainda não disse uma palavra. Quando? O quê? Mario está montando os nhoques, quando ele se interrompe para assumir mais uma persona. (Vamos lá, seu cérebro está dizendo, esta é a sua chance!) "Na cozinha italiana", ele entoa, comportando-se inexplicavelmente como Sócrates, "o prato deve parecer caído das asas de um poeta" (Uau! Devo perguntar sobre *isso* — como a comida se parece quando cai de tal altura?), "e não como se tivesse sido feito por nove sujeitos franceses que foram surrados quando crianças."

Por fim, há um intervalo ("Ufa!") e você pode relaxar, exceto que Mario, reprimido pelo esforço de apresentar uma versão saudável de si mesmo, solta tudo o que manteve contido, um transbordamento anárquico de mau comportamento que envolve qualquer coisa alimentícia que esteja à mão: como uma alcachofra ("Me dá tanto tesão") ou carne de naja ("Me dá *ainda mais* tesão do que uma alcachofra, um *grande* tesão, forte como um tronco de árvore", e com isso abraça duas cozinheiras da preparação como um urso e as convida a imaginar que estão num círculo pós-ingestão de naja, "*profundamente* satisfeitas"). Há dança, tapinhas na bunda, beijos e piadas de duplo sentido sobre rabos-de-cavalo ("Pelo menos eu sei o que fazer com o meu, garota"), ou sobre a camisa de Mario (que uma assistente comete o erro de observar que está dura (engomada) demais), ou sobre um tomate, que uma gerente de *set* refresca com um canhão de água ("Você, minha querida, pode pulverizar meus tomates quando quiser"). "Por que eu não me ofendo?", pergunta a gerente. "Por que isso não é uma ação judicial?", replica um dos convidados. "Por que não podemos mostrar *isso* na televisão?", pergunta outro — quando a lépida e informal música-tema do programa começa e, como se lhe jogassem água fria, Mario assume sua persona televisiva, jamais se desviando dela até o próximo intervalo, e até agora você não disse uma palavra.

"Eu fico pedindo para ele diminuir o ritmo", contou-me o diretor Jerry Liddell. "Ele tem muito tempo."

Eu observava outra gravação de programa na sala de controle de Liddell. Era como se ele produzisse um evento esportivo — nada de *retakes*, as escolhas de câmera eram feitas no ato.

"Cozinhar tem a ver com transformação", disse Liddell. "Você pega alguns ingredientes e eles se transformam em outra coisa. Isso é o programa de Mario. Essa é a narrativa. Para a maioria de nós, o modo como vários ingredientes vão se comportar juntos é completamente imprevisível. Mesmo aqui, na sala de controle, observando o programa nos monitores, cardápios na mão, mesmo *nós* não sabemos o que vai acontecer em seguida. Esse é o atrativo de um programa ao vivo como este — Mario sabe o resultado e nós tentamos segui-lo." Ainda assim, o efeito de tantas transformações, apresentado naquela velocidade, pode ser atordoante. "Não há dúvida de que você aprende alguma coisa, mas ela chega tão rápido que é quase demais: está à beira do limite."

Mas o que se aprende? Para descobrir, gravei nove meses de programas e assisti aos vídeos, um após o outro (uma dieta visual comparável a ingerir uma grosa de ostras e, tal como Harrison, eu não a recomendaria). Havia lições recorrentes. "Em casa, quase nunca você obtém a profundidade de sabores que encontra num restaurante", Mario disse no primeiro programa, enquanto dourava cogumelos em uma panela extremamente quente, "porque os cozinheiros domésticos não estão preparados para assumir os riscos dos chefs profissionais, que levam suas panelas ao limite. Eles querem a coisa *mais dourada* do que você jamais fará em casa, *mais escura, mais quente.*" Desde então ele repete essa lição. Eis por que deixa o azeite de oliva aquecer a ponto de fumegar, o que sempre provoca a pergunta: "É preciso fazer isso? Não está queimando?" — pergunta que ele nunca respondeu em dez anos (o resultado é, com freqüência, uma panela irrompendo em chamas pouco antes do intervalo). Há a lição massa-água-em-seu-molho, junto com seu-molho-é-só-um-condimento (ouvida no primeiro programa e muitas vezes depois). Há as trivialidades essenciais ("Lulas — ou trinta segundos ou trinta minutos: no intervalo disso, elas viram borracha"). Há um corte não celebrado de carne, a paleta, invariavelmente de cordeiro, que, apesar de todo o seu esquecimento histórico, possui qualidades líricas que Mario vem cantando há anos.

Então, no meio de minha maratona, lembrei da primeira vez que vi Mario na televisão, em 1º de novembro de 1996, quando fiz a preparação que ele havia demonstrado no programa, uma *arancina*, que é um croquete de arroz frito, recheado com molho de tomate e peixe seco defumado. Fui ao site da Food Netwoork e imprimi a receita, porque por acaso eu tinha bacalhau preto defumado no meu refrigerador (e não tinha idéia do que fazer com ele). Fiz duas *arancine* pesadas para um almoço de domingo, fritando-as em dois litros de meu azeite de oliva. Mais tarde, numa visita a Porretta Terme, vi pequenas *arancine* crocantes nas vitrines e compreendi o que a palavra significa. *Arancia* é laranja; *arancina*, laranjinha, uma boa descrição dos croquetes de arroz de Porretta, do tamanho de uma tangerina. As minhas não haviam sido nem tangerinas nem laranjas: poderiam ser escavadas por dentro e postas na entrada da casa com uma vela dentro no final de outubro, pois estavam mais para abóboras.

O episódio me propicia a oportunidade de comentar como me vi naquela situação difícil, não apenas assistindo horas e horas de *Molto Mario*, mas todo o pacote: amarrado ao sujeito, tentando sobreviver como cozinheiro de linha, querendo aprender sobre comida dessa maneira direta e, às vezes, masoquista. Não sou um profissional da culinária — isso está perfeitamente claro. Até agora tenho sido um tipo literário. Na realidade, esse negócio do Babbo começou quando eu era editor da *New Yorker* e, incapaz de conseguir alguém que escrevesse um perfil de Mario, obtive permissão para assumir a missão eu mesmo, e suspeitei, corretamente, que talvez conseguisse usar a matéria para entrar na cozinha dele. Fiquei lá durante seis meses, um tempo muito longo para fazer a pesquisa de um artigo para a revista, e lamentei ter de ir embora. Àquela altura, eu me perguntava se ainda era um editor de revista. Eu estivera perto de descobrir algo — sobre comida, sobre mim mesmo. Sentia também que havia ganho uma nova competência, talvez até uma competência suficiente para dirigir uma praça difícil na linha, sem alguém em volta para me dar apoio, e isso era uma coisa que eu queria fazer. (Eu estava errado — não estava nem perto dessa possibilidade — porém ainda não sabia.)

O perfil foi publicado, mas continuei perturbado pela idéia de que eu estava perdendo uma oportunidade, e dois meses depois larguei meu emprego e retornei. Havia razões para que eu deixasse a revista, inclusive o fato de ter sido editor durante 23 anos, o que era suficiente. O resultado, porém, foi o mesmo: deixei de passar o dia sentado para passar o dia em pé. Talvez fosse um desejo infantil — querer estar na cozinha, como os que sonham em pilotar um avião ou andar num caminhão de bombeiros —, mas vinha também de reconhecer que um chef tem um conhecimento sobre comida que eu não obteria em livros, e eu queria esse conhecimento. Eu era um cozinheiro imperfeito. Minhas refeições eram caóticas, demoradas, confusas. Mas eu era também um cozinheiro curioso (motivo provável de eu ter bacalhau preto no refrigerador).

As satisfações de fazer um bom prato de comida são surpreendentemente variadas e apenas uma, e a menos importante delas, implica comer o que se fez. Além do infindável *ostinato* a respeito de cozinhar-com-amor, os chefs falam também sobre a felicidade de fazer comida: não preparar ou cozinhar, mas *fazer*. Uma coisa tão elementar que raramente é mencionada. Depois da minha passagem pela praça das massas, Frankie instou-me a voltar à grelha e dominá-la devidamente, porque daria mais satisfação: na praça do macarrão, ele disse, você prepara a comida dos outros. O ravióli, o ragu, já foram feitos de antemão. Mas na grelha você começa com ingredientes crus, os cozinha e monta o prato com suas mãos. "Você faz a comida", concluiu. A sensação simples e boa que ele descreveu poderia ser parecida com a que se experimenta fazendo um brinquedo ou um móvel, ou até mesmo uma obra de arte — exceto que essa determinada coisa feita à mão é feita também para comer. Cozinhando na linha, descobri que eu sentia uma excitação silenciosa sempre que fazia um prato que parecia exata e esteticamente correto e depois o entregava a Andy. Se, numa noite movimentada, eu fizesse cinqüenta pratos de boa aparência, eu teria tido cinqüenta breves momentos de excitação, e ao final do serviço me sentia muito bem. Não são experiências profundas — a quantidade de reflexão é exatamente zero —, mas eram genuínas o suficiente, e não consigo pensar em muitas outras atividades numa vida urbana moderna que dêem tanto prazer simples.

A Food Network é uma empresa diferente do que era uma década atrás. Em seu primeiro ano, a rede teve 6,5 milhões de assinantes; agora tem quinze vezes mais e é um braço altamente lucrativo de uma companhia aberta. Com os números maiores, os executivos não usam palavras como "chefs", muito menos "artistas", mas "talentos" e "marcas". *Molto Mario* é chamado agora abertamente de "antiquado" — um exemplo do formato "como-fazer, fique-de-pé-e-mexa", de acordo com Judy Girard, que assumiu o comando em 2000 e dirigiu a rede durante seus primeiros anos de sucesso financeiro. "O formato aposta que a informação é mais interessante do que a apresentação, com um chef atrás de um fogão como um âncora de jornalismo atrás de uma mesa."

Desde que Mario apareceu pela primeira vez na televisão, fizeram-se esforços para ampliar sua "marca", mas com "resultados mistos", segundo Girard. Um foi o *Mediterranean Mario* — na realidade, um *Molto Mario* expandido para incluir o norte da África, Espanha, Portugal, Grécia e França. Mas o programa era uma expansão forçada — Mario preparando pratos da província francesa não era apenas errado: parecia imoral — e foi abandonado depois de duas temporadas. Mais recentemente, houve *Mario eats Italy*, um programa de viagem gastronômica, com um companheiro e um roteiro feito por outra pessoa. Mas o roteiro era uma versão exagerada de Mario (o verdadeiro já não é suficientemente exagerado?) e o papel do suposto companheiro de viagem — um sujeito gordo de camiseta que nunca era apresentado ou explicado — era proferir frases que começavam com "Puxa, Mario, não entendo...". *Ciao America* foi o programa seguinte, e durante meses Mario esteve em outros lugares, com uma equipe de televisão a reboque, procurando restaurantes ítalo-americanos e entrevistando proprietários a respeito de suas especialidades. Mas Mario nunca foi um cozinheiro ítalo-americano ou um jornalista especializado em culinária, e depois de treze episódios esse programa também foi suspenso.

Enquanto isso, a programação da rede desenvolvia um estilo próprio e era difícil ver como Mario se encaixaria. "Mario é classe A, e não dá para montar uma rede em torno da classe A", disse Girard. Os novos programas enfatizavam mais a apresentação do que o conhecimento e tendiam a ter *close-ups* aparentemente íntimos das comidas, como se fossem objetos de satisfação sexual. O sentimento de filme pornográfico era reforçado por vários efeitos especiais, como sons amplificados de fritura, mordida, mastigação e deglutição. Parecia haver sempre uma língua fazendo sons pequenos, úmidos, borbulhantes. O "talento" (conhecido também como uma personalidade "*crossover*", em geral uma mulher com um grande sorriso e sem avental) era instruído a ser complacente com sua língua e usá-la conspicuamente — provar comida numa colher, digamos, ou lamber em volta de uma batedeira, ou limpar os lábios. O objetivo foi explicitado para mim por Eileen Opatut, uma ex-executiva da programação: "Estamos em busca do tipo de programa que faça as pessoas engatinharem até o aparelho de tevê e lamber a tela". (Ouvi e pensei: argh.)

Jonathan Lynne não está mais na Food Network. Ele saiu por várias razões, entre elas o fato de seus colegas quererem comprar um programa japonês chamado *Iron chef* [Chef de ferro], uma competição que trata a culinária como uma noitada de lutas de sumô ("Recusei-me a ser o executivo americano responsável por colocar aquele programa no ar"). O programa, comprado depois que Lynne saiu, tornou-se o maior sucesso da rede. Quando Mario apareceu como concorrente num programa derivado chamado *Iron chef America* — rápido, espontâneo, fazendo improvisações estonteantes, ao mesmo tempo gordo e de proporções épicas —, os executivos da rede perceberam que haviam *finalmente* encontrado uma saída para ele: nada de roteiro, apenas um palco. A marca, garantiram, está intacta. No fim, o que sabia Lynne? Era o tipo de pessoa antiquada. Não entendia de televisão americana. Mas apreciava o poder dela: aquelas filas do lado de fora do Babbo nas noites de sábado, por exemplo, de 25 ou trinta pessoas, embora o restaurante estivesse com a lotação esgotada. "Isso é por causa da Food Network", disse-me Lynne. "Sejamos francos, se não fosse pela Food Network, Mario não seria ninguém. Seria um chef interessante mas desconhecido das madrugadas do sul de Manhattan, dirigindo um lugar popular na região, mas não um restaurante como o Babbo, onde gente de Chicago e Los Angeles faz o impossível para conseguir entrar."

14.

Existe comida mais antiga do que a polenta? Não na Itália, ao menos pelo que pude descobrir, embora, até o retorno de Cristóvão Colombo das Índias Ocidentais com um saco de milho, o que as pessoas chamavam de polenta era um angu cinzento, e não amarelo. Durante milhares de anos, polenta significou cevada: um cereal pesado, fácil de plantar, indiferente aos excessos das estações, marrom como a lama, forte em carboidratos, fraco em proteína e com um sabor natural de erva madura. Em sua encarnação como cevada, a polenta antecede o arroz e, por dez milênios, foi o que as pessoas puseram numa panela e mexeram sobre o fogo até a hora da ceia. Alguns italianos sustentam que o prato veio dos etruscos (o que não é diferente de afirmar que *fish and chips* foram servidos pela primeira vez numa távola redonda pelo mago Merlim: talvez seja verdade, provavelmente não é, ninguém sabe, porque ninguém sabe muito sobre os etruscos, exceto que, como mostram suas pinturas fúnebres, gostavam de comer, beber, dançar e de sexo folgazão, e são sempre invocados panteisticamente como os antepassados de todas as qualidades nacionais consideradas há muito tempo italianas). Os romanos, de modo mais persuasivo, dizem que herdaram o prato dos gregos. Plínio, no primeiro século da era cristã, descreve a cevada grega como "o mais antigo dos alimentos" e o ingrediente essencial numa preparação que se parece muito com polenta. Onde os gregos aprenderam o que fazer com a cevada? Ninguém sabe, embora os indícios mais antigos disso datem de 800 a.C.

A cevada não tem o glúten do trigo nem a doçura do milho; por isso não a vemos em muitas preparações modernas, exceto na água de cevada (uma bebida fermentada açucarada e repugnante, bebida principalmente perto das fronteiras escocesas), nas sopas hippies, em forragem de animais e cerveja — as cervejarias são as maiores consumidoras de cevada do mundo. Mas fiquei curioso e decidi fazer uma tigela de cevada conforme uma receita de 1570 escrita por Bartolomeo Scappi, o cozinheiro particular do papa Pio v, incluída no sexto volume de suas *Obras sobre a arte de cozinhar*.

Com o tempo, eu me tornaria um admirador de Scappi, mas aquela era minha primeira incursão em um texto renascentista e não foi fácil entender o que estava escrito. Por fim, depois de batalhas previsíveis que resultaram na destruição de meu inútil dicionário italiano-inglês, depois que ele explodiu contra a parede em que o joguei, consegui localizar e depois seguir um conjunto perfeitamente lúcido de instruções que ensinava a lavar a cevada com três trocas de água, deixá-la de molho, cozinhá-la e ficar atento para evitar que secasse antes de estar pronta, um estado que Scappi descreve como de desintegração. Pus no prato uma porção generosa e servi uma dose de uísque de malte que é, talvez, em sua longa história, a expressão mais bem-sucedida da cevada, de tal modo que minha refeição consistia de cevada em líquido e em uma forma sólido-líquida. Mas nem mesmo o uísque conseguiu disfarçar a enorme insipidez de uma tigela de polenta de cevada. Claro que se pode acrescentar sal e pimenta, assim como uma boa borrifada de azeite de oliva. Scappi sugere adicionar uma colher de caldo de capão, talvez um pouco de queijo e manteiga, ou açúcar, até melão — qualquer coisa que dê algum sabor. Era um problema. Senti que eu caçava alguma coisa saborosa numa tigela de barro comestível. Tradicionalmente, a polenta é um prato de inverno — os cereais podem ser armazenados quando nada mais está crescendo —, mas depois de uma tigela de sua receita com cevada, fiquei com uma imagem histórica sinistra do que foram os meses de janeiro e fevereiro para a maior parte da humanidade, miseravelmente sustentada por alimentos cinzentos e tristes, como o céu daquela estação.

É possível que eu estivesse então com uma pequena fixação no que eu viria a chamar de a questão da polenta (bem como sua história, suas várias preparações e seu papel na cultura ocidental) e, pelo que eu podia perceber, minha fixação não era compartilhada por quase ninguém no mundo. Todos nós temos nossas limitações, e a minha, na questão da polenta, data de uma refeição específica e, como um químico incapaz de reproduzir os resultados de laboratório de um experimento em que obteve sucesso uma vez, eu não comi nada parecido desde então, embora não desistisse de tentar. Até aquele momento, eu não imaginava como a polenta podia ser atraente, porque, até então, o único tipo que eu conhecia era a variedade instantânea de dois minutos — jogue na água fervente, mexa uma vez, sirva —, cujo resultado não tem gosto de nada que a maioria de nós seja capaz de lembrar. Portanto, eu estava totalmente despreparado para a coisa de verdade, quando me aconteceu de comer uma tigela de polenta em um restaurante italiano. A chef havia comprado a farinha de milho de um moleiro artesanal do Piemonte, e a polenta que ela fez foi uma revelação — cada grão inchado da lenta fervura, mas ainda áspero, quase empedrado, roçando no céu da boca. Por um instante, lembrou-me risoto. O risoto, porém, é feito num caldo e leva no fim manteiga e queijo, e tem o sabor do arroz e de tudo o mais que se acrescenta.

Aqueles grãos de milho crocantes, moídos na pedra, sabiam somente a eles mesmos: uma essência de milho altamente concentrada, intensa, doce. Em um instante, tive um vislumbre da dieta européia num momento de mudança radical. Para uma geração, o jantar foi cinzento, como havia sido desde o início dos tempos; para a geração seguinte, foi crocante, doce e dourado.

Até agora, não consegui datar exatamente essa mudança, embora a primeira alusão italiana ao milho como substância alimentícia apareça num tratado de medicina de 1602 publicado em Roma, mais de cem anos depois do retorno de Cristóvão Colombo. O que me interessa é saber como os italianos o cozinhavam naquela época. Por exemplo, ninguém imaginava pôr uma espiga em água fervente e depois de dois minutos poder comê-la amaciada com manteiga, salpicada de sal marinho e servida com um hambúrguer na brasa numa noite de verão. Em vez disso, eles pensaram: "Ei, que coisa engraçada! Parece uma espiga de cevada, mas gigante! Precisamos descascar, remover os grãos, secá-los ao sol, moê-los para fazer uma farinha grossa e cozinhar durante horas". Depois de 9600 anos de angu de cevada, os italianos tinham obviamente hábitos bem estabelecidos. Deviam também estar desesperados, porque comiam tanta polenta que contraíam pelagra, uma doença que permaneceu sem diagnóstico por dois séculos: ninguém estabelecia relação entre a glutonaria da polenta e a subseqüente aparência do glutão, que tendia a enrugar no inverno com desfigurações horríveis, exceto se continuasse comendo polenta no verão, quando então enrugava e morria. (Uma dieta excessiva de milho é deficiente em niacina. O milho, um alimento originalmente dos nativos da América, costumava ser plantado com feijão, o nirvana da niacina.)

Apesar disso, quando falam de polenta hoje, os italianos ainda ficam um pouco melosos, não muito diferente da própria, e relembram um caldeirão enegrecido e uma longa colher de madeira empunhada por uma tia em algum lugar do norte (os nortistas são chamados de *mangiapolenta*, "comedores de polenta", assim como o toscano é comedor de feijão e o napolitano é um comedor de macarrão; a crença na Itália não é a de que você é o que come, mas de que você é o amido). Invariavelmente, eles mencionam um trecho de *I promessi sposi* (Os noivos), de Alessandro Manzoni, como prova de que a polenta é mais do que uma comida: é a alma da italianidade deles. *Os noivos*, que trata da turbulenta década de 1620 (invasões, tumultos por causa da fome, oligarcas latifundiários repressores), escrito na turbulenta década de 1820 (invasões, tumultos por causa da fome, oligarcas latifundiários repressores), é o único romance de Manzoni e considerado uma grande expressão da consciência nacional: todas as crianças o lêem na escola, e o primeiro aniversário da morte do autor, em 1873, foi homenageado com o *Réquiem* de Verdi. O trecho sobre a polenta é um relato do tipo "pequena Dorrit" de uma família de camponeses na hora do jantar, o pai de joelhos junto ao fogo, cuidando da escassa ceia, mexendo até ela poder ser servida em um recipiente de faia (a família "olhando para o prato comunal com um olhar sinistro de desejo raivoso"). O encanto está no ritual — a faia, a panela, o modo borbulhante como é servida — e o trecho é citado em todas as receitas de polenta, com um detalhe geralmente omitido: que a polenta de Manzoni é feita de trigo-sarraceno. (No século XVI, pouco antes da chegada do milho, os italianos estavam tão fartos da cevada que trituravam tudo que fosse parecido com grão comestível em que pudessem pôr as mãos — ervilhas, feijão-fradinho, grão-de-bico e trigo-sarraceno —, chamando de polenta.) Na verdade, o trigo-sarraceno é um anacronismo — o romance se passa numa época e num lugar em que a revolução da polenta já havia acontecido —, mas Manzoni tinha seus motivos: mostrar que a vida dos camponeses era tão ruim que até a polenta era miserável. No entanto, é curioso que o trigo-sarraceno seja tão pouco mencionado. Será porque esse detalhe prejudica a ideologia do prato? Afinal, reconhecer que a polenta, no famoso trecho da construção da nação, é feita de trigo-sarraceno seria admitir que o que se come agora é um ingrediente estrangeiro e que no coração da italianidade de cada um há um pequeno pedaço da América do Norte.

De minha parte, pouco me importava se a tigela de polenta daquele restaurante fosse americana, italiana ou islandesa. O que quer que ela fosse, comi e me senti transportado. E como acontece com tantos daqueles que comem polenta pela primeira vez, meu mundo mudou de céu fechado para ensolarado e amarelo resplandecente. Não surpreende que aqueles italianos ficaram malucos. Eu ficaria. Para falar a verdade, eu fiquei um pouco maluco e, embora não tenha conseguido localizar aquele moleiro no Piemonte, consegui encontrar um estabelecimento de proprietário único que fazia a farinha à mão e encomendei nove quilos de um atacadista. A encomenda chegou e me entreguei ao trabalho, seguindo as instruções: uma colher de farinha para quatro colheres de água, um pouco de sal, muita mexeção (na verdade quarenta minutos mexendo) — e *basta*: sua polenta está pronta. Exceto que não estava, ou não achei que estivesse, e, se estava, não era nada parecida com a que eu havia comido. Além disso, depois de quarenta minutos mexendo sem parar, eu estava exausto e ainda não havia preparado o resto do jantar, com medo de que, se me afastasse da polenta, ela grudaria no fundo da panela e ficaria arruinada. Sobravam-me oito quilos e novecentos gramas.

Talvez eu pudesse fazer broa de milho, e a idéia provocou uma epifania de uma banalidade retumbante: broa de milho é feita com a mesma matéria-prima da polenta. (Farinha de milho: polenta. Farinha de milho: broa de milho. Por que isso não tinha me ocorrido antes?) O efeito foi milagroso: a polenta foi desmistificada. Entendi! É *trash food* de branco! A devoção de um sulista americano à farinha de milho, devo explicar, chega perto de rivalizar com a do nortista italiano (o sul dos Estados Unidos é um dos únicos lugares com uma erupção em larga escala de pelagra, com uma diferença crucial: ela ocorreu no século XX, quando as pessoas sabiam o que causava a doença e *ainda assim* comiam milho demais). Eu nasci na Louisiana e cresci comendo essa coisa. Em um momento sentimental, também posso evocar uma lembrança essencial para minha identidade — a de minha avó, digamos, curvada sobre a enegrecida frigideira de ferro fundido, o cheiro salgado de banha de porco e o doce do milho sendo caramelizado, e uma fieira de associações vagamente sufocantes e pantanosas para provar que a broa de milho está no cerne da alma sulista. A polenta, compreendi por fim, era broa de milho sem fermento em pó. Ainda assim, eu não conseguia fazê-la direito. Quão difícil isso podia ser?

O suficiente para que Batali não ensinasse aos cozinheiros domésticos como fazê-la. Em seu programa, ele recomenda a polenta do tipo instantâneo, embora jamais a sirva em seu restaurante. (Por que comer plástico se você não é obrigado a isso?) Na verdade, com base nas minhas leituras, posso dizer que ninguém ensinava a fazer polenta. As instruções no saco de nove quilos que comprei, por exemplo: uma mentira. Consultei outros livros de culinária: mais mentiras. Suas receitas eram inúteis e enganadoras. Não é questão de quanta água, quanta farinha e quanto tempo, mas de água, farinha e tempo, qualquer que seja a quantidade, até que a polenta esteja pronta, o que nunca leva quarenta minutos, e sim até três horas.

Descobri isso numa tarde de final de janeiro na cozinha do Babbo — quase um ano depois que eu começara a trabalhar lá —, e o fato de ter feito a descoberta tanto tempo depois e durante a azáfama da preparação para o serviço da noite foi instrutivo. A cozinha finalmente começava a ficar compreensível. O que fora na origem uma confusão de atividades das outras pessoas era agora um conjunto de tarefas específicas, cada uma com um começo e um fim, e um propósito relacionado com o que apareceria nos pratos dos clientes. Parece óbvio. Assim como a própria descoberta, que consistiu em nada mais do que eu perceber que a polenta, durante boa parte de sua cocção, é deixada à sua própria sorte. É isso: uma panela de cobre sobre um fogo brando. Espiei lá dentro: a polenta borbulhava lentamente, filtrando mais do que fervendo, produzindo grossas bolhas, como as de chiclete.

Compreendi as implicações na hora. "Então não é preciso ficar mexendo sem parar?", eu disse em voz alta para ninguém. Estava muito excitado. Se não é preciso mexer sem parar, então você pode deixá-la sozinha. Se não é preciso mexer sem parar, então você pode fazer outra coisa. Se não é preciso mexer sem parar, então você pode cozinhá-la por horas — qual o problema, desde que você esteja por perto?

"Uau! Finalmente entendi!" Virei-me para o cara dos salteados, Todd Koenigsberg. Fazer a polenta era obrigação do cara do sauté, e desde que Dom havia partido a praça era dirigida por Todd, um homem-criança de cabelos pretos crespos, barba preta crespa e aparência de hippie. "Todd!", exclamei. "A polenta. Você não precisa mexê-la o tempo todo, não é isso?"

Todd pareceu confuso com minha animação. (Ainda agora posso ver sua mente trabalhando, a expressão desconcertada de seu rosto minúsculo, tentando responder não à pergunta que eu fizera, mas a outra que parecia lançar a si mesmo, a saber: O que há de errado com esse cara?)

"Claro que não", ele disse afinal, num tom que significava que, embora eu pudesse me sentir feliz sendo um imbecil da cozinha, todas as outras pessoas ali precisavam ganhar a vida.

Parece que Todd não sofria de aflição aguda da polenta e obviamente não estava em posição de compartilhar meu entusiasmo. Para ele, a polenta era um fardo. Para fazê-la, era necessário primeiro batê-la com vigor com um batedor manual, como eu sempre fizera, mas depois que ela estava em andamento era, em larga medida, deixada sozinha com o batedor dentro da panela, de modo que quando alguém passava por perto podia dar uma mexida, coisa que eu, em minha desatenção, jamais notara. O fardo era o fato de que a polenta nunca era a primeira coisa a ser feita. Era sempre a sétima ou a oitava. Então, se você ficasse ocupado e se esquecesse e, de repente, às quatro e meia da tarde exclamasse "Merda! A polenta!", você estava em apuros. Não dá para comprimir três horas de cozimento lento em sessenta minutos. Para as emergências, uma caixa de polenta instantânea ficava escondida na prateleira mais alta da câmara frigorífica, mas usá-la era considerado uma falha de caráter. E também deixava Frankie apoplético, pois ele considerava esses lapsos afrontas pessoais. "Vocês fazem isso para me humilhar", dizia ao primeiro que via, andando na ponta dos pés como um ladrão de loja, saindo furtivamente com uma caixa da instantânea uma hora antes do começo do serviço. "Vocês fazem isso para me deixar mal. Fazem isso porque sabem que vamos perder a porra das três estrelas se começarmos a servir essa merda instantânea, e se perdermos a porra das três estrelas, eu perco a porra do meu emprego." Frankie assumiu a polenta e espalhou farinha de milho por toda parte, e a melhor tática era ficar bem quieto e, se possível, invisível, porque o clima ia ficar muito ruim pelo resto da noite.

E então tive a chance de eu mesmo fazer a polenta — não as vinte porções que se fazem numa panela de cobre, mas duzentas.

A ocasião foi um jantar beneficente em Nashville, no Tennessee, que nas palavras de um dos convidados reunia os "aficionados locais do vinho e os da música country numa noitada de extravagâncias sem limites", para tomar algumas das bebidas mais caras do mundo e comer pratos preparados por um chef famoso trazido de avião para o evento, junto com sua equipe de cozinha que, naquele ano, era formada por Andy, Elisa, Frankie — e eu.

Eu jamais havia estado numa cozinha em que refeições para centenas de pessoas eram rotina. A área de serviço da cozinha era muito grande, mas o espaço efetivo para cozinhar era pequeno e consistia de apenas quatro dispositivos: uma chapa muito malcuidada (as chamas passavam através de uma rachadura), um forno e dois artefatos gigantescos: um parecia um ataúde de aço e o outro, uma betoneira. Frankie, que já trabalhara num hotel, me contou que o ataúde era uma "frigideira inclinada", capaz de ferver enormes quantidades de água em segundos, onde seria cozida a massa. A betoneira era um "caldeirão". Ele esfregou as mãos de um lado ao outro do artefato. "Faremos a polenta nele", disse tranquilamente. A visão das duas máquinas o entusiasmou — coisas de criança com grandes motores.

Olhei em volta. O resto do espaço estava tomado por longas mesas de aço e se parecia mais com a sala de expedição de uma fábrica do que com uma cozinha. O desafio de produzir uma refeição para tanta gente, eu começava a compreender, não estava em fazer a comida (massa para duzentas pessoas é bem complicado, mas em tese não tão diferente de fazê-la para duas — é preciso apenas uma panela maior), e sim em montá-la nos pratos. A coisa era de tal magnitude que os organizadores haviam convocado voluntários e, ao meio-dia, havia 32 deles. Eram todos chefs experientes que (óbvio) não estavam lá só para montar os pratos, embora estivessem preparados para ajudar. Um chef famoso estava na cidade e eles queriam aprender alguma coisa.

Para o desapontamento de todos, a maior parte da comida já estava pronta. O prato principal eram *short ribs* e Elisa as vinha preparando havia uma semana. O chef famoso nem precisava estar presente. Ele apareceu uma vez, rapidamente, para deixar três caixas de agriões de aparência miserável, e instruiu os voluntários mais próximos a tirar as folhas dos talos delgados. Os arrancadores de folhas reuniram-se de mau humor ao redor de uma mesa. A tarefa demoraria quatro horas, mas pelo menos tinham alguma coisa para fazer. A certa altura, dois voluntários foram despachados para fatiar copa — que seria o antepasto — e ficaram deliciados: a tarefa demoraria duas horas. Mas ainda sobravam 26 voluntários e voluntárias. Andy, reconhecendo a aflição deles, pediu a uma delas, Margot, para fatiar um pouco de rábano-picante (que seria misturado ao agrião e montado em cima das *short ribs*), mas ela não se adaptou ao fatiador, uma guilhotina manual chamada *mandolino*, e cortou os nós dos dedos, espalhando sangue por toda parte, e agora precisava urgentemente de ataduras, o que mobilizou oito voluntários de Nashville (que, apesar da aflição de Margot, não disfarçavam o alívio de ter algo para fazer).

Na realidade, a polenta era a única coisa que precisava ser preparada.

Cozida lentamente durante três horas, a polenta expande cerca de seis vezes seu volume original, portanto se você quiser fazê-la para oito pessoas, servida talvez com *short ribs* (ou com qualquer outro prato de molho escuro ou ave suculenta, uma vez que a polenta mantém com a carne a mesma relação que o linguine tem com mariscos — um veículo para o sabor de outra coisa), é preciso começar com uma xícara. Se for fazê-la para duzentas pessoas, comece com cinco quilos. A quantidade de água não importa, porque será preciso acrescentar mais do que vale a pena medir, basta apenas ter certeza de que a água estará quente, para que o cozimento seja constante. Naquela ocasião, Frankie despejou o suficiente para encher cerca de um quarto do recipiente, acrescentou o fubá e começou a mexer. O resultado parecia uma sopa de abóbora, muito fluido, mas dentro de poucos minutos o líquido foi todo absorvido e a polenta mudou de diluída demais para uma aparência de quase pronta, como se já fosse possível comê-la (não é recomendável, a não ser que seus planos para o jantar seja comer areia). Acrescentei mais água, ela foi absorvida, até que, lentamente, a polenta passou a se comportar como se tivesse saciado a sede. Mexi e ela continuava bastante úmida. Mexi: ainda úmida. Eu havia atingido uma espécie de equilíbrio, em que o conteúdo de água nos grãos estava próximo do líquido em que eles estavam sendo cozidos: um estado de angu quente. Nesse estágio, a maioria dos fazedores de polenta, na longa história do cereal, invocam uma cratera de vulcão. Nunca vi uma cratera de vulcão ao vivo, mas não pode ser muito diferente do que eu presenciava no fundo daquela bacia quente e fumegante: bolhas grossas e pesadas, como bolas de golfe, que dali a pouco explodiam e se transformavam em pedaços grossos e pesados de polenta voadora salpicando meu braço. Então, é assim a sensação da lava, pensei, e depois me dei conta de que a polenta estava conversando comigo.

Ela perguntou: você não enfiaria, em sã consciência, sua mão num vulcão ativo, enfiaria?

Claro que não, respondi.

Então cai fora, ela disse. Vá fazer outra coisa. Não sou temperamental como o risoto. Vá fazer o resto do jantar.

No dia em que partimos para Nashville, Mario me disse que eu pegasse um jaleco na rouparia. Era uma peça imponente: trespassado, com botões de tecido, ombros quadrados e o logotipo do restaurante costurado no peito. Frankie mostrou-me o seu, que tinha seu nome costurado, logo abaixo do logo, escrito com caracteres floridos. Ganhara de Mario quando fora promovido a subchef, e era isso que o jaleco dizia para as pessoas que entendiam do assunto: que "Frank Langello" era um chef.

Cozinheiros e chefs não são a mesma coisa. Eu era então um cozinheiro — trabalhava na linha — e respondia a um chef. O chef é um patrão. O nome do cozinheiro jamais aparece em um jaleco. Nos momentos mais degradantes da cozinha, os cozinheiros perdem inteiramente seus nomes. "Ei, cara do grão-de-bico", era como Frankie chamava Alex, não apenas quando os grãos-de-bico estavam malfeitos — durante algum tempo, Alex não conseguiu acertá-los — mas o tempo todo; estava implícito nisso que Alex era uma pessoa tão desprezível que sua função na cozinha não ia além de fazer grãos-de-bico ruins. "Ei, cara da camisa branca!", Andy gritou uma vez, furioso, tendo visto de relance um cumim fazendo hora do lado de lá das portas de vai-e-vem, no espaço entre a cozinha e o restaurante. (Era também onde ficavam os banheiros, e a camisa branca não era a de um funcionário, mas, infelizmente, a de um cliente.) Mario era chamado pelo posto. "Sim, chef. Como você quiser, chef. É para já, chef." A frase funciona se você substituir "chef" por "general".

Os voluntários de Nashville também estavam uniformizados. O chef principal do Bound'ry — um homem baixo com cavanhaque e óculos sem aro — apresentou-se como o equivalente em trajes de seu menu (uma fusão Oriente-Ocidente), com jaleco preto sem colarinho e um boné preto, muito ao estilo presidente Mao. Margot, aquela que teve a briga de faca com o *mandolino*, dirigia um lugar informal chamado Margot. Estava acompanhada de sua subchef e ambas adotavam estudadamente o estilo cantora *folk*, com bandanas azuis e calças baggy combinando. O chef *kosher* de Nashville usava um boné de beisebol, moletom e sotaque do Brooklyn. Um homem estava com um gigantesco toque, o gorro associado à cozinha francesa. Ele ficava perfeitamente ereto, com o braço dobrado e dali pendendo uma toalha alva, e usava calças de listras finas e um jaleco feito de algodão fino mais branco que o branco. Os outros pareciam evitá-lo, embora seja possível que ele não se interessasse pelo contato. Era muito sério.

* * *

    Enquanto isso, minha polenta havia mudado: estava diferente ao toque (grudenta) e ao olhar (quase brilhante). O amido, principal componente de todos os cereais, se rompe em altas temperaturas — no milho, entre 65 e cem graus —, quando então os grânulos podem se aglutinar com a água. Por isso a água que acrescentei no começo precisava ser quente: para evitar que a temperatura caísse e adiasse esse estágio — o do rompimento e aglutinação. O processo é chamado de "gelatinização", quando os grânulos do cereal incham e se tornam mais umidamente viscosos. Quando comecei, mexi a polenta com um batedor de cabo longo. Mas quando os grânulos uniram-se com a água, a polenta se expandiu e começou a grudar no cabo do batedor.

    Acrescentei um pouco mais de água — não muita (afinal, a polenta e a água, em sua nova relação molecular, estavam se dando muito bem) — e continuei a mexer. A polenta cresceu um pouco mais.

    Quando ela pararia de subir?, me perguntei.

    Então, me ocorreu uma questão: será que ela pararia? Idéia besta. Claro que ela pararia. Mas saber quando seria útil.

    Outro borrifo de água, um pouco mais de mexeção. Ela subiu mais.

    Isso era modestamente alarmante — não um toque de sirene, mas preocupante: para conseguir mexer a polenta, eu começava a achar que precisava estar *na* polenta. Será que eu conseguiria terminar de fazê-la antes que ela me encobrisse e me transformasse na coisa com molho escuro com a qual seria servida? O sensato seria retirar o batedor e dar uma caminhada. A polenta já havia me dito que eu não precisava ficar por perto. Mas com tanta competição na cozinha, eu temia abandonar meu batedor, certo de que um voluntário abelhudo de Nashville iria empunhá-lo e assumir minha tarefa. Aquele chef com o gorro, por exemplo. Ele agora estava poucos centímetros atrás de mim. Eu mantinha os olhos nele com minha visão periférica. Ele se afastara dos outros e cruzara a linha invisível que separava os voluntários da área de cozimento. Fizera isso dando um passo de cada vez e, depois de cada passo, vendo que não era repreendido, dava outro.

"Entããão", ele disse.

Fingi que não escutei.

"Entããão", ele repetiu.

Eu sabia o que ele queria: meu batedor. Tinha certeza. Concentrei-me no meu trabalho.

Ele suspirou. "Entããão", disse de novo e acrescentou como ênfase: "Po-*len*-ta". Uma pronúncia alarmantemente italiana. Eu nunca ouvira a palavra dita com um sotaque tão vigoroso. Olhei-o de soslaio e notei uma bandeira italiana costurada no colarinho de seu jaleco branco bem passado. Isso me surpreendeu. Eu havia pensado que, vestido daquele jeito, ele fosse francês. Olhei de novo e li no seu jaleco: Alfresco Pasta.

"Po-len-ta", ele repetiu, escandindo a sílaba do meio e batendo no céu da boca ao pronunciar o "t".

Sim, concordei, polenta.

"Permita-me apresentar-me. Chamo-me Riccardo."

Troquei o batedor de mão, apertei a de Riccardo, voltei o batedor rapidamente para a mão direita e continuei mexendo.

"Chamo-me Riccardo. De Bolonha. Estou aqui há oito anos."

Então, Riccardo era a coisa de verdade. Não somente da Itália, mas do norte do país, da Emilia-Romagna, da verdadeira terra da polenta, ao lado da Lombardia, pátria do Maestro Martino e de Alessandro Manzoni. Riccardo era provavelmente um genuíno *mangiapolenta*, com memórias infantis de faias e uma avó com uma grande colher. Mas o que fazia um chef de Bolonha no Tennessee? Não é comum encontrar muita gente de Bolonha. A vida lá

211

é boa demais para se ir embora. Olhei-o com suspeita. Ele observava meu batedor (e não havia outra palavra para definir seu comportamento) com cobiça. Virei um pouco de costas, pensando: Não cobiçarás meu batedor.

Ele se aproximou. Eu podia ouvir sua respiração. Se ele disser "po-len-ta" mais uma vez, vou dar nele com meu batedor.

Frankie apareceu. Teve de contornar Riccardo (que, tendo conseguido seu lugar, não estava disposto a desistir dele). Frankie espremeu-se entre nós, evitou olhar para o estranho que usava um suflê como chapéu, deu aquela enfiada de dedo na polenta e provou-a. Acrescentou mais sal. "Nada é simples", disse. "Tudo precisa ser feito com amor."

"Po-len-ta!", Riccardo disse de novo, olhando esperançoso para Frankie, que foi embora sem parar para responder. Riccardo virou-se de volta para mim e ficou observando.

Eu mexia.

Riccardo não se mexia.

Eu não parava de mexer.

"Entãããão", ele disse finalmente. "Diga-me uma coisa. Você veio de Nova York?"

Sim, respondi, sou de Nova York. Olhei para ele. Por que ele pendurava a toalha no antebraço, afinal?

"Ah, Nova York."

Eu mexia.

"Como é Nova York?"

"Nova York é legal", eu disse.

"Ah, Nova York."

A polenta havia crescido tanto que eu mexia com meu último centímetro de cabo. Parei e provei meus dedos.

"Sabe", disse Riccardo, "não sei por que vim para Nashville. Fico pensando, mas não consigo lembrar. Deve ter havido um motivo. Eu queria ir para Nova York. Só que, quando cheguei aqui, conheci uma garota. Não vim para cá para conhecer uma garota. Mas conheci uma garota. Me apaixonei, me casei e agora sou chef no Alfresco Pasta." E acrescentou, após uma pausa: "em Nashville". Suspirou.

Eu mexia, mas apesar de mim mesmo, estava sentindo uma coisa — não sei o quê. Simpatia? Pena? Como eu podia sentir pena? Acabava de conhecer aquele estrangeiro que usava uma espécie de torta na cabeça, confirmando mais uma vez que os cozinheiros são algumas das pessoas mais esquisitas do planeta, e agora ele queria, além do meu batedor, contar sua história de vida.

"Nashville é bem legal", tentei.

"Eu poderia ter sido um chef de Nova York."

Ele não falou nada por um longo tempo, refletindo, olhando fixo para o panelão de polenta que eu mexia. "Em vez disso, sou um chef de Nashville." Ele estava muito melancólico. "Amor", disse. "*Amore.*"

"*Amore*", concordei.

A polenta, enquanto isso, adquiria uma nova textura, sua terceira metamorfose. No início, tinha o aspecto de uma sopa ainda sedenta. Depois de uma hora, estava brilhosa, com aparência de bolo e desprendendo das bordas: para muitos, uma indicação de que estava pronta. Mas ao cozinhá-la por mais tempo — ainda por uma ou duas horas, mexendo de vez em quando, acrescentando água quente quando necessário —, você concentra os sabores. Com efeito, a polenta passava por uma modesta caramelização ao ser cozida em sua própria lava líquida — como um forno de barro autocriador, arrancando a doçura do milho — e caramelizava-se efetivamente no fundo, onde se formava uma camada fina com os grânulos tostados contra a superfície quente do caldeirão. Eu raspei essa camada com o batedor e a misturei com o resto. Era elástica, de uma elasticidade que associei com massa de pão. Também era possível sentir o cheiro da mudança. O macarrão comporta-se de modo similar e é possível aprender como ele cheira quando está pronto. Mario descreve isso como "entregar o glúten" e lembra como, na Itália, ao passar por uma janela aberta ao meio-dia, ele era capaz de captar o momento em que o almoço estava sendo servido pelo cheiro repentino de alguma coisa saborosa e glutinosa, como uma nuvem de massa perfumada.

Lambi um pouco de polenta dos dedos: o gosto era bom. Estava pronta.

Frankie e eu derramamos o conteúdo do caldeirão em latas de metal e as deixamos em banho-maria, e só então Mario apareceu. Eram seis horas e os voluntários ainda se aglomeravam no outro lado da fronteira invisível, visivelmente relaxados, exceto Riccardo, agora muito taciturno, que não havia se mexido e conseguia estar ao mesmo tempo abatido e ereto.

Faltava uma hora para o serviço e havia coisas urgentes a fazer. Mario escreveu um cronograma e colou-o na parede. ("Sete: montar copa. Sete e quinze: servir. Sete e meia: tirar primeira massa. Sete e quarenta: montar e servir.") Frankie estava preocupado com a chapa quebrada: a lata de manteiga que tinham posto sobre ela não havia derretido.

Mario olhou: estava no lugar errado. "A chapa está quente", insistiu e cuspiu nela para provar o que dizia. (Uau! Ele acabou de cuspir na chapa? Olhei: o cuspe chiava.) Foi um gesto teatral — a platéia soltou audivelmente um grito sufocado —, executado, sem dúvida, porque Mario, ao chegar apressado, despreparado para a aula de cozinha que o esperava, se deu conta de repente de que estava no palco. Mais tarde, quando temperava a salada de agrião, agarrou um vidro de azeite de oliva e, segurando-o bem acima da cabeça, fez um gotejante arco floreado, como um guia alpino derramando zurrapa de um odre de pele de cabra, e a platéia extasiada, não querendo perder nada — até os voluntários que tomavam notas pararam de escrevinhar —, prendeu a respiração. Mas cuspir na chapa? É verdade, não se costuma cozinhar diretamente nela, embora no Babbo os alhos-porós, a pancetta fossem preparados ali. Era uma coisa atrevida de se fazer. Talvez fosse mais difícil ser um chef célebre do que qualquer um de nós podia compreender — a expectativa que se sentia constantemente das pessoas à sua volta, esses estranhos, seu público, de ser muito maior do que um ser humano normal. (Lembrei-me de uma história que Mario me contou sobre a primeira vez, depois que começou o programa de televisão, em que foi reconhecido na rua por dois sujeitos, que começaram imediatamente a rotina do "Ei, cara, parece aquele cara do Food" e Mario, lisonjeado, agradeceu-lhes de maneira educada, mas eles ficaram tão desapontados — "esmagados" — que agora ele viaja com um repertório de piadas rápidas para estar sempre na pele do personagem.) De qualquer modo, os voluntários pareciam contentes: Mario Batali havia chegado; ele cuspiu; ele derramou azeite de oliva; ele é fantástico.

A manteiga derreteu e o serviço seguiu tranqüilo, sem histrionismos ou acessos de cólera. Cada prato, expedido a uma velocidade de vamos-vamos-vamos, mobilizou todos os voluntários, agora apinhados ao redor da mesa mais longa, montando os pratos furiosamente. Mario me pedira que os conferisse antes que seguissem para as mesas, limpasse as bordas com um pano úmido, e me surpreendi comigo mesmo. Os voluntários estavam enchendo demais os pratos, uma tentação natural — salsinha demais, raspas de laranja demais, parmesão demais. Os temperos devem servir à comida, não competir com ela. Um chavão do Babbo.

"Refaça o prato", eu disse com energia.

"Não", eu disse. "Errado! Isso está uma porcaria. Refaça!"

Outro apareceu. "Droga! Tem coisa demais. De novo. Refaça!"

E mais outro. "Caralho, quantas vezes eu preciso dizer a porra da mesma coisa?" (Será que eu acabei de dizer o que acho que disse? Será que eu era um gritador latente?)

Houve festividades depois — bastante adrenalina, para não deixar a noite acabar —, nas quais se bebeu muito vinho. Tenho uma lembrança borrada, como quando se nada de olhos abertos, de Mario fazendo ovos mexidos na cozinha de um sujeito rico. (Como chegamos aqui, como vamos embora e como vamos cozinhar amanhã à noite — digo, hoje à noite, na verdade?) Para a maioria de nós, a noite acabou às cinco da manhã — Mario num ronco falstaffiano no táxi que nos levou de volta ao hotel —, exceto para Frankie, que, tendo feito amizade com uma das voluntárias de bandana azul, saiu sozinho e só voltou às sete, quinze minutos antes de irmos para o aeroporto. "Boa aparência", disse Mario, já sentado no avião, quando Frankie apareceu ziguezagueando pelo corredor. Frankie não estava com boa aparência. Na verdade, estava péssimo — suado, pálido, barbudo, com a pele úmida e pegajosa, cheirando a uma longa noite de Nashville, com todo o carisma de um pulmão falido, enrolado numa mistura de coisas pretas, uma jaqueta preta de couro, óculos escuros, uma bandana azul molhada amarrada na testa. Descemos em Newark, fomos direto para a cozinha e conseguimos dar conta do serviço; Andy às vezes esquecia de transmitir um pedido e Frankie, nos momentos de pouco movimento, encolheu-se no chão gorduroso do Babbo para tirar uma pestana.

A viagem me surpreendeu com suas muitas lições, sobretudo a aula intensiva de polenta e mais uma ilustração da capacidade do corpo de se adaptar a abusos excessivos ("Ah, vamos lá, caras", disse Mario quando nos aproximávamos de Manhattan, para animar o grupo afundado no assento, "o organismo humano é incrivelmente forte — ele sempre dá a volta por cima"). Não creio que eu tenha entendido como é raro os cozinheiros conseguirem cozinhar e quanto tempo eles esperam até obterem uma chance. Riccardo de Bolonha lembrou-me Alex no Babbo — talvez porque Riccardo, um italiano nos Estados Unidos, era um espelho de Alex, que fora um americano na Itália. O ano que Alex passou lá havia mudado sua vida e ele ainda falava disso. O que ele nunca mencionava, até eu perguntar, era o seguinte: ele jamais cozinhara. Durante um ano, cortara cenouras, cebolas e aipos. "Fui o degrau mais baixo da escada durante todo o tempo. Foi uma experiência humilhante. Eu achava que se gastasse meu rabo trabalhando seria promovido. Nunca fui." Cenouras belamente cortadas ("eu de fato aperfeiçoei minha técnica de cortar cenouras"), assim como cebolas e aipos, são importantes: cozidas lentamente em azeite de oliva, são a base do soffritto, o alicerce das sopas toscanas. Alex nunca fez soffritto ou sopa. Depois, quando foi contratado pelo Babbo, disseram-lhe mais uma vez que ele não iria cozinhar: começaria, como todo mundo, com comidas frias, fazendo entradas. Depois de alguns meses, se houvesse vaga e Andy aprovasse, ele teria permissão para cozinhar numa base experimental na praça dos salteados. Na época, eu estava na minha fase obsessiva de fazer macarrão e trabalhava pelas manhãs com Alejandro. Ou seja, aos olhos de Alex, eu era "um dos latinos" — na parte inferior do proverbial totem. Depois de umas duas semanas, voltei à grelha, como Frankie havia recomendado.

"Você se importaria de me dizer por que está na grelha?" Alex freqüentara três anos de escola de culinária, tinha um ano de Itália e um emprego num restaurante três estrelas, e ainda não cozinhava. "Você se importa de me dizer como conseguiu saltar na minha frente?"

"Alex", sussurrei, "eu não sou um cozinheiro, sou um espião."

A viagem a Nashville mostrou-me também o quanto eu sabia, e me surpreendi com isso. Eu não tinha noção. Tal como todo mundo, eu estivera fechado numa cozinha quente e sem janelas, trabalhando ao lado das mesmas pessoas durante mais de um ano. Aquela vida esquisita? Era a minha vida também. No final da primavera, acompanhei Mario quando ele foi o chef convidado num evento da James Beard House. Um de seus chefs não apareceu e acabei fazendo várias coisas, inclusive a massa, o suficiente para quarenta pessoas. Mas eu já havia feito aquilo antes e a pressão não foi maior do que a que eu sentia no auge do serviço. No dia seguinte, recebi um e-mail de Mario: "Obrigado pela ajuda ontem. Você foi realmente muito prestativo". Eu vinha trabalhando com ele havia quase um ano e meio. Ele jamais me agradecera. Implícito em meu papel de pupilo cuja presença a cozinha tolerava, estava o fato de que deveria ser eu a expressar gratidão. Para mim, receber um agradecimento significou bastante.

15.

O Otto não era mais One Fifth Avenue, mas mesmo com a mudança de nome a maldição do lugar parecia persistir. Quando o restaurante abriu, em janeiro de 2003, a maldição ressurgiu e atacou o prato que estava no cerne de todo o empreendimento: a pizza. As primeiras experiências haviam aturdido a todos na cozinha do Babbo; depois, desorientaram os clientes do Otto. ("Não temos uma explicação pronta das pizzas", disse o chefe dos garçons aos membros de sua equipe na segunda semana. "Se alguém perguntar alguma coisa, chamem o gerente.") Mario continuava a chamá-las de pizza na chapa, aquecidas por baixo numa chapa de ferro, em vez de feitas em forno à lenha. "Não, elas não são italianas, são minha versão da italiana. São o que faço para meus meninos" — Benno e Leo, seus dois filhos —, "e eles adoram." A conclusão era que, se os filhos de Mario as adoravam, o mesmo aconteceria com o resto do mundo. O mundo não estava tão certo disso.

"Estou nervoso", confessou Joe. "Acho as pizzas intragáveis. Minha mãe acha as pizzas intragáveis. Elas caem no meu estômago como pedra."

Houve reclamações. Elas eram esponjosas demais. Não estavam suficientemente cozidas. Não eram crocantes. Impossível cortá-las com a faca. Joe não estava dormindo: "De repente, todo mundo é uma bosta de especialista em pizza".

"Saquei!", disse Mario uma tarde. "Não devemos esquentar os pratos em que elas são servidas. Eles devem estar frios." Mas os pratos não foram a solução.

"Saquei!", disse Mario na semana seguinte. "Estou produzindo glúten demais. O segredo é vinte por cento a mais de fermento e só três minutos de amassamento." Mas o resultado ficou com gosto de pão cru — Joe, ao comer uma no bar, fez uma inequívoca cara de repugnância, e as queixas continuaram.

"Saquei!", disse Mario, duas semanas depois. "É a farinha de trigo. A boa e antiquada farinha para todas as finalidades. Por que não pensei nisso antes?" Mas não era a farinha. Na realidade, alguns dias depois, Mario abandonou-a e passou a usar a "00", a farinha refinada para macarrão importada da Itália.

"À noite, estou estudando meu McGee", ele disse, referindo-se ao livro de Harold McGee sobre a ciência da culinária. O Otto estava em seu segundo mês. Parecia inconcebível que Mario ainda estivesse fazendo experiências com a receita. "Conheço tudo sobre glúten. A solução é vinte e dois quilos de farinha, metade comum, metade italiana 00 — e só uma colher de azeite de oliva, três de açúcar, e deixar descansar por três horas." Fiquei impressionado com esse detalhe que Mario compartilhava comigo — que o ingrediente fundamental era uma única colher de azeite em mais de vinte quilos de farinha, por exemplo — e com sua crença de que eu compreenderia o que ele estava dizendo. Não entendi, mas não tinha importância, porque essa receita também não foi a solução.

"Até que enfim, agora eu saquei", ele disse, quando o encontrei uma manhã sentado no bar. "É farinha mais suor igual a massa." Ele estava exausto. "Ontem, engoli uns treze quilos de farinha. Fiz uma sauna esta manhã e cuspi um pão inteiro. Preciso parar com isso. Estou fazendo quinhentas pizzas por dia. São boas? São ruins? Como posso saber? Estou dando ouvidos a gente demais. Estou repensando a coisa. Não posso começar a duvidar de mim mesmo agora. Preciso seguir meu instinto."

Mas, embora a receita da pizza ainda não estivesse resolvida, o lugar tornou-se muito concorrido. Tom Adamson, barman no Babbo, recebeu relatórios de fim de noite de um colega do bar do Otto, e os passou para nós quando trouxe jarras de cerveja para os da cozinha às onze horas: oitocentos couverts uma noite, 923 na seguinte. "Isso não são números de restaurante", disse. "Poderiam ser de um evento esportivo." O Otto estava recebendo quase quatro vezes mais clientes do que o Babbo. Na cozinha, esses relatos eram perturbadores. Será que o Babbo não é mais a estrela? Para Andy, eles também eram desmoralizadores.

"O Otto está deixando Andy maluco", observou Elisa.

"O que vamos fazer com Andy?", Joe perguntou a Mario quando almocei com eles um dia no começo de março. Até então, ninguém fazia idéia do que ia nas pizzas, mas não importava. As pessoas as consumam, o Otto era um sucesso e Mario e Joe podiam pensar em outras coisas. Joe ficava no Babbo às noites; Mario não aparecia, estava filmando alguns episódios sobre calzone para a Food Network. Joe sabia que eles tinham um problema.

"Você conversou com ele sobre se portar com mais propriedade?", perguntou Mario. Andy estava visivelmente irado e de mau humor, e acabara de despedir um cumim num impulso caprichoso.

"Como posso falar sobre propriedade se ele não é proprietário?", respondeu Joe, numa alusão ao ilusório restaurante espanhol. O acordo sempre fora que Joe, Mario e Andy seriam co-proprietários. Mas a realidade era que tal acordo não existia porque não havia restaurante. Havia o Otto.

"Ele ficou *muito* difícil", continuou Joe.

"Isso me surpreende. Frankie me contou que Andy tinha melhorado bastante — que seus humores estavam sob controle."

"Bem, Frankie errou. Andy não está melhor. Está pior."

Andy era diferente dos outros. Tinha muita leitura e era articulado. Em seus dias de folga, ia ao cinema, a exposições, peças de teatro. Eu o achava o único sujeito maduro da cozinha. Não era um gritador e não fazia fofoca. Sua mente era rápida. Como expedidor, tinha uma imagem de cada mesa na cabeça, quanto tempo cada uma levaria para terminar as entradas e quanto tempo a cozinha precisava para preparar o prato principal, de tal modo que ele chegasse logo depois que os pratos sujos fossem retirados. Era responsável por dezenas de milhares de dólares extras, porque descobria como espremer mais gente dentro do restaurante. "Eu me comporto como se fosse dono", confessou ele. "O que há de errado comigo?"

Mas havia uma coisa que não se via. Andy falava rápido, às vezes muito rápido, e sua fala acelerada podia parecer maluca, um vislumbre de uma psique descendo o morro a toda a velocidade. Era capaz de se esganiçar. "Ah, como eu odiava aquele tom", disse Elisa, lembrando de quando ela exercia a mesma função. "Eu estava a ponto de perder a voz, exatamente como Andy."

"Andy está de mau humor", Frankie sussurrou, indo de um em um no momento em que íamos começar o serviço na noite de Ano-Novo. Como ele podia saber? Olhei para Andy. Era verdade. Alguma coisa estava errada: um fervilhamento, uma tensão implodida. Aquilo então vinha para fora, não diretamente, mas sempre no trabalho. Por exemplo, você estava muito ocupado e Andy lhe passava mais seis comandas.

Segura aí, cara, você pensava. Você está vendo que não dá para eu fazer mais.

Mas, assim que você pegava a comanda e corria atrás dos ingredientes, temperos, para fazer a coisa andar, Andy passava mais quatro pedidos. Dessa vez, você diria alguma coisa (nem que fosse apenas um *O quê?* carregado), diante do que Andy acrescentaria mais dois pedidos, e ("Por que não?") outros dois, e depois ("Que diabos?") quatro menus degustação. Por quê? Porque ele podia. Porque estava silenciosamente irado: com seu fardo, com o que tinha de fazer todas as noites — sem pausa, sem noites fáceis, todos os dias durante cinco anos — e com o fato de que Mario não precisava estar ali porque tinha Andy. Então, como que obedecendo aos ditames de algum impulso autodestrutivo, ele ia para casa e ficava até as três da manhã lendo sobre culinária espanhola, inventando menus para um restaurante inexistente.

Jamais haveria um restaurante espanhol. Eu estava convencido disso. No final de meu almoço, depois que concordou em ter mais uma conversa com Andy, Joe perguntou a Mario se ele queria dar uma volta. Havia um lugar, não longe do distrito dos frigoríficos, que ele queria que Mario visse.

Quinze minutos depois, estávamos diante de um prédio grande e vazio, enquanto Joe elaborava um sonho acordado com todos os detalhes. "Que tal um lugar para quinhentas pessoas, com escadas majestosas, serviço de *valet* e uma tabacaria ao lado?"

"É a idéia de Joe de elegância — estacionamento com *valet*", explicou Mario.

Joe o ignorou. "Vamos pensar grande e mostrar a Nova York que pode existir um italiano quatro estrelas." Mais idéias lhe ocorreram de improviso enquanto falava: "Não, pensando bem, não deve ser italiano, mas ítalo-americano"— um retorno a suas raízes, uma homenagem à culinária de sua mãe, Lidia. Eu testemunhava um dos lados criativos do negócio de restaurantes — algo estimulante —, e em seis meses Joe conseguiu um arrendamento, contratou um arquiteto e começou a construir uma versão da visão que ele tivera ali na rua, diante de mim. O lugar teria um nome italiano: Del Posto. *Posto*, em italiano, significa "lugar". O que ele não significava em italiano era "restaurante espanhol de Andy".

Mario supunha que sabia tudo sobre a cozinha do Babbo, mesmo quando não estava lá, porque contava com Frankie como um espião confiável. Frankie era o seu espião de Andy e, por isso, ele havia se surpreendido quando Joe disse que havia problemas. (Na verdade, havia muitos espiões. "Não conte para Elisa", Gina me disse um dia, "mas Mario me pediu para ficar de olho nela.") Frankie, porém, jamais diria algo negativo pelas costas de ninguém. Face a face, era diferente; face a face, você nunca encontraria alguém mais rude.

Frankie era o jovem mais velho que conheci. Ainda não tinha trinta anos, mas poderia ter cinqüenta. Ou talvez tivesse mesmo a sua idade, mas de uma época diferente: uma versão mais jovem do avô de alguém. Era de Filadélfia — "South Philly" (também cinqüenta anos atrás do resto do mundo) —, ágil e vivo, e um cozinheiro muito veloz, com os reflexos rápidos de quem vive nas ruas: muito masculino de um modo antiquado, exceto pelos cílios e uma pronunciada marca de nascimento na bochecha, como uma marca de beleza de mulher de um tempo em que as mulheres tinham marcas de beleza. Tinha relações estreitas com a família e a visitava com freqüência nos dias de folga: sua mãe era proprietária de um prédio (o inquilino era um salão de beleza); seu pai, de mais de setenta anos e aposentado, fora motorista de caminhão. Acompanhei Frankie em uma de suas visitas — *Philly cheese steaks*, calzone, escalopes de frango, uma feira de rua ítalo-americana, todas as construções de tijolos à vista, na maioria sobrados, evocativas das pinturas de Edward Hopper e do filme *Rocky*. Passeamos de carro e eu conheci a vizinhança: a igreja em que Frankie teve seu primeiro emprego, ajudando a preparar a ceia para os padres da paróquia; o prédio de sua mãe, que ele espera herdar um dia e transformar num restaurante ("nada sofisticado, apenas boa comida — vou dirigir com minha irmã e seu marido"); sua rua, onde todo mês de setembro ele circulava com um espremedor de tomates, indo de casa em casa. O espremedor era um moinho manual, do tipo que os italianos ainda usam para descascar e tirar as sementes dos tomates para fazer molho. No bairro de Frankie, era chamado de "molho". Em setembro, todas as mulheres compravam tomates aos montes.

Frankie pretendia ir para uma faculdade comunitária ("Não sei contabilidade"), mas não era um bom estudante; um dia, ao chegar em casa, encontrou folhetos de escolas de culinária na mesa da cozinha. Sua mãe os havia pedido. Quatro anos depois, conseguiu seu primeiro emprego importante, no Le Cirque, então um restaurante quatro estrelas, quando o chef principal era Sottha Khunn, um cambojano com treinamento em Paris. De início, como é de regra, Frankie não pôde cozinhar. "Nos primeiros três meses, fiz entradas, tal como Alex está fazendo agora. Eu fazia tudo o que Sottha Khunn mandava. Era sempre 'Sim, chef, como quiser, chef, é pra já, chef'. Era uma cozinha francesa, então eu era a puta dele. Tudo bem, se é assim que as coisas são, assim serão. Três meses depois, Khunn me mandou observar o cara da grelha. Eu não deveria cozinhar, apenas observar. Então, um dia, ele me pôs na linha — não na grelha, mas na praça dos peixes. O sujeito dos peixes não tinha aparecido. Eu não havia sido treinado para aquele posto. 'Não há tempo para treinar', falou Khunn." Foi um desastre. Frankie ficou nervoso e deu tudo errado; no final da noite, em desgraça, foi mandado para casa: a partir de então, passou a trabalhar de manhã.

Sottha Khunn era um gritador. "Se pedia alguma coisa, você dava para ele. Se queria de um jeito diferente, você fazia. Você jamais questionava, jamais discutia, porque no fundo da sua cabeça você sabia que depois que ele começasse a gritar sua noite estava arruinada. Ele não parava até você ser mandado para casa ou despedido." Khunn era também um perfeccionista e, para Frankie, uma inspiração. "Aprendi mais nos três meses de Le Cirque que nos três anos de escola de cozinha. Fui para a escola para conseguir um emprego com alguém como Khunn." Treinado por um gritador, Frankie teria se transformado num deles? Uma vez que assumia cada vez mais responsabilidades no Babbo, parecia que estava se tornando justamente isto: um gritador de cozinha.

Alex recebia a maioria dos gritos, embora ele admita que, às vezes, eram merecidos. Ainda estava na praça da copa, mas ela não era menos movimentada do que qualquer outro lugar. Havia treze antepastos, cada um com sua construção complexa, e ele reconhecia que nem sempre estava pronto quando o serviço começava: um reconhecimento terrível. Significa que você está fazendo sua preparação quando os pedidos já estão chegando, e eles vêm depressa.

Quando não estava pronto, Alex se atrasava. ("Eu não estava acostumado a ficar tão ocupado — eu fazia trezentos ou quatrocentos antepastos por noite — e não tinha tempo de pegar um copo d'água.") Uma mesa podia pedir uma massa e uma entrada, e a massa estaria pronta para ser servida enquanto Alex estava atrapalhado com suas vagens.

"Ei, Alex, você sabe o que significa *mise en place*?", gritou Frankie.

Alex, como sempre, não entendeu a pergunta — estava tão envolvido no que fazia que não percebeu que estavam esperando por ele — e respondeu literalmente. Achou que Frankie lhe pedia ajuda para traduzir uma expressão francesa. Parou e meditou sobre a questão, conjugando o verbo, e estava prestes a oferecer uma tradução quando Frankie o deteve. "Não, seu idiota. Significa estar com sua merda no lugar certo a tempo!" Alex ficou aturdido e respondeu: "Às vezes, o jeito como você dá a informação não é inteiramente apropriado e penso que você podia se permitir ser um pouco menos grosseiro". As coisas pioraram. Frankie começou a cronometrar os pratos de Alex em segundos. Devolveu pedidos. As saladas não estavam suficientemente altas. "Refaça!" Não tinham verdes suficientes. "Refaça!" Ele não havia limpado o prato primeiro. "Refaça!" O alecrim não estava suficientemente fino. As vagens estavam cozidas demais. Ela havia esquecido a pancetta.

"Ele estava torrando o meu saco", disse-me Alex. "Eu me tornei sua puta. Ele me escolheu para saco de pancadas." Na verdade, Alex não fora escolhido.

"Eu sou fodão, eu sou fodão, eu sou fodão!", Frankie sempre dizia. "Tenho de ser fodão para que a gente não perca as três estrelas. Não quero amigos." Caiu em cima de Mario Garland, o sujeito que substituiu Mark Barrett na praça das massas. Seus pratos estavam demasiadamente úmidos. ("Cometi o erro de ser legal demais com ele", contou-me Frankie. "Ele achou que eu fosse um colega, em vez de gerente.") Caiu em cima de Holly porque ela insistia em "retrucar". "Ela não está pondo cor suficiente no pato" — o que significava que sua panela não estava suficientemente quente e ela não estava dourando bem a ave — "e eu lhe disse 'Você precisa de mais cor', mas ela quer explicar. Estamos no meio do serviço. Não quero explicações. Quero ouvir 'Sim, Frank, é pra já, Frank, como você quiser, Frank.'" Para onde quer que olhasse, via alguma coisa de que não gostava. "Há centenas de maneiras de cozinhar um ingrediente. Estou aqui para garantir que seja feito do jeito que Mario quer." O problema era que Mario não estava na cozinha. "Eu lhe disse para mostrar a cara. Preciso que as pessoas vejam que o que digo vem dele. Eles não estão me dando ouvidos."

Frankie não era um gerente por natureza: era naturalmente sociável e capaz de ser uma coisa em um momento (um amigo, um confidente, um brincalhão — como quando batia uma tigela de clara de ovos e fingia enfiá-las no gargalo da lavadora de louça) e uma pessoa assustadora e agressiva em outro. Quando ele aparecia ao meio-dia, eu examinava seu rosto para saber qual Frankie teríamos. Isso contribuía para um ambiente de trabalho peculiar que jamais era chato. Eu talvez me divertisse mais do que os outros porque eu tinha muito pouco a perder. Não me importava de receber críticas — eu estava lá para aprender — e aceitava minha condição servil. "Sim, Frankie", eu dizia sempre.

"Eu tenho razão, Bill?", ele gritava para toda a cozinha ouvir.

"Sim, Frankie."

"Eu estou sempre certo?"

"Sim, Frankie."

"É possível que eu possa alguma vez estar errado?"

"Não, Frankie."

Então, ele sorria.

Mas era inevitável que minha vez chegasse.

Ocorreu quando faltou gente na equipe. Abby havia tirado seis dias de folga. Durante algum tempo, ela vinha acalentando a idéia de fazer uma cirurgia cosmética. Isso havia se tornado um assunto no mínimo peculiar — será que ela deveria? será que não deveria? —, mas não mais do que qualquer outra confidência na cozinha: a vida sexual de Holly, digamos (uma crônica animada), ou as tentativas de Garland de engravidar sua mulher (tema em curso, com atualizações diárias). Quando se passa tanto tempo junto, não se tem segredos. E então, decidida, Abby resolveu fazer a coisa.

Ela era esperada de volta na segunda-feira seguinte. Eu vinha trabalhando com ela na grelha, dividindo o trabalho entre dois, como havia feito com Mark. No começo, eu fazia as carnes e ela preparava os contornos, mas com o tempo passei a preparar também os acompanhamentos e a montar os pratos, embora Abby estivesse por perto, caso alguma coisa desse errado. No domingo, ela telefonou. Tinha havido complicações. Ela precisava de mais um dia. Eu poderia cobri-la?

Eu vinha esperando por esse momento. Era 17 de março: fazia

quinze meses que eu estava na cozinha. Estaria pronto? Sim e não. Sim, porque eu sabia quase tudo que tinha de fazer. Não, porque eu só sabia *quase* tudo.

A preparação era tão complicada que você só a dominava depois que não tinha escolha. (Ou, melhor, eu deveria dizer: era tão complicada que só a dominei depois que não tive escolha.) Eu tinha um mapa da praça e acabara de decorá-lo. As carnes e os peixes estavam sob o balcão, no armário de baixo. Isso estava sob controle. O problema era em cima: as pequenas travessas de *contorni* e os vários elementos decorativos. Havia 33 ingredientes diversos e a maioria precisava ser preparada antes do início do serviço, inclusive as cebolas vermelhas (cozidas em suco de beterraba e vinagre de vinho tinto), salsifi (braseado em sambuca) e *farotta* (cozida num purê de beterrabas). Havia cinco diferentes borrifadores, dois vinagres balsâmicos, dois azeites de oliva, e ainda *vin santo*, *vin cotto* e *saba*, para não mencionar as couves-de-bruxelas, a erva-doce braseada e o patê de coelho — e o cacete! Hoje olho para o mapa e fico espantado que eu guardasse alguma coisa na cabeça.

Eu estava nervoso e comecei à minha maneira característica, tirando uma fatia de mim mesmo. Estava preparando alcachofras-de-jerusalém, os bulbos incrivelmente feios que parecem torrões sujos. Mas fatiados bem finos e fritos em óleo bem quente, possuem um sabor terroso que alguém deve gostar. Mario, suponho. (Às vezes, eu montava esses pratos e me perguntava: como é que ele pensa que essa combinação é uma boa idéia?) Depois que as alcachofras começam a dourar, acrescentam-se cogumelos shiitake e um salpico de vinagre, e termina-se com um punhado de salsa: o leito vegetal para as costeletas de cordeiro. Mas era comestível apenas se as alcachofras fossem cortadas bem finas — uma espessura que se obtinha somente usando um fatiador de carne, aquela lâmina redonda giratória que se vê em padarias. O fatiador é grande, as alcachofras são pequenas e escorregadias. Ouviu-se um som de algo sendo moído. Dei meu costumeiro salto. Todo mundo congelou. Tony Liu inclinou-se para ver se encontraria meu dedo preso na lâmina.

"Não, não, só a unha e a ponta", eu disse.

Cumpri minha rotina: desinfetante, ataduras e uma proteção de borracha, que enfiei no meu recém-encurtado dedo indicador.

Não foi um bom começo e agora eu estava atrasado na preparação. Na verdade, todos estavam atrasados e havia uma sensação de pressão — uma pressão ruim, irritante. Elisa ficou mais tempo do que o normal e na pressa derrubou um recipiente de amêijoas, que se espalharam pelo chão como bolinhas de gude. Frankie falou alguma coisa. "Larga do meu pé, Frankie", ela retrucou. Ele murmurou alguma coisa. Elisa repetiu em voz bem alta: "Larga do meu pé, Frankie". Elisa era irritadiça. Frankie era irritadiço. Seria eu o irritante? Eu estava demorando demais para cortar o alecrim, disse Frankie. Eu estava demorando demais no preparo do tomilho.

Tony Liu reforçou a crítica: "Você precisa andar mais depressa. Tem um monte de preparações. Você é lento demais".

O serviço começou e nas primeiras duas horas cada pedaço de carne que cozinhei foi inspecionado.

Tudo bem. Estou sendo testado. Não entre em pânico. Você sabe como fazer isso.

Veio um pedido de costeletas de cordeiro, de malpassado para ao ponto. Cozinhei as costeletas, montei o prato, estava prestes a pô-lo na passagem quando Frankie me deteve, puxou o prato para um canto e apertou cada pedaço de carne. Não disse nada, não olhou para mim, nada. Um *rib eye*, de malpassado para ao ponto, e quatro pessoas imediatamente se acotovelaram ao redor da carne, testando-a com um espetinho e depois tocando-a com os lábios para avaliar o ponto da carne. Um lombo de porco: a mesma rotina, com o prato sendo puxado de lado. A carne estava perfeita. Eu percebi o desapontamento de Frankie. "Remonte o prato", disse.

Tony Liu viu minha mão. "Tire o plástico."

"Eu cortei a ponta do dedo", relembrei-o.

"Tira isso. Você não pode fazer carne usando protetor. Não vai ter o toque."

Arranquei o protetor e joguei fora as ataduras. Por algum tempo, tentei usar os outros dedos, mas eles eram ineficientes. Não conseguia dar o toque rápido. Tinha de usar demais o dedo médio para obter uma leitura e o queimava, e assim não conseguia interpretar o que ele me dizia — então desisti. Apertei o indicador numa costeleta que estava na grelha, pressionando o ferimento na carne. O ferimento se abriu. A carne estava salgada e cintilou com a gordura quente. Senti o sal (queimando) e a gordura (outro tipo de queimadura). Bem, aquele era o treinamento. Virei-me para enxaguar a mão no recipiente de plástico cheio de espuma de sabão, mas ele estava preto, exceto na superfície, que brilhava. Parei um instante e depois mergulhei a mão.

Frankie estava a centímetros de meu rosto. "Você não tem Abby para protegê-lo. Hoje você tem a mim. É só eu e você."

Ele pegou duas fatias de pancetta, que eu estava cozinhando na chapa. Elas tinham o cordão ao redor delas. "Não servimos cordão", ele disse.

Eu sabia disso. Aquela pancetta em particular fora mal enrolada e estava se soltando, o que Tony observou quando a trouxe para mim do frigorífico: ele me disse para cozinhá-la com o cordão e removê-lo quando fosse colocar a pancetta no prato. Comecei a explicar, mas minha explicação soou provocadora.

"Sim, Frankie", eu disse.

Ele arrancou o cordão e o jogou em meu rosto.

"Você está com os caras crescidos agora. Você está por conta própria."

Enchi uma panela de sauté com suco de laranja, reduzi-o, pus um pouco de manteiga e acrescentei a erva-doce. A erva-doce acompanha o *branzino*.

Frankie pegou a panela.

"Você acha que esta erva-doce é suficiente?", perguntou. Achei que ele ia jogar a panela em mim. Preparei-me. Ele não se mexeu. Olhei para a erva-doce. Havia dois pedaços, cada um deles do tamanho de um terço de bulbo. Eu não sabia o que dizer.

"Você ficaria feliz se tivesse tão pouca erva-doce em seu prato?"

Olhei de novo. Certo, aquele bulbo talvez fosse pequeno demais.

"Não é suficiente porra nenhuma. Faça de novo." Ele pegou os pedaços de erva-doce quente e os jogou na minha cara. Errou o alvo. Eles caíram na bandeja em que minha carne estava descansando, borrifando-a com suco de laranja. Peguei os bulbos, os sacudi, limpei a carne e comecei outra panela.

"Esta noite você está com os caras crescidos. Esta noite você tem que carregar seu próprio peso."

Andy pediu um coelho.

Era um dos pratos preferidos, porque era o mais complexo. O coelho é cozido de três maneiras — salteado, grelhado e em *confit* — e servido sobre folhas de dente-de-leão. É feito em estágios e requer que várias pessoas trabalhem juntas. Durante o dia, um cozinheiro da preparação assa as patas dianteiras e traseiras. Logo antes do serviço, são douradas numa panela quente, acrescentam-se fatias finas de pastinaca (que se caramelizam rapidamente), uma borrifada de *vin santo* (que explode em chamas), pancetta e caldo de coelho (um acréscimo radical francês, e ainda não sei bem por que era tolerado). Reserva-se esse preparado até o momento em que for preciso. O pedaço grelhado é o lombo do coelho. E o *confit* é um patê que é passado numa fatia de torrada, como um *crostino*, e colocado no topo do prato, muito arquitetônico.

São necessárias duas pessoas para fazer o prato, eu e Frankie. Eu havia preparado uma prateleira de panelas de *sauté* antes do serviço. Peguei uma delas e pus na chapa. Pus um lombo na grelha e peguei outra panela para as folhas de dente-de-leão. Quando o lombo estava quase pronto, pus uma fatia de pão no balcão, que Frankie deveria tostar. Enquanto tostava, peguei o patê. Essa era a rotina, afinal.

Estendi uma fatia de pão.

Frankie a amassou.

Aquilo me confundiu. Havia algo de errado com o pão. Olhei para Frankie. Ele estava furioso.

"Me dá outra."

Limpei o pão esmagado, afastei os farelos e peguei outra fatia. Frankie a amassou.

A fatia era idêntica à outra. Eu não sabia o que estava errado.

"Me dá outra."

Limpei o pão esmagado e peguei outra fatia. Frankie a amassou. Olhei para ele. Que porra você está fazendo? Ele estava profunda, irrecuperavelmente irracional, como se alguma substância química assustadora estivesse controlando sua cabeça. Olhei para Andy, mas ele tinha me dado as costas. Aquilo também era esquisito. Ele não estava esperando exatamente pelo prato que não conseguíamos completar porque Frankie estava esmagando o pão que precisava ser torrado?

"Me dá outra."

Peguei outra fatia, não diferente das três anteriores. Frankie pegou-a, montamos o prato e o pusemos na passagem.

Foi uma longa noite. Houve outros contratempos. A certa altura, Andy pediu um *branzino*, mas eu não escutei o pedido (como não escutei?) e não preparei o prato. Mais tarde, foi um pedido de costeletas de cordeiro. Também não havia escutado esse? Olhei fixo para Andy. Sua expressão não dizia nada.

Talvez tenham acontecido outras coisas. A noite foi um borrão. Quando John Mainieri entrou na cozinha e disse "encerrou", senti um alívio profundo. Era cedo, só onze horas. Eu estava ali desde a uma. Estava ensopado. Meu casaco de cozinheiro grudava nas costas; tinha derretido. Quando encontrei uma chance de mijar, a urina estava amarelo-clara. Eu estava desidratado. A noite havia começado com expectativas tão altas. Voltei para casa, pus uma poltrona na frente de uma janela, olhei para fora e não me movi até o amanhecer.

Fui trabalhar no dia seguinte com uma talvez visível falta de animação no passo. Eu era a encarnação da lentidão. Tudo em mim era lento. Meus pensamentos estavam grudados em algum tipo de melaço do cérebro. Eu poderia estar correndo na água. Tive uma idéia de profissão: eu poderia ser o mascote do movimento da *slow-food*.

Abby havia voltado, mas não deveria. Estava pálida e frágil, incapaz de levantar os braços. Não dá para cozinhar se você não consegue levantar os braços. A cozinha tinha realmente um problema. No dia anterior, Tony Liu suspendera seu dia de folga, caso alguma coisa desse errado. Hoje não havia retaguarda. Abby sabia que não deveria ter vindo; sabia também que era esperada. O lema da cozinha: ninguém fica doente. (Até trabalhar no Babbo, eu sempre havia me perguntado por que tanta gente adoece no inverno em Nova York. Seriam o metrô e a exposição a tantas pessoas cheias de germes? Ou seria simplesmente porque a maioria dos nova-iorquinos não cozinha em casa e compra suas refeições de cozinhas profissionais?)

Uma vez mais, o mesmo desafio. Eu estava pronto?

Sim. E sim.

Montei a praça. Vi o que faltava, cozinhei e dourei minha erva-doce. Cortei meu alecrim — depressa: toc, toc, toc. Escolhi o tomilho. Preparei seis panelas de *sauté* de coelho. E quanto mais eu fazia, mais solto ficava, como um atleta se aquecendo. A turvação da cabeça se desfez. Meus movimentos ficaram mais fluidos. Completava uma tarefa e sabia o que tinha de fazer em seguida e o que precisaria fazer depois. O serviço começou. Eu estava pronto. Entrei no ritmo. Via a cozinha de uma maneira como nunca a tinha visto. Eu parecia estar enxergando tudo. Seria adrenalina? Seria uma clareza que vem com a exaustão? Não conseguia entender por que me sentia tão bem, especialmente depois de me sentir tão mal. Sabia em que ponto de suas preparações todos estavam. Compreendia todos os pedidos e todos os elementos que os compunham. Estava trabalhando com Frankie, mas de algum modo, não sei como, eu sabia do que ele ia fazer antes que ele fizesse, sabia do que precisava antes que pedisse. "Bill, preciso do...", mas o que quer que fosse (cebolas vermelhas, couves-de-bruxelas, uma fatia de pão) já estava na minha mão. Eu cozinhava depressa, com eficiência. Foi a noite de trabalho mais satisfatória que jamais experimentei.

Quando o serviço acabou, sentei no bar. Precisava me refrescar. Pedi uma cerveja a Tom. Frankie apareceu e sentou no banquinho ao lado. Queria me agradecer. "Você se saiu bem. Não deixe ninguém dizer coisa diferente. Você salvou nosso rabo."

Terminei minha cerveja. Certo, me saí bem. Gostei daquilo.

FAZEDOR DE MASSA

Minha experiência com a gastronomia napolitana foi ampliada com um convite para jantar cuja principal atração era uma competição de comer espaguete. Essas disputas tinham sido uma característica normal da vida social, e ultimamente estavam sendo revividas e levadas ao nível quase de culto em conseqüência do ressurgimento dos materiais necessários no mercado negro.

Presentes: homens de seriedade e substância, entre eles um ex-vice-comandante da polícia, um diretor do Banco de Roma e vários advogados de prestígio — mas nenhuma mulher. As porções de espaguete foram pesadas numa balança antes de serem servidas nos pratos. O método de ataque foi o clássico, que consta ter sido introduzido por Fernando IV e demonstrado por ele para benefício de uma platéia extasiada em seu camarote da Ópera de Nápoles. Eleva-se a garfada de espaguete acima da cabeça, permite-se que ela balance um pouco e depois solta-se na boca aberta, com a cabeça mantida para trás. Notei que os competidores mais promissores não tentavam mastigar o espaguete, mas o seguravam na garganta, a qual, quando abarrotada, eles esvaziavam com uma convulsão violenta do pomo-de-adão; às vezes, ficavam com o rosto vermelho ao executar a operação. Vencedor: um médico de 65 anos que consumiu quatro pratos cheios que pesavam um quilo e quatrocentos gramas, o qual foi aclamado com palmas e vivas. Ele os recebeu com alegria e depois saiu da sala para vomitar.

Norman Lewis, *Naples '44*

16.

Eu estava preocupado com a questão de quando, na longa história da alimentação na península italiana, os cozinheiros começaram a pôr ovos na massa do macarrão. Seria uma preocupação razoável? Claro que não. Mas ela não me saía da cabeça. E levantava outras questões que também me faziam refletir, entre elas a possibilidade de que a palavra "*pasta*" fosse enganadora, se não totalmente errada. De hábito, há duas versões, a seca e a úmida, certo? A seca, como o linguine, é chamada de *pastasciutta* e a úmida, como os tortellini de Miriam, é chamada de *pasta fresca*. Mas agora creio que elas são muito mais diferentes do que a maioria das pessoas se dá conta e que é apenas um acidente de linguagem que as faz parecer as mesmas. Elas são feitas com diferentes tipos de farinha (trigo duro, carregado de proteína, é usado na pasta seca; na úmida, vai o tipo comum de trigo, com um grão com mais amido), em diferentes preparações (uma é feita com azeite de oliva, de uma árvore; a outra é feita com manteiga, do leite de uma vaca) e são de culturas totalmente diversas: a massa seca apareceu na Sicília no começo do século XII (quase duzentos anos antes de Marco Polo retornar da visita aos chineses, trazendo, ao que tudo indica, a versão *deles*) e foi introduzida pelos mercadores árabes, que não conheciam o tipo fresco, embora ele existisse havia mil anos numa forma conhecida por nós como lasanha, pelos romanos como *laganum* e pelos gregos como *laganon*.

A confusão vem do fato de que, até a segunda metade do século XX, "*pasta*" não era uma palavra da culinária (quase não é encontrada nos livros de cozinha antigos), mas uma palavra listada entre outras para indicar qualquer alimento, salgado ou doce, feito com massa. (Ela aparece como um item de contabilidade em Cagliari, em 1351, sendo usada por agentes marítimos sardenhos para distinguir caixas de macarrão seco de outras cargas em suas docas: peixe salgado, formas de queijo, vinhos, ovelhas, latas de açafrão e aquela coisa encostada na parede — isso mesmo, aquela coisa de massa, a *pasta*.)

Em vez de massa seca, dizia-se *macaroni*. Macarrão é a palavra genérica que as pessoas usaram durante uns cinco séculos para designar não apenas o tipo cilíndrico mas todos os tipos de massa; ela se originou na Sicília, espalhou-se pela Sardenha e Nápoles e foi enviada de navio, através de Gênova, para os principais portos da Europa. Thomas Jefferson comeu-a na França e ficou tão entusiasmado que despachou baús cheios para casa, tornando-se o primeiro a introduzir a massa seca nos Estados Unidos. (Vinte e seis anos depois, sua encomenda anual era de cinqüenta libras — cerca de 22 quilos —, suficientes para 250 refeições. Ele dobrou a quantidade em 1817, mais outras cinqüenta libras para seu neto, e a dobrou de novo no ano seguinte: depois de pegar gosto pela coisa, Jefferson, tal como tantos de nós, nunca mais parou.)

O macarrão sempre foi um grande negócio: a massa fresca jamais poderia ser. Ela era feita no norte da Itália, geralmente pelas mulheres em seus lares ou cozinhas pequenas, não em fábricas, e por sua natureza perecível era impossível exportá-la. Portanto, era vendida por pessoas que haviam acabado de prepará-la — desde o século xiv, por *lasagnari*, fazedores de lasanha, porque *"lasagna"* era o termo genérico para o que hoje consideramos uma massa fresca: uma massa esticada numa folha (*una sfoglia*), que depois você corta, enrola, recheia e com a qual faz todos os brinquedinhos que os italianos chamam de jantar. Desde os tempos gregos e romanos, a lasanha era feita com farinha e água, amassada para que as proteínas peculiares do trigo se espalhassem e depois fossem unidas com moléculas de água para produzir a combinação elasticamente acomodadora conhecida como glúten — um dos grandes mistérios da refeição européia. E desde os tempos gregos e romanos a massa não levava ovos — até quando?

Não há ovos na receita do *Liber de coquina*, escrito por autor anônimo no final do século xiii, que pede uma folha de massa fermentada (uma massa quase fermentada misturada com um pedaço cru da última refeição). A folha é esticada para ficar o mais fina possível, *più sottile che puoi*, e cortada em quadrados não maiores que o comprimento de um dedo, que são fervidos e servidos com queijo e especiarias, provavelmente noz-moscada e canela — uma massa simples, que me lembra a viagem que Joe Bastianich e eu fizemos a Porretta Terme, onde Betta preparou algo semelhante chamado *quadrini*, "quadradinhos", com manteiga e parmesão.

Não há ovos na versão toscana do *Liber de coquina*, escrita no final do século xiv. O autor anônimo (*anonimo Toscano*) pede uma farinha branca boa (*farina bona, bianca*) — do tipo amidoado, fofo — e recomenda servir com queijo ou toucinho. Não há ovos na versão veneziana posterior (escrita por outro autor suspeitamente anônimo, *anonimo Veneziano*).

No século xv, ainda não se mencionam ovos: parece que não estão presentes na massa feita pelo Maestro Martino, embora ele peça claras de ovo, numa espécie de inovação. Utiliza-as em seu macarrão siciliano, para tornar a massa mais rija, mas não diz nada sobre o que fazer com as gemas. A falta de instrução causa perplexidade, porque o Maestro adorava ovos (escaldados em vinho doce, grelhados, cozidos em fogo brando, assados, cozidos no leite, no óleo ou sobre brasas vivas) e recomenda usar um deles como liga para unir o recheio do ravióli. O que ele não diz é para pôr outro ovo na massa com que se faz o ravióli.

A questão era premente porque, no último minuto, num impulso, eu havia entrado num avião e ido para a Itália. O motivo, está claro, era a massa, *uma vez mais*. Não quero diminuir a importância de meu período na praça das massas do Babbo — lembrarei pelo resto da minha vida, quanto mais não seja pelo que sei hoje sobre linguine e mariscos —, mas, na essência, eu estava muito longe da coisa de verdade. Afinal, aprendi a fazer uma preparação rústica, antiqüíssima e marcadamente italiana em uma cozinha apressada movimentada da cidade de Nova York. Não aprendi nem mesmo com um italiano, mas com cozinheiros que haviam aprendido com outros cozinheiros que haviam aprendido com Mario, que (finalmente!) havia aprendido com um italiano. E a própria massa era produzida numa máquina, enquanto eu ouvia falar sempre que o melhor tipo é o aberto à mão sobre uma tábua com um *matterello*, o longo rolo italiano de madeira, redondo em uma das pontas para transformar a folha de massa em um quadrado — e supunha-se que o resultado, feito *com* madeira *sobre* madeira, tinha aquela textura de língua de gato de que Mario sempre falava, como a do ravióli de sua avó ou o tortelli de Miriam. Era isso que eu ainda ansiava por fazer e, depois de todo aquele tempo, não sabia como. Então, por que não perguntar à própria Miriam?
Telefonei para ela e disse: quero trabalhar com você.

"*Certo*", respondeu ela. "Me telefone quando estiver por perto na Itália e venha uma tarde."

Isso era difícil. Eu não estava pensando em uma tarde quando estivesse na *zona*, mas, sabe, umas duas semanas. Um mês. Ou mais: uma coisa planejada, com alojamento e toda a parafernália da aprendizagem.

Ela entrou em pânico. "O que você está dizendo? Um mês? Eu nunca deixo ninguém entrar na minha cozinha — *nunca*." (Ela emitiu um som engraçado. Estaria tendo dificuldade para respirar?) "Não sei o que dizer. Você está louco?" Ela estava muito zangada.

Esse plano não funcionou, mas tive outra chance na semana seguinte. A ocasião foi uma visita a Nova York de Valeria Piccini, a chef do Da Caino, considerado por muitos o melhor restaurante da Itália, localizado em Montemerano, uma cidade no alto de um morro da Maremma, a região meridional da Toscana, junto ao mar. Alain Ducasse, o mais famoso chef francês da época, havia chamado Valeria para ser a chef-convidada em seu restaurante de Nova York. Eu queria conhecê-la e consegui comparecer ao evento.

Para Valeria, a noite foi um completo desastre. A cozinha estava errada. Havia gente em excesso — eles eram insensíveis e eficientes *demais* — e ela foi obrigada a fazer uma comida na qual não havia tocado ("Preciso tocar em cada prato") e pratos tão impessoais que não suportava olhar para eles ("Tive de fechar os olhos"). A massa estava uma catástrofe, declarou, ao aparecer no final do jantar, à beira das lágrimas. Pediu desculpa aos italianos (que assentiram com a cabeça, com ar de entendidos; sem ter a menor idéia de que alguma coisa estava errada, eu havia devorado meu prato num estado de contentamento desmiolado) e desabou numa cadeira a meu lado. Ela não compreendia como a coisa saíra tão ruim. Havia feito a massa do jeito normal, explicou (para mim, para o teto, para ninguém); um tanto de ovos, um tanto de farinha, mas o resultado tinha dado errado. Ela jogou fora. Talvez tivesse se esquecido de alguma coisa. Fez a massa de novo — um tanto de ovos, um tanto de farinha —, mas ainda não estava certa. "Fiquei confusa. Como isso pode acontecer?" Os pedidos já estavam chegando. "Eu quero ir para a cama. Quero voltar para o meu hotel e me esconder. Estou tão constrangida." Fez uma pausa, aflita. Fisicamente, ela se parecia com Miriam — o nariz adunco, masculino, o rosto redondo, o gorro branco de chef; porém mais jovem (45 anos; Miriam tinha 62). Tal como Miriam, havia trabalhado somente em uma cozinha (a sua), no mesmo restaurante (o seu), em sua própria cidade. Lembro de ter pensado: não se encontra gente assim em Nova York.

"Será que foi a farinha?", perguntou delicadamente. "As pessoas me disseram para trazer minha farinha. Eu disse: 'Do que vocês estão falando? Esse é o melhor restaurante de Nova York'. Os ovos? Disseram-me para trazer os ovos. 'Confiem em mim', eu disse. 'Eles têm galinhas na América.'"

Ouvi esse triste monólogo, totalmente cativado. (Na verdade, isso não é bem verdade: com um ouvido, eu a escutava, sem compreender; com o outro, escutava minha mulher, Jessica, que fala italiano fluentemente e traduzia para mim.) O monólogo confirmava tudo o que eu havia pensado sobre massa. Era tão simples e, no entanto, tão difícil. Ingredientes simples (farinha, ovo) e processo simples (fazer uma massa), e contudo, mesmo nas mãos de uma grande chef, não havia funcionado e ela não tinha idéia do porquê.

"Deixe-me trabalhar para você!", deixei escapar em inglês.

Ela olhou para mim com expressão confusa.

"Deixe-me trabalhar para você!", repeti. Eu estava muito excitado. "Posso ir amanhã!"

Ela estava intrigada e percebi que minha mensagem demorava um longo tempo para ser entendida. Minha impulsividade americana talvez não fosse a melhor estratégia. Com efeito, assim que a mensagem foi finalmente compreendida, percebi que meu entusiasmo não era, de forma alguma, recíproco. Ela se empertigou, pareceu lembrar de onde estava (quando me vi como ela deve ter-me visto — um estranho com uma inexplicável capacidade de se entusiasmar com pratos fracassados). "Ah, você quer ser um estagiário?", perguntou em inglês, de modo cauteloso.

"Quero! Sim! Sim!"

"Infelizmente isso seria muito difícil de arranjar."

Assim, aquele plano também não funcionou. Por quê? Não sei. Porque ela não gostava de americanos? Porque não gostou de mim? Porque era uma italiana xenofóbica e rabugenta das montanhas que desconfiava de estrangeiros? Ou seria porque não queria compartilhar seus segredos sobre massa? *Este* obviamente era o motivo, embora agora, passado o evento, eu reconheça que pode ter havido outro elemento.

A chave é a palavra "estagiário". A Itália vive uma crise nessa área e chefs de qualquer estatura têm listas de pessoas que querem ser suas escravas. Seria possível pensar que esse estado de coisas é um fenômeno feliz — por que gastar dinheiro com mão-de-obra quando se pode consegui-la de graça? —, mas é um problema. A maioria dos escravos é japonesa, mas há praticamente de todas as nacionalidades, exceto franceses. A escravidão está tão na moda que você precisa de permissão para ser escravo: há regulamentos, vistos, um protocolo e um selo no passaporte que só se obtém solicitando-o às autoridades italianas da imigração, com o endosso de um "contrato" por escrito com um restaurante que inclua o compromisso de ele não pagar pelo trabalho que já concordou em obrigá-lo a fazer. (É um momento curioso da história das relações de trabalho na cozinha.) Eu desconhecia que Mark Barrett — em muitos sentidos, meu modelo intrépido nessa questão — havia estado fora da lei. Como não existia um visto do tipo "Sou seu escravo, não me pague", o restaurante que o recebera não poderia explorá-lo. Mark conseguira trabalhar sem pagamento por cerca de um mês, antes de ser mandado embora. Seus amigos de Nova York não estavam prontos para recebê-lo de volta. Nas palavras de um deles, "ainda estavam se recuperando de todas as festividades" de sua partida. ("Puxa", disse Mario, "acho que as coisas mudaram desde a época em que trabalhei lá.")

Um dia, vi-me sentado com Mario e Mark, o qual estava desconsolado, tentando descobrir como driblar uma lei que ele não entendia e voltar à Itália para trabalhar de graça, quando Mario teve uma idéia óbvia.

"Por que não trabalhar para Gianni e Betta? Gianni conhece todo mundo, ele vai descobrir o que fazer com o visto. Você só precisa trabalhar para ele por alguns meses e, em troca, ele resolve a sua situação e você pode ficar durante anos."

Mark matutou sobre o assunto. Talvez Gianni pudesse conseguir o visto. Mas quando Mario havia trabalhado para Gianni e Betta, eles tinham o La Volta, um restaurante sério com ambições sérias. Agora, tinham uma pizzaria. Por que Mark deveria ir para a Itália trabalhar numa pizzaria?

"Por quê?", retrucou Mario, com um espanto exagerado. "Porque é uma pizzaria que serve pizza *e* massa, e porque é Betta que faz a massa."

Motivo pelo qual eu estava em Porretta. E motivo pelo qual eu também ficara tão interessado no ovo, porque, na minha primeira manhã, observando Betta preparar a massa, vi que ele era o ingrediente mais importante da massa moderna, desde que fosse um ovo *muito* bom, o que ficava evidente (ou não) no momento em que ele era quebrado. Se a clara estivesse muito líquida, dava para perceber que o ovo vinha de um animal criado de forma industrial, dentro de uma gaiola minúscula, e a massa feita com ele ficaria grudenta e difícil de trabalhar, exatamente como aconteceu num dia infeliz em que Gianni bebeu vinho demais no almoço, dormiu e deixou de comprar os ovos no lugar certo, que fechava cedo, e teve de ir ao vilarejo seguinte, ao *cattivo alimentarii*, o mercado ruim, e comprar uma dúzia do produto feito em grande escala. A gema também era esclarecedora. A dos ovos da venda ruim era amarelo-pálida, como a gema da maioria dos ovos que encontramos em nossa vida urbana. Mas a gema adequada tem uma cor diferente, e em italiano ela ainda é chamada de *il rosso*, o vermelho, nome que vem de uma época em que se comiam ovos na primavera e no verão, a estação dos ovos, e eles vinham de galinhas alimentadas com grãos, criadas soltas, semi-selvagens, que produziam uma gema mais vermelha do que amarela, uma intensidade de cor primária que hoje só se consegue comprar em um *mercato* local ou em uma granja, não no supermercado.

A receita de massa de Betta levava um ovo para cada *etto* de farinha de trigo. Um *etto* corresponde a cem gramas, uma daquelas medidas universais italianas que poderia ser traduzida por "de médio para grande". Não se acrescenta água porque deve haver líquido suficiente no ovo (*se* o ovo for bom). Não é preciso um intensificador de sabor, como sal ou azeite de oliva, porque todo o sabor necessário está no ovo (*se* o ovo for bom). No Babbo, Mario compensava a dificuldade de achar um fornecedor confiável de ovos caipiras triplicando o número de gemas: para cada quatrocentos gramas de farinha (quatro *etti*), ele usava três ovos, mais *oito* gemas, para não mencionar o sal, uma gota de azeite e um pouquinho de água. (Essa receita não é a que se encontra no livro de receitas do Babbo, e até este momento era um segredo de cozinha.) A massa reforçada de gemas de Mario era melhor que a de Betta? Não, era diferente, e ambas são boas. Mas a de Betta é aquela de que me lembro: um ovo, um *etto*. Gosto também da simplicidade de uma receita que depende totalmente da excelência de um ingrediente: um ovo *bom*, um *etto*.

Eu estava com pressa de chegar a Porretta porque queria estar lá antes que a sala de aula ficasse cheia demais. Não sei por que eu eu estava com tanta pressa: Betta não tinha a menor pressa. Quando Mark chegou, cerca de dez dias depois de mim, Betta havia finalmente consentido que eu tocasse na massa. Tive permissão para amassá-la. Até então, eu apenas observara.

"Observar é bom", disse ela. "Foi assim que aprendi quando era criança: horas e horas observando minhas tias." Aquilo era uma aula em família, mas quanto tempo eu precisaria observar? "Quando Mario esteve aqui, ele não estava interessado em observar. Queria fazer massa imediatamente. Todas as manhãs, ele perguntava: 'Posso fazer a massa agora? Posso? Posso? Posso?'" Ela bufou de indignação, como se perguntasse como ele poderia fazer massa sem memorizar as mãos das mulheres que faziam aquilo havia décadas.

Eu bufei também, só para ser agradável, até lembrar o motivo de minha presença ali. (A conversa confirmou minha suspeita de uma conspiração: elas realmente não querem que a gente aprenda.)

Ainda assim, amassar a massa com a mão tinha seu interesse. Não se fazia isso no Babbo, onde a massa era batida por uma máquina "durante quarenta e cinco minutos", Mario jactou-se para mim um dia, muito mais tempo do que em qualquer outro lugar, "a fim de extrair mais os glútens" (metáfora que parecia ver as proteínas do glúten como lesmas de jardim que surgem quando você não está olhando). Na verdade, Mario não sabia que a massa era batida por apenas dez minutos, e estou certo de que isso era perfeitamente suficiente; Alejandro me olhou como se eu fosse louco quando perguntei se não seria melhor deixar mais meia hora.

Para mim, só o amassar manual já pode ter justificado a jornada à Itália: esmagar a massa sob meu peso, dobrá-la pela metade, esmagá-la de novo, aquecê-la levemente com o calor da minha pele, esticá-la a cada repetição. Os padeiros conhecem esses momentos e sentem todo o lirismo da sensualidade tátil. Aos poucos, a massa fica brilhante e mais flexível, elástica, quando as próprias proteínas do trigo também são esticadas, e após alguns minutos, é possível sentir o cheiro do glúten se aglutinando, um perfume evocativamente fragrante. Em um espasmo poético, pensei nela como um forno no fundo da minha memória. Por um tempo longuíssimo, o pão e a massa foram feitos ambos com água. Agora, em vez de água, os fazedores de macarrão usam ovo. E para mim, a pergunta que me importunava era: quando o ovo entrou em cena?

Eu estava convencido de que descobriria a primeira receita em Bartolomeo Scappi. Eu havia consultado sua *Opera* pela primeira vez para saber como era preparada a polenta quando ainda não se usava milho e, tendo então adquirido uma edição fac-similar em dois volumes do texto de 1570, não conseguia parar de espiar o livro, uma página aqui, outra ali, batalhando com a escrita ornamentada do século XVI, até acabar por me deliciar com o que parecia ser uma visão de relance de uma disciplinada cozinha renascentista. Scappi, orgulhoso e um pouco vaidoso — em seu retrato na capa parece um Platão com apetite —, inclui relatos meticulosos de suas refeições mais grandiosas, e perdi horas nos cardápios, como o de um almoço de 28 de outubro: nenhuma indicação do ano ou da ocasião, e minha conclusão irônica foi que era igual a qualquer *pranzo* outonal, deste ano, do ano passado, o tipo de coisa preparada às pressas em qualquer 28 de outubro. De acordo com Scappi, a refeição compunha-se de um pouco de tudo, *di grasso e di magro*, gordo e magro, não abstinente e abstinente, e consistia de uma seqüência de oito serviços, 1347 pratos no total. Alguns eram bem rústicos — presunto cozido no vinho, por exemplo, ou mariscos feitos na grelha. A maioria era bastante elaborada, como almôndegas de peito de capão servidas numa geléia de pata de vitela, ou pombos desossados e recheados com cristas de galo e bochecha de porco; ou ainda uma coisa chamada *sommata dissalata*, uma iguaria agridoce feita com bucho recheado com uma mistura de pedacinhos de carne conservados em salmoura, cozido num espeto e servido com limão e açúcar. Havia 160 passarinhos grelhados (*ortolani* em italiano; *ortolans* em francês — o prato preparado por Marco Pierre White em seus primeiros dias de pub), duzentas rãs fritas, oito pavões, mais um número não especificado de perus, galinhas-d'angola, patos selvagens, faisões, gansos, tordos, galinholas, cotovias e praticamente tudo o que voa. Depois disso, admite o cara-de-pau Scappi, apenas algumas pessoas se preocupavam com o jantar.

Em breve, passei a ler Scappi em busca de instruções, em especial de lições sobre o que combina com o quê: temas familiares como aves silvestres com frutas (faisão recheado com ameixas secas, maçãs ácidas, tutano e nozes), ou o cru com o cozido, ou o cru com o curado, como na terrina de porco que Scappi envolve com fatias de prosciutto. Seus tortellini eram feitos com recheio de vitela e capão — carne bovina e de ave, uma mistura não moderna que associo com as carnes encontradas num ragu bolonhês. Um recheio de ravióli combinava beterraba e espinafre, outro misturava ervilhas com três queijos, e *esse* era o tipo de coisa que eu gostava de aprender, que era possível acrescentar ricota, parmesão e pecorino às ervilhas e rechear a massa com essa mistura. Mas quando achei as instruções de Scappi para a massa que envolvia esses recheios, fiquei desapontado. Afora um borrifo de água-de-rosas, manteiga e um pouco de açúcar, era a receita familiar de 2 mil anos, sem ovos.

O ovo aparece em outros lugares do livro. Uma gema destaca-se no nhoque de Scappi. Ele reaparece em seu macarrão romano (uma massa grossa aplainada à mão que leva meia hora para cozinhar). Mas o momento importante está no brodo de tagliatelle. A receita é simples: duas libras de farinha, a ubíqua água quente (*acqua tepida*) e — atenção! — três ovos. A quantidade de água não está especificada, mas é possível deduzir. Scappi usa medidas medievais, e duas libras *francesas* de farinha equivaliam a setecentos gramas. Scappi acrescenta então três ovos: três ovos para setecentos gramas de farinha? Tentei a mistura em casa. Para obter a umidade necessária, é preciso água equivalente ao volume dos ovos e, talvez, um pouco mais. O líquido usado para fazer a massa, portanto, não era totalmente água nem totalmente ovo, mas uma mistura de mais ou menos porções iguais de cada um. Os ovos não haviam substituído a água, porém, pela primeira vez na história da massa, tinham presença igual. Fechei meu livro. Não havia descoberto o momento da entrada em cena do ovo, mas devia estar perto. Como se diz na brincadeira de criança, eu estava ficando quente.

Então tive uma idéia: escrever para a secretária do museu do macarrão de Roma, Amelia Giarmoleo. Ela saberia a resposta. Estivéramos em contato antes e me amaldiçoei por não ter tido a idéia antes.

"*Gentile Signora Amelia Giarmoleo*", comecei o e-mail intitulado "*Domanda urgente*" — pergunta urgente. Quando o ovo substituiu a água na massa do macarrão? Resumi minhas descobertas: nada no século xiv, um pouco de clara de ovo no xv e depois, perto do final do século xvi, aquele momento de mistura com água em Scappi. Quando a massa passou a usar somente ovo? Quem foi o primeiro?

A resposta chegou três dias depois. A signora Giarmoleo não sabia. Repassara a pergunta para seus colegas. Eles não sabiam. Ela não sabia quem fora o primeiro a usar ovos.

Ela não sabia? Ela dirige o museu do macarrão. Como não sabia? E por que não disse: "Não sei, mas vou procurar?". Ela era capaz de receber uma pergunta dessa magnitude e abandoná-la porque não tinha a resposta à mão? Não compreendi. Como se pode dirigir um museu do macarrão e não se interessar pela primeira massa feita só com ovos?

Quando finalmente tive permissão para espalhar a massa com o rolo, rasguei-a.

"Rá!", cacarejou Betta. "Você fez um Mario!" (*Hai fatto un Mario!*) Fazer um Mario era romper a *sfoglia*, a folha retangular de massa. Betta explicou: "Quando Mario esteve aqui, tinha tanta pressa em aprender que sempre rompia a massa". Betta assumiu meu lugar, juntou a massa de novo com o polegar e o indicador e rolou rapidamente a massa danificada com seu *matterello*. Com orgulho indisfarçado, acrescentou: "Mario não era muito bom na massa".

"Mario quase com certeza discordaria", Mark sussurrou para mim. Ele estava agora comigo na cozinha, depois de obter seu visto de escravo. Como Mario havia previsto, Gianni conhecia alguém que conhecia alguém que devia um favor a alguém. Como ficaria na Itália por muito tempo, Mark deixou que eu tivesse minhas primeiras lições de macarrão sozinho. Eu me havia dado três semanas. Duas já se haviam passado.

Na segunda vez que obtive permissão para me aproximar da massa, fui deixado a sós com ela por vários minutos, enrolando-a com o rolo e desenrolando-a, para a frente e para trás, muitas vezes, algo que sempre considerei um truque tão exclusivo dos chefs, que não pensei que fosse viver o suficiente para realizá-lo. Em minha limitada experiência com massa, eu não havia conseguido fazer nenhum truque. A massa costumava grudar nas minhas mãos, na tábua, no rolo, nela mesma. Mas ali estava eu, abrindo a massa com um *matterello*. Acho que nunca me senti tão por cima. Estava tão envolvido no meu devaneio — já fazendo um vídeo imaginário de mim mesmo, rolando e desenrolando, decidido a não romper a *sfoglia*, não querendo fazer um Mario — que não notei que Betta havia cruzado os braços no peito, num gesto de desaprovação.

"Você está parecendo uma velha", disse. Deu um tapa em meu ombro. "Por que você está se comportando como uma velha? Você não tem braços de velha. Nunca vai aprender a fazer massa se a abrir como uma velha." Ela suspirou, pegou o rolo e atacou a massa com vigor, até ficar tão fina que era possível ver a tábua embaixo. Recuou e apontou para a folha de massa.

"Está vendo?"

"Estou", eu disse, e fiz uma promessa: não serei uma velha.

Agora eu já sabia o que fazer — havia observado Betta o suficiente para entender o princípio —, mas continuava com dificuldades na implementação. O princípio era que a massa precisava ser esticada até ficar o mais fina possível e, uma vez atingido esse estado de finura, era preciso afiná-la ainda mais. Na verdade, o princípio era que você *jamais* seria capaz de fazê-la suficientemente fina, uma perspectiva desanimadora, como um problema matemático que envolvesse o infinito, e parava de esticá-la apenas quando não conseguia fazer mais. Depois que deixei de ser uma velha, a empreitada toda revelou-se surpreendentemente física, e no fim eu acabava banhado em suor. Havia ansiedades adicionais, como fazer um Mario no último segundo e arruinar tudo. Depois de tantos ofegos e arquejos, a massa, até mesmo a minha, ficou bem fina (o que é desejável), mas sujeita a se partir (o que é indesejável), e se ela se rompe quando está muito fina é impossível consertar e é preciso jogar fora o pedaço partido, a não ser que seja um rasgo grande, quando então é preciso jogar fora tudo.

"Jamais vou conseguir fazer fino o suficiente", confessei a Betta. Tentei ser espirituoso. "Ar!", reclamei. "Por que todo esse trabalho para fazer ar?" A brincadeira era dizer que Betta queria uma massa tão fina que consistia apenas de ar, porém a frase que eu pretendia dizer não foi a que falei. Não sei o que eu disse. Já havia completado todos os cursos oferecidos pela Scuola Italiana do Greenwich Village, mas meu italiano era muito primário, e essa conversa foi uma das primeiras que tive sem minha mulher por perto para me salvar. Por que pensei que meu italiano era tão bom que eu poderia fazer piadas?

Betta olhou para mim sem entender. Depois soltou uma gargalhada e falou para Mark: "*Che dialogo pazzo!*". Que conversa maluca! "Quem pode saber o que vai sair da boca dele?"

Mas Mark não fazia idéia do que ela estava dizendo, que era, naturalmente, que ela não fazia idéia do que *eu* estava dizendo. "*Che?*", ele perguntou. "*Cosa?*" "Às vezes, não faço idéia do que Betta está dizendo", ele sussurrou para mim.

Formávamos um trio curioso. Passávamos todos os dias ao redor da tábua de fazer massa de Betta, que era quadrada, de um metro e vinte, uma obra artesanal de marchetaria, feita de pedaços de madeira embutidos, projetada, supus, para produzir aquela sensação granulosa na boca. Sob a tábua havia uma faixa de madeira que funcionava como uma âncora: ela encaixava na beira de uma mesa e impedia a tábua de escorregar. Este o segredo e a lição mais importante que aprendi com Betta. O truque estava no uso estratégico da barriga: ao posicionar a borda da massa sobre a beira da tábua — uns poucos centímetros —, acabava-se pressionando a massa ao abri-la, esmagando-a e mantendo-a no lugar. Isso tornava mais fácil esticar a massa. Na teoria, pelo menos. Na prática, era uma dessas manobras delicadas que eu tinha dificuldades de dominar. O problema era minha barriga, que estava sendo submetida a uma ambiciosa educação culinária — muitos pratos pedagógicos de macarrão haviam sido depositados dentro dela, o que eu considerava um programa de treinamento intensivo de pança — e se tornara um pouco difícil de manejar. Ou então eu simplesmente não estava acostumado a usá-la para cozinhar. De início, muita massa ficou estropiada. Na verdade, a maior parte caía no chão depois de ser rachada pela borda da tábua com a força de meu corpo, à medida que eu tentava desenrolar a coisa até a finura impossível.

Não é preciso ter uma tábua com um dispositivo para detê-la. Scappi não usava isso. Ele fazia sua massa numa mesa longa, mas a operação envolvia duas pessoas. Uma abria a massa, deixando um pouco dela sobre a beira da mesa, o truque de Betta, e a outra segurava-a do outro lado, esticando-a ainda mais. Também não é preciso um *matterello*, embora eu goste de ter um, grande o suficiente para ser usado por duas pessoas ao mesmo tempo, como tocar piano a quatro mãos. Comprei-o numa feira de sábado em Porretta, quando retornei no final do verão (segundo Betta, só se aprendia a fazer massa a prestação), numa memorável manhã de uma umidade opressiva. À noite, essa umidade se transformou numa tempestade feroz de cinco horas e Gianni teve de cancelar a festa que havia planejado para inaugurar a temporada de verão da pizzaria, com música ao vivo, grelhados ao ar livre e centenas de jantares pagos. Os dias de preparação foram para o vinagre, o que confirmava para Betta a inconstância da vida naquele lugar e sua crença de que, naquela parte da Itália, nada está sob seu controle. (A história da região, eu saberia depois, era uma montanha-russa de boas e más fortunas. Até mesmo a prosperidade moderna de Porretta — graças à fabricação de peças de avião num terreno inóspito, uma dádiva inesperada — se devia a um capricho de ditador e havia chegado tão fortuitamente quanto inesperadamente desaparecera, como se fosse uma dívida cobrada pelo diabo.) Os Apeninos, disse Betta, ensinam um "fatalismo da montanha".

Às vezes, eu era tomado pelo sentimento de que muitas pessoas haviam aprendido tudo aquilo antes de mim — um sentimento não desagradável, parecido com fazer uma curva num lugar desconhecido e descobrir uma paisagem de beleza natural a perder de vista. A sensação era a de se tornar maravilhosamente pequeno.

Quando Betta me ensinou a fazer tagliatelle, a mais fácil das massas frescas — você deixa a folha de massa secar por alguns minutos, depois a enrola como uma toalha de papel e corta com uma faca (*tagliatelle* significa "pequenas coisas cortadas"), separando os pedaços depois com uma sacudida, como fios de cabelos dourados num truque de mágica —, notei que suas palavras eram quase idênticas às de Scappi. "Você deixa a folha secar, mas não demais", ela disse — *si asciuga ma non troppo*. ("A folha estará seca, mas não demais", escreve Scappi — *sarà asciutto, però non troppo*.) Será que as pessoas vinham passando as instruções, palavra por palavra, havia cinco séculos? Às vezes, eu tinha a sensação de que muitos fantasmas espreitavam por sobre os ombros de Betta. Um dia, ela disse que gostaria de me mostrar como se faz tortellini — a massa mais famosa da região —, mas aí se deteve. "Você vai contar ao Mario. Mario não aprendeu a fazer tortellini quando esteve aqui."

"Não, não, não", enfatizei, com a cara mais deslavada do mundo. "Claro que não vou contar ao Mario. Por que faria isso?"

"Você vai contar. Eu sei que vai."

Eu não sabia o que dizer. Olhei firme para Betta. Ela não estava brincando.

No dia seguinte, ela ainda estava com os tortellini na cabeça. Lembravam-lhe o Natal, disse. É quando são feitos e depois cozidos em caldo de galinha, mas não em água fervente, como o macarrão normal. Ela sempre associará tortellini com infância. É a primeira massa que ela lembra de ter visto a preparação.

Betta é de Vergato, uma vila montanhosa a uns trinta quilômetros de distância, a meio caminho de Bolonha, e cresceu numa família extensa de cinco mulheres: sua mãe e quatro tias. Em dezembro, elas se reuniam em torno da mesa da cozinha para fazer a massa; era uma ocasião calorosa e animada, com caçoadas, fofocas, hilaridade, histórias contadas, cheiro de comida, fogo aceso, todas com as mãos ocupadas. Fazer tortellini, disse Betta, era sempre uma atividade social (ela não estava preparada para a solidão da cozinha de um restaurante) e, quando criança, sentia-se privilegiada quando essas mulheres mais velhas e cultas lhe pediam para participar do círculo. Ela tinha doze anos e os tortellini foram sua primeira massa feita à mão — uma façanha nada desprezível. Eles são peças de escultura complexas, dispostas em camadas, uma proeza associada, na cabeça de Betta, a coisas maiores: à cidade (Bolonha), à região (sua *zona*, a comida como uma bandeira nacional) e a se tornar adulta. "Aprender a fazer massa foi aprender a ser uma mulher adulta." Agora, quando ela faz tortellini, lembra de suas tias: às vezes, das aulas de macarrão que recebeu (uma das tias se orgulhava de fazer uma massa tão fina que não dava para comer com garfo porque escorregava entre os dentes do talher), ou de suas preparações (outra tia fazia um tagliatelle tão delicado que cozinhava no mesmo instante em que caía na água quente — "é só largar e tirar em seguida, eles estão prontos"), mas em geral lembra de imagens fugidias. A mesa de Natal, o som das risadas, seus rostos. Tudo isso já se foi.

"Não creio que Mario compreenda o quanto lhe dei. Só se podem aprender essas coisas aqui — de gente que tem feito essas comidas a vida inteira. Compreende? Foi isso que demos a Mario. Uma coisa que não se consegue em nenhum outro lugar."

Betta estava contemplativa. "Quem sabe amanhã eu ensino você a fazer tortellini."

Porretta não era o lugar óbvio para se ter aulas sobre a massa mais complicada da região. A cidade nunca foi famosa por sua comida e há poucas referências históricas a ela. Há uma menção obscura na autobiografia de Casanova, datada da década de 1790, quando, acompanhado por uma beldade florentina e em fuga da mãe dela, ele parou nas proximidades e acordou um estalajadeiro passada a meia-noite com pedidos de comida e bebida, e depois ficou tão saciado com o macarrão que foi incapaz de desempenhar o ato do amor. Esse efeito colateral não foi tratado numa coleção de narrativas em torno da comida publicada em 1771 pelo dr. Luca Zeneroli. Sua *Antologia de histórias médicas pertinentes aos banhos de Porretta* — as histórias gastronômicas estão no apêndice — parece ser o único texto sobrevivente sobre culinária na milenar história da cidade. Goethe talvez tenha estado por lá ao cruzar os Apeninos via Porrettana, mas parece ter feito a jornada de estômago vazio. George Eliot, viajando na direção oposta, para Bolonha (Porretta sempre foi caminho para um outro lugar), também não parou para comer.

A dificuldade é o inverno rigoroso. Alguns animais de criação sobrevivem a ele, se houver abrigo adequado. Fui levado a um exemplo de abrigo, uma cabana de pedras talhadas à mão, com teto de sapé e uma porta de madeira sólida, onde fui apresentado a um porco notavelmente feio, de proporções gigantescas. (As pessoas não tinham mais do que palpites sobre seu peso: novecentos quilos? Uma tonelada e duzentos quilos?) O porco era um varrão — embora não parecesse um, e sim vários varrões unidos como vagões de um trem de carga — que durante anos havia sido pessoalmente, mesmo que de forma indireta, responsável pela maior parte do prosciutto da região. Ainda assim, eu não tinha idéia que pudesse ser tão feio e tão grande. Afora os porcos, não havia muita coisa. A terra era coberta por uma densa floresta, fria demais para uvas ou azeitonas, e nas poucas áreas limpas havia apenas plantações de feno.

Mas havia açougueiros, um clã orgulhoso. Uma noite, me vi à mesa, sob um céu estrelado refrescante, ao lado de seis deles. A ocasião era a festa adiada de Gianni. O tempo bom chegara afinal e quinhentas pessoas haviam comparecido, na primeira noite quente do que viria a ser o verão mais quente em cinco séculos.

(Com noites quentes ininterruptas, a pizzaria de Gianni finalmente deu lucro, embora a inesperada riqueza levantasse questões sobre um negócio que dependia tanto do clima instável da montanha.) Os açougueiros grelharam a carne; Gianni e Betta prepararam as pizzas; Mark e eu fizemos o macarrão. À meia-noite, estávamos exaustos — a exaustão feliz de alimentar muita gente — e fizemos uma refeição familiar improvisada com carne e vinho tinto, reunidos em torno de uma mesa próxima ao fogo da grelha ainda aceso.

Eu estava curioso sobre a história culinária invisível da região. Perguntei o que distinguia a comida dali daquela encontrada no resto da Itália, e as pessoas a meu redor concordaram que a diferença estava no fato de que eles tinham de buscar alimento na mata.

As pessoas odeiam comprar hortaliças, confessou um açougueiro, porque são caras e não são daqui.

E era verdade. Parecia mais fácil encontrar uma trufa branca, que em outro lugar custaria centenas de dólares, do que algo fresco e verde. O que se podia tirar da mata era grátis e equivalia a um calendário que todos sabiam de cor. Maio era o mês dos aspargos silvestres, *arugula* e alcachofras. Em junho, era a vez da alface silvestre e da urtiga. Em julho, morangos silvestres e cerejas. Em agosto, bagas silvestres. Em setembro, cogumelos porcini.

"Mas é porcini demais", declarou uma mulher. "Todo dia porcini, porcini, porcini." Em setembro, o filho dela sai à tarde e volta com 25 quilos de porcini. "O que vou fazer com tanto porcini?" Ela os cozinha, seca, congela até que — "*Basta!*" — os joga fora.

Outubro é o mês do javali. "Há milhares deles nesses bosques."

"Milhares?...", protestei.

"Sim", as pessoas confirmaram em uníssono. "Milhares. E pombos, cervos e até lobos." À menção de lobos, olhei para a noite e estudei as cristas em ziguezague das montanhas acima de nós, sem um padrão, como dentes quebrados de um pente velho, e as florestas, negras contra o fundo azul-escuro da noite estrelada de verão, e senti uma admiração primitiva pelo que estava lá, e um conforto igualmente primitivo por estar ali, junto ao fogo, cercado por gente.

Eles continuaram com o calendário, chegando às castanhas (novembro), quando todos suspiraram. As castanhas eram um problema sério. Ninguém conseguia comê-las.

"Esta é uma comunidade pobre", explicou um dos açougueiros, "e nós crescemos comendo muitos pratos com castanhas. Para nós, elas significam pobreza. Agora, não agüentamos mais comer castanhas. Há receitas que vão desaparecer, a não ser que sejam passadas adiante logo, mas por enquanto ninguém consegue tocar nelas."

Ao final do calendário (o mês mais cruel era março, quando não havia nada), compreendi algo novo sobre a massa de Betta — sua importância. Seu valor era diferente do macarrão na vida de Miriam, digamos, ou na de Valeria. Para elas, a massa era uma tradição culinária junto com a qual haviam crescido, uma característica de sua cultura, de sua identidade. Para Betta, era uma tradição à qual ela queria pertencer. Ela vivia nas montanhas, onde as pessoas são sempre lembradas de como podem controlar poucas coisas. Naquele ano, até mesmo os sempre abundantes porcini — que eu havia finalmente concluído que constituíam o sabor de Porretta — não apareceram. O solo estava seco demais. Dadi, o dono de uma mercearia que atendia turistas de um dia que esperavam voltar para casa com sacos de cogumelos, precisou importá-los da Suécia. Para Betta, a massa era fundamental para o modo como ela pensava sobre si mesma. "Mario é agora um grande sucesso, e eu não sou", disse ela. "Mario está rico e eu não. Mas ele nunca foi bom de massa. Nunca foi tão bom quanto eu. Eu sou muito, muito boa."

No dia seguinte, Betta estava na cozinha quando Mark e eu chegamos. Estava decidida: ia nos contar como fazer tortellini, embora, antes de começar, tivesse renovado suas condições.

Eu entendi. Não contarei a Mario.

"Vocês prometem?"

Mark e eu nos entreolhamos. (Não dissemos nada, mas o que transmitimos um ao outro era inconfundível: isto é muito esquisito.)

Eu prometi.

"Certo", disse Betta. Ela estava solene. "Isto é o que vai dentro. São quatro carnes: porco, frango, presunto e mortadela." As medidas eram em *etti*. "Você começa com dois *etti* de porco moído."

"Qualquer parte?", perguntei.

"A paleta ou o traseiro", ela disse, indicando o próprio ombro e o próprio traseiro, aquela coisa de cozinheiro apontar para o corte em questão como se tivesse sido retirado do próprio corpo. "Um pedaço magro."

Repeti a quantidade e anotei numa caderneta. Dois *etti* são cerca de duzentos gramas.

"A metade disso de frango. O peito. Também moído. Cozinham-se as duas carnes juntas numa panela com manteiga."

Escrevi a fórmula: *maiale + pollo = padella con burro*. Porco + frango = panela + manteiga.

"Em seguida, as carnes curadas. Meio *etto*, ou cinqüenta gramas, do presunto e da mortadela. Também moídos." O presunto é encontrado em toda a Itália, mas o mais refinado vem do vale do Pó, no coração da Emilia-Romagna. A mortadela é outra especialidade associada à Bolonha. Esses são os sabores da região; não se encontram numa preparação toscana, ainda que a Toscana estivesse tão perto que eu podia vê-la da janela da cozinha.

"Acrescente o presunto e a mortadela moídos à panela. Cozinhe lentamente, para que os sabores se misturem." No total, havia cerca de quatrocentos gramas de carne. "Deixe esfriar e acrescente dois ovos, um pouco de parmesão..."

"Quanto?"

"O suficiente para engrossar. E um pouco de noz-moscada ralada..."

"Quanto?"

"Um pouco." Ela juntou os dedos. "Misture com as mãos. Esse é o recheio."

O resultado — parecido com areia granulada antes dos ovos, do queijo e da noz-moscada; e com pasta de dente mole e cinzenta depois — não tinha boa aparência, mas como seria enfiado num pedaço de massa, isso não era relevante. O cheiro, porém, era poderoso. O que era aquilo? As carnes bolonhesas? A combinação de cru e curado? Enfiei a cabeça na tigela e meu cérebro disse: coberturas de pizza, *egg-nog* e churrasco no 4 de Julho. Todos os meus feriados em um só. Meu cérebro disse também: não é um cheiro que você conhece. Não é das montanhas, que eu agora sentia como úmido e castanho de cogumelo. Era diferente. Apetitoso, certamente, invernal e, de algum modo, bastante específico. Era o sabor que eu sabia que não encontraria em nenhum outro lugar do mundo. Um perfume urbano medieval, concluí. Queria acreditar que era a fragrância de uma cozinha de Bolonha, aprendida por alguém na família de Betta, preservada e passada adiante até chegar às suas tias em Vergato.

Betta não quis me mostrar o próximo passo — a complexa engenharia de fazer a massa que cobriria o recheio — até que eu cumprisse uma nova condição. Eu teria de retornar no final do verão, minha terceira viagem. Concluí que se tratava de um teste da promessa de que eu não revelaria a receita a Mario: se passasse tempo suficiente sem que ela recebesse notícia de que seus tortellini estavam no menu do Babbo, então poderia deduzir que o caminho estava livre.

* * *

Se você é homem, sua principal dificuldade ao fazer tortellini, descobri (porque, claro, eu retornei), são seus dedos — que, sinto muito, precisam ser de mulher, e não de qualquer mulher, mas de uma menininha. Os dedos precisam ser pequenos porque toda a ação acontece no topo do dedo mínimo — no caso de Betta, no topo minúsculo de seu pequeníssimo dedo mínimo —, onde se coloca o menor quadrado possível de massa. Põe-se então a maior quantidade imaginável de recheio em cima e dobra-se o quadradinho, de canto a canto, para formar uma miniatura rechonchuda de triângulo. Em seguida, dobra-se a parte de cima do triângulo para a frente, como se ele se inclinasse para exprimir gratidão, e então (o passo crucial) puxam-se os outros dois cantos para a frente, como se se segurasse a cabeça que agradece com uma chave de cabeça. Aperta-se então tudo junto para formar um anel. Quando se vira a massa, vem o espanto com o resultado: um umbigo! (Que posso dizer? É tremendamente erótico.)

Cada *tortellino* infinitesimal demora *muito* tempo para ser feito, e durante todo o delicado processo me vi sempre ansioso, esperando não esmagar os desgraçados (esmaguei muitos desgraçados). E tendo em vista o pouquíssimo tempo que se leva para comer os filhos-da-mãe do tamanho de um amendoim, você sai com uma compreensão do que eles são: comida de anão feita por gente com muito tempo em suas mãos *minúsculas*. No entanto, apesar de tudo isso, é uma comida de anão angelicamente apetitosa. Cozinha-se em fogo brando num caldo claro, desliga-se o fogo e deixa-se repousar por um tempo na panela, a massa fazendo aquela coisa para a frente e para trás que toda boa massa faz, captando os sabores do caldo, liberando seu amido, até que fique macia, mole, intumescida de sabor, quando então pode ser servida, com a fragrância do Natal.

A verdade é que Betta tinha razão. Aprende-se a fazer massa ficando ao lado das pessoas que a fizeram a vida inteira, observando-as. Parece simples, e é simples, mas, como toda a culinária italiana, é uma simplicidade que precisa ser aprendida. Meu conselho: vá para lá. Faça de Betta uma estrela. Não está na hora? Você vai ter que agüentar Porretta — muito autêntica porque muito ignorada e caracterizada pela irritabilidade temperamental de um lugar que se sente abandonado (nem pense em conseguir troco para um parquímetro). Fique num hotel caríssimo, sem banheiro, com água ocasional (às vezes quente), paredes de plástico (embora da cor da madeira), sem janelas (você acha que tem uma vista?) e com um telefone temperamental que funciona do meio-dia de domingo até a segunda-feira de manhã bem cedo. E depois que você se instalou (hah!), caminhe até o fundo do vale escutando o rio Reno e, perto do antigo aqueduto (que agora abriga um esgoto — você sentirá o cheiro), fique de olho numa placa, pintada à mão, quase ilegível e provavelmente caída. Ela diz "Capannina". Haverá uma seta. Siga-a e depois de uns oitocentos metros, onde o rio faz uma curva em torno de si mesmo, numa península da Emilia-Romagna cercada pela Toscana, você encontrará a pizzaria. Betta chega por volta das quatro. Boa sorte.

Depois de ir embora de Porretta, tornei-me um estudioso de tortellini. Tive curiosidade de saber se encontraria a receita de Betta em outro lugar. Não encontrei. Mas não posso dizer se há muita diferença entre a dela e, digamos, as 25 outras receitas com que topei. Desde o século XVI, o recheio dessa minúscula massa dobrada quase sempre envolveu uma ave (capão, galinha ou peru), um corte de porco, uma carne curada (ou tutano e carne curada), queijo (quase sempre parmesão) e ocasionalmente ervas. E, desde sempre, foi cozido em caldo ou com creme (*panna*). Mas as quantidades desses ingredientes variam de receita para receita, ainda que minimamente, e essas variações são o que uma geração passa para a seguinte, sempre como segredos guardados, cada família convencida de que sua receita é a definitiva. As discussões sobre o que constitui um genuíno tortellino foram tão apaixonadas que, em 1971, realizou-se uma convenção, La Dotta Confraternita del Tortellino, a Douta Confraria do Tortellino, para determinar de uma vez por todas a receita correta. Com considerável cerimônia, a receita foi publicada três anos depois, no dia 7 de dezembro de 1974, e depois trancada num cofre da Câmara de Comércio de Bolonha. Hoje, pode-se encontrá-la nos sites de várias instituições agrícolas de aparência oficial, introduzidas por injunções apropriadamente solenes sobre os perigos de não seguir as instruções com exatidão. Mas o esforço não faz sentido. A Douta Confraria não pode lhe dizer a receita verdadeira porque ela não existe, e sair atrás dela ou experimentar suas muitas variações até se persuadir que chegou à receita definitiva é não perceber a ideologia íntima do prato. Não há uma única receita: há somente aquela que lhe foi confiada. "Você não deve dar essa receita para Mario", Betta instruiu-me de novo. "Este é meu presente para você."

Eu honrei os termos do presente e não repassei a receita a Mario, ao mesmo tempo que sabia que ele não teria uso para ela e que a proibição o teria desconcertado e entristecido. Ele poderia compreender o ressentimento embutido naquilo? Gianni e Betta estavam acostumados, havia muito tempo, a não receber o que mereciam. Eles são gente da montanha. Trabalha-se duro em sua cozinha. Aos olhos deles, aceitaram um sujeito que eles acreditavam ser incapaz de cozinhar (talvez porque só entendessem uma maneira de cozinhar) e lhe ensinaram o que sabiam. Quando ele voltou para a América, tornou-se rico e famoso, contando a história de que havia aprendido tudo com sua "segunda família" nas montanhas. Mas Mario não viera a fim de aprender a cozinha de uma região para reproduzi-la fielmente, como se copiasse um livro escolar. Vejo-me pensando no delta do Mississippi e nas visitas feitas por estudantes interessados em aprender o lirismo melancólico da música que ainda se pode escutar nos botecos de lá. Mario está sempre fazendo pratos a sua maneira, não apenas uma pizza na chapa, ou um linguine com porco alle vongole, ou um carbonara com ovos crus por cima, mas toda a sua abordagem, aquele pesadelo de contornos nos quais trabalhei na grelha, os molhos secretos, os ingredientes jamais revelados no menu, os borrifadores de xaropes, ácidos e sucos, a performance: como um músico.

Quanto a mim, fui à Itália em busca do manual escolar e estava contente por tê-lo. Os tortellini de Betta estão agora em minha cabeça e em minhas mãos. Sigo sua fórmula para a massa — um ovo para cada *etto* de farinha, acrescentando sorrateiramente uma gema extra se a mistura não parecer úmida o suficiente. Aprendi a abrir e a esticar a massa até ver o grão da madeira da tábua. Deixo-a secar, se estou fazendo tagliatelle; mantenho-a úmida, se estou fazendo tortellini. Faço uma porção pequena, abro a massa, depois outra, no ritmo da massa, cada movimento idêntico ao anterior. Minha cabeça se esvazia. Penso apenas na tarefa. A massa está grudenta demais? Vai se romper? Sinto que a folha de massa que seguro entre os dedos está correta? Mas com freqüência me pergunto o que Betta pensaria e, desse modo, volto àquele vale com montanhas com perfil de pente quebrado, lobos à noite, a sensação sempre presente de que o mundo é tão maior do que eu, e minha mente se torna uma mistura de associações, de tias, uma mesa redonda e risos que não se ouvem mais, e sou tomado por um sentimento de perda. Trata-se, concluí, de um efeito colateral desse tipo de comida que é passado de geração em geração, muitas vezes em condições adversas, e então a gente acaba pensando nos mortos e em que a própria coisa que nos sustenta tem um certo gosto de mortalidade.

E o ovo?

Eu não desistira, embora parecesse óbvio que a receita decisiva que havia mudado a natureza do macarrão provavelmente não existia. Afinal, a escrita tem uma chance melhor de sobreviver do que um prato de comida (dá para imaginar o infortúnio de encontrar um tagliatelle com ragu de quinhentos anos atrás?), e os chefs raramente escrevem, e se o momento da descoberta ocorresse quando não havia escriba na cozinha, ela teria ficado sem registro.

Mas insisti, mesmo depois da correspondência frustrante com o museu do macarrão. Após a *Opera* de Scappi, de 1570, o próximo livro de culinária conhecido era *Il trinciante*, de Vincenzo Cervio, publicado em 1581. Um *trinciante* era um trinchante, ou trinchador, uma pessoa importante em um banquete renascentista, e o livro de Cervio — na realidade, a primeira autobiografia de um açougueiro — trata de carnes e contém conselhos úteis sobre castração, respondendo a uma série de questões, como quais animais precisam dela e quais não precisam (você odiaria castrar o animal errado). Mas Cervio, dedicadíssimo à carne, silencia sobre a questão dos ovos.

Continuei minha pesquisa cronológica. Em 1638, foi publicado *Pratica e scalcaria*, de Antonio Frugoli. *Scalcaria* significa ser um *scalco*, o chefe da cozinha de uma casa nobre. Uma vez que não havia restaurantes, o *scalco* era o equivalente de nosso chef-celebridade, e os séculos XVI e XVII estão repletos de memórias de *scalchi*, com freqüência como as de Frugoli, relatos auto-elogiosos sobre como meus banquetes são melhores do que os seus. Seguiram-se outros livros: *As três teses*, de Mattia Giegher, que incluem aulas sobre como dobrar guardanapos (1639); o de Bartolomeo Stefani (1662), o chef principal da corte espanhola em Veneza. Vi-me como um detetive gastronômico, reunindo suspeitos para poder eliminá-los. Você aí, o que está fazendo com esse ovo?

Escrevi para professores. Massimo Montanari, da Universidade de Bolonha, uma autoridade em cozinha medieval, compreendeu minha pergunta e sua urgência. Sim, ele concordou, o momento do ovo era importante na história do macarrão; ele inclusive me apresentou à expressão que descreve sua função, *idratare la farina*, processo pelo qual o conteúdo líquido do ovo assume o lugar da água, mas não sabia quando tinha ocorrido pela primeira vez. Em sua opinião, não houve um único momento, e sim vários, um aumento gradual da utilização do ovo, iniciado na Idade Média, quando os ovos foram acrescentados pelo sabor, até que, na era moderna, passaram a ser usados também por seu líquido.

Mas quando?

Ele não se arriscava a adivinhar. Consultou um colega, especialista em macarrão: nada.

Então achei a primeira receita apenas com ovo. Era tardia, do final do século XVII, em *Lo scalco alla moderna*, de Antonio Latini — mais um *scalco*. A receita tinha por título "Como fazer macarrão, lasanha e *gnocchetti* de forma requintada" e era atribuída a um chef chamado Meluzza Comasca (uma concessão típica — na Itália, não há receitas originais, apenas descobertas). Comasca, conforme sugestão de um observador, seria uma criação retórica e, devo admitir, é perturbador que seu nome não apareça em nenhum outro lugar da história da gastronomia. Tudo o que sabemos está na homenagem introdutória de Latini: depois de nos deixar sua nova receita de massa, Comasca morreu prematuramente devido a uma picada de inseto — um mosquito da malária, suspeito, embora a expressão (*morì di pontura*, na grafia do século XVII) traga à mente a imagem de um homem gordo de avental coçando-se até morrer —, e suas invenções em termos de massa eram tão famosas que foram descritas em seu epitáfio. Não há menção de onde Comasca foi enterrado, mas a alusão ao inseto sugere a Maremma, o trecho da costa toscana conhecido por seus insetos fatais, e não longe do Da

Caino, o restaurante dirigido por Valeria Piccini (que, ao contrário de Comasca, irá teimosamente para o túmulo antes de compartilhar suas preparações de massa comigo).

A receita trata principalmente do processo — o esforço cansativo de fazer a massa (*un poco di fatica*), como abrir a massa numa folha de cerca de seis dedos de comprimento (tudo é medido com base nas mãos) e esticá-la um pouco mais, até atingir a finura exigida. A receita da massa em si é simples: quatro ovos misturados com cerca de seis *etti* de farinha (não exatamente as proporções de Betta, mas não muito diferente), mais um salpico de sal e, é verdade, um pouco de água, porém apenas um borrifo. O principal papel hidratante é desempenhado pelos ovos, um papel que até então não havia sido reconhecido pela culinária italiana.

Por que encontrei essa referência, quando outros não haviam encontrado? Pensei no que eu poderia ter feito de errado, inclusive na possibilidade de que minha questão do ovo fosse tão idiota que ninguém estivesse interessado nela. Mas a explicação pode estar no fato de que minha descoberta foi ofuscada por outra mais radical: não do que se põe *na* massa, mas do que se põe *sobre* ela. *Lo scalco alla moderna* contém a primeira receita de molho de tomate. Até então, nenhum italiano havia comido tomates. Foi exatamente essa receita — meia dúzia de tomates sem pele (removida depois de ser levemente queimada na chama, o que ressalta o açúcar contido no fruto), cebolas vermelhas, pimentão vermelho e vinagre de vinho tinto, uma expressão primeva do que é hoje a abordagem muito familiar do agridoce-apimentado — que persuadiu o povo desconfiado da península italiana de que aquele fruto americano, de aparência brilhante suspeita e que age como uma hortaliça, não os mataria. Poderia haver algo mais importante? Juntas, essas duas receitas — a massa com ovo e o molho que a acompanha — estão no cerne das preparações de massa desde o dia em que foram publicadas até hoje. Na história da culinária, não consigo pensar em duas outras instruções que, embora aparentemente modestas, tenham tido conseqüências tão duradouras.

Lo scalco alla moderna, de Latini, é o livro sobre comida escrito com mais elegância desde que um humanista com pretensões artísticas, numas férias de verão, entrou na cozinha de um cardeal e escreveu sobre o que encontrou lá. Até mesmo eu, com meu italiano elementar, percebi que Latini é um estilista, com uma voz forte e um talento para a narrativa. Até 1992, quando foi descoberto um manuscrito de uma biografia de Latini, nada se sabia sobre o autor, um grande mas praticamente anônimo chef da Renascença tardia italiana, um humanista da culinária de enorme influência, que determinou como os italianos comeriam nos quatro séculos seguintes.

O que a biografia revela é que o autor não foi Latini: ele mal conseguia escrever. Na verdade, sua ortografia é tão ruim que se especulou se ele não seria disléxico. O estilista devia ser um amigo. Latini era analfabeto, um garoto de rua que se inventou na cozinha. Sua história lembra a de Marco Pierre White e a de muitas outras pessoas que entraram numa cozinha sendo uma coisa e saíram como algo completamente diferente. Latini perdeu a família aos cinco anos (Marco perdeu a mãe aos sete). Mudou-se para Roma para ganhar a vida (Marco chegou a Harrogate com a mesma idade) e, batendo de porta em porta, achou trabalho na casa de um cardeal, onde aprendeu a ser *trinciante* (um açougueiro, tal como Marco, na mesma idade) e, depois, cozinheiro, subindo na hierarquia da cozinha até se tornar, aos 28 anos, um *scalco*, o profissional de posto mais alto numa cozinha (Marco ganhou suas três estrelas mais ou menos com a mesma idade). Latini é considerado o último autor da renascença gastronômica italiana (a *gloriosa tradizione gastronomica italiana*) e é agradável ver uma relação entre o modo como a época termina com a maneira como ela começou, quase três séculos antes, com Platina copiando as receitas do Maestro

Martino. No início, havia um escritor e o fantasma era o chef. No fim, havia um chef e o fantasma era o escritor.* No começo, um humanista toma emprestado de um artesão, ansioso porque teme que o assunto não seja suficientemente sério. No fim, o artesão auto-inventado se inventa como humanista, robustecido em sua confiança de que seu tema está plenamente dignificado.

Depois de Latini, acaba a era gloriosa da gastronomia, como se não houvesse mais nada a fazer: a Itália tinha agora seus pratos, sua *cuisine*, sua filosofia. Duas décadas mais tarde, o livro de Latini se esgotou. As obras de Scappi, à venda durante quase um século, não estavam mais disponíveis. O relato de Platina sobre o Maestro Martino era lido na França, mas desaparecera na Itália. Nos dois séculos seguintes, não surgiram livros de culinária notáveis. A Renascença havia acabado, assim como seu espírito de aventura. Esse espírito, tal como um gênio evanescente, havia sido capturado e desapareceu em alforjes levados por uma carruagem que cruzou os Alpes. Agora entendo por que os italianos acreditam que Caterina de Medici levou com ela os segredos da culinária italiana. De outra forma, como explicar um desaparecimento tão definitivo?

Um dia, telefonei para Miriam. Eu estava descontente com nossa última conversa e, quem sabe, também quisesse algum reconhecimento pelo que havia aprendido. Em última análise, achei que deveria aceitar a oferta que ela me havia feito — que estava preparada para me deixar entrar em sua cozinha por um ou dois dias. Eu gostaria de um ou dois dias para refinar minha técnica.

Ela ficou feliz ao saber de mim. Contei-lhe as novidades e perguntei se ainda seria possível aparecer por lá.

---

* O autor brinca com a palavra *ghost-writer*, aquele que escreve um livro para que outra pessoa o assine. (N. T.)

"*Certo*", ela respondeu. "Me telefone na próxima vez que estiver na Itália."

Agora compreendo a abordagem informal do "nunca assuma um compromisso". Eu telefonaria na próxima vez que estivesse lá. Mas Miriam ficou curiosa. "O que você acha que posso lhe ensinar?", perguntou, repetindo seu lema: "Não sou uma cozinheira original".

Eu repeti meu refrão: os mistérios da massa fresca, os labores da madeira sobre a madeira, o *know-how* enigmático de como se obtém a textura.

"De que diabos você está falando? Eu tenho braços velhos. Meus braços velhos não podem mais fazer esse tipo de coisa." Além disso, acrescentou, não conseguia mais uma *pastina*.

Eis uma palavra que eu não conhecia.

Uma *pastina*, explicou ela, é uma mulher que faz a massa. Era sua função: todos os dias, abrir as folhas de massa. "Eu sempre conseguia uma *pastina*. Ninguém faz mais esse tipo de coisa. Estão muito ocupadas. É a vida moderna. Uso uma máquina. Faço a massa e corto à mão. Mas uso a máquina para abrir as folhas."

Uma máquina? Miriam, minha romântica defensora da cozinha tradicional, uma discípula do Maestro Martino, uma descendente de Scappi, estudiosa de Latini — *esta* Miriam usa uma máquina? Eu mal conseguia falar.

"Certo", disse ela. "A massa fica boa. O importante são os ovos. Meus ovos são os melhores da região. São ovos muito, muito bons."

Sim, concordei. O ovo é muito importante.

17.

Os sintomas do problema "o que faremos com Andy" tornaram-se tão impossíveis de ignorar que me convenci de que ele seria despedido. Andy não estava facilitando as coisas. Para ele, continuava a haver apenas uma solução, e ela implicava o investimento de alguém em seu restaurante ibérico, um negócio que ele teimosamente acreditava que ia acontecer. Até eu me perguntava: por que Joe e Mario deveriam apoiar aquilo? Eles eram da tradição italiana. Andy, porém, persistia, sem nunca dizer explicitamente que algo lhe era devido, mas deixando claro que pensava assim. Ocorreu-me que sua esperança talvez tivesse origem na natureza estressante do trabalho — você pode fazer a comida de outra pessoa, sob esse tipo de pressão, somente por algum tempo: a sujeição, a tensão, uma voz que não a sua dizendo "Que tal um pouco de cítrico ou um pouco de sal para fazer as glândulas salivares funcionarem?".

Às vezes, eu me perguntava se Mario não era um grande fardo na vida de Andy, que o dia de maior importância em sua vida talvez tivesse sido também o mais danoso, aquela noite, havia muitos anos, em que Andy entrara na cozinha de alguém e descobrira um sujeito realizando um ato de magia com balas de frutas e *foie gras*, e decidiu que seria um chef. Na maior parte dos dezessete anos seguintes, aquele mágico do fogão havia sido o patrão de Andy, a começar no Pó, onde Andy fora o vice de Mario e os dois dirigiram a cozinha — 36 couverts, fila fora da porta, 150 pessoas por noite. Três anos depois, quando Mario se uniu a Joe Bastianich e abriu o Babbo, Andy o seguiu, e nos cinco anos seguintes foi o executivo que dirigiu a cozinha. Agora Mario tinha uma outra vida. "Ele é um chip no meu cérebro", disse Andy. "Não conseguiria removê-lo, mesmo que quisesse." Durante cinco anos, Andy não cozinhou, o que serviu de justificativa para Memo ir embora, pois ele acreditava que se Andy não cozinhava é porque ele era incapaz de cozinhar, e como Memo receberia ordens de alguém que não sabia cozinhar? — uma calúnia perfeita, uma vez que ninguém sabia nada sobre os dotes culinários de Andy e poucos os haviam testemunhado. "Durante cinco anos", contou-me Andy, "pus massa nos pratos e gritei com os cumins. No quinto ano, me vi como um peru que se regasse a si mesmo e meu termômetro havia saltado fazia tempo. Eu estava seco e cozido demais."

Acompanhei Mario e Joe (agora transbordante de arrogância com o sucesso inegável do Otto) numa visita a um possível ponto ibérico, visto por eles como "o próximo sucesso" potencial, uma monstruosidade vazia no West Village, dois andares, um pátio e um jardim no terraço, grande o suficiente para receber centenas de pessoas (se uma pizzaria gigante funcionava, por que não um lugar espanhol gigantesco?). Os dois empresários novatos mastigaram então seus números de modo pouco persuasivo; o exercício em si mesmo — equivalente a mais de 2 milhões de dólares antes que o primeiro ingrediente fosse encomendado — ilustrava o preço atribuído à lealdade de Andy. Mais tarde, na cozinha do Babbo, falei-lhe da excursão. Ele não fora convidado a participar. Estava curioso, mas relutava em revelar sua curiosidade, porque trairia a impotência de sua posição. Seu rosto transmitia aflição. "O tamanho está errado", murmurou por fim. "Seria um fracasso, mistura de cervejaria com paella."

Então Andy achou o lugar que queria — pequeno, recentemente fechado, barato segundo os padrões nova-iorquinos (o aluguel era 8 mil dólares por mês, em vez de 20 mil), perto do mercado de Union Square, numa esquina da Irving Place, uma rua de apenas seis quadras, onde o escritor Washington Irving havia morado. Ao espiar através de uma janela e ver um piso de cerâmica com um tema espanhol milagrosamente apropriado, Andy se deu conta de que era o lugar que procurava, sem jamais tê-lo descrito.

Andy descobriu a comida na Espanha: foi lá que viu pela primeira vez como uma cultura (sua história, sua forma de pensar, seu modo de ser) pode se manifestar não apenas na pintura, na música ou na arquitetura, mas também no que se come. Eu sabia que Andy vivera lá na adolescência; porém, até então, não havia me dado conta de que ele tinha estado lá na mesma época que Mario. Quando era executivo da Boeing, Armandino morara num apartamento de expatriado em Madri; os pais de Andy haviam morado numa colônia de artistas na Costa Brava. (Sua mãe era dançarina de sapateado; seu pai, um pintor de caubóis e pores-do-sol.) Barcelona foi a Porretta de Andy e, ano após ano, ele retornou a essa cidade, especialmente aos seus lugares de comida "sujos, de aluguel barato", onde se revigorava a cada visita; gostava da simplicidade deles, da falta de pretensão, lembretes de suas razões de ser cozinheiro. Em uma dessas viagens — durante sua lua-de-mel — descobriu Cal Pep. (A mulher de Andy, Patty Collins, uma ex-cozinheira do Babbo, estava grávida do primeiro filho; eles eram um casal feliz e cheio de esperanças, mas fazem você pensar sobre a vida social dos chefs — *é claro* que Andy teria de conhecer sua esposa na cozinha e *é claro* que a lua-de-mel deles seria uma excursão de pesquisa culinária.) Em outra viagem, descobriu o Bar Pinotxo.

O Bar Pinotxo é o modelo de restaurante de Andy. Fica na Boquería, o mercado de Barcelona, uma descoberta do adolescente Andy, o falante de espanhol da família, quando fazia compras para suà mãe. O restaurante poderia ser chamado de "boteco- mercado", dirigido segundo uma ideologia do frescor: ingredientes das barracas vizinhas, cozinha aberta, serviço de balcão, lotado, sem cardápio, e quando você consegue finalmente atrair a atenção de um chef, você aponta para uma coisa, ele prepara e você come. O atrativo, segundo Andy, "é a honestidade. Nada de magia, truques, segredos. Bons ingredientes, o mínimo da manipulação. Ainda hoje, fico arrepiado quando falo disso". Ao contrário da maioria dos restaurantes, no Cal Pep e no Bar Pinotxo os pratos não são preparados com antecedência, mas feitos na hora, sempre à vista, por um destes três métodos: *a la plancha* (na chapa), fritos ou na panela. Os mariscos são abertos ao serem pedidos, borrifados com azeite de oliva, salpicados com sal e pimenta, cozidos virados para a chapa por trinta segundos e finalizados com alho cru. As *croquetas*, bolinhos de bacalhau, são fritas. As lulas pequenas são jogadas numa panela de *sauté* muito quente, inflam como balões e soltam uma água suja de oceano que se mexe, reduz e mexe um pouco mais; bem no fim, acrescenta-se um punhado de arroz para absorver o líquido — outra composição amido-suco do mar, uma comida fundamental do mundo. Para Andy, essa seria a base de seu menu.

"Cara, você está com tudo", disse Mario, depois de acompanhar Andy a Barcelona.

Mas estava mesmo?

De volta a Nova York, Joe inspecionou o ponto de Andy: "É um lugar pequeno pra caralho". Ele não sabia como Andy poderia ganhar dinheiro; não havia espaço para acomodar gente suficiente para manter o negócio; e Andy, em pânico, traçou um mapa num guardanapo para provar que era possível acomodar 42 pessoas — "sete a mais que no Pó!" — desde que impusesse uma regra de não se ficar em pé, fizesse todo mundo esperar em outro lugar (talvez no café abandonado ao lado — quem sabe não fosse possível alugá-lo também?), não permitisse ninguém perto do bar (senão o jantar acabaria num engarrafamento na hora de pico) e encomendasse mesas com gavetas embaixo, para guardar os copos de água (e evitar que fossem derrubados). Andy fez os cálculos: se conseguisse 9 mil dólares por dia (2 mil a mais que o Pó), ele provavelmente empataria. Isto é, se lotasse todas as noites, daria certo. Realista?

O que levava à próxima preocupação: Andy seria capaz de cozinhar?

Fui convidado para a equipe de provadores que recebeu a tarefa informal de descobrir isso. Oito pessoas (Mario, Joe, alguns amigos) apareceram para provar o primeiro menu que Andy fazia em sua vida.

Ele estava um caco: "Estou com o cagaço do primeiro dia". Durante anos, havia preparado o menu de Mario. Agora fazia o seu. "E se der merda? Se eu fizer toda essa comida e não aparecer ninguém?" O orçamento do restaurante previa um custo de 200 mil dólares e Andy, para garantir uma participação de 20%, tomara dinheiro emprestado de sua tia Doris e do tio Floyd. Não vinha conseguindo dormir. Havia perdido peso — dezoito quilos até então. Estava manco — ficara de quatro para limpar o chão com ácido e não notara que havia queimado a pele dos joelhos. Além disso, sua mulher estava a poucos dias de dar à luz. Quase duas décadas haviam se passado desde aquela noite em Santa Barbara, e todos os esforços subseqüentes — os quatro anos no CIA, o aprendizado, o treinamento, o longo cumprimento de sua sentença — haviam desembocado na hora da verdade.

Mais tarde, Andy mostrou-me o cartão de avaliação de Mario daquele dia, um comentário, item por item, de cada prato, classificado numa escala de zero a dez, um vislumbre dos dois chefs conversando um com o outro em código. As cristas de galo (a primeira vez que comi — a textura é fortemente esponjosa) receberam dez, mas Mario sugeriu um borrifo de azeite e servi-las em um prato à temperatura ambiente. (Li a observação e pensei — cristas de galo! Prato à temperatura ambiente! Por que não pensei nisso?) Os bolinhos de bacalhau: "Perfeitos". O *aioli* de laranja que Andy criou para acompanhá-los: "Perfeito". A codorna: "Perfeito, perfeito!!" (um "dez" sublinhado duas vezes). A rabada: quase perfeita, "cuide para tirar a gordura da panela antes de requentar a rabada". (E Andy olhou para a nota e disse: "Que idiota que eu sou, eu sabia que tinha de tirar a gordura da panela — o que há de errado comigo?", e eu assenti com a cabeça com ar de entendido e pensei: do que ele está falando?) As lulas: "Quase perfeitas, melhor se cobertas com raspas de limão e salsinha. As costeletas de cordeiro: nota dez, mas seguida de uma observação com uma única palavra, "embaixo?", que eu sabia ser a indicação de Mario para, antes, salpicar o prato com um molho secreto (no Babbo, o disfarçado iogurte com pimentão vermelho picante nunca mencionado no menu) para se misturar com os sucos da carne: um truque, mas não no espírito do "Olha mamãe sem as mãos" de Andy, e provavelmente alguma coisa temperada, salgada ou doce para deixar as glândulas salivares ativadas e cheias de cuspe. Andy ignoraria a sugestão; não poria nada sob suas costeletas de cordeiro: não estava seguindo o estilo do restaurante *dele*, seu próprio chef agora era ele e se não quisesse mexer com as nossas glândulas salivares ele tinha esse direito.

O relatório de Joe foi mais conciso: "A comida está boa pra caralho".

Estávamos no bar, com a chapa, as panelas e as frigideiras diante de nós, todos os ingredientes à vista. A cozinha estava atulhada e enfumaçada, e o restaurante parecia lotado com menos de uma dúzia de pessoas. Comemos todos os trinta pratos do menu, e como a comida estava muito boa, repetimos muitos deles. Depois descemos de nossos banquinhos e sentamos no canto de um restaurante de esquina, cercados por grandes janelas de vidro, com a casa com fachada de arenito pardo de Washington Irving bem na nossa frente, as calçadas cheias de gente, a cidade à noite. Alguém abriu uma garrafa de vinho. Naquele momento, não havia outro lugar no mundo em que eu queria estar. Andy ia chamar seu restaurante de Casa Mono. Agora ele era um chef.

18.

Como seria o Babbo sem Andy? No mínimo, o que viesse a acontecer testaria a prática disseminada do chef onipotente: que um sucesso como Mario (ou um Marco Pierre White, ou um Alain Ducasse) pode criar um restaurante tão perfeitamente à sua imagem que ele não precisa estar presente. A prática havia sido possível quando Andy estava na cozinha, mas ele acreditava que tinha Mario em seu cérebro, como um sistema operacional de ficção científica. Seu sucessor teria o mesmo implante?

Memo, outrora o herdeiro óbvio, não era mais um concorrente: ao sair, retirara-se da disputa. Mas não estava feliz. "Quando encontrar Mario", me pediu, "diga-lhe que quero falar com ele. Você fará isso por mim?" As coisas no Naples 45 não tinham ficado mais fáceis para ele. Para dar um realce à noite e persuadir as pessoas a permanecer mais tempo do que o necessário para tomar uma cerveja, comer um pedaço de pizza e sair correndo para pegar o trem, ele queria pôr velas votivas (permissão negada). Tentou preparar especiais da estação (permissão negada) e fazer mudanças no menu (permissão negada). Disseram-lhe que o restaurante estava perdendo dinheiro, então ele propôs uma redução das despesas gerais (proposta não aceita). "Alguém das contas a receber" — e isso era uma novidade, que alguém como Memo usasse uma expressão como "alguém das contas a receber" — havia conseguido um bom negócio com uma certa massa e Memo recebeu instruções para usar a marca nova ("Tudo bem"). Alguém das contas a receber havia obtido um bom preço em bifes de 280 gramas do Kansas, e disseram a Memo que aquela era a carne que ele passaria a servir. "Aquilo não estava bem", ele disse (e acrescentou sem explicações: "devoluções"). Alguém das contas a receber conseguira um suprimento de lagostas; uma cerveja européia. Um dia, Memo recebeu a visita de Peter Wyss, um vice-presidente da Restaurant Associates.

"A coisa está funcionando para você?", ele perguntou.

Ao lembrar da conversa, Memo, um cara grande, inflou-se de indignação, tal como certamente fez na ocasião, repetindo a pergunta numa fúria de ironias, com inflexões em todos os lugares errados. Ou então em todos os lugares certos, se o objetivo era transmitir ao sr. Wyss a idéia de que ele era um cara baixinho que não entendia merda nenhuma de cozinha — que pode ou não ter sido o caso, mas, convencionalmente, não é uma mensagem que você manda ao seu patrão. "Se ISTO está funcionando para MIM?" Memo explodiu e fez uma lista das coisas que NÃO estavam funcionando, não somente para ele mas também para o restaurante. O sr. Wyss achava que o restaurante estava perfeitamente bem do modo como estava, e Memo perdeu o emprego. Quem sabe, pensou, fosse o momento de voltar para um restaurante quatro estrelas dirigido por um daqueles "franceses filhos-da-puta" — Thomas Keller, o chef do The French Laundry, na Califórnia, estava abrindo um lugar —, e Memo telefonou a Mario para pedir conselhos, perguntando-se se ele recomendaria a mudança, mas nunca recebeu resposta. "Ele estava provavelmente fora", concluiu.

Memo tinha trinta anos. "Tenho tempo", disse — a carreira de um chef leva anos. "O que eu gostaria mesmo é de um lugar pequeno, trinta a quarenta couverts, preparando a comida da minha infância — um Pó mexicano."

Nisso, ele era exatamente igual a todos os outros chefs do Babbo, todos irremediavelmente apaixonados pelo mito do Pó, o idealizado restaurantezinho de bairro que se introduzia na cabeça deles como um sonho torturante que eles passavam, então, anos esperando realizar — um dia, quando tivessem o dinheiro, quando tivessem um sócio. Memo já tinha um nome ao estilo do Pó. Ocorrera-lhe anos antes, logo após o serviço no Le Cirque. "*Ajo*", alho em espanhol. "Veio à minha cabeça às três da manhã, quando eu estava no ônibus do Harlem, indo para casa. *Ajo*. Bem pequeno. Bem íntimo."

Tony Liu não era um concorrente ao posto de Andy. Ele e Frankie eram os dois subchefs, mas Frankie era mais antigo. Contudo, na opinião de Tony, nenhum dos dois estava qualificado e a posição deveria ser preenchida com alguém de fora: "Frankie é bom com a comida, mas não se dá bem com as pessoas. Sou totalmente contra sua designação, e disse isso ao Mario". Tony era a pessoa menos explosiva da cozinha — calmo, moderado, sem acessos de fúria. Sua objeção a Frankie não condizia com ele. Ademais, o que aconteceria se Mario ignorasse o conselho? Tony se demitiria? Mas Tony também havia se tornado o representante informal da cozinha, e achava que tinha obrigação de expressar a posição da cozinha. Entre os funcionários graduados, era considerado o único sensato, e, em algum momento, todos o chamaram à câmara frigorífica para uma reunião de última hora, longe das vistas e dos ouvidos, para tratar da mais recente exibição do comportamento cada vez mais arbitrário de Frankie.

"Era chamado de Fator F", explicou Tony. "E eu estava sempre no meio. Frankie fazia uma de suas grosserias. Eram sempre muito pessoais. E a vítima apelava para a minha ajuda. Durante algum tempo, tentei conversar com Frankie, mas não dá para ter esse tipo de conversa muitas vezes. Frankie não gostava de falar."

Holly era a mais atingida. Desde que eu testemunhara sua contratação, ela havia trabalhado em todas as praças e, embora fosse agora uma cozinheira consumada, tinha brigas periódicas com Frankie. "Ele estava sempre em cima de Holly", disse Tony. "Não sei por quê. Talvez ele apenas estivesse num dia ruim, mas Frankie estava tendo muitos dias ruins. Ele ofendia, Holly ficava pelas tampas e depois queria conversar com ele. Frankie se recusava: não durante o serviço, nem depois, nem nunca." Uma característica do Fator F, evidentemente, era o tratamento silencioso. "Era o comportamento de alguém de cinco anos de idade. 'Não! Não estou falando com você. Nã, nã, nã, nã, nã.'" Na opinião de Tony, a cozinha estava se degenerando perigosamente. "Você tinha Gina em um canto, Elisa no outro e no meio poria Frankie no comando? Que idéia era essa? O clima já estava tão carregado, com tantos altos e baixos, com tantas brigas. Eu queria gritar com todos eles, Gina, Elisa, Frankie: 'Ei, gente, vocês não sabem se comportar como adultos?'"

Será que Mario sabia como era a cozinha sem sua presença? De acordo com Tony, "Mario sabe exatamente o que ele não quer saber".

O que ele sabia era que Frankie era um cozinheiro excepcional, deslumbrante. Nenhum outro era tão rápido ou tão instintivo. Eu achava estimulante observá-lo. Ele não era cerebral, como Andy. Não tinha o papo do chip de computador. Frankie não pensava ou falava — a linguagem era um fardo, um impedimento para a velocidade. Para ele, cozinhar era uma façanha física: tinha memorizado a comida de Mario e como fazê-la. Estava em seus músculos. O que mais Mario precisava saber? Além disso, jamais havia visto o Frankie que a cozinha conhecia porque Frankie jamais era aquela pessoa na presença de Mario. Quando ele estava por perto, Frankie mudava. Ele se curvava, baixava os ombros, ou inclinava a cabeça, com o queixo em algum lugar ao sul da clavícula, evitava o olhar direto, era deferente e sua postura reforçava o status de quem estava no comando.

"Frankie é o cara", Joe passara a dizer, e Frankie foi devidamente promovido a chef executivo.

Garland foi o primeiro a ir embora. Encontrei-o numa tarde, por volta das quatro, a hora do crepúsculo da cozinha, quando todos os restaurantes da cidade paravam, todos ao mesmo tempo. Depois que fui educado para esse momento, comecei a ver Nova York de uma nova maneira, uma cidade de restaurantes que fecham, um turno passando o comando para o próximo, o revezamento entre preparação e serviço, ambas as equipes relaxando juntas, reunidas sem cerimônia, em seus casacos sujos e bandanas suadas, para uma refeição coletiva em torno da melhor mesa da casa, ou junto à porta de serviço, ou na escada da entrada, fumando um cigarro ou pegando a última luz do dia antes de retornar ao espaço fechado onde passariam as próximas dez horas. Garland estava encostado na parede de um novo restaurante mexicano perto da Union Square, de propriedade de um ex-patrão seu: a oferta para dirigir o lugar havia chegado justamente quando Frankie assumiu. "Não saí só por causa de Frankie — este é um bom emprego —, mas teria saído de qualquer maneira." Garland estava feliz e, de acordo com a proclamação de Gina, tal como todos que deixam o Babbo, havia perdido imediatamente dez quilos. "Não tem tanta manteiga na comida mexicana."

Holly foi a próxima. Fez as malas e foi para a Itália. Havia economizado algum dinheiro e queria fazer comida com italianos e se lembrar do motivo por que era uma cozinheira.

Depois foi a vez de Alex. Ele havia durado onze meses. Mas ao ir embora antes de completar um ano, abriu mão das referências de Mario. Alex conhecia a regra, embora se perguntasse abertamente que referência Mario daria dele: segundo Alex, Mario nunca aparecera na cozinha quando ele estava lá. (Na verdade, Mario estivera na cozinha, só que Alex estava apavorado demais para notar.) Mas, como era um otimista, havia identificado coisas positivas em sua experiência no Babbo, inclusive sua relação com Frankie. "Por exemplo, Frankie me ensinou um método de fazer espaguete à carbonara que era novo para mim", disse, feliz. "Você derrete seu guanciale e faz um molho com ele e as claras dos ovos, e então, *depois* que pôs no prato, acrescenta as gemas, cruas. Esse é apenas um exemplo de como Frank se revelou um grande sujeito — ele tirou um tempo do seu dia cheio para me mostrar como fazer esse carbonara, mesmo que na forma de gritos comigo."

Os gritos também traziam lições de vida. "Quando Frankie me ofendia, sempre tinha uma razão. Ele estava tentando fazer de mim um cozinheiro melhor. Achei que as ofensas também eram boas para mim, porque aprendi que tipo de pessoa eu não quero ser. Quando eu me tornar subchef, agora sei que não vou me comportar desse jeito. Devo agradecer a Frankie por essa revelação." Ele fez uma pausa, assimilando a enormidade daquela influência. "Tivemos nossas diferenças, mas Frankie agora é meu melhor amigo."

Tony foi embora. "Eu não queria ser um membro da cozinha de Frankie." Foi contratado para dirigir um restaurante novo no West Village, de cinqüenta lugares ("Não muito maior do que o Pó", na sua descrição previsível), chamado August (ninguém sabia por quê), dedicado à culinária européia — uma idéia vaga, mas um lugar perfeito para Tony. Em sua cabeça, ele havia trabalhado com culinária francesa, espanhola e italiana. Agora poderia aprender pratos belgas, eventualmente algum alemão. O cardápio, quando comi lá um dia, era uma espécie de mistura feita por um burocrata da União Européia — um pouco de tudo para todos (um prato de chucrute ao lado de um feito com chouriço) —, mas a comida era boa, porque Tony era um bom cozinheiro. Quando Holly voltou, ele a convidou para ser subchef. "Prefiro trabalhar com mulheres. Há menos testosterona em ação."

Quando Abby partiu (não sobraria mulher trabalhando no serviço), a debandada ficou completa: um cozinheiro de cada praça havia ido embora. Nos cinco anos de história do restaurante, jamais ocorrera tamanha retirada. A situação era urgente, e contratou-se um subchef de fora, rapidamente, sem que Frankie fosse consultado: um erro, porque ele se recusou a trabalhar com o novato.

"Preocupo-me com Frankie", disse-me Memo. "Ele é tão infeliz. Tão irritado. Alguma coisa vai acontecer."

O quê?, me perguntei. Não descobri senão bem mais tarde, porque eu tinha meus próprios demônios e precisava sair de Nova York para enfrentá-los.

APRENDIZ

Na época de Tibério, viveu um homem chamado Apicius — muito rico e amante do luxo —; em homenagem a ele, muitas tortas de queijo receberam o nome de "apicianas". Ele viveu principalmente em Minturnae, uma cidade da Campânia, e gastava muitas dracmas com sua barriga, especialmente em lagostins, uma especialidade local que era maior do que os de Smirna e até mesmo do que os de Alexandria. Ao ouvir dizer que os lagostins na África também eram muito bons, viajou para lá sem demora, partindo naquele mesmo dia. A viagem foi difícil e ele sofreu demais. Antes de chegar à praia, foi saudado pelos pescadores do lugar, que se aproximaram em seus barcos oferecendo-lhe um pouco de seus excelentes lagostins (a notícia de sua visita provocara grande agitação entre os africanos). Mas quando Apicius viu os lagostins, perguntou se não havia melhores, e quando lhe disseram que aqueles eram os melhores disponíveis, ele se lembrou dos lagostins de Minturnae, fez seu barco dar a volta e retornou à Itália, sem desembarcar.

ATENEU, século III d.C.

19.

Eu havia concluído que precisava retornar à Itália e ficar lá adequadamente: por um longo tempo. Na verdade, não tinha idéia de quanto tempo — um período, dois períodos, ou mais (quanto dura um período, por falar nisso?), o suficiente para acabar com uma sensação que continuava a me assombrar, de que eu nunca mais teria essa oportunidade. Mark Barrett conhecia essa sensação: era por isso que, depois de completar seu tempo com Gianni e Betta (seu *primeiro* período), ziguezagueava agora pela península, seguindo as pegadas de Mario, de restaurante em restaurante (Bolonha, Florença, Calábria), na esperança de aprender o máximo que pudesse. Mark esperava ficar longe de Nova York por muitos anos. Eu não podia fazer isso (ou podia?), mas sabia que precisava voltar à Itália por um algum tempo, qualquer que fosse ele, ou então acabaria me arrependendo pelo resto da vida. Eu estava nervoso. Experimentara esse tipo de obsessão fazia um ano, antes de largar meu emprego e assumir um lugar na linha da cozinha do Babbo. Agora, experimentando-a de novo, vi-me tentando persuadir minha mulher de que ela também queria largar o emprego (Jessica era editora de uma revista de Manhattan, e recebia um excelente salário) e me acompanhar a uma cidadezinha nas montanhas da Itália onde não conheceríamos ninguém e eu trabalharia longas horas de graça — *se* tivesse a sorte de alguém me aceitar e *se* eu conseguisse uma posição na qual eu aprendesse de fato alguma coisa (não queria ir para a Itália a fim de aperfeiçoar minha técnica de cortar cenouras).

Jessica examinou a proposta. "Mas não acabamos de voltar da Itália?", perguntou.

"Bom, sim, é verdade, você tem razão. Acabamos de voltar da Itália."

"E você não aprendeu a fazer tortellini?"

"Bom, sim, isso é verdade também." Mas tortellini era apenas um prato, e eu estava convencido de que havia segredos culinários — uma atitude, um toque, a coisa que Mario estava sempre dizendo que só se aprende "lá" — que eu precisava descobrir. Por isso precisávamos voltar.

Jessica aceitou. (Era um momento de teste para nosso casamento.) "E quem exatamente vai contar esses segredos para você?"

Então falei a ela sobre Dario Cecchini: estava convencido de que era a pessoa com quem eu deveria trabalhar. Ele não me conhecia e eu não tinha idéia se me aceitaria. Mas já havia muitas conexões entre nós: ele tinha de me aceitar! Quando Armandino, o pai de Mario, largou seu emprego na Boeing e decidiu aprender como os italianos preparavam carne, foi primeiro ao açougue de Dario para obter instruções. Telefonei a Armandino e perguntei-lhe a razão disso. Porque Dario era o açougueiro mais famoso da Itália, ele disse, e porque seu estabelecimento não era um simples açougue, mas um museu da culinária toscana: carnes cruas e cozidas, cortes de carne do Chianti junto com ragus, molhos e carne de porco defumada — uma universidade da região.

Eu também tinha notícia de Dario por meio de Elisa. Nos verões, ela dirigia um curso de culinária de uma semana nas proximidades e visitava Dario para se inspirar (mantinha uma fotografia dele em sua praça na cozinha do Babbo).

E a autora de livros sobre culinária Faith Willinger havia descoberto o pólen de erva-doce em seu açougue, a coisa que ela escondia em sua bagagem e contrabandeava através do Atlântico e que depois foi salpicada sobre os tortelloni de Mario. Em uma das viagens de Willinger aos Estados Unidos — a festa de 25 anos do Chez Panisse —, ela levou também o açougueiro, uma visita que foi notícia no *International Herald Tribune*, a qual, por coincidência, eu havia recortado e guardado: descrevia Cecchini como o açougueiro mais famoso do mundo.

Telefonei. Signor Cecchini, eu disse, sou um amigo de Mario Batali.

"*Accidenti!*", ele declarou (que parece significar algo como "Caramba!", mas o que sei eu?).

Mario, como você sabe, é filho de Armandino, eu disse, lendo o texto que havia preparado (os telefonemas em italiano me apavoram e eu havia ensaiado as perguntas durante toda a manhã).

"*Accidenti!*"

Ele também é amigo de Faith Willinger.

"*Accidenti!*"

E eu gostaria de aprender a ser um açougueiro toscano.

"*Accidenti! Vieni! Pronto! Ora!*" (Venha! Logo! Agora!)

Então Dario passou o telefone a uma mulher que se apresentou como sua esposa, Ann Marie, e que, graças a Deus, era americana e foi capaz de confirmar o que eu entendera da conversa que acabara de ter. Uma semana depois, lá estava eu, num domingo, na movimentada Chiantigiana — a estrada nas montanhas que atravessa todo o Chianti, de Florença a Siena, e corta Panzano ao meio —, com a mesma sensação de quando entrei pela primeira vez na cozinha do Babbo: que eu seria uma pessoa diferente depois que minha estada ali terminasse, mas não tinha idéia como.

***

A *macelleria* (açougue) de Dario ficava numa rua íngreme, ao lado dos correios. Na verdade, eram dois estabelecimentos. O mais baixo era parecido com uma sala de estar residencial (ou, mais precisamente, a sala de estar de uma família que mora com seus animais). Havia uma mesa de jantar com cadeiras, uma prateleira de livros, um busto de Dante e uma fonte de cerâmica (do tipo em que vacas bebem água). Havia também um conjunto ameaçador de hastes pretas de ferro (intitulado "Bem-vindo à Toscana") e uma representação em papel machê de alguma coisa — de pessoas, acabei descobrindo, em tamanho natural, desaparecendo nas chamas do inferno. No estabelecimento acima, onde as peças estavam expostas, era impossível entrar. Havia um apinhamento de gente: dentro, na porta, na calçada, transbordando para a rua. Quantas? Cem? Mais? Estavam suadas e excitadas. Fiquei na ponta dos pés. Alguém tinha uma câmera de televisão no ombro. Flashes estouravam. Podia-se escutar uma música coral alta do que pensei pudesse ser o "Réquiem" de Mozart. (Por que um réquiem? Depois pensei: se é um açougue, por que não um réquiem?)

Forcei o caminho para entrar. Todos pareciam ter uma taça de vinho tinto em uma das mãos, enquanto com a outra se serviam de bocados de um creme branco espumoso.

"*Lardo*", disse um homem, oferecendo-me um pouco. *Lardo crudo*. Cru, não defumado. Estava espalhado em suas bochechas, como pasta de dente.

Fui adiante. Um homem de terno balançava um *fiasco* de vinho tinto, coberto de palha, como aquelas garrafas que você vê nos restaurantes realmente ruins e aprende a nunca mais beber. Ele tentou me servir um copo, mas errou, e o vinho caiu em meus sapatos. Ainda não eram onze da manhã e mesmo assim uma embriaguez enérgica e estridente reinava no lugar: era possível sentir seu cheiro, ela dava cotoveladas e ria na sua cara. Atrás de um balcão de vidro com carnes, salames e lingüiças, postava-se o açougueiro, de pé sobre uma plataforma, dominando o ambiente, desatento às pessoas abaixo dele, que clamavam e lhe entregavam coisas: pedidos, dinheiro, papel para um autógrafo. Ele as ignorava. Também estava bebendo vinho — bastante, ao que parecia. Tinha no rosto um meio sorriso feliz. A música estava muito alta — *Dies irae, dies illa!* (Dia de ira, aquele dia!) — e as pessoas gritavam para ser ouvidas. Em uma das mãos, o açougueiro segurava uma faca serrilhada brilhante, mais para sabre militar do que para utensílio de açougue. Era alto, com mais de 1,80 metro. Na ocasião, achei que devia ter quase dois metros, mas era o efeito da plataforma que lhe dava uma altura de história em quadrinhos, como um homem das cavernas tirado de um cartum. (*Solvet saeclum in favilla!* — O mundo se tornará cinzas!) Suas mãos eram gigantescas. Talvez as maiores que eu já tinha visto na vida. Estavam muito fora de proporção com o resto de seu corpo. Pareciam ter a metade do comprimento de seus braços. Os dedos eram comparavelmente longos, como membros. Ele usava meias e tamancos cor-de-rosa, um lenço cor-de-rosa no pescoço e uma camisa de algodão cor-de-rosa esticada, apertada nos ombros, que lhe dava uma aparência de corcunda. Os cabelos estavam cortados à escovinha, as sobrancelhas eram grandes, assim como o nariz e os lábios. Um rosto de traços grandes. Beirava os cinqüenta anos, como eu.

 Pensei: então, este é Dario Cecchini, e ele viu que eu olhava para ele. Desligou a música e exigiu silêncio. O lugar ficou quieto e ele ribombou: "*Nel mezzo del cammin di nostra vita, mi ritrovai per una selva oscura, ché la diritta via era smarrita*". Até eu reconheci que era o começo do *Inferno* de Dante: "No meio do caminho de nossa vida, achei-me numa selva tenebrosa, pois a verdadeira via estava perdida". No meio do caminho da minha vida, de fato. Era ali que eu estava? Perdido, na estrada para o inferno?

Começou a chover e mais gente se espremeu dentro do açougue, empurrando para sair da chuva. Dario continuou. Ou talvez tenha começado outra coisa. O que quer que fosse, era dito com grande entusiasmo. Seus olhos estavam raiados e vermelhos, e as pupilas, dilatadas. Pude observá-las porque ele saltou da plataforma, agarrou-me pelos ombros e, a centímetros de meu rosto, borrifou-me com versos cheios de saliva espumante. Parecia estar declamando dísticos rimados, de um modo muito repetido. Um vinha gritado, o seguinte era sussurrado. Ele se abaixava, como se tentasse surpreender a platéia. Depois erguia-se, como se fosse fazer um anúncio. Arregalava os olhos, depois os comprimia. Sacudia o dedo, juntava as mãos em prece. Eu nunca havia visto uma leitura tão melodramática. (Alguém tocava agora um violino.) Aquilo pedia iluminação a gás e cartolas vitorianas: Dickens devia ter sido assim. Francamente, era ridículo. Mas as pessoas estavam adorando, e quando Dario parou e voltou para a plataforma, a platéia, numa euforia altamente metabólica (a bebida, o toucinho cru, o espaço abafado, o privilégio de estar ali), prorrompeu em aplausos frenéticos, e Dario agradeceu, acenando com a mão. Ejetou o CD de Mozart, aumentou o volume e colocou uma música italiana parecida com salsa.

"*Festa!*", gritou, rodopiando até o fim da plataforma. "*Festa! Festa! Festa!*" Girou e voltou na direção oposta. "*Festa! Festa! Festa! Festa!*"

Eu deveria me apresentar para o trabalho na manhã seguinte, às oito.

20.

Na manhã de segunda-feira, Panzano estava diferente. No domingo, o lugar tinha a energia de seus visitantes e provavelmente um pouco do romantismo que eles queriam encontrar lá. Na segunda-feira, era uma aldeia remota, sossegada e um tanto feia. Fiquei sabendo que eram novecentos habitantes, servidos por dois açougues, dois cafés, dois bares, dois hotéis e (fora do padrão) três padarias. Eu descobriria também que, com as ofertas da cidade tão exatamente divididas, acreditava-se que a tarefa de, digamos, comprar pão ou tomar um café revelava coisas sobre seu caráter, provavelmente sua posição política e — vá saber! — talvez sua atitude em relação à vida após a morte. Vinho era uma categoria totalmente diversa, porque não havia dois fabricantes, mas dezoito, e pedir uma taça num bar podia ser uma façanha social delicada. E, como não poderia deixar de ser, havia também duas cidades: a antiga e a nova.

A antiga era um labirinto de coisas velhas e imitações de coisas velhas: restos de um castelo (as arcadas), uma muralha medieval, uma igreja do século xii reconstruída no século xx (igreja e castelo haviam sido destruídos quase a cada cem anos desde sua construção), esgoto ruim, vizinhos barulhentos e nenhuma privacidade. Era uma fortificação feudal típica, construída no alto de uma colina durante as longas guerras entre Siena e Florença, ao mesmo tempo defesa e abrigo para as pessoas que trabalhavam a terra. Podia-se ver essa terra, mais ou menos com a mesma aparência de qualquer outro momento da história de Panzano, espalhando-se numa série de vales parecidos com bacias: mais para banheiras gigantescas do que para ravinas convencionais escavadas por rios. A vista era bonita e tranqüilizadora. Surpreendeu-me o quanto ainda era selvagem e tomada por bosques. A parte cultivada era principalmente de videiras: sua proliferação representava a única mudança significativa da paisagem nos últimos quinhentos anos. Estávamos no começo de abril e os vinhedos eram longas linhas de terra preta arada, um mapa matemático de cotos negros retorcidos, com punhos fechados feitos de minúsculas folhas verdes que se abririam qualquer dia a partir de agora, como mãos.

A parte nova da cidade era feita de paredes de estuque com alguns adornos: uma eficiência do pós-guerra. Tal como muitas cidades no topo de morros, Panzano foi ocupada pelos nazistas, que incendiaram as construções próximas à estrada principal, quando recuaram. A conflagração destruiu estruturas seculares, entre elas a Antica Macellaria Cecchini, que estava no mesmo lugar havia oito gerações, dirigida pelo primogênito da família Cecchini. No andar abandonado em cima do açougue, tive um vislumbre de como deveria ter sido a antiga construção: as paredes e os pisos de pedra ainda estão intactos, no mesmo lugar onde o avô de Dario, de quem ele herdou o prenome, abrigou 22 membros de sua família, protegendo-os na adversidade. Durante a guerra, ele vendia carne para os resistentes, que subiam o morro antes do amanhecer; duas horas depois, exatamente às oito, os fascistas apareciam. Em Chianti, eu descobriria logo, ninguém passa sem carne.

Naquela manhã, a *macellaria* estava agitada. Era um "dia de produção". Eu aprenderia isso mais tarde; na ocasião, compreendi apenas que eu precisava sair do caminho de pessoas que andavam muito depressa. Nos fundos, havia uma cozinha pequena — um fogão, um balcão de mármore e um cepo de açougueiro, onde um homem mais velho trabalhava. Era chamado de Il Maestro (o mestre) e tratado com muito respeito. Todas as frases terminavam com seu título: Como está hoje, Maestro?

Quer café, Maestro?

Posso tirar esses restos, Maestro?

Por volta das onze, o Maestro comeu alguma coisa. Era pão (o "pão do Maestro", esquentado num fogão à lenha e comprado por alguém no caminho para o trabalho) com azeite de oliva e sal.

Posso prepará-lo para o senhor, Maestro?

Terminou, Maestro?

Posso tirar o prato, Maestro?

Somente duas pessoas tinham permissão para usar faca: Dario e o Maestro. Dario empunhava a sua na frente, diante dos visitantes. O Maestro, nos fundos, mantinha a sua numa gaveta embaixo do cepo. O Maestro tinha 62 anos e vestia seu próprio guarda-pó branco (todos os outros usavam o uniforme de açougueiro — um avental medieval até o chão, com a inscrição "Antica Macellaria Cecchini"). Morava no vale vizinho, perto de seu filho Enrico, dono de mil pés de oliveira e que fazia um azeite espesso, perfumado, muito difícil de achar, principalmente porque Dario comprava quase toda a produção. O Maestro tinha cabelos grisalhos, sobrancelhas pretas, orelhas grandes e um enorme nariz masculino. "Olhe para aquele rosto", um amigo do Maestro me sugeriu algum tempo depois, quando me senti suficientemente à vontade em italiano para entender as caçoadas constantes entre as pessoas do lugar. "Não é o rosto de um etrusco? Você não o reconhece das pinturas dos túmulos? É tão velho quanto essas colinas." O Maestro era decidido (naquele velho modo masculino) e comedido (naquele velho modo masculino), e falava com o que, às vezes, parecia uma gravidade exagerada, juntando seus longos dedos como um elemento de pontuação. Eram dedos enormes. Para meu espanto, as mãos do Maestro eram maiores do que as de Dario — tão grandes que me deixavam apreensivo. Por que as minhas eram tão pequenas?, eu sempre me perguntava ao final de um longo dia de trabalho, olhando para elas a caminho de casa. Agora me dou conta de que não são tão pequenas assim. No mundo normal, elas até podem ser consideradas grandes. Na última vez que precisei de luvas, foi o tamanho que comprei: grande. Ainda assim, todo o período em que estive no açougue, reexaminava minhas mãos de tempos em tempos: eram tão gorduchas, os dedos tão nanicos, tudo tão inadequado. Talvez seja isto que se precise nesse trabalho: mãos gigantescas. Se você não tem animais selvagens crescendo na ponta de seus antebraços, dedique-se às massas.

Ann Marie costumava trabalhar no açougue, mas agora só ia aos domingos. Os domingos eram tão movimentados que qualquer pessoa com alguma conexão com Dario (até mesmo minha mulher, às vezes, quando aparecia para dizer olá) recebia ordens de vestir um avental, servir vinho, passar lardo no pão e oferecer o que Dario havia preparado com carne para seus visitantes provarem. Foi num desses domingos que Dario desceu da plataforma, tirou do bolso um anel grande, ajoelhou-se diante de todos e perguntou se Ann Marie queria se casar com ele, em meio a aplausos, gritos e fotografias. Isso acontecera havia muitos anos e, embora eles não tivessem se casado de fato — "ele me deu o filme como substituto" —, ela se referia a si mesma como a mulher do açougueiro. Ann Marie tinha 1,70 metro de altura, mas perto de Dario parecia pequenina e desamparada. Tinha cabelos ruivos indomáveis, teimosos como uma vassoura, pele pálida e sardenta, uma gargalhada de Phyllis Diller* e uma atitude de irreprimível ironia. Usava botas vermelhas de caubói, jóias de turquesa e alguma coisa verde brilhante em algum lugar: a ruiva era um estudo em conflito de cores. Tinha formação em moda e seu primeiro emprego fora preparar os figurinos para o filme *Flashdance*; viera para a Itália em nome da grife Banana Republic e nunca mais foi embora. Havia criado o (anti) logotipo de Dario, suas etiquetas e seu cartão de visita (uma peça dobrada de design espie-e-veja, com uma foto de Dario segurando um pedaço de carne crua em suas mãos gigantescas).

Em vários aspectos, o negócio era dirigido pelo casal Carlo e Teresa. No passado, haviam sido donos de uma fábrica florentina que fazia camisas sociais, até que os homens começaram a usar camisetas e a fábrica faliu; agora, de acordo com suas próprias palavras, viviam em "circunstâncias reduzidas". Ainda tinham um apartamento em Florença, mas em Panzano cuidavam de uma viúva em troca de casa e comida nas terras dela. Carlo era o encarregado das contas e entregas do açougue. Tinha 55 anos, um bigode escuro e um jeito sombrio — um sujeito que ainda não ganhara o que merecia: era um homem duro com um coração mole e ferido. Dario me contou que no primeiro ano após a falência Carlo não falou nem uma palavra. Agora ele falava — na verdade, mais ou menos de três em três dias ele também sorria —, mas a dificuldade para mim era seu sotaque. O modo de falar florentino é exagerado. O "c" é suave, em vez de duro: *casa* é *hasa*, mas nos morros da Toscana essa "casa" não é exatamente "hasa", e sim uma fricativa que espalha cuspe, mais animal do que humana: "HA-HA-HA-HAAAAsa". Ainda hoje, evito perguntar coisas para Carlo, com medo de não entender a resposta.

---

* Comediante americana pioneira da comédia *stand-up* e famosa por sua gargalhada. (N. T.)

Teresa cuidava da cozinha: de todas as coisas cozidas ou preparadas, o que representava mais da metade da atividade do açougue. Eu ainda não entendia o que eram — geléias, molhos, terrinas, feijões, algumas vendidas já embaladas, outras a granel. Nada daquilo era o que se esperaria encontrar num açougue convencional. Eu iria descobrir que a maior parte era tão incomum que não se encontrava em nenhum outro açougue do país.

Teresa era baixa, com ancas redondas, muito feminina, vivia numa eterna dieta (ela fazia as saladas da refeição da família às duas horas, a única ocasião em que se viam hortaliças frescas), sempre mudando a cor dos cabelos e sempre exuberantemente feliz. Assobiava, cantava, ria ao menor absurdo e, como achava o mundo deliciosamente absurdo, ria o tempo todo, a não ser que risse demais, então chorava. Ela era o dia na noite do marido. Tal como ele, não tinha experiência em cozinha profissional, embora dirigisse uma agora. Nisso, era como todos os outros. Muita gente tinha algum tipo de emprego no açougue de Dario (experiência anterior não só não era exigida como não era desejada), mesmo que fosse apenas chegar às dez para ler os jornais e destacar artigos sobre a toscanidade, ou às onze para fazer o café (duas tarefas, duas pessoas diferentes). Para ser contratado, era preciso um infortúnio e a capacidade de um fundista. O infortúnio podia ser uma falência (como Teresa e Carlo), um marido doente (como Lucia, que lavava os aventais), problemas com o visto (como Rashid, que apareceu uma manhã vindo do Marrocos sem passaporte), algum pequeno problema na Justiça, uma mãe moribunda, um pai com câncer, um pai violento, um caso de incesto, disfunção mental, um distúrbio de linguagem, uma deficiência para caminhar, um problema de coluna ou, simplesmente, um tique de comportamento social excêntrico inadequado. "Os toscanos", Dario me contou depois, "têm afeição por gente maluca — não sei como explicar isso." A capacidade de um fundista era necessária porque, qualquer que fosse sua tarefa, você devia estar sempre pronto para sair em disparada quando Dario acenava ou chamava.

"Ri-ccaaar-DO!", Dario gritava o dia inteiro. Tinha um jeito de dizer os nomes em que a sílaba do meio era escandida de forma impaciente, com um acento irritado na última. "Ri-ccaaar-DO!" — e Riccardo aparecia ofegante, com a exata aparência de aprendiz de açougueiro que eu esperava encontrar: redondo e carnudo, com bochechas rosadas, cabelos pretos desmazelados e cara de catorze anos (tinha 21). "Fi-nal-meeen-TE!", dizia Dario, estendendo novamente a sílaba do meio e cuspindo a última.

Muitas vezes, ele apenas invocava um ingrediente. Gritava "pe-PE", e na cozinha todos corriam para achar a pimenta e moê-la à mão. No açougue, havia apenas três máquinas e tinha-se a sensação de que haviam sido compradas com relutância e depois de muita discussão interna. "A-GLIO!", ele dizia para ninguém, mas de forma retumbante, porque estava escutando ao mesmo tempo uma ópera de Puccini, e alguém pegava o alho do cesto, descascava e levava correndo para Dario. "*Boh!*", ele grunhia, uma interjeição toscana que deixava claro o espanto dele por você não saber que ele precisava do alho sem ter de pedir, e depois picava o alho num moinho movido à mão, preso ao balcão por um copo de sucção.

Eu tentava ser prestativo, um conselho que recebi do pessoal do Babbo sobre o que fazer quando você é novo na cozinha: seja invisível, seja útil e, eventualmente, você ganhará uma chance de fazer mais. Eu varria o chão, lavava panelas, arrancava milhares de folhas de alecrim dos talos. Depois de um ou dois dias, sabia o suficiente para moer a pimenta quando Dario pedia. No meu terceiro dia, preparei pimentões vermelhos para uma picante geléia doce chamada *mostarda*. Os pimentões eram fervidos com açúcar, pimentas chili e gelatina; depois de me ver anotando a receita, Carlo ficou preocupado que eu fosse embora levando o segredo mais lucrativo de seu negócio. Então me chamou num canto, como um homem de negócios tentando voltar ao jogo, e sugeriu, com seu forte sotaque toscano, que talvez, quando eu voltasse a Nova York, nós dois pudéssemos montar um restaurante juntos: "Os Estados Unidos são um país grande". Mas depois preparei 2500 pimentões (cada caixa continha cinqüenta, e sei disso porque eu mantinha desesperadamente a contagem), dividindo em quatro cada um deles, cortando fora, com cuidado, a parte branca e tirando as sementes. Eu não estava a fim de roubar nenhuma receita. Não como pimentão desde então.

Naquela noite, fui para casa com as mãos manchadas de vermelho, me perguntando: o que é este lugar? É famoso por sua *bistecca fiorentina*, o lendário bife de Florença. Escreveram-se poemas sobre ela, recitados por Dario de vez em quando. Cada bisteca pesava cerca de dois quilos, tinha entre doze e quinze centímetros de espessura e custava em torno de 125 dólares. Mas raramente eram vendidas. Eu já estava no açougue havia quatro dias quando apareceu alguém para comprá-la. Na minha primeira manhã, três pedidos foram rejeitados por nenhum motivo que eu pudesse compreender, exceto que, aos olhos de Dario, os clientes não valiam a pena. Depois, em vez de vender carne, o lugar praticamente fechou para fazer galões de geléia de pimenta.

A experiência era parecida com minha volta à preparação de Elisa, mas numa versão mais esquisita em que havia um único propósito. A cada dia, fazíamos uma coisa nova. Depois da geléia de pimenta, preparamos uma terrina chamada *pasticcio rustico*. Na verdade, muito, muito rústico. Eu não conseguia imaginar que alguém quisesse comer aquilo (nem o Maestro nem Teresa conseguiam prová-la), exceto se fosse muito pobre, não tivesse refrigerador e sofresse de alucinações provocadas pela fome. O ingrediente principal era uma carne de porco muito velha sazonada no próprio sangue, selada num saco de plástico. Quando abrimos um saco, o fedor foi como um soco na cara, um cheiro tão ruim (*"Mal odore!*", guinchou Teresa) que Dario veio correndo ligar o exaustor: os clientes do açougue sentiram-se incomodados. Começamos nossas terrinas fedorentas de manhã, à tarde as cozinhamos e à noite as gelamos. No dia seguinte, preparamos sal. Pegamos vários sacos, misturamos com ervas secas e passamos por um moedor para fazer uma preparação chamada *Profumo del Chianti*. O resultado era, de fato, aromático e me lembrou um acampamento de verão, quando eu tinha oito anos. Depois de bem pulverizado, ficava parecido com neve, mas nas seis horas seguintes, cinco de nós enfiamos o sal fofinho em vidrinhos minúsculos de 35 gramas. As máquinas não haviam sido inventadas para esse tipo de coisa?

O que eu realmente queria era aprender sobre carne. Ainda não compreendia a cultura em torno do ofício de açougueiro na Toscana. Eu não estava lá para aprender porque não soubesse nada sobre o assunto. A verdade é que eu queria fazer comida à maneira italiana e, francamente, qualquer lugar teria servido, porque todos os lugares seriam diferentes de tudo que eu conhecia. Mas eu estava lá e, por acaso, interessado em saber como se prepara um animal para comer.

Existe uma literatura razoavelmente extensa para os que não comem carne. Mas não há o mesmo para os carnívoros, talvez porque raramente eles achem que precisam justificar o que fazem. Minha suspeita é que, em algum momento, a maioria dos comedores de carne se perguntou por que comia carne e conseguiu responder à pergunta sem muita filosofia. Como carne porque gosto dela e nunca quis me convencer a abandoná-la: fim do auto-exame. Tenho sido feliz como carnívoro — para mim, comer carne é natural (na minha opinião, os dois lados do debate sobre o que é natural podem ser defendidos de forma bastante persuasiva) —, embora, tal como o resto do mundo pensante, eu reconheça que boa parte da carne que comi provavelmente não foi produzida de forma natural, mas tratada como algo que não é carne (os hormônios, os antibióticos, os resultados brutais da criação em confinamento), uma unidade de produção, um item reproduzível num negócio de mercado de massa. Mas estava frustrado porque minha imagem do negócio não dispunha de mais informações do que essas. O mundo da carne era tão impenetrável que eu jamais conseguia obter uma visão honesta de como um animal era transformado em alimento, a não ser que comprasse um, levasse para casa e o tratasse do meu jeito. Havia um conhecimento elementar que eu não tinha e, agora que estava num açougue, esperava obtê-lo.

Eu queria ser instruído na carniçaria. Mas era perseguido também pela história de Alex, que havia passado um ano numa cozinha florentina cortando vegetais. Minha perspectiva seria melhor, quando somente duas pessoas tinham permissão para empunhar uma faca? Sem falar da massacrante rotina diária de fazer geléia de pimenta e enfiar sal em vidros minúsculos.

Houve acidentes. Machuquei-me. Cortei-me. Caí: estava concentrado como um míope na tarefa de descascar alho e não notei uma caixa grande de carne aos meus pés, tropecei nela e voei. Teresa ergueu os olhos e ficou pasma com o que viu: aquele americano grande, inexplicavelmente atravessado no chão. Quando aterrissei (na carne, com cascas de alho por todo lado), ela pôs a mão na boca para segurar o riso, pelo menos até ter certeza de que eu não estava ferido, e então soltou uma risada histérica. Riu até começar a chorar.

Fiz um talho na cabeça. Estava limpando uma máquina usada para bater carne. Parecia um instrumento de tortura, da altura de um homem, todo cheio de ângulos metálicos, com restos de carne fibrosa grudados. Devo ter assumido uma posição estranha, querendo manter certa distância ao mesmo tempo que chegava perto o suficiente para raspar os restos, quando bati a testa em alguma coisa que abriu um corte em mim. Foi tão inesperado que eu não sabia no que havia batido. Apalpei a borda do ferimento: profundo. Um minuto depois, repeti a façanha: bati com a *mesma* parte da testa na *mesma* coisa aguda, fosse lá o que fosse, e abri de novo o ferimento. Precisei sentar: havia sangue por todo o meu rosto.

Eu sentia falta do Babbo: de suas regras e de saber como trabalhar dentro delas, a adrenalina do serviço, o reconhecimento que havia conquistado. Eu estava recomeçando tudo de novo. Então peguei fogo.

Estava fazendo uma panelada do que se chamava *ragù alla Medici*, em homenagem à famosa família florentina da Renascença cuja cozinha, segundo Dario, representava o ponto alto da culinária italiana.

A carne era a que estava lá encostada, com a data de validade para vencer ou já vencida: crua, marinada, até mesmo cozida, o que quer que estivesse à mão. Tudo era passado num moedor e jogado num panelão com mais de um metro de altura. As hortaliças, as suspeitas de sempre — cebolas vermelhas, cenouras, aipo, alho —, também passaram pelo moedor, formando uma longa coluna pastosa e colorida. Deram-me um pau de um metro e meio de comprimento, parecido com uma pá, com uma ponta achatada e queimada para raspar o fundo. Um grande queimador foi posto no chão para que eu pudesse ficar de pé ao lado do panelão. Eu deveria ficar mexendo durante oito horas.

Na verdade, apenas seis horas, pois haveria uma pausa de duas horas para o almoço: uma massa servida com um tempero improvisado feito com azeite de oliva, alho e os primeiros tomates-cerejas da estação; durante a refeição familiar, Dario começou subitamente a recitar o fim da *Divina comédia*. Não entendi por quê. Alguma coisa relacionada com a comida. Com os tomates, talvez. Os tomates, sendo vermelhos, lembraram-lhe o inferno, e lá se foi ele. Todos pararam e mantiveram um silêncio respeitoso, até ficar claro que Dario ia continuar por algum tempo. Carlo fez cara de "não acredito que ele vai fazer isso no almoço de novo" e as pessoas à mesa retomaram a conversa, terminaram a comida, tiraram os pratos, lavaram a louça — Dario continuava recitando — e voltaram a suas tarefas. Eu não tinha essa liberdade porque não conhecia bem a situação. Ainda não percebera que aquilo era semelhante a um problema de encanamento. "Droga, entupiu!" "Droga, Dario começou a recitar o último canto!" Também senti que não tinha escapatória, porque a declamação estava sendo projetada em minha direção, enquanto Dario suava e seu rosto exibia um brilho febril. Quando terminou, invocando um amor que move o céu e as estrelas, levantou-se e foi buscar uma garrafa de uísque no guarda-louça, bebeu-a de um trago e assumiu seu posto na plataforma, visivelmente trêmulo, as mãos sobre o balcão, de costas para mim. Quando se virou, vi que estava chorando. "Toda paixão, todo sentimento de fúria ou angústia, todo pensamento está condensado nesses versos."

Assenti com a cabeça. Tenho certeza de que ele estava certo. Mas eu tinha coisas a fazer. Estava fazendo meu primeiro ragu. Não era esta a razão de eu estar na Itália — aprender com um italiano a fazer um ragu? Voltei alegremente à minha panela, reacendi o fogo e continuei a mexer. A carne, cozida por tanto tempo, parecia uma terra cascalhenta. Por fim, Dario apareceu. Havia se recuperado da declamação de Dante e viera inspecionar meu trabalho. Acrescentou um pouco de tomate — não muito, mais água de tomate do que molho de tomate, mudando a cor de marrom-sujo para marrom-sujo-escuro. Eu continuava girando a carne, punha um pouco de lado a cada vez, expunha o fundo da panela, depois girava de novo. A cada passagem, a carne chiava e o vapor envolvia meu rosto. Eu estava quente, naquela rotina de camisa suada e suor escorrendo pelo rosto-pescoço-braços. Lembrei-me de Marco Pierre White ("Todos os grandes caras temperam a comida com seu suor — dá para sentir o gosto") e me perguntei se o suor era realmente o segredo do tempero, porque não havia dúvida de que o meu estava caindo, ainda que se convertesse em vapor no impacto.

Eu tinha preocupações. Uma delas era que, ao levar a carne de um lado para o outro com a pá, eu empurrasse a panela demais — ela batia toda vez em meus joelhos — e a derrubasse, derramando horas de bom trabalho. (O tipo de coisa que eu era bem capaz de fazer, não? Abracei um pouco mais a panela.) A outra era que meu avental, que ia até o chão, pegasse fogo. Ensaiei mentalmente um possível roteiro. O avental estava preso à cintura por um cordão amarrado. Para tirá-lo, eu precisaria dasatá-lo. Então, a primeira providência: desamarrar. Se não fizesse isso, a coisa podia ficar feia. Imaginei-me em chamas, incapaz de tirar o avental, e Dario correndo, heróico e decisivo, pegando-me com suas mãos de gigante, jogando-me no chão e apagando o fogo com os pés (eu não queria ser pisoteado).

Por volta das cinco, Teresa olhou dentro da panela. "Dario, è *pronto*." Dario veio, pegou um pouco do ragu na pá de madeira e sacudiu, como se garimpasse ouro.

"Deve ficar como areia", explicou. Provou o ragu. "*Boh!*", e passou a pá para Teresa.

Ela provou: "*Boh*", e passou a pá para Carlo.

Carlo provou: "*Boh*".

Riccardo provou: "*Boh*".

O Maestro provou: "*Boh*".

Ora, que diabos, pensei, e provei também. Todos olharam para mim. "*Boh*", eu disse por fim (o que mais poderia dizer?).

Dario provou de novo. "*Perfetto*", declarou. Olhei para o ragu, o resultado de horas de mexida, aquela areia suja e grudenta.

"*Pepe!*", Dario gritou para o teto. A pimenta apareceu.

"*Sale!*" O sal apareceu.

"*Limone!*" E lá estava uma tigela de raspas de limão. Canela, coentro, noz-moscada, cravos. Achei interessante que os temperos fossem acrescentados depois do cozimento. Os próprios condimentos, aquela compilação dos Medici, também me interessavam. Eles nunca estavam presentes num ragu convencional. Não era nada parecido com um bolonhês, ainda que tivesse a mesma consistência. (Todas as preparações de Dario são simples polêmicas travestidas de comida? "Não temos idéia de onde essas coisas vêm", contou-me Teresa. "Dario vai para casa, lê um livro antigo, aparece com outro prato.") Inclinei-me e aspirei o novo aroma, que era como uma soma de Natal, Páscoa e cogumelos de outono em um único cheiro complexo. Então Dario pediu *vin santo* — duas garrafas inteiras.

Meu queixo caiu. Oh, não! Depois de todo o esforço para se livrar do líquido. E agora eu teria de fazer aquilo evaporar também? Ele jogou o vinho na panela e olhei lá dentro, sem acreditar. Estava com aparência de sopa. E, como eu temia, mandaram-me mexer de novo. Eu estava cansado. E então peguei fogo.

As chamas começaram na bainha e dois segundos depois o avental estava queimando. Uau! Exatamente como no cinema! (É gordura animal, ocorreu-me — claro! Sou gordura em fogo!) O fogo estava bem adiantado quando o notei, embora estivesse esperando por ele, e já dava a volta no avental. Eu me vi no meio de um círculo de chamas, apropriadamente parecido com o *Inferno*. Mas eu sabia o que fazer. E Dario, claro, também sabia. De onde ele veio? Eu fui direto para o cinto, rapidamente, e localizei as pontas dos cordões para desfazer o nó — um laço simples, um único puxão. Mas Dario, com uma urgência heróica, também foi direto para o cinto. Eu estava muito mais relaxado, provavelmente porque havia feito em minha cabeça o treinamento contra incêndio durante toda a tarde. Dario, no entanto, estava tão concentrado em desfazer o nó do meu avental que não percebeu que eu já estava lá e agarrou os cordões que eu já tinha nas mãos (Como se diz, "Ei, Dario, faça o favor de retirar a porra das suas patas gigantescas?"). Lutamos. Minhas mãos iam numa direção, as dele em outra, até eu conseguir segurar de novo os cordões, o que era bom. Mas Dario segurava agora o nó. Como eu poderia desfazer o nó se as mãos dele estavam em cima? Mas com os esforços dele e os meus, o nó acabou desfeito. O avental foi arrancado e jogado com violência no chão. Dario pisoteou-o.

Mais tarde, naquela mesma noite, num clima um tanto metafísico, fui visitado pelo sr. Bom Senso, de quem eu não tinha notícias havia algum tempo. Ele me perguntou: por que você quer ser um açougueiro? Benny, no West Village, não o serve bem? Essa coisa da língua — o que há de errado com o inglês? E por que você quis aprender a cozinhar com esta idade?

O momento do grande passo adiante foi a *soppressata*. Teresa pediu que eu ajudasse. Era o projeto do dia seguinte.

Do que pude deduzir, soppressata é carne e banha de porco enfiadas em tripa — como um salame, mas maior, com mais carne, mais gordura —, e cada região parece ter sua própria versão. A de Dario é uma *sopressata de Medici*, uma grafia do século XVI, porque os ingredientes medicianos que já me eram familiares — cravo, canela, noz-moscada, raspa de limão e vinho doce — eram acrescentados a um enchimento de porco muito gelatinoso. O fascínio com os Medici era um tema diário. Eu sabia alguns detalhes da história: que quando Caterina de Medici deixou a Itália em 1533 para se tornar a futura rainha da França, ela não só deu início à revolução da culinária francesa como entregou todos os segredos das cozinhas italianas. Dizia-se que sua tropa de carga estava cheia de alfaces, salsas e alcachofras (familiares na Itália, estrangeiras na França), e que entre seus serviçais de cozinha iam organizadores de banquetes, açougueiros e chefs de pastelaria, de tal modo que, quando se instalou, pôde apresentar doces, cremes, profiteroles, hortaliças e ervas a uma população que jamais tivera essas coisas, além do melhor da culinária renascentista, junto com uma atitude de seriedade em relação à comida, bem como aquele utensílio duradouro, o garfo (uma invenção italiana — de que outro modo se poderia comer macarrão?). Em círculos gastronômicos instruídos, se faz muita troça dos italianos que ainda acreditam nessa história: que existem fadas, tapetes voadores e... Dario, naturalmente, não tinha dúvidas. Compreendi isso no dia em que o observei usando chalotas em uma de suas preparações.

"Chalotas?", perguntei, exagerando na perplexidade. "Dario, as chalotas não são francesas?" Era um pergunta maliciosa. Ele não reagiu bem à insinuação de que sua comida era disfarçadamente gaulesa.

"Não!", ribombou. "Não! Não! Não!" De acordo com Dario, as chalotas são outra coisa que os italianos apresentaram aos franceses. "Há quanto tempo você está aqui? *Boudin blanc*", exclamou, referindo-se à lingüiça branca francesa. "*Boudin noir! La crème caramel! Le soufflé! La crépinette!*" Ele gritava. "*Le pâté! La mayonnaise! Il salumi — la charcuterie! Canard à l'orange!* Esses pratos não têm *origem* na França! Eles *chegaram* à França! *Tutta la cucina è arrivata!* Até Caterina de Medici, não havia grande cozinha francesa!"

O rosto de Dario estava vermelho. Resolvi abrir o jogo: "Ei, Dario, eu só estava brincando!". Não adiantou. Ele não parava. Citou pratos alemães, pratos vienenses — "A *Sachertorte*? Hein? Da Sicília!" Pratos argentinos. *Chimichurri* — aquele molho de churrasco? "De onde você acha que eles tiraram?" Talvez ele tivesse tomado vinho demais no almoço, porque declarou então que a maior parte da culinária do mundo — "*tutta la cultura della cucina è nata nel Mediterraneo*" — vinha do Mediterrâneo, e a maior parte dela, da Toscana.

Olhei para ele sem expressão, engolindo a proposição de que os toscanos, em última análise, eram os responsáveis por toda a boa cozinha do mundo.

(Por outro lado, talvez ele tivesse razão. Eu me surpreendia com a quantidade de coisas presentes num menu toscano tradicional que sempre pensei ser francesas, como crepes, *crespelle* em italiano, ou flã, chamado *sformato*.)

A soppressata lembrou Dario da estada de Armandino no açougue. Naquela ocasião, ele gravava tudo o que aprendia em vídeo para poder reproduzir depois, quando voltasse a Seattle. Mas como Armandino não falava italiano, ele havia usado Faith Willinger como tradutora — Mario havia apresentado um ao outro. Durante a sessão de preparação da soppressata, Armandino subiu num banquinho para filmar por cima do ombro de Dario, enquanto Willinger fazia os comentários em inglês. De repente, Dario ficou muito abalado. Fazer soppressata envolvia três pessoas, e para Dario essas pessoas sempre foram seu pai, sua mãe e sua avó. Os três já estavam mortos e aquilo provocava associações demais: Dario teve um ataque de sentimentalismo. "É preciso três pessoas para fazer soppressata! Uma pessoa sozinha não pode fazê-la!" Mandou Armandino descer do banco e disse para Faith calar a boca, se sujar e ajudar.

Desta vez, eu era a terceira pessoa, ao lado de Teresa e do Maestro. Primeiro, me mandaram pesar a carne, uma panela de restos de carne de porco: noventa quilos de jarretes, cabeças, unhas das patas, tetas, línguas, mais algumas partes desformes que não consegui identificar. Os ingredientes renascentistas foram acrescentados e tudo foi fervido lentamente, até se transformar numa lama cinzenta e grossa, quando então o fogo foi desligado e deixou-se a panela esfriar — mas somente um pouco. Os ossos do porco são cheios de gelatina e se solidificam como cimento se atingem a temperatura ambiente.

Começamos. Teresa trabalhava junto à panela, enchendo uma xícara com a mistura e esvaziando-a num saco de lona, parecido com uma meia grosseira, que ela então passava para mim. Eu dava duas pancadinhas para assentar a mistura e limpava os lados — o grude sendo filtrado através do tecido —, fechava o saco e passava ao Maestro, que o agarrava com firmeza pela ponta, sua mão gigantesca recobrindo minha insignificante pata. Ele então passava depressa um cordão ao redor da trouxa, como se fosse um saco a ser enviado pelo correio.

Estabelecemos um ritmo. Teresa, a passagem para mim, o Maestro. A certa altura, Teresa começou a cantarolar. Ela cantarolava tanto que eu raramente notava: era um ruído contente de fundo. Mas o Maestro notou e começou a assobiar junto. A canção era "O sole mio".

Nós três continuamos. Teresa enchia um saco, eu dava as batidinhas e o Maestro amarrava. Enquanto isso, Teresa cantarolava baixinho e o Maestro assobiava. Então eles chegaram ao final da canção. O Maestro limpou a garganta.

Não, pensei. Ele não ousaria.

"*Che bella cosa*", ele cantou. Era um barítono impressionante. "*Na jurnata 'e sole.*" Que coisa bela é um dia ao sol. Não acho que eu tivesse prestado atenção nas palavras antes. Fiquei impressionado que alguém as soubesse. Por outro lado, se era para alguém saber, seria ele, não é mesmo? (Afinal, ele é italiano.)

Teresa respondeu. "*N'aria serena*", cantou. Sua voz era um mezzo soprano perfeitamente razoável e me impressionou que ela também soubesse os versos. Encheu outro saco e passou-me cantando, "*doppo a na tempesta*". No ar sereno depois da tempestade.

Aquilo tudo era delicioso. O problema era a canção, e o verdadeiro problema para mim era que eu havia morado na Inglaterra, onde uma versão corrompida era o tema de uma propaganda de televisão que vendia um falso sorvete italiano chamado Cornetto:

Veneza, gôndolas e alguém de boina cantando "Dá-me um cornetto" ao som de "O sole mio". Era difícil ajustar as duas versões: de um lado, "Dá-me um cornetto", abertamente aceito como uma piada; do outro, eu naquela cidadezinha italiana, fazendo soppressata conforme uma receita renascentista, cercado por pessoas que cantavam a sério aquele marco do kitsch italiano. E elas sabiam os versos. E não era uma piada.

"*Pe' ll'aria fresca*", continuou o Maestro, "*pare già na festa*."

"*Che bella cosa na jurnata 'e sole*", respondeu Teresa, e soltou seu saco. O Maestro também largou o seu e inspirou profundamente. Eles se preparavam para as notas altas do famoso refrão.

(Não, me vi dizendo em silêncio. Por favor, não. Vocês não estão constrangidos? Por favor, parem.)

Eles não pararam. Inclinaram a cabeça para trás, projetaram as vozes para o teto e bramiram: "'*O sole mio*", cantaram em uníssono, "*sta 'nfronte a te! 'O sole, 'o sole mio...*".

(Me senti totalmente humilhado em nome deles. Será que eles não sabiam que aquilo era uma propaganda de sorvete?)

Quando terminaram, ficaram em silêncio. Por fim, Teresa disse, enxugando uma lágrima: "Bravo, Maestro".

"Bravo, Teresa", disse o Maestro, limpando a garganta.

O refrão continuava em minha cabeça quando fui para casa a pé naquela noite. Quem acreditaria no que eu havia testemunhado? Ninguém. Não estou certo de que acreditei, exceto que eu estava recoberto pela prova. O grude da soppressata estava por todo o meu corpo, dois dos meus dedos haviam grudado e eu teria pela frente alguma escovação antes de libertá-los. (É preciso se perguntar: como o estômago faz para digerir aquele troço?) Eu também havia pisado em cima daquela substância, o que não surpreende, pois no processo de passar soppressata de mão em mão, ela se espalhara pelo chão. Dava para escutar: um som de sucção cada vez que meu salto pressionava o chão e tentava se erguer de novo. Enquanto isso, o refrão continuava. Na verdade, eu o cantarolava. Podia ser kitsch. Podia ser um anúncio de sorvete. Mas eu tinha de admitir: pegava a gente. Além disso, eu não conseguia lembrar de outro emprego em que as pessoas cantavam enquanto trabalhavam. Gostei que fizessem isso. Gostei de estar ali, fazendo aquela comida estranha.

21.

Dario Cecchini nasceu em 10 de setembro de 1955, numa casa em frente ao açougue, onde agora Carlo cuida da contabilidade e Lucia chega todas as manhãs para lavar e pendurar os longos aventais sujos do dia anterior. O pai de Dario chamava-se Tulio, e ainda falam dele com muito afeto em Panzano, quase sempre com frases que o contrapõem, favoravelmente, a seu filho mais histriônico; Tulio era conhecido por seu charme, sua condição atlética e seu sucesso com as mulheres — o que incomodava seu próprio pai, que, no leito de morte, mandou que o filho parasse de ser mulherengo e sossegasse. Case-se com Angelina, ordenou. Após a morte do pai, Tulio, seguindo o imperativo do leito de morte, logo se casou com Angelina, uma garota do lugar. Quando Dario fala do pai, ele parece estar falando de um professor, de um professor do modo de ver: uma apreciação estética, uma compreensão da pintura e um modo orgulhosamente possessivo de ver a Renascença, como se suas maiores realizações fossem sem dúvida nenhuma toscanas. Essa filosofia parece ter sido transmitida em aulas informais, pai e filho juntos nos museus, e seriam mais ou menos assim:

"Está vendo aquela estátua de Davi? Está vendo aquela pintura da Última Ceia? São toscanas. Nós fizemos aquilo". O que o pai não ensinou ao filho foi como preparar carne.

Dario não queria ser açougueiro e estava decidido a se tornar o primeiro Cecchini, em seis séculos, a não sê-lo. Queria também ser o primeiro a ter educação superior, e freqüentou a Universidade de Pisa para estudar veterinária: "Eu queria curar animais, não abatê-los". Mas em seu segundo ano, sua irmã, Marina, telefonou: o pai estava com um câncer muito avançado. Dario foi chamado ao hospital, onde seu pai, agonizante, confessou ter cometido um erro: não havia ensinado o filho a ser açougueiro. Achou que ia ter tempo para isso. "Vá até o Maestro", disse. "Falei com ele. Ele vai ensiná-lo a reconhecer a carne boa." Em seguida, seu pai morreu.

Dario tinha vinte anos. Seguindo o imperativo do leito de morte, abandonou os estudos. Havia, além disso, um imperativo financeiro: com a morte do pai, a família, ou o que sobrava dela (uma avó e uma irmã, pois a mãe de Dario morrera quando ele tinha onze anos), estava sem dinheiro. Um dia, em 1976, Dario fez uma visita ao Maestro e pediu sua ajuda, com o que ele concordou.

A aldeia para a qual Dario voltou não era a mesma onde ele havia crescido. Restavam somente os velhos, ele relembra, todos os outros estavam indo embora (*fuggendo*, como se de uma peste). Os clientes de seu pai viviam nas proximidades, eram *contadini*, camponeses que arrendavam terras ou eram donos de pequenas propriedades, que cultivavam um tipo de agricultura chamada *agricoltura promiscua*, uma mistura de vinhedos, pastagens e oliveiras: faziam vinho e azeite, criavam animais e plantavam trigo e hortaliças. O gado local era de uma raça branca chamada *chianina*, um animal de tração, notável por sua altura (muito acima da do gado convencional), seu tamanho (bezerros de seis meses podem pesar setecentos quilos) e sua força. Os *chianine* estavam lá desde sempre (*da sempre*) e não se podia cultivar a terra íngreme sem eles, normalmente em dupla, juntos numa canga em forma de "m" para acomodar seus pescoços grossos. As vacas mais velhas, o touro ocasional e alguns dos bezerros (os *vitelli*, que excediam as necessidades dos camponeses) eram vendidos numa feira semanal de animais em Greve, uns oito quilômetros morro abaixo. A raça chianina era estimada por sua profunda "carnosidade" — um sabor peculiar e complexo que se obtém de músculos trabalhados, às vezes duros, raramente gordos, uma carne parecida com a de um animal selvagem. A *bistecca fiorentina* é, por tradição, de chianina. Mas a agricultura mista vinha desaparecendo.

Em 1956, houve um congelamento de primavera devastador, o pior em dois séculos, que matou a maioria das oliveiras, inclusive aquelas que, com centenas de anos, pareciam capazes de sobreviver a qualquer adversidade. E a morte das árvores, tão associadas à região a ponto de lhe servirem como símbolo ou bandeira — significando permanência e durabilidade —, parece ter matado alguma coisa no espírito do povo que as cultivava. Houve outro congelamento, no primeiro inverno em que Dario voltou a Panzano, suficientemente severo para matar as plantações novas. Os camponeses resolveram ir embora. Muitos abandonaram suas casas: quem quer uma casa de pedra em chão de terra batida, sem esgoto e com hectares de vegetação destruída? Houve outros fatores (cada morador de Panzano tem sua própria lista), entre eles uma tentativa desastrada de um governo intervencionista de ajudar (muito pouco, tarde demais), seguida por um esforço igualmente desastrado de sair do caminho; o advento dos supermercados, a ubiqüidade da refrigeração, das estradas pavimentadas, das agências de viagem, da televisão; a cultura da eletricidade (se pelo menos *isso* não tivesse chegado). Em suma, tudo contribuiu, por um motivo ou outro (chame-se de "a chegada muito tardia do século xx"), para o fim de uma longa era da Toscana rural. Em

1976, ninguém mais queria ser camponês. No ano em que Dario começou a ser açougueiro, o Chianti estava desolado.

Uma tarde, quando o açougue estava fechado, minha mulher e eu fomos à casa de Dario e Ann Marie. Eles moram em Il Greppo, uma casa de pedra como aquelas abandonadas pelos camponeses nos anos 1970. Para chegar lá, pega-se uma estrada íngreme ao lado do açougue que leva para a parte selvagem, não cultivada do Chianti. Em ambos os lados, vê-se um vale. Na direção de Greve, o vale é pedregoso e inculto, e abriga rebanhos de ovelhas. Do outro lado, é uma espécie de grande bacia, um trecho de uma geografia notável que recebe sol o dia inteiro chamado *la conca d'oro* — concha de ouro: um vale em forma de concha banhado pelo sol dourado. Fotografias da década de 1960 mostram vacas brancas, trigais, oliveiras, chiqueiros, algumas videiras. Agora vêem-se videiras, que se espalham para fora com disciplina clássica, fileira após fileira, uma estética simétrica de verde primaveril, depois que as folhas novas finalmente se desenrolaram com o clima quente. Vêem-se alguns lotes de pequenos proprietários, mas a maior parte do vale está dividida entre duas famílias de viticultores.

Até 1991, uma delas foi chefiada por Alceo di Napoli, um príncipe de Nápoles. (Boa parte do Chianti é de propriedade de gente com título de nobreza.) A família de Alceo vivia no Castello dei Rampolla, na extremidade oposta do vale, desde o século xviii. As histórias sobre Alceo evocam um homem determinado, sem papas na língua e de uma elegância internacional, um patriarca franco e carismático. Dario o descreve, com muita admiração, como "*testa di cazzo*", o "supremo cabeça-dura dos cabeças-duras. O Maestro dos cabeças-duras. Sempre em litígio, sempre brigando. Ele era magnífico — *molto bravo!*". Durante as grandes geadas e suas conseqüências, chamadas pelos habitantes do lugar de "a grande migração", Alceo estava morando no Brasil. Quando voltou e viu suas terras abandonadas, mandou arrancar tudo e plantou videiras. Produziu sua primeira garrafa de vinho em 1975, ano da volta de Dario. Alceo passou a fabricar alguns dos vinhos mais prestigiosos da região, mas quando morreu, em 1991, a família teve dificuldades para dirigir o vinhedo sem ele. Um de seus filhos, Marco, considerado o mais capaz, mas que era um garoto rico e rebelde, morreu antes do pai, quando caiu com seu helicóptero nas montanhas. Matteo, o filho seguinte, assumiu o negócio, mas fez investimentos exagerados, geriu mal as finanças e desapareceu após um escândalo tributário. A família se mostrava incapaz de fazer um vinho que cumprisse os padrões estabelecidos pelo pai (que parecia permanecer presente, como um fantasma rabugento). Luca, o terceiro filho, assumiu o negócio e a filha, Maurizia, o ajudou. Desde 2000, o vinho voltou a ser bom. Seu engarrafamento mais bem-sucedido — que Maurizia acredita que seu pai poderia ter feito para ele mesmo — chama-se Vigna d'Alceo, o vinho de Alceo.

A outra família do vale é a Manetti, chefiada até recentemente por Dino Manetti. É uma velha família florentina que fabricava ladrilhos de terracota desde a Renascença na vizinha Impruneta. A propriedade dos Manetti em Panzano, que o pai comprou em 1968, incluía um *borgo* antigo inteiro: uma pequena aldeia, com várias famílias agrupadas vivendo em torno de um pátio, com uma cantina do século IX (uma combinação de cozinha, despensa e celeiro), com estábulos para o gado chianina. O *borgo* tinha uma rotina de compartilhamento das tarefas domésticas, entre elas fazer pão no forno à lenha todos os sábados de manhã, e somente aos sábados, em parte porque muitos acreditam que o pão toscano, que é feito sem sal, quanto mais velho melhor (o que é bem possível, quanto mais não seja porque tem tão pouco sabor quando está fresco). Conheci o último contadino que morou no *borgo* (em Panzano, acaba-se conhecendo todo mundo), Beppe — um homem grande de setenta anos, mas com aparência de muito mais, uma barriga imensa e suspensórios para segurar a calça, cabelos despenteados há muito tempo, sem os dentes da frente e com um olhar selvagem. Podia ser encontrado nos finais de tarde na praça onde os velhos se reúnem. Em sua época, Beppe era quem tomava conta dos animais, cuidando dos bois necessários para o plantio e a colheita. Estava implícita nesse arranjo uma velha atitude rural da criação de animais: quando eles estão tão intimamente envolvidos em sua vida, você os trata como membros da família — ainda que espere comê-los no jantar, ou talvez *porque* espera comê-los no jantar.

Quando Dino Manetti comprou o *borgo*, havia videiras por toda parte, mas como elas também tinham sido negligenciadas, tal como seu vizinho, ele mandou arrancar tudo e plantar novas cepas. O esforço levou quatro anos e também terminou em 1975. Não conheci Dino Manetti, que morreu algumas semanas antes de nossa chegada, mas mesmo eu, na minha ignorância, senti a perda que sua morte representou. Ele era adorado por todos, uma espécie de prefeito não oficial de Panzano, um romântico que viera, em suas palavras, descobrir suas raízes no Chianti. Giovanni, seu filho, que estava com quarenta anos, parecia dar continuidade ao esforço do pai, cavando fundo para descobri-las. Três meses após a morte de Dino, ele começou a escavar o velho *borgo*. O forno à lenha havia acabado de aparecer sob o que havia sido um piso moderno. Da crista do morro, era possível ver homens derrubando quartos, suas divisões improvisadas, as reformas *ad hoc*: tal como num sítio arqueológico.

Il Greppo é uma casa de pedra de três andares, um quilômetro e meio adiante da crista do morro, que dá para uma ravina escarpada. Dario comprou-a em 1980, quando estava no açougue havia cinco anos. Foi um período solitário. Antes, havia gozado a divertida vida de estudante, cheia de novidades e promessas. "Descobri o cinema" (não havia isso na cidadezinha toscana). "Tinha namoradas, lia livros, freqüentava inaugurações de exposições, ia a festas. Disso para um açougue em Panzano. Foi como ir para a África. A África teria sido mais fácil." Morava na casa da família e todo dia atravessava o mesmo pedaço de terra ("*la stessa terra!*") que seu pai havia palmilhado, e antes dele seu avô, e antes dele seu bisavô. A chaira que Dario usava para afiar suas facas havia sido de seu pai, assim como o balcão em que agora Dario preparava sua carne. Ele se cortava. Incompetência ou medo? Ambos, segundo ele, um terror que debilitava. Seus braços estavam cobertos de cicatrizes. As facas o assustavam. "No começo, eu via apenas a lâmina e estragava a carne. Feria-me terrivelmente." Precisava fazer sua nova vida funcionar por todos os tipos de motivos que não compreendia. Tinha pressa. Queria fazer tudo rápido, com urgência, embora não conhecesse nada. O Maestro o fez se acalmar. "Você não pode realizar um trabalho tradicional num ritmo moderno. O trabalho tradicional tem ritmos tradicionais. Você precisa de calma. Pode ficar atarefado, mas precisa manter a calma."

O padre Giovanni, um monge de 82 anos, falou de Il Greppo para Dario. O monge era um estudioso de sânscrito, poeta, professor de línguas mortas, alquimista e, para Dario, outro mentor. Dario não tivera uma educação religiosa. ("Um verdadeiro toscano não pode acreditar em Cristo, porque um verdadeiro toscano acredita somente na liberdade.") Mas seu pai costumava levá-lo para ver mosteiros e igrejas. ("Ele queria que eu experimentasse espaços tranqüilos.") Parece que o padre Giovanni compreendeu Dario, e Dario fala abertamente sobre a necessidade de figuras masculinas — *figuri maschili* — para ensiná-lo a ser um homem após a morte do pai: tais como o Maestro e o padre Giovanni. O monge apresentou-lhe a culinária da Renascença italiana, as obras da "Tradição Gloriosa", como Martino, Scappi e Latini. "O padre

Giovanni me ajudou a controlar as paixões. Disse-me que eu precisava de um lugar para ficar sozinho." Dario comprou Il Greppo porque o monge morava ao lado. "Não o via muito, mas era mais tranqüilizante saber que ele estava por perto."

Dario apontou para escombros no declive oposto, uma ruína coberta de musgo e arbustos, e disse que ali havia sido o castelo ancestral de Guido Cavalcanti, o impetuoso e imprudente pai da poesia amorosa italiana e defensor do *dolce stil nuovo* (doce estilo novo). Cavalcanti morrera ali, em 1300, quando estava exilado de Florença. No açougue, bastava dizer "*Donna, me prega*" — mulher, me pede —, primeiras palavras de um famoso poema de amor de Cavalcanti, e várias pessoas recitariam o resto da poesia em uníssono. Cavalcanti foi o melhor amigo de Dante, e quando Dario mencionou os dois poetas a associação trouxe-lhe à memória o Canto 10 do *Inferno* e ele começou a declamar o trecho em que Dante encontra o pai do poeta no inferno, o nada feliz Cavalcante Cavalcanti.

A casa de Dario era parecida com um museu descuidado. Afora um andar superior — onde Ann Marie conseguira instalar um banheiro que funcionava — a propriedade estava, em boa medida, intocada desde seus últimos habitantes. O térreo datava do século XII e boa parte dele era ocupada por uma cozinha de lareira aberta. Dario a chamava de *il forno* e, na verdade, sob muitos aspectos, era mais um forno do que uma lareira. Era amplo e acessível — uma fonte gigantesca de calor, um lugar para cozinhar e se aquecer. Dario ficou imóvel. "Não quero mudar nada. Venho aqui para sentir o cheiro. Às vezes, não faço nada a não ser sentar num canto e sentir o cheiro." Tentei absorver a história bolorenta do lugar, mas não conseguia parar de pensar em alguns dos absurdos diante dos quais eu estava: será que água encanada, eletricidade e gás são realmente tão ruins? Ainda assim, enquanto estive ali, sem me mover, auscultando o silêncio, não pude negar que a cozinha tinha um poder misterioso. Atravessei o lugar do fogo —

cinzas incrustadas no chão de barro — e olhei os quartos adjacentes. Eram pequenos — espaço para uma cama e não muito mais. As janelas tinham o trabalho em metal entrecruzado original. Nos meses quentes, deixavam entrar uma brisa e os cheiros estivais de animais, frutas e azeitonas. No inverno, persianas impediriam a entrada do frio e todos se reuniriam ao redor do fogo do forno. Fiquei junto à porta de um dos quartos, perdido numa meditação sobre os hábitos recorrentes da casa. Gente havia feito amor ali, suado durante a gravidez, dado à luz, cuidado de crianças, adoecido, morrido, com um fogo sempre aceso na cozinha. Naquele quarto, a geração seguinte havia feito o mesmo, o fogo ainda aceso. E a geração seguinte, por mil anos.

Estava escurecendo. Saí e fui até um pórtico de pedra para capturar a visão das ruínas que outrora foram o lar de Cavalcanti. Não consegui vê-las. Com luz boa, era preciso saber que estavam lá para localizá-las — seu contorno ficava aparente numa sombra de verde mais profundo e fluorescente —, mas agora, com o pôr-do-sol, o contorno se fora. Era tarde e estávamos com fome. Dario sugeriu que arranjássemos alguma coisa para comer, talvez na aldeia vizinha de Lamole.

22.

O restaurante, normalmente vazio naquela época do ano, acolhia uma festa de aniversário. Enquanto estávamos na entrada, um casal idoso foi conduzido a um pequeno palco para que lhes ministrassem suas primeiras aulas de caraoquê. O dono, o diligente Filippo Masini, de 33 anos, que falava inglês, francês e alemão e que assumira recentemente, junto com o irmão, o restaurante do pai, sabia que não deveria nos receber. Sua saudação foi excessiva e cheia de pânico, como se o prefeito tivesse acabado de chegar sem avisar. "*Eccolo!*", gritou. "Dario Cecchini. Como é *muito bom* ver você! Você é *tão* bem-vindo! Tenho tanta sorte. O grande Dario veio ao meu humilde Restaro di Lamole!" Mas todo o resto do comportamento de Filippo deixava claro como era *ruim* que Dario tivesse aparecido (por exemplo, como se pode dizer que é bom ver alguém sem dar um sorriso?) e que, na verdade, sua chegada era muito importuna.

"Só quero bisteca, pingando sangue", Dario disse enquanto Filippo nos sentava a uma mesa na ponta da festa de aniversário. "Um açougueiro gosta de cru", explicou-me. "Um açougueiro gosta do tecido quente de um animal recém-morto, com gosto apenas de sangue. Dê-me sangue!", proclamou para a sala inteira e encenou um show de mastigação, exagerando ao abrir a boca e bater os dentes. Filippo, de pé junto à mesa, engolindo tudo aquilo, começou a ficar nervoso. A exibição de Dario era, na verdade, um desafio: quão boa é a sua bisteca, Filippo? Todos os restaurantes toscanos têm bisteca no cardápio, mas nenhum restaurante da região oferecia a carne de Dario: era cara demais e, em certo nível, ideológica demais. O menu de Filippo dizia que a sua vinha de Gabriella, uma açougueira de Greve.

O vinho foi o primeiro desastre. Filippo sentia orgulho de sua carta, que tinha várias páginas e oferecia todas as marcas conhecidas da Toscana. Entregou-a a Dario — um livro grande, que Dario pegou, ergueu acima da cabeça e jogou no chão com nojo. Foi um ato extremamente chocante. Olhei para Dario pedindo uma explicação, mas ele olhava para Filippo com asco.

"Você sabe que eu não quero esses vinhos."

Filippo ficou desconcertado.

"Traga-nos um vinho tinto que não tenha sido arruinado", disse Dario.

Filippo mencionou um nome, gaguejando.

"Não!" Dario havia atraído a atenção de uma das mesas da família. "Você sabe que eu não quero um vinho feito com madeira. Quero um vinho *verdadeiro*. Quero um vinho *simples*. Quero um vinho daqui."

Filippo mencionou outro nome, um tinto inexpressivo da aldeia.

Dario soltou um grunhido, algo entre um arroto e uma expiração inadvertida, como se tivesse sido atingido com força nas costas. Filippo saiu para buscar uma garrafa, aflito e aparentemente entregue a um debate íntimo sobre como deveria tratar aquele sujeito de conduta tão arrogante.

A disputa em torno do vinho estava relacionada a outro episódio da história recente de Panzano e outra polêmica de Dario. Mais ou menos na mesma época em que Alceo di Napoli e Dino Manetti arrancaram as videiras e as raízes arruinadas de sucessivos fracassos agrícolas, alguns proprietários de terra da região experimentaram fazer vinho ao estilo francês. Os resultados foram tão bem-sucedidos que outros os imitaram. Por alguma perversidade da lógica cultural, os novos vinhos foram chamados não de superfrancês, mas de supertoscano. O Vigna d'Alceo, por exemplo, era feito com cabernet sauvignon, a principal uva em um Bordeaux, a qual, antes de 1975, jamais fora plantada no solo de Chianti. Os vinhos de Dino Manetti eram feitos com sangiovese, uma uva toscana, mas o vinho era envelhecido em barricas, o que era muito francês, embora (segundo Dario) equivalente a marinar o vinho numa árvore.

O cardápio foi o segundo desastre. No conjunto, era muito regional, o que significava também que era muito marrom. Há um ditado na Itália: *brutto ma buono*, feio mas bom, que celebra a integridade amadora e muitas vezes irregular da comida feita à mão. Na Toscana, a expressão poderia ser *brutto e marrone*, feio e marrom. Os *crostini* locais, por exemplo, com todos os milímetros disponíveis cobertos com patê de fígado de galinha, eram uma comida marrom. *Pappa al pomodoro*, outro prato local, era feito com pão dormido (do tipo toscano, sem sal e sem sabor, e, como você sabe, tem de ser bem velho) e cozido com tomates maduros demais até degenerar num mingau marrom-escuro: marrom sobre marrom-escuro. As muitas variedades de feijões locais: marrons. (Dario levou-me uma vez a um banquete com onze pratos em homenagem ao famoso feijão de Sorana: feijão com cabeça de vitela, feijão com ovas de atum, feijão com *porchetta*, feijão com camarão, uma torta de feijão — uma celebração de três horas de marrom sobre marrom, que acabou com um prato de *biscotti* e um copo de *vin santo*, outra variação em torno do marrom.) A soppressata, as lingüiças, a famosa fiorentina: todas marrons, sem uma pontinha de cor. Aquela guarnição de salsinha picada? Uma intervenção corruptora ítalo-americana. Havia um macarrão local chamado *pici*, grosso como minhocas gigantes, que era similar a uma massa que os etruscos faziam, embora fosse um mistério não haver desaparecido com o restante da civilização etrusca: era intragável se não fosse cozido por mais de vinte minutos. Dava para mastigar se fosse cozido mais tempo, quando mudava de cor, não para marrom, mas para bege, embora o costume fosse cobri-lo com o ragu local, que era muito marrom: uma comida marrom e bege. As hortaliças locais? Alcachofras verde-marrons, azeitonas verde-marrons e cogumelos porcini (marrom-marrons). Se a Toscana fosse, de fato, responsável por uma porção respeitável da melhor culinária mundial, então devia ser da parte marrom. Filippo tinha todos esses pratos típicos toscanos no menu, impresso, é claro, em papel marrom. Além disso, tinha carpaccio de ganso. O carpaccio não era realmente uma preparação toscana; gansos também não eram muito toscanos. Não havia muitos gansos no Chianti. Para falar a verdade, não havia nenhum.

Quando Filippo voltou com nosso vinho, de peito estufado e parecendo se comportar com arrogância, Dario já havia percebido o ganso no cardápio e olhava para Filippo com ar de desconcerto exagerado. (Pobre Filippo, pensei, enquanto ele abria a garrafa: não tem idéia do que vem pela frente.) O olhar fixo de Dario, que Filippo evitava, era intenso e cheio de raiva. Finalmente, falou em tom baixo e controlado: "O quê, em nome dos meus colhões, é este prato no menu?".

Filippo lançou-lhe um olhar despreocupado. "*Che cazzo dici?*" "Do que está falando, caralho?", perguntou como quem não quer nada, dando continuidade à linguagem genital que caracteriza, de forma vigorosa, as conversas masculinas toscanas.

"Sua cabeça gorda de pau, por que *isto* está no seu menu?", disse Dario em voz alta, apontando para o carpaccio de ganso. "*Carpaccio di oca?!!*"

Oca significa "ganso". Dario conseguiu pronunciar a palavra com um "o" extralongo — calmo no início, depois muito alto, terminando com o "ca" como se estivesse vomitando o almoço.

"*Oca?*", repetiu.

"Ah, Dario, está no menu todos os anos", disse Filippo, e depois, apesar de seu esforço para fingir que nada daquilo importava, não conseguiu evitar olhar por sobre o ombro, para ver se a festa de aniversário testemunhava sua humilhação. (Na verdade, eles estavam envolvidos em outra coisa: o casal idoso fazia uma espécie de rodopio ao som do que parecia ser os Beach Boys em italiano.)

"*Oca?*", repetiu Dario. "*Ooooooooohhhh-CA!*"

"Os clientes esperam por isso", persistiu Filippo. Seu restaurante fora mencionado num guia inglês de caminhadas e agora tinha uma clientela. "Eles ficariam desapontados se não pudessem pedir seus pratos preferidos."

"Seu prato preferido de ooooooooohh-CA!" Dario estava persuasivamente incrédulo.

"Talvez você queira experimentar um pouco, Dario", ofereceu Filippo. "É realmente muito bom."

"Filippo, este prato é do Friuli. O Friuli fica no norte. Perto da Croácia." Era como se estivesse falando com uma criança de cinco anos. "O que você é? A Disneylândia? Não há gansos na Toscana. Você tem uma vista panorâmica. Quantos gansos viu esta noite? Quantos gansos, na sua vida de merda, você já viu? Isso é comida de fresco. Como a fusão. Fusão toscana aveadada." E jogou o menu no chão. "Ooooooooo-CA!"

Filippo pegou o menu e o pôs de volta na mesa. "Dario, por favor", disse num sussurro.

Dario jogou-o de volta no chão.

Filippo pegou-o de novo. Era um momento diplomático complicado. Ele havia recebido o prefeito em seu restaurante, mas o prefeito queria bater nele. "Dario, Dario, Dario", disse, implorando, e num gesto afetuoso deu uma pancadinha com o menu na cabeça de Dario. E esperando uma resposta muito mais agressiva. Dario retraiu-se e Filippo, sentindo a chance, bateu de novo, e depois mais uma vez, com mais força. E então, perdendo um pouco o controle, começou a bater com tanta força e rapidez que Dario teve de se proteger com os braços.

Chegara-se a uma trégua: de algum modo, Filippo, ao bater com o menu irracionalmente na cabeça de Dario, o havia persuadido de que ele agira irracionalmente. Todos relaxaram, exalando ao mesmo tempo, e Filippo pôde afinal trazer nosso pedido: dois quilos e meio de bisteca de Gabriella, disse Dario, "bem malpassada, para que eu possa sentir o gosto do sangue".

Aliviado, Filippo procedeu ao ritual de tirar um pedido, como se estivesse servindo uma mesa normal.

"Quem sabe um antepasto...", perguntou, num tom profissional.

"Não!", respondeu Dario, num tom de Dario. "Tipo o quê? *Carpaccio di oca?* Não."

"Um primeiro prato?", pressionou Filippo, decidido.

"Não!"

"Talvez uma salada, alguma coisa verde."

"Não!"

"Ora, vamos lá, Dario", disse Ann Marie. Foi sua primeira manifestação. "Vamos comer um pouco de espinafre."

"Não!"

"Dario?"

"Não!"

"Dario, eu gostaria de um pouco de espinafre."

"Certo. Espinafre. E pão."

Filippo fechou seu caderno de pedidos e partiu para a cozinha. Dario viu uma garrafa preta sobre a mesa. Foi o terceiro desastre.

"Não acredito", disse, abrindo a garrafa e derramando um pouco do líquido na mão. Provou: era vinagre balsâmico, que vem de Modena, na Emilia-Romagna, distante cerca de 150 quilômetros dali.

"Filip-po!", Dario gritou, com aquele acento irritante na última sílaba, como se estivesse em seu açougue. Filippo congelou — ele quase havia chegado à cozinha — e virou-se devagar. Dario fechou os olhos, estendeu o braço, com o vinagre na mão, e virou a garrafa ao lado da mesa, derramando seu conteúdo no chão.

Durante todo esse tempo, Annie, depois de fazer sua reivindicação de um prato de espinafre, não abriu a boca. "O que eu poderia dizer?", falou-me mais tarde. "Pedir a ele que parasse de ser tão escroto? Isso acontece praticamente toda vez que saímos. Toda aquela gritaria com o dono? É tão ruim que odeio comer fora."

Com efeito, Dario se transformara num policial da comida, impondo uma lei de não-mudança. Estava tentando deter o tempo. Crescera em uma região na qual as pessoas haviam deixado de observar os velhos costumes e ele estava decidido a pôr todo mundo de volta nos trilhos antes que os velhos hábitos desaparecessem completamente. (Do ponto de vista histórico, os que se propõem a deter o tempo não têm uma carreira muito bem-sucedida, embora faturem alto no quesito sentimental do "fazer as coisas erradas pelos motivos certos".) Para Dario, nos velhos costumes estava implícita a pressuposição de que a cultura de um lugar estava em sua língua, em sua arte *e* em sua comida — talvez a expressão mais direta, pois os hábitos de cozinhar e comer surgem da própria terra. O que é a culinária toscana exatamente? Eu havia perguntado a Dario em sua casa e ele respondera alguma coisa vaga, eu o pressionei e, por fim, ele disse que a verdadeira comida toscana era evocada pela fragrância única da terra úmida *naquele momento* — e apontou para fora, onde ainda estava úmido após uma tempestade vespertina e a relva brilhava ao sol. "O cheiro da terra, aqui, depois da chuva", disse. (O que não era muito esclarecedor: a comida toscana é lama?)

O desastre final foi a carne. Ela chegou: era uma bisteca de doze centímetros de espessura no meio de uma poça de sangue. Dario começou a cortá-la com um canivete que carrega consigo e distribuiu fatias pela mesa, até ficar impaciente e cortar um pedaço diretamente da travessa, espetá-lo com o canivete e comê-lo depressa, encenando de novo a mastigação furiosa do começo da noite.

"A carne não está boa", disse depois de uma respirada profunda. Retomou a mastigação e espetou outro pedaço. "Não. Isto não é uma boa carne."

Era a primeira vez que ele comia uma das bistecas de Gabriella, uma rara açougueira (filha, neta, bisneta *et cetera* de uma família de açougueiros) cujo açougue fica na praça principal de Greve, onde se realizava outrora o mercado de animais, o que explica seu curioso formato não quadrado: uma praça estreita nas duas pontas. O gado chianina costumava chegar pela entrada de cima, ser exposto, ganhar um prêmio, ser vendido e ir embora pela saída de baixo, onde, depois de tanta glória pública, era despachado para muitos jantares. A praça agora é dominada pelos turistas, os principais clientes de Gabriella. Ela tem mais de sessenta anos, cabelos desconcertantemente louros descorados (mais para morango do que para limão), óculos muito grossos e um traje de açougueiro que parece um pijama. Na última vez em que visitamos seu açougue, ela estava com uma galinha sobre a tábua de cortar, com as entranhas para fora — havia começado a limpar e esquecido —, e estava pondo lingüiça crua na boca de alguns bávaros constrangidos enquanto vociferava em ítalo-alemão: "*Molto gut!*".

Dario espetou mais um pedaço. "Quero que você toque o céu da boca com a língua", instruiu-me. "Sente isso? Está recoberta de cera."

Fiz o que ele mandava, e era verdade — havia uma película gordurosa. Pensei comigo se aquela sensação de cera era tão óbvia que eu teria percebido sozinho. Continuei a esfregar. Queria memorizar não só a sensação escorregadia como também outra coisa — o que era? um gosto? —, quando me lembrei de minha infância. Era uma associação desconcertante, que surgira sem governo, e de repente veio à minha cabeça uma imagem de mim à mesa da cozinha quando criança, meu pai à direita, minha mãe à minha frente. De onde tinha vindo aquilo? Continuei a esfregar o céu da boca. Era isso, o resíduo havia trazido a lembrança de comer um bife comprado por minha mãe num supermercado de subúrbio e caracterizado pela mesma qualidade de gordura. Havia sido uma ocasião especial. Na verdade, talvez tenha sido meu primeiro bife, e meu pai devia estar se sentindo rico o suficiente para comprar aquela carne. Comi o bife e pensei: é *isto*?

Dario pegou outro pedaço, mastigou e fez uma pausa. Suas bochechas inflaram-se um pouco, como se empurradas de dentro para fora: ele tentava identificar a fonte daquele efeito pegajoso da carne. "O céu da boca nunca deve ficar ceroso", refletiu. "A cerosidade revela com o que o animal foi alimentado, que devem ter usado grão barato para engordá-lo." (E era *isso* que eu provavelmente lembrei do meu primeiro bife — as qualidades peculiares do gado americano engordado com cereais.) Dario pegou outro pedaço. Comia com intensidade inquebrantável. "Esta carne vai pesar no seu estômago." Comeu outro pedaço, só para se assegurar de que iria pesar no estômago dele. "O segredo da carne está na gordura", continuou. "Quando a gordura é boa, você pode comer dois quilos sem se sentir cheio. Mas, com esta, você se sentirá cheio, mesmo que não esteja cheio. Vai sentir seu peso a noite toda. Aqui", disse, apontando para a parte superior do estômago. "Como uma pedra." Ele grunhiu e comeu, grunhiu e comeu, até terminar o prato.

Passava da meia-noite e era hora de voltar para casa.

No estacionamento, Dario falou comigo com grande solenidade: "Um açougueiro jamais dorme. Um açougueiro trabalha com a carne durante o dia e brinca com a carne à noite. Um verdadeiro açougueiro é um discípulo da carnalidade".

O jogo com a palavra carne tinha ressonâncias bíblicas. Carne, carnalidade, sexo, pele, jantar, pecado e a palavra de Deus ou, no caso de Dario, declamador de Dante, a palavra do Diabo: era um único fluxo contínuo de associações.

Dario continuou: "Você é agora um membro da confederação carnal dos açougueiros. Está aprendendo a trabalhar com a carne como um açougueiro. Deve agora fazer amor como um açougueiro. Pelo resto da noite, deve realizar os atos ocultos da carnalidade, a carnalidade de um açougueiro. E então você se levantará nas horas antes do amanhecer, cheirando a carnalidade, e descarregará a carne do caminhão, como um açougueiro".

Eu não sabia o que falar. Meu patrão me dizia que, para realizar meu trabalho, eu precisava agora ir para casa e fazer sexo. Já havia sido um longo, longo dia de carnalidades. O caminhão da carne chegaria em poucas horas. Parecia improvável que eu tivesse energia para mais carnalidade *e* fazer amor de açougueiro com minha mulher pelo resto da noite *e* me apresentar para o trabalho antes do amanhecer, sem dormir. Talvez eu não tivesse estrutura para aquele tipo de vida, afinal. Mas devo dizer que fiz o melhor que pude. Não queria deixar minha guilda na mão.

23.

Quando Dario disse que eu era membro da guilda dos açougueiros, estava aludindo a um recente avanço no açougue: eu o havia convencido de que era capaz de fazer lingüiças, fora encarregado dos pedidos da semana e me saíra bastante bem.

Nunca na vida, disse Dario, ele havia visto alguém dominar a arte da lingüiça feita à mão com tanta rapidez. "Você é um açougueiro por natureza", elogiou. "Na história de sua família, houve açougueiros. Está em seu sangue."

Era uma coisa agradável de ouvir, e a partir de então passei a ser um açougueiro em treinamento, embora fosse cético quanto ao papel desempenhado pelo sangue de minha família. Dario nunca levou a sério o período que passei no Babbo. Mas eu já trabalhava numa cozinha profissional havia algum tempo e — embora não tivesse coragem de contar a Dario, porque gostei da teoria do açougueiro no sangue — havia feito um curso de um dia de charcutaria na New York University. Certo: a NYU não era um açougue toscano (e ouvi merda quando voltei para casa cheirando a gordura de porco), mas havia aprendido algumas coisas básicas.

De qualquer modo, eu tinha sido promovido a um novo nível e, na manhã seguinte, depois que descarregamos a carne, Dario passou-me sua faca e, reconhecendo a seriedade da ocasião, deu-me uma luva de aço para me proteger de ferimentos, a mesma coisa que havia usado quando começou, mais de 25 anos antes. (Era gigantesca. Eu poderia colocar a cabeça dentro dela — era mais uma armadura de justa medieval do que uma luva — e não havia como eu usá-la.) Minha tarefa, sob a supervisão do Maestro, seria desossar porcos que se transformariam em *arista*. Em grego, *arista* significa "o melhor" e, segundo uma lenda local, se refere a uma preparação servida pela primeira vez numa reunião de cúpula florentina realizada em 1439 para estabelecer a paz entre as igrejas Católica Romana e Grega Ortodoxa. No final, os prelados gregos ficaram tão satisfeitos com a refeição que cantaram "*Arista, arista, arista*" para expressar sua apreciação. Teria havido tal cantoria? Desde então, descobri que a primeira menção, publicada, à arista, em uma história escrita em 1400 por Franco Sacchetti, antecede o banquete em quase quarenta anos, o que tira um pouco da força poética da louvação espontânea ítalo-grega. Qualquer que seja sua origem, a arista aparece habitualmente nos cardápios toscanos de hoje. Em minha experiência, não há dois pratos iguais, embora eles costumem conter uma mistura de ervas que recheia o melhor corte do porco, o que os italianos chamam às vezes de *carré* (o equivalente no porco à costeleta de cordeiro).

A arista de Dario não utiliza apenas um corte, mas quase metade de um porco, o torso, que é desossado e enrolado com uma extravagância de ervas e temperos: alho, tomilho, pólen de erva-doce, pimenta e sal marinho duplamente moído. A lógica é aplicar cada novo item em quantidades cada vez maiores, de tal modo que, quando se chega à pimenta, a carne está coberta por um grosso invólucro preto, seguido por uma abundância de alecrim (um invólucro verde), completada pelo sal, que, sendo duplamente moído, parece a imitação em miniatura de uma nevasca. A carne é então cozida em alta temperatura por quatro horas e sai do forno chiando, com a gordura derretida saltando na assadeira e espalhando uma nuvem de fumaça preta e pungente: uma coisa linda e faiscante (marrom, é claro). Quando fatiada, obtém-se vários cortes: o *carré*, com gosto de filé macio; o estômago toucinhento; e tudo que fica entre esses dois cortes. Mas é uma comida inquieta, que manda suas papilas gustativas para muitas direções — uma fatia consegue ser ao mesmo tempo queimada e macia, caramelizada e salgada, magra e gorda, explodindo de alecrim e erva-doce — e não dá para comer muito. Depois de alguns pedaços, a boca fica exausta com as pancadas sensoriais.

Era isso que eu iria preparar e, às seis e quinze da manhã, vi-me diante das duas metades de um porco cortado longitudinalmente, com a faca na mão, sem a luva medieval, pronto para começar. O Maestro ia me mostrar como tirar os ossos de uma metade; eu faria a outra. Ele pegou minha faca e sua instrução inicial foi mais ou menos assim. "*Guarda!*" (olhe!) "Você faz assim" (*così*). Depois faz assim (*così*). "Você corta estas" — *tagliale* — "uma por uma. Você solta a espinha, e *basta*."

Ele me passou a faca.

"Certo", eu disse, e ensaiei o procedimento com uma série de golpes de kung fu no ar. "Faço assim e assim. Corto estas uma a uma. Solto a espinha. E *basta*." (Eu dizia coisas totalmente sem sentido, claro, e não tinha idéia do que estava fazendo.)

Então, a primeira coisa: fiz *assim*. "Assim" significava soltar um lado da espinha, primeiro empurrando o animal para ficar de lado — uma operação pesada e um pouco escorregadia —, para que a espinha ficasse no alto. Por quê? Não tenho idéia. Mas o Maestro mandou fazer desse jeito. Portanto, foi o que fiz.

Depois, fiz *assim*. Esse segundo "assim" parecia ser soltar um pedaço retangular de carne, preso ao que deveria ser o pequeno ombro do porco. (Ombro? Pescoço? Cabeça? Esse negócio de descobrir o que todos aqueles pedaços de animal haviam sido antes era um exercício peculiar de especulação. Se eu pensasse muito sobre isso, temia ficar aflito ou, pior, sucumbir e me tornar vegetariano. Se pensasse pouco e resistisse a fazer a conexão entre o animal que estava em minhas mãos e seus primos vivos, como aqueles que circulam pelas fazendas, eu não formaria o quadro todo. Minha solução foi pensar na carniçaria como se fosse mecânica de automóvel. Isto aqui era o eixo da roda. Aquilo, o eixo do motor. O objetivo era ser honesto, mas não ficar íntimo demais — desmistificar o animal, porém respeitá-lo — e me ajudou a dar sentido ao fato de que eu estava dentro dele, retalhando-o. Só agora me ocorre que nunca consegui entender como funciona um carro.)

A seguir: cortei "estas". "Estas" eram as costelas. Para remover uma costela, cortei um lado dela com a faca, mantendo-a perto do osso, sempre consciente de que cada grama de tecido é carne e que não se deve jamais desperdiçá-la. Se eu levantasse os olhos para alguém que entrasse no açougue, digamos, e a lâmina se desviasse, perdendo assim um pedaço, eu me sentiria muito mal. (Não pelo dinheiro perdido, mas pelo fato de desperdiçar uma parte do animal: depois de toda a criação, alimentação, limpeza, cuidado, engorda, abate, transporte e agora retalhação, no final de uma longa e disciplinada linha de montagem, você perdia a concentração e um pedaço do animal estava perdido. *Cazzo!* Como você faz uma coisa dessas? *Non va bene!*) Depois, cortei o outro lado da costela, mantendo novamente a faca tão perto dela que dava para ver o branco do osso lascando junto à lâmina. O que eu fazia era liberar a costela, para poder puxá-la pela ponta ao mesmo tempo que aparava o tecido inferior — puxar e aparar, puxar e aparar.

Por fim, soltei a espinha. Essa foi uma primeira lição sobre não usar a faca de açougueiro. Usei os dedos — ao longo das junções do músculo — e a gravidade: esse o motivo de pôr o porco de lado, me dei conta, de tal modo que, ao cutucar e empurrar, a espinha poderia cair naturalmente. E então: *basta!* Olhei para o meu relógio: oito da manhã. Meio porco havia me tomado uma hora e 45 minutos. Havia mais doze para desossar.

O Maestro veio inspecionar meu trabalho. "Está vendo aquele pedaço?", perguntou de pé ao meu lado.

"Esse pedaço?", eu disse, apontando para um retângulo de carne rosada.

"Sim, aquele pedaço. É o melhor do animal."

"Esta parte", eu disse, confirmando que havia entendido. Reconheci a importância da conversa. Eu estava sendo instruído na arte da carniçaria por ninguém menos que o Maestro em pessoa.

"Exatamente. Aquela parte é muito boa."

"Deve ser o *carré*", eu disse, caprichando no sotaque francês. Não estava me exibindo: só queria que ele soubesse que eu havia pensado um pouco no assunto de antemão.

"Bravo. É verdade. Algumas pessoas chamam pelo nome francês."

"Obrigado."

"Em italiano, chama-se *lonza*" [lombo].

Repeti a palavra e agradeci de novo ao Maestro.

Ele continuou: "É também a parte mais macia".

"Entendo."

"É também muito preciosa e, portanto, muito cara. E você a cortou pela metade."

"Puta merda", eu disse em inglês. "Eu fiz isso? Caralho." Depois, lembrando que eu estava na Itália, disse em italiano: "Isso foi um erro, não foi?".

"Na verdade, foi um erro muito grande. Aquela peça", disse, apontando para os dois pedaços, "é essencial para toda a preparação. Você entende?" (*Hai capito?*) "Mas você cortou-a pela metade. *Non va bene.*"

"Não farei isso de novo", prometi, tentando tranqüilizá-lo.

"Bravo", ele disse, e retomou sua tarefa, que envolvia um quarto de carne muito grande.

No dia seguinte, 10 de maio, retornei a Nova York. Tinha um compromisso lá. Minha esposa e eu havíamos passado quase um mês em Panzano. Mas eu havia sido aceito como açougueiro aprendiz. Estava recebendo instruções do próprio Maestro. Como poderia parar agora?

24.

Eu estava em casa e queria um porco.

Meu amigo Paul tinha uma banca chamada Violet Hill Farm no meu mercado hortigranjeiro local e vendia galinhas, coelhos e porcos. Os porcos de Paul eram leitões. Eu não queria um leitão, queria um porco grande. Queria aplicar o que havia aprendido na Itália.

Será que Paul poderia me conseguir um porco?

Bem, sim, ele provavelmente poderia. Seu vizinho tinha porcas grandes e saudáveis e se eu encomendasse uma, ainda viva, o animal não precisaria ser aprovado pelo Departamento de Agricultura. Isso — o trânsito de um animal do pasto para o prato sem uma escala no USDA — era visto como uma coisa boa. A lógica rústica da criação de animais pode parecer contraditória e poderia ser resumida assim: qualquer coisa que envolva uma agência governamental é uma intervenção, e considerada ruim, ainda que a agência tenha sido criada para evitar que você adoeça e morra, o que você acharia bom. Em Panzano, por exemplo, um armazém vendia por baixo do pano *uova proibiti*, ovos ilegais, porque vinham das galinhas da vovó e não haviam sido examinados por um funcionário da União Européia. Comprei-os e eram bons, embora não tenha certeza se sua atração estava no sabor ou nas cascas que não haviam sido conspurcadas por um carimbo burocrático.

No meu caso, não havia necessidade de uma inspeção do USDA porque eu estava comprando um porco vivo do vizinho de Paul — na realidade, comprando um animal de estimação —, em vez de um bicho morto de um, digamos, açougueiro. Mas quando Jessica e eu aparecemos para pegar o bicho, ele estava definitivamente morto, enrolado em plástico transparente e deitado no assento traseiro do veículo de Paul. Era um animal de tamanho médio, com cerca de cem quilos, com tudo à vista: patas, pernas, rabinho, cabeça, além de (enfiados na cavidade, disse-me Paul) pulmões, coração e fígado.

O desafio era levá-lo para o meu apartamento. O plástico transparente deixaria claro para todos os passantes o que eu havia comprado. Não era o tipo de compra urbana normal. Não era também a compra normal num mercado hortigranjeiro, e muitas pessoas me olhavam como se eu fosse um homem mau. Não sou capaz de agüentar muito isso e fiquei tentado a encostar nosso porco na banca de produtos orgânicos ("Se importa se eu deixar isto aqui enquanto termino minhas compras?"). Uma mulher estava na frente, braços cruzados sobre o peito, numa atitude de franca desaprovação.

Eu tinha uma motoneta. Os carros não podem entrar no mercado hortigranjeiro e, se eu não tivesse uma motoneta, não sei como faria. Pôr o animal nas costas e caminhar até minha casa? Pegar um táxi? Fiquei aliviado por poder amarrar minha compra no bagageiro da motoneta, as patas pendendo de ambos os lados da roda dianteira, um par de orelhas logo abaixo do guidão, minha esposa atrás. Nós três, precariamente instalados, rumamos para casa. Estacionei diante do prédio, descarreguei o bicho com dificuldade e me arrastei para a porta da frente, levando-o nos braços e me perguntando se haveria alguma lei contra aquilo. Posso entrar no saguão?

O porteiro, Gary Miro, um orgulhoso ítalo-americano, me saudou com o entusiasmo de um homem que aprecia carne, e entramos no elevador. Mas antes de subirmos surgiu um problema, na forma de um banqueiro de Wall Street em trajes informais de uma manhã de sábado, que tinha vindo conosco da rua.

"Gary, queremos mais um passageiro?" Eu estava me esfalfando. Cem quilos equivalem a um homem grande. E mais: as coisas haviam mudado de lugar no transporte e o sangue estava empoçando dentro do plástico.

Era um dia quente de verão num elevador pequeno. Lá estavam o porteiro e o banqueiro de Wall Street e, logo atrás, minha mulher, eu e o porco. O banqueiro se virou. Não sei por quê. Talvez tenha sentido algum cheiro, embora o cheiro não fosse ruim. Ele viu o que estava em meus braços. Seus olhos efetuaram um rápido inventário dos detalhes que transpareciam pelo plástico e quando a porta abriu, ele saiu com velocidade inusitada.

"Você ouviu o som que ele fez?", perguntou o porteiro com o prazer sádico de um amante da carne. Eu havia escutado, e estava aflito. Sentira-me constrangido no mercado. Agora, havia deixado meu vizinho enojado.

Depositei o porco na mesa da cozinha e me preparei. Esvaziei o refrigerador e lavei as gavetas. Afiei minha faca nova de desossar — curta, fina e rija. (O Maestro havia troçado da longa e mole que eu levara de Nova York — *Che cazzo fai con questo?* — Que caralho você faz com isso?) Então refleti sobre a dificuldade de um porco em casa. Eu não queria perturbar meu vizinho. Não o conhecia bem, mas suspeitava — e mais tarde confirmei — que era um carnívoro. As ironias são suficientemente familiares. Meu porco era apenas uma forma mais elementar das coisas que ele vinha comendo havia anos. A implicação confirmava o que eu sabia, mas relutava em reconhecer: as pessoas não querem saber o que é a carne. Para meu vizinho (e para meus amigos e para mim também, durante a maior parte da minha vida), carne não era carne: era uma abstração. As pessoas não pensam num animal quando usam a palavra: pensam num elemento de uma refeição ("Hoje à noite quero comer um hambúrguer!").

Eu não fazia proselitismo. Para mim, a carne nunca foi uma causa a ser defendida. Não tinha sentimentos fortes em relação a ela, como Dario, que bania os vegetarianos de sua loja e os mandava para o inferno. Na minha opinião, os vegetarianos estão entre as poucas pessoas que realmente pensam sobre a carne — pelo menos, eles sabem o que ela é. Eu apenas acreditava que as pessoas deveriam saber o que estão comendo. Afinal, no mercado hortigranjeiro, eu escutava discussões sobre fertilizantes e solos orgânicos, e sobre quanta liberdade uma galinha precisa ter para ser classificada como *free range*.* Não seguiria daí que as pessoas quisessem saber o que é a carne? Era isso que eu achava que estava fazendo. Havia trazido para casa um animal morto recentemente, criado do modo mais saudável e melhor do que qualquer coisa encontrada em supermercado e, ao prepará-lo, esperava redescobrir modos antigos de fazer comida. Isso, eu achava, só podia ser uma coisa positiva. Mas, com certeza, estavam falando um monte de merda a meu respeito por causa disso.

Parti para o trabalho.

Comecei cortando um arco em torno das ancas para remover os pernis traseiros — os *prosciutti*. Em italiano, um prosciutto é tanto o membro como a preparação, o gostoso presunto curado com sal que se vê pendurado numa delicatéssen. Eu não ia curar aqueles, uma operação longa e ritualizada feita, como o culatello de Miriam, tradicionalmente em janeiro; eu ia fazer uma coisa que eu

---

* O velho método de criação de aves em que elas ficam soltas no terreno. (N. T.)

chamava de "porco de verão do Dario". Ele havia aprendido a receita com um camponês idoso que, por sua vez, a havia aprendido com o pai em seu leito de morte. O pai lhe mandara transmitir a receita para alguém do açougue Cecchini: não Dario, que ainda não havia nascido, mas provavelmente para o pai de Dario. O *contadino* não sabia por que demorara tanto para cumprir a missão, afora o fato de ir muito pouco a Panzano e não saber dirigir. Mas estava feliz de poder cumprir a vontade do pai e passou a mãos apropriadas uma velha preparação do Chianti, antes que ela desaparecesse.

A receita era, na verdade, uma maneira elevada de incinerar uma peça de carne (e todo o resto residente nela) sem, na verdade, queimá-la. Primeiro, divide-se o pernil naquilo que Marco Pierre White chama de "as almofadas". O Maestro me havia orientado no processo e traçado uma espécie de mapa, indo através de cada músculo, usando a gravidade e os dedos para encontrar "a junção". O resultado foi uma tigela cheia de pedaços de porco — cerca de uma dúzia.

Em seguida, põe-se em salmoura. Para a salmoura, joguei um saco de sal em um balde, acrescentei água e mexi até que a metade do sal se dissolveu. Depois de um ou dois dias, retirei as peças, pus numa panela cheia de vinho branco, cozinhei por duas horas e deixei esfriar durante a noite. De manhã, estavam cozidas e podiam ser guardadas em azeite de oliva. Os pedaços, meio curados pela salmoura, temperados pelo vinho e agora submersos em azeite, duram um ano.

Entendo agora que o método foi criado para limpar os porcos que o camponês não conseguira evitar de matar durante os meses quentes. Em geral, não se matam porcos no verão, a não ser que alguma coisa tenha dado errado, e Dario deixou escapar uma vez que o *contadino* havia usado a receita para seus porcos doentes, o que não é o tipo de informação que um açougueiro costuma compartilhar com seus clientes. Veja, experimente isto, um pedaço de porco doente em que eu dei um jeito. Na ocasião, o que Dario dizia ou deixava de dizer não importava porque, durante vários anos, ninguém comprou. Quem quer gordura (porco) em gordura (azeite)? Mas a carne era macia, com uma textura de peixe e, num momento de iluminação mercadológica, Dario rebatizou o produto de *tonno* (atum) *del Chianti*. Agora, é o produto mais popular do açougue. Em 2001, a União Européia o reconheceu como uma comida típica da região e, dando-lhe uma designação oficial, ordenou que a receita fosse preservada como um monumento da cultura toscana. Gosto de comê-la com feijão, salsinha, limão e azeite de oliva — como o atum.

No segundo dia de meu porco, tratei do dianteiro, retirando as patas da frente e desossando-as. São as heroínas não louvadas de Mario, duras e supostamente saborosas, boas para assar devagar (ou, antes, boas *somente* para cozimento lento), embora eu fosse usá-las para fazer lingüiças.

Quando as fiz no açougue, muitas vezes as pessoas comiam a carne crua direto da tigela, enquanto eu as preparava, o que — tudo bem, podem me chamar de antiquado — me parecia errado. Mas ilustrava uma atitude em relação à carne boa, se você tem sorte de consegui-la: não a desperdice. O açougue seguia a receita (quando existia uma — tudo era feito muito a olho) de três partes de carne para uma parte de banha, a rica gordura do lombo do porco, tudo moído junto, mais alho, pimenta e sal, e só. Mistura-se tudo até formar uma pasta rosada que se enfia então numa lata que parece uma bala de revólver gigantesca. Em uma das pontas do cilindro havia um bico, onde se colocava o invólucro, cerca de seis metros de intestinos de porco, para onde ia a mistura de carne. A tarefa de enfiar os intestinos no bico, o qual não era muito diferente de pôr uma camisinha do tamanho de uma serpente africana, implicava um movimento de mão universalmente reconhecido e, pobre de mim, as previsíveis piadas toscanas eram todas feitas à minha custa (a certa altura, eu tendia a cair num estado mental freudiano, e me perguntava sobre o que o humor tem a dizer sobre determinada cultura).

As lingüiças toscanas são menores do que suas primas americanas e cada uma delas é separada por um cordão, um laço gracioso apertado num nó — dar uma laçada e apertar, dar uma laçada e apertar, num ritmo simetricamente frouxo e esteticamente atraente. No açougue, eu fazia lingüiças na sala de baixo e os visitantes vinham observar: "Aaaaah, então é assim que se faz". Um sujeito, com voz rachada, sussurrou: "Era assim que meu avô fazia". Às vezes, os visitantes queriam bater papo; era um momento delicado (como eu poderia conversar? O que saísse da minha boca acabaria com meu disfarce), ao qual eu sobrevivia limitando minhas respostas.

"*Salsicce?*", alguém sempre perguntava, de modo um pouco relutante.

"*Sì*", eu respondia com vigor, num tom que eu achava que imitava o ritmo cantado de Panzano, juntando todas as notas que os moradores do lugar pareciam emitir em uma palavra de uma única batida como "*sì*".

"*Di maiale?*" (de porco?), perguntavam em seguida, com tenacidade tautológica.

"*Sì*", eu respondia de novo, impaciente desta vez, para que entendessem que eu estava muito ocupado.

Um dia me vi num aperto. "Que ervas você usa?", perguntou um visitante.

Entrei em pânico. Era o tipo de pergunta que eu evitava. "*Sì!*", eu disse inexplicavelmente. Não podia suportar a perspectiva de ele perceber que havia sido enganado: o romantismo, a história, a integridade feita à mão daquilo tudo, só para descobrir que quem fazia as lingüiças era um americano!

Meu porco estava agora sem patas, mas havia mais um corte, exatamente entre as paletas, que eu esperava comer no jantar do terceiro dia. Era a carne que ficava entre as quatro primeiras costelas, o "olho" das costeletas. Em italiano, chama-se de *coppa* ou *capocollo* — *capo* significa cabeça e *collo* pescoço: o *capocollo* começa no alto do pescoço. Quando é curado e envelhecido, dá o salame magro que foi servido aos convidados do jantar em Nashville. A preparação estava associada à Bolonha e, portanto, raramente era vista na Toscana, onde a *coppa* costuma ser vendida fresca e separada em costeletas. Quando é assada inteira, recebe outro nome: *rosticiana*, a melhor comida da casa. Fiz uma com osso, num forno quente por cerca de 35 minutos, e contemplei como pode ser curta a jornada entre o muito cru e o "acabou de ser cozido".

No quarto dia, fiz arista. Serrei o torso em dois, desossei cada metade conforme as instruções do Maestro e acrescentei os ingredientes na ordem de Dario: alho, tomilho, pólen de erva-doce (que escondi em minha mala; todo mundo o estava contrabandeando, por que não eu?), o cobertor negro de pimenta, o cobertor verde de alecrim e a nevasca de sal. Fiz um rolo gigantesco, cortei linhas ao longo da pele para derreter a gordura, amarrei e cozinhei até ficar crocante e soltar uma fumaça preta.

No quinto dia, fiz um ragu, suficiente para cem pessoas. O porco estava se tornando um trabalho de mula.

No sexto dia, fiz *headcheese* fervendo a cabeça até que os pedaços carnosos se soltaram e se fixaram na própria gelatina.

No sétimo dia, pensei nos pulmões, tentado por uma receita que eu havia encontrado em Apicius, que recomenda deixá-los de molho no leite por uma noite, preenchendo cada cavidade com dois ovos e um pouco de mel (quando você pensa nisso, o que poderia ser mais simples?), selando-os e fervendo-os até ficarem prontos, com os pulmões saltando como brinquedos de piscina. Ele não diz quando um pulmão está cozido, mas concluí que a virtude de haver dois é que se o primeiro não está bem pronto, você sabe que deve esperar mais pelo segundo. No fim, não cozinhei os pulmões. Foi difícil jogá-los fora. Parecia um grande desperdício — para que comprar um porco inteiro se você vai jogar fora os pulmões? —, mas eu havia trabalhado naquele porco por muito tempo. Era o sétimo dia, eu precisava de descanso.

Tivemos muitas refeições. Pelos meus cálculos, o porco do mercado hortigranjeiro gerou 450 porções de comida e custou menos de cinquenta centavos por prato. Mas a lição não estava na economia do porco, e sim na variedade e abundância: tudo bem, admito que talvez tenha sido um excesso de abundância, porque muito cedo minha mulher e eu descobrimos que estávamos comendo porco demais. Fomos do focinho (que entrou nas linguiças) ao rabo (que acrescentei ao ragu). Estávamos fartos de carne de porco. Eu precisava muito retornar à Itália. Estava na hora de aprender a lidar com carne de vaca.

AÇOUGUEIRO TOSCANO

É importante que as crianças tomem suas próprias decisões sobre o que vão ou não vão comer, façam isso com base na moral ou no gosto. Deveria ser nossa responsabilidade de pais assegurar que elas tenham todas as informações de que precisam. Não devemos transmitir nenhum de nossos problemas com a comida. Sempre deixei claro para nossos filhos, por exemplo, que quando comem carne estão, em realidade, comendo uma vaca. Não há nada de errado nisso, desde que o animal tenha levado uma vida saudável e tenha sido abatido de forma humana. A qualidade da maior parte da carne é diretamente influenciada pela qualidade de vida do próprio animal. Afinal, a evolução nos projetou para ser carnívoros, tanto no que comemos como no modo como processamos nossa comida.

Infelizmente, a guerra de preços entre os supermercados resultou na queda do preço de todos os alimentos, inclusive o da carne. Bastaria parar para pensar: como é possível? O valor da terra e das propriedades, assim como o dos salários, vem aumentando. A inflação ainda existe. Como podem então os preços da carne e do frango cair?

Heston Blumenthal, *Family food*

25.

O Maestro saudou-me na primeira manhã: "Então você voltou para retomar sua aprendizagem do quadril". Claro que eu havia retornado. Como não voltar?

Dario, esquisito isto, estava me esperando. Por que eu havia demorado tanto?, perguntou.

Como ele sabia?

Respondeu falando-me de um homem de Nova Jersey. Ele fora para San Gimignano, a famosa cidade das torres, distante cerca de uma hora de Panzano, para aprender a fazer pão. No final de sua estada, juntou suas malas e foi para Pisa, a fim de pegar o vôo para casa. Não conseguiu partir. Não conseguiu caminhar até o avião. Então rasgou a passagem. "Está aqui há vinte e dois anos. É um padeiro muito bom", disse Dario naquele tom imperioso do tipo "Deus está falando". "Você também pode rasgar sua passagem." (Minha esposa, ao meu lado, mexeu-se ansiosa: ela sabia que eu nem tinha passagem de volta.)

Sem que eu me desse plena conta, minha missão havia mudado. Comecei tudo aquilo — o que eu passara a considerar minha incursão no submundo da cozinha profissional — como um visitante. Eu era um turista e, como muitos turistas, fui capaz de me lançar à jornada com bastante entrega porque sabia que ela acabaria. No Babbo, eu aparentemente suportava as ofensas com mais facilidade do que os outros porque aquilo não era a minha vida. Agora, eu me perguntava: teria ficado tempo demais? Mario me disse uma vez que para aprender a cozinhar de modo adequado era preciso passar um ano dentro da cozinha, aprendendo coisas novas a cada estação, e eu pensei: posso fazer isso. Assim, estive no Babbo de janeiro de 2002 a março de 2003 (descontado o tempo que reservei para o meu trabalho de escritório, quando eu tinha algum). Mario disse que quem quisesse dominar a culinária italiana deveria aprender a língua e trabalhar na Itália, e pensei: posso fazer isso também. Aparentemente, isso não foi suficiente, porque depois enfiei na cabeça que deveria vivenciar uma miniversão da educação culinária do próprio Mario: conhecer o homem através do conhecimento de seus mestres. Isso explica o tempo que passei com Marco Pierre White (o primeiro professor de Mario) e as semanas que estive com Betta e Gianni (seus professores de macarrão). E embora Mario nunca tivesse trabalhado para Dario Cecchini, seu pai havia: não um encaixe perfeito, mas quase.

Foi então que passei para o outro lado. Eu não era mais o forasteiro olhando para dentro. Deixei de ser um autor escrevendo sobre a experiência da cozinha. Eu era um membro dela. A passagem para o outro lado ficou evidente para as pessoas ao meu redor — minha esposa, que sofria havia um bom tempo, identificara em mim, calada, os traços comumente atribuídos a um caráter obsessivo (mania, falta de perspectiva, incapacidade de reconhecer limites) —, mas não para mim, mesmo quando acordei um dia em Nova York decidido a voltar a Panzano. Eu precisava voltar? Claro que não. Mas não conseguia esquecer aquele aforismo tão repetido, ocasionado pelo desprezo de Mario por Nick quando este ficou com saudade de casa em Milão: talvez não se tenha a oportunidade de aprender tanto de novo. Dario Cecchini havia me confiado sua faca. Pedira ao Maestro, seu *próprio* Maestro, para me ensinar. Como eu poderia parar?

Então, sim, Maestro, eu estava de volta para retomar meu treinamento com o quadril.

O quadril era o de uma vaca e dominá-lo representava uma credencial decisiva para se tornar um açougueiro toscano. No último dia de minha estada anterior, logo antes de retornar a Nova York, eu fizera uma tentativa, com o Maestro ao meu lado, mas estraguei tudo. Não importava: o Maestro, sempre paciente, supunha que tínhamos semanas de treinamento pela frente. Eu não havia dito nada sobre minha viagem, e ele ficou genuinamente surpreso quando lhe dei a notícia.

"O que você está dizendo? Como pode ir embora, justo quando precisa tentar de novo com o quadril?" Ele sacudiu a cabeça, incrédulo. Senti como se tivesse agido de má-fé: que ao *fingir* ser um açougueiro toscano — sendo na verdade um turista — eu havia enganado o Maestro para que ele me desse uma aula sobre o quadril.

Vesti um avental, voltei ao trabalho e vivi o que agora considero um episódio simbólico. Uma família japonesa apareceu no açougue, reunida em volta da mãe entusiasmada, que falava inglês. ("Oh, meu Deus, aquele é o Dario Cecchini? Isso é um verdadeiro Chianti em meu copo?") Eles tiraram muitas fotografias. Depois desceram e tiraram fotos de mim, faca em punho, com meu avental já cheio de sangue. A travessia estava completa. Eu não era mais um turista. Era uma atração.

Da forma como eu entendia minha aprendizagem, eu havia estudado várias coisas durante meu primeiro período, mas me graduado em porco. Agora, em meu segundo período mais avançado (eu pensava nele como se fosse uma pós-graduação em carniçaria), aprenderia vaca. Porco era fácil, vaca era mais complexo. Porco era muito italiano: pode-se encontrar muita gente que conhece porco. Mas poucos conhecem vaca. Vaca é toscano, e conhecer vaca estava no âmago do que significava estar em Panzano.

Giovanni Manetti havia me explicado isso quando minha mulher e eu lhe fizemos uma visita. Queríamos conhecer sua produção de vinho na vasta propriedade de Fontodi, no *conca d'oro*, hectares e hectares de videiras, então curvadas com uvas gordas e púrpura, mas fomos advertidos de antemão por sua irmã mais moça, Giovanna (uma conhecida de minha mulher, que, precisando fazer alguma coisa durante o dia, fez amizade com os novecentos habitantes de Panzano), de que ele poderia usar nossa visita para exibir suas vacas. Eram quatro jovens e muito brancas chianine, conhecidas como "as meninas", fruto de uma compra por impulso (Giovanni ainda estava no frenesi da descoberta das raízes no Chianti) e que eram mantidas num cercado no fundo do vale. Para os italianos, nenhuma imagem evoca mais o Chianti do que uma vaca chianina. A palavra "Chianti" parece estar embutida nela. Todos os clichês a respeito da região estão presentes nesse animal: toda aquela autenticidade camponesa do terreno acidentado, das casas de pedra, do consumo de carne. Infelizmente, elas não são mais vistas. Na verdade, com exceção das de Giovanni, não vi nenhuma. Giovanni, tentando criar suas meninas, estava envolvido numa tarefa de vulto ("Sei que sou louco, todo mundo em Panzano ri de mim"): resgatar a herança do Chianti dos turistas, das estradas asfaltadas e da eletricidade e reintroduzir na terra o famoso gado que outrora a trabalhou.

"Elas têm uma constituição delicada", disse Giovanni, olhando para o cercado, com a testa apoiada numa ripa de madeira. "Dizem que pegam resfriados com facilidade."

Olhei para as vacas: não me pareciam frágeis. Eram gigantescas; de longe, as maiores vacas que eu já havia visto.

"Olhe as pernas!" ("*Ecco le gambe!*") "Tão longas, tão graciosas, tão belamente conformadas. De fato, são como modelos de passarela." Ele suspirou.

Estudei as vacas. Não se pareciam nada com modelos. Pareciam vacas. Verdade que eram vacas incomuns. Muito brancas e muito altas. Eram também mais magras do que uma vaca normal, e não tão largas. A maioria das vacas é basicamente redonda. Aquelas, observando-as com os olhos semicerrados, eram como retângulos: não muito de um lado a outro, mas muito (muitíssimo) de alto a baixo.

Tive então um vislumbre da bisteca florentina na forma delas — a altura, a espinha estreita. Não sei como aconteceu: provavelmente um sintoma do tempo que havia passado no açougue. Mas depois de tê-lo visto nos animais, o bife era a única coisa que eu via. A bisteca florentina se parece com um triângulo, análogo ao T-bone, mas gigantesco e mais definido geometricamente. Para obter uma bisteca, eu percebia agora, era preciso dividir a espinha do animal (as vacas já chegam divididas ao açougue), que se tornava a parte de baixo do bife — com efeito, a base do triângulo. A carne estava nos dois músculos presos a ela: de um lado o contrafilé, do outro o filé-mignon, o menor. Uma bisteca florentina clássica é uma coisa bela de se ver.

Revelei minha observação — que as meninas dariam bifes que seriam obras de arte. Giovanni retraiu-se visivelmente.

"Não vamos comer esses animais. Elas são para fazer amor." A idéia era que, se Giovanni também comprasse um touro (cutucado, ele admitia que estava de olho num bezerro vencedor de prêmios), aquelas quatro belezinhas se tornariam procriadoras até que o rebanho ficasse grande o suficiente para abater algumas para comer.

Giovanni ficou de olhos parados nos animais. Acontece que Giovanni, na maioria das coisas, era bastante cosmopolita, um tipo até conhecido. Nos círculos mundanos, era uma celebridade: inteligente, de trato fácil com os jornalistas, fluente em frases de efeito, confortável em um negócio dominado pela construção de imagem. Era bonito, com cabelos pretos e traços clássicos, meticulosamente vestido, muito cortês e com preocupações narcisistas bastante normais: preocupava-se com o peso (sem necessidade), afligia-se com os cabelos; se vivesse numa cidade grande, freqüentaria uma academia. Difícil imaginá-lo enamorado de uma vaca.

"Se você é toscano, adora carne", explicou. "Toda família dá valor a ela, sabe onde encontrá-la, tem um açougueiro que é como um parente." Jamais se encontraria uma receita de tortellini nos livros de receitas da família Manetti, mas, sim, o que fazer com os diferentes cortes — bochechas, língua, paleta, bucho, peito, lombo, rabo —, embora o mais valorizado fosse sempre a bisteca. "Para nós, a bisteca é uma comida espiritual", disse Giovanni. "É um dos três elementos" — os outros eram o pão toscano e um vinho tinto feito com a uva sangiovese local — "que, quando combinados em uma refeição, conduzem a uma experiência quase mística." (Pão ruim, vinho bom, bisteca excelente — um repasto feliz, e todos os restaurantes do Chianti oferecem a sua versão dele: não muitas verduras, é claro, mas eu aceitara que os toscanos não gostam de verdura, e nenhum deles havia crescido com pais que instavam a comer suas verduras; suas mães haviam dito decerto "Coma seus marrons".) "A carne fala à nossa alma. Não tenho outra explicação. Está no nosso DNA, esse apetite — essa necessidade — de carne. É o que nos faz toscanos."

Era uma coisa bem forte de dizer, mas, tudo bem, eu concordava com a frase — a carne como alimento da alma toscana —, embora tivesse feito minha própria pesquisa, inspirado numa análise inteligente de um historiador especialista em Idade Média chamado Giovanni Rebora. Ele baseava-se no fato óbvio, mas pouco reconhecido, de que, até recentemente, sempre houve muita carne, que na longa história da humanidade anterior à borracha, ao plástico e ao uso do fréon como agente refrigerante, a carne era consumida em quantidades que nos parecem excessivas. Também era barata. Estava bastante disponível porque naqueles tempos pré-plástico os animais domésticos eram essenciais para muitas outras coisas além do jantar: forneciam o couro para cintos, botas, elmos e os adornos exigidos pelos vastos exércitos europeus. Essas outras necessidades — lã para a indústria inglesa do vestuário ou odres para os vinhateiros espanhóis — podiam ser, a qualquer momento, a "dominante" do animal: se você tivesse que lutar contra os austríacos mais uma vez e seu exército precisasse de muitas selas com urgência, e você estivesse preparado para pagar o que fosse para obter algumas peles, sobraria um monte de carne depois. Essa análise é conhecida como "a teoria do alimento da demanda dominante". Gostei dela porque dá sentido a uma coisa que sempre pareceu mais do que uma coincidência local: Florença, a capital histórica da fabricação de couros européia, está a apenas trinta quilômetros de Panzano, no centro histórico do gado italiano. Ainda hoje, os guias florentinos sugerem aos turistas que comprem sapatos de couro de manhã e comam bisteca florentina no almoço, sem chamar a atenção para essa relação. Agora eu compreendo. De acordo com a teoria da demanda dominante, uma vaca chianina seria apreciada por muitas qualidades, inclusive sua força, uma dádiva para o agricultor numa paisagem montanhosa, e exatamente pela característica que Giovanni achava que as tornava tão belas: sendo altas, tinham mais couro do que a maioria das outras raças.

    Olhei para Giovanni e tentei imaginar como poderia lhe apresentar minha teoria. Mas não podia. Não se diz a um romântico que tudo pode ser explicado pela economia — em especial quando o romântico é seu anfitrião. Ademais, o romântico podia estar com a razão: talvez nem tudo fosse economia. Talvez a própria economia fosse uma metáfora, um modo pseudocientífico de explicar algo muito mais misterioso, aquela coisa profunda, obscura que Giovanni chamava de alma toscana. Pensando bem, a teoria econômica poderia estar totalmente errada. Então, eu não disse nada sobre minha teoria. Na verdade, abandonei-a. Agradeci a Giovanni e lhe disse que agora eu entendia o Chianti muito melhor.

O Maestro começou com os nomes.

"Ah, isto aqui", explicou, com visível prazer, "é muito prezado", e de algum lugar do interior do quadril tirou um pequeno corte de cerca de vinte centímetros de comprimento, afinado nas duas pontas. Eu estava de pé ao lado dele, mas não percebi de onde havia saído a peça e olhei dentro da perna para ver se conseguia localizar sua origem. Claro que não consegui. Até então, eu supunha que um animal devia ser como um quebra-cabeça de armar, e estaria faltando uma peça óbvia. (Na verdade, esse ainda é meu pressuposto, e não faço idéia de por que não consegui localizar o ponto, afora o fato de tudo ser grande, complexo e, talvez, um pouco assustador.)

O Maestro segurou o corte no alto. Não tinha gordura nem tecidos conectivos e possuía um grão como o de um pedaço de madeira. Toquei-o. Macio. Com efeito, seria possível pensar que era um filé, exceto que não se encontra filé em perna de vaca.

"Este é um dos meus preferidos", disse o Maestro. "Chama-se o *campanello.*"

Repeti a palavra e a anotei em minha caderneta.

"É muito macio. Tão macio que se pode comer cru — servido com limão e azeite de oliva. Mas", o Maestro disse apontando-me seu longo dedo, "o azeite deve ser muito bom. Compreende? O azeite de oliva é muito importante."

Ele parecia prestes a descrever as outras qualidades do *campanello* quando parou de repente, abriu um sorriso amplo e tirou outra coisa. "Aah, mas este também é especial." Era um pedaço mais substancial. Ele limpou-o, um cilindro rosado de 45 centímetros de comprimento, também um único músculo, de textura muito uniforme.

"Chama-se *girello*. Podem-se fazer muitas coisas com o *girello*. Não é tão macio — o tecido é mais comprimido —, mas ainda é muito bom." Ele lançou um olhar feliz para a carne. "Aqui no Chianti o *girello* é cozido inteiro em azeite de oliva com dentes de alho dentro e servido malpassado com ervilhas. Na Úmbria, come-se com favas." E pelo modo como ele descrevia essas distinções — a autoridade delas, seu caráter absoluto — eu podia deduzir que jamais comeria *girello* com favas em Panzano.

O Maestro retornou à perna, dando com sua faca uma série de pequenos golpes ritmados nela, até extrair outra peça, a maior até então. "A *sottofesa*", disse. *Fesa* significa "nádegas". *Sotto* significa "embaixo". Tratava-se de um corte abaixo da nádega. Era um músculo pesado, trabalhado, como era de se esperar. O traseiro de uma vaca é algo grande.

"Alguns açougueiros cortam e vendem em bifes." O Maestro sacudiu a cabeça em sinal de desaprovação. "*Non va bene*. É duro demais." Aos olhos dele, vender um pedaço do traseiro da vaca em bifes estava perto de ser um comércio duvidoso. "Prefiro cozinhá-lo com azeite de oliva, tomates e alecrim. Assim, chama-se *stracotto*." *Cotto* significa "cozido", *stra* é um intensificador — ou seja, instruções para um ensopado de carne.

Naquela noite, voltei para casa com três palavras novas — *campanello*, *girello* e *sottofesa*: um pedaço muito macio, um menos macio e um nada macio. De fato, isso não é verdade. Voltei para casa com cerca de trinta palavras novas, mas essas três foram as que compreendi e a respeito das quais queria saber mais.

Não as encontrei em meu dicionário italiano-inglês. Folheei então *A arte de comer bem*, de Artusi, e ali localizei um exemplo de *girello*, mas nada a respeito das outras palavras. Na manhã seguinte, no açougue, consultei outros textos, inclusive algumas traduções. De novo, só encontrei *girello*, vários exemplos dele, e cada vez ele parecia estar definido de forma diferente. Em um deles, uma edição americana de Artusi, o *girello* era descrito como um "*rump roast*". Em outro livro, era um "*top round*". Em um terceiro, publicado na Inglaterra, era um "*silverside*". Eram todos cortes do traseiro da vaca, mas nenhum era o que o Maestro havia segurado na mão. Ao contrário, eram peças complexas que precisavam ser assadas lentamente antes de poder ser comidas. O do Maestro era um corte simples, que cozinhava de modo uniforme e rápido.

Essa descoberta levou a uma modesta epifania. Até então, eu supunha que havia um léxico universal da carne (afinal, uma perna é uma perna é uma perna), que, tal como quaisquer outros termos, poderia ser traduzido de um país para outro. Essa crença, eu percebia agora, fora estimulada por aqueles diagramas de uma vaca cortada pela metade, do tipo que às vezes se vêem em livros de culinária, dizendo o que uma coisa é na França, na Inglaterra e nos Estados Unidos. Essas primeiras lições com o Maestro me ensinaram que não se conhece uma vaca dessa maneira. Um dia, querendo confirmar uma grafia, consultei uma enciclopédia italiana de culinária que havia numa estante de Dario e descobri (sob o título *bovino*) não três ou quatro diagramas, mas páginas deles, trinta no total, nenhuma em francês ou inglês, somente em italiano, divididas por região, cada uma diferente das outras, sem que houvesse dois cortes iguais, com poucos termos compartilhados. O desenho da vaca toscana era estonteante. Cada tecido parecia estar identificado. O quadril era um labirinto, como um mapa rodoviário de uma impenetrável cidade medieval, com mais nomes do que espaço para acomodá-los. Compreendi por que não havia uma tradução óbvia para *girello*, *campanello* e *sottofesa*: fora da Itália, eles não existem. Fora da Toscana, eles quase não existem. Lembrei-me da pesquisa que fizera sobre *short rib* e de como tinha ficado surpreso de os termos usados por meu açougueiro em Nova York serem tão diferentes daqueles conhecidos por um açougueiro em Edimburgo ou Paris. Mas eu havia compreendido apenas metade da coisa: cada país — e, na Itália, cada região e, às vezes, cada cidade — tem sua maneira singular de cortar um animal em porções do tamanho de um jantar. Por fim, eu entendia: não há uma linguagem universal do açougueiro; *nada* do que ele faz é traduzível.

Isso me fez pensar: quem iria saber do que eu estava falando?

A maior parte do que aprendi com o Maestro foi instrução indireta. Aprendi porque estava ali; como o cheiro da carne boa, que tem pouco cheiro, mas o pouco que tem, mesmo em seu estado cru, faz você querer comê-la. Com freqüência, eu pegava um dos cortes do Maestro, outro pedaço predileto, e o aproximava do nariz. Sabia que os animais haviam sido alimentados com pasto e, por isso, esperava algo como um campo de futebol depois da grama cortada, mas descobria que estava pensando em rosbife: informação inútil (similar a se perguntar como é o perfume de uma flor e concluir que ela tem o perfume de uma flor), exceto que a associação era explicitamente apetitosa. A boa carne crua lembra um bom prato de carne cozida. A cor também era reveladora: mais rosada do que vermelha (também inutilmente, quero dizer que era a cor da saúde). Houve poucas ocasiões em que o animal estivera doente ou ferido. Um deles tinha uma paleta quebrada; outro tinha um nervo preso; um, infelizmente, fora mal abatido. Nesses casos, a carne era mais vermelha do que rosada — revelava adrenalina ou agitação.

De acordo com Dario, a coisa mais valiosa que ele havia aprendido com o Maestro fora como julgar a carne: era o dom do

Maestro, sua facilidade em saber o que era bom. Naturalmente, eu queria um pouco daquele dom para mim e de maneira informal mostrava a ele peças para avaliar, amostras que eu trazia de restaurantes ou de outro açougueiro. O Maestro se irritava com isso, mas era sempre esclarecedor. "É difícil julgar uma carne que foi cozida", protestava, porém mastigava de modo concentrado o que eu lhe havia dado. E acrescentava, lamentoso: "Quando está crua, você fica sabendo mais sobre o animal. Pode dizer como ele foi criado, o que ele comeu e como era sua vida". Ele suspirava — carne cozida o deixava mal-humorado — e depois dava seu veredicto: isto ou veio de uma vaca francesa, ou foi envelhecido demais, ou veio de um animal que teve uma dieta muito restrita, provavelmente grãos.

Um dia, comprei uma amostra que tinha certeza estaria muito boa — metade de uma bisteca de chianina. Eu havia me deleitado com a outra metade na noite anterior. Desembrulhei-a solenemente e passei-a ao Maestro. Ele mastigou durante algum tempo. Estava concentrado e parecia analisar a textura da carne, esfregando suas fibras no céu da boca. Depois tirou sua conclusão.

"Você foi enganado. Isso não é chianina." Mastigou um pouco mais. "Mas não é ruim. É de uma vaca do Maremma, aquela que pasta perto da praia, chamada de *maremmana*." Tal como uma chianina, a maremmana era branca, mas não tão alta e temperamental, um animal robusto com chifres grandes, como aqueles dos filmes de caubói. Eu havia visto pequenos rebanhos deles pastando nos morros junto ao mar.

A destreza com a faca foi o capítulo seguinte. Eu já havia aprendido alguma coisa no Babbo, mas as habilidades que o Maestro me ensinou eram de um tipo diferente, mais para um ramo da metafísica.

A mais interessante do ponto de vista filosófico foi uma que chamei de "corte de ponta", que implicava usar a faca como um pequeno pincel: nada de lâmina, só a ponta. O corte de ponta era utilizado para separar os músculos grandalhões. Era preciso "pincelar" a junção entre eles, cortando de leve uma película clara e quase líquida que mantinha os músculos juntos. Depois, sem esforço e de forma um tanto milagrosa, eles se separavam. Pelo menos, essa era a idéia.

"De leve", dizia o Maestro, olhando por cima de meu ombro. "A faca deve estar frouxa em sua mão, nunca forçada, de modo que ela possa descobrir as linhas da carne." Ele se tornara o mestre zen do gume afiado. "Com elegância", dizia, "a faca deve ser fácil. É *ela* que está fazendo o trabalho, não *você*. Sua mão desapareceu na faca."

Certo, eu dizia, e repetia a instrução: "Minha mão desapareceu". Depois, eu pensava: como isso pode ajudar? Minha mão não foi a lugar nenhum. Eu estava suando porque sempre suava quando o Maestro ficava tão perto, e, além disso, sentia uma dor aguda que se irradiava da região lombar, porque eu estava tenso e, ao mesmo tempo, decidido a manter todas essas sensações ruins escondidas de minha mão, porque sabia que não lhe fariam nada bem. "Relaxe, mão", eu dizia, tentando persuadi-la. "Lembre, este é o seu dia de folga. Você não está fazendo o trabalho. É essa coisa afiada que está fazendo."

Havia também o "corte da adaga", um negócio agressivo, parecido com o bandido de um filme mudo segurando uma faca acima da cabeça para atacar a vítima. O corte da adaga servia para remover a carne tenazmente grudada no osso. Eu havia praticado uma versão desse golpe quando fiz arista, segurando a faca como Jack, o Estripador, e raspando-a contra as costelas até ficarem brancas. Mas aquilo era um porco; agora se tratava de uma vaca, e a vaca é diferente porque é muito grande. Digamos que você esteja trabalhando num quadril. Você já fez seu corte de ponta e dois belos músculos se separaram como água, revelando embaixo um gigantesco osso do tipo Fred Flinstone — o fêmur —, ao qual os dois músculos ainda estão bem presos por uma grossa membrana. Para removê-los, você precisa enfiar a faca sob essa membrana (enfie a faca com força ali!) e, uma vez nessa posição, você *rasga* ao longo do osso. Era um momento de violência, e as pessoas recuavam quando viam que ele se aproximava.

"Você não deve ter medo da faca", ordenou o Maestro. "Não pode hesitar. É você que está com a faca, ataque!"

Fiz o melhor que pude, mas era complicado. Em um momento, a faca era um pincel que eu não podia sentir porque não tinha mão. No momento seguinte, era uma arma de assalto.

Havia a "lascagem da prata", para se livrar da "pele prateada". (Certo, talvez os nomes sejam um pouco tolos, mas parece que ninguém mais inventou algo similar. A verdade é que, na maior parte do tempo, eu estava perdido. Lembro de ter escrito ao meu amigo Pete de Bolla, filho de um açougueiro, pensando que ele entenderia quando eu dissesse que, muitas vezes, mesmo imerso naqueles quadris gigantescos, eu não tinha idéia de onde estava. Esses nomes são o que meu cérebro inventou, como um mapa.) A pele prateada é uma camada brilhante de uma coisa branca incomível que estraga o que, de outra forma, seria um belo pedaço de carne. Se você não conhece, vai reconhecê-la na próxima vez que comprar um corte caro de seu açougueiro, o levar para casa e descobrir um pedaço prateado que não consegue arrancar: não é gordura, não é tendão e vai impedir que sua refeição fique boa. O truque é enfiar a faca sob essa camada e arrastar a lâmina ao longo de sua extensão. Se você for o Maestro, a pele prateada sai numa única peça longa e a carne fica pura e rosada. Se você for eu, a pele prateada sai em dezoito pedaços de fios enredados, e a carne mais ou menos sobrevive. As implicações estão na textura da pele prateada: depois que você percebe como ela é dura, que é como plástico e você pode pressionar a lâmina contra ela, então está pronto para a próxima técnica: "raspar e cortar".

Não sei por que tive tanta dificuldade para dominar o raspar e cortar, mas passei horas nele, observando o Maestro como um filme, na esperança de enfiar seus movimentos tão profundamente em meu cérebro que seria capaz de imitá-los sem pensar. Essa técnica é usada nos pedaços irregulares que sobram depois que você tira os cortes preferenciais e baseia-se num golpe leve lateral com o lado da faca, uma espécie de empurra-empurra e *corta*, para tirar as coisas feias. Em minha primeira semana, como era previsível, o último empurrão cortou a carne inteiramente e atingiu o dedo indicador de minha outra mão, cuja presença nas vizinhanças eu sempre esquecia. Era o mesmo dedo que eu havia lacerado ao procurar por ostras de pato na preparação do Babbo. Àquela altura, eu deveria saber que ele estava presente.

Usa-se o raspar e cortar quando a aparência da carne não é importante. Marco Pierre White havia usado a versão de Harrogate quando o mandaram pegar os restos de seu açougueiro e fazer uma pasta de carne com eles. Dario usava para fazer terrinas, ou ragu, ou *peposo*, que hoje é minha preparação preferida de inverno, e cozinha por tanto tempo que você poderia adicionar um tênis que ninguém notaria.

O peposo é um tradicional músculo cozido lentamente e cercado pelo típico debate italiano a respeito de suas origens. De acordo com uma teoria, o prato vem de Versilia, na costa norte da Toscana, embora essa receita — com a conhecida mistura francesa de hortaliças picadas, mais as ervas de sempre (alecrim, tomilho, louro), um caldo e até um pé de porco — se pareça mais com um *boeuf bourguignon* do que com qualquer coisa servida em Panzano. Há gente que acredita que o prato venha de Impruneta, a meio caminho de Florença, onde os fornos da família de Giovanni Manetti fabricam ladrilhos de terracota há sete séculos. A idéia é que as panelas de peposo eram cozidas sempre no mesmo fogo dos ladrilhos. Dario acredita piamente que o prato foi inventado no século xv pelo arquiteto Filippo Brunelleschi para alimentar os artesãos empregados para trabalhar à noite na construção do domo da catedral de Santa Maria del Fiore, uma prova a mais do gênio de Brunelleschi, que seria o autor do primeiro grande domo e do primeiro peposo.

Além da carne, o prato leva quatro ingredientes — pimenta, alho, sal e uma garrafa de Chianti — e obedece a uma instrução simples: pôr tudo numa panela, enfiar no forno antes de ir para a cama, tirar quando acordar. Carne cozida em vinho tinto é um prato ubíquo, todos os países europeus têm uma versão própria, mas em nenhum lugar se encontra uma receita mais elementar. Isso ajuda a reconhecer o que *não* há nela: não há hortaliças para realçar o molho (nada de cenouras, aipo ou cebolas), nada de caldo, nada de ervas. Não leva água. Não leva gordura, nem mesmo azeite de oliva. Nada de intensificadores salgados, como pancetta ou azeitonas. Não leva raspas de laranja. Nada de dourar a carne. São cinco ingredientes postos numa panela e cozidos durante uma noite inteira (daí o nome: *peposo notturno* — "apimentado noturno").

O segredo está no corte, extraído da canela, que se prepara usando todas as técnicas de faca que o Maestro me ensinou: o corte de ponta, para separar os músculos principais; o corte de adaga, para remover a tíbia; a lascagem da prata, para eliminar a camada dura; e o raspar e cortar, para reduzir o tecido conectivo. Em casa, cozinho dois músculos ao mesmo tempo e uso quatro colheres cheias de pimenta mal moída (Dario usa mais, no entanto seu peposo é tão apimentado que faz Teresa chorar). Acrescento uma colher de sal marinho, um bulbo de alho, começo com o forno quente e depois baixo para noventa graus. Após duas horas, a carne está cozida. Depois de quatro, parece um guisado. No decorrer das oito horas seguintes, fica mais escura e os pedaços menores se transformam num molho grosso, até que, por fim, num ponto entre o sólido e o líquido, temos o peposo. Cheira a vinho, carne magra e pimenta. Serve-se com um pão branco rústico e um copo de tinto simples, de preferência aquele usado no peposo — uma vez mais, os três elementos da alma toscana de Giovanni Manetti: a carne, o pão e o vinho. O gosto é uma revelação: parece impossível que algo tão saboroso possa ser feito com tão pouco. Quando o como, me vejo usando palavras como "limpo", "natural" ou "saudável", nenhuma das quais está entre as descrições convencionais da carne. Nesse prato, redescobri um lugar-comum que escutei há muito tempo, mas em que nunca acreditei de verdade: que os músculos mais trabalhados têm mais sabor, desde que se aprenda a cozinhá-los.

26.

No Maestro, encontrei uma tranqüilidade que jamais havia visto, uma paciência, um sentido de ordem, uma relação estável com um mundo que era velho e confiável. Isso era novo para mim. E também muito diferente do resto do açougue. Nem nos seus melhores momentos Dario estava entre as pessoas mais serenas do mundo. ("É minha aflição, tenho muita paixão, não sei controlá-la.") Acontece que, no meu retorno, ele estava mais instável do que o normal. Havia se separado de Ann Marie e vivia taciturno e mal-humorado, ou imprevisível e maníaco. Parecia estar inconsolável. Depois, parecia estar apaixonado outra vez. Provavelmente, as duas coisas ao mesmo tempo. Ao amanhecer, logo depois que a carne era entregue, sentava-se no meio-fio, memorizando poesia. Quando por fim entrava no açougue, era para tocar canções de amor de Elvis Presley. Todos os dias, começava com "Love me tender". Na verdade, eram muitos "Love me tender" de enfiada, às vezes uma manhã inteira sem interrupção, antes de serenar e passar para "It's now or never".

"Melancolia", disse o Maestro, sem mais explicação.

O estado de Dario era difícil para os clientes. Um dia, ele quis exibir seus metais, inclusive um instrumento com várias válvulas que imitava a sirene de três notas de um veículo italiano de emergência. A última vez que o havia usado fora numa visita a Grossetto, no sul da Toscana, para ver seu amigo Simon (um caso típico da caridade de Dario: um homem de meia-idade com a idade emocional de uma criança, que vivia numa espécie de asilo). Depois do almoço, Dario levou Simon à praça principal e eles tocaram sirenes de polícia, os dois soprando alternadamente, até que um carro da polícia de verdade apareceu e os mandou parar.

Dario soprou o instrumento. Era alto e soava tanto como uma sirene que me provocou um sentimento de pânico, como se eu precisasse sair do caminho rapidamente. Os olhos dele brilhavam. Suponho que havia bebido vinho tinto demais no almoço. Havia uma garrafa de Jack Daniels numa prateleira. Ele tomou uns bons goles direto da garrafa e saiu.

Panzano é pequena demais para ter uma força policial, portanto quando Dario tocou sua sirene não havia nenhuma autoridade para detê-lo. Então, ele não parou. As pessoas apareceram na rua, convocadas pelo clamor urgente. Dario soprava, bebia mais Jack Daniels e não notou um homem que tentava chamar sua atenção. Era alguém com mais de sessenta anos com calças de lã, jaqueta combinando, sapatos bons, um bigode e modos civilizados. Fez um esforço para ser notado, mas Dario não estava vendo nada, provavelmente cego de excitação. Soprava, bebia e soprava de novo.

"Por favor", disse o homem, pondo-se na frente de Dario. "Você é Dario Cecchini, não é? Posso me apresentar? Vim dirigindo de Mônaco para conhecê-lo." Mônaco era muito longe.

Dario assentiu vagamente com a cabeça e tomou um gole de Jack Daniels.

"Você é muito famoso. Sabia que há um longo artigo sobre você no *Figaro*?"

Dario deu de ombros. "É possível", disse e virou-se um pouco. O sujeito estava no caminho de Dario. Ele soprou, bebeu e limpou a boca com a manga.

"*Le Figaro* diz que você é muito bom", persistiu o sujeito. "Diz que você é o melhor açougueiro do mundo. Foi por isso que fiz toda essa viagem. Para conhecer o melhor açougueiro do mundo."

Dario baixou seu instrumento e olhou para o homem com uma vaga intensidade. Depois riu. "Ha! Ha! Ha!" Era mais um urro grosseiro do que uma risada, a poucos centímetros do rosto do sujeito. "Ha! Ha! Ha! Ha! Ha! Ha!" Virou-se para mim e disse: "Eu sou um pesadelo!". Olhou de volta para o homem e tocou sua sirene.

O homem recuou desapontado e voltou para seu carro.

Em um sábado movimentado, Dario atendia uma mulher prestes a comprar sua primeira bisteca, quando ela perguntou se a carne era boa.

"*E' buona?*", disse Dario, a voz subindo teatralmente com indignação exagerada. "*Non lo so. Proviamo*" (Não sei, provemos). Então deu uma mordida na carne comprada pela mulher, mastigou-a de modo melodramático, engoliu e disse: "Sim, é boa". Embrulhou-a e deu o troco para a mulher, que, estupefata, pegou o pacote e saiu correndo. A conseqüência disso foi que várias pessoas passaram a pedir que Dario também desse uma mordida em suas bistecas, como se a marca de seus dentes fosse um autógrafo. "Por favor, é para minha mulher", disse um cliente.

Quando a atmosfera estava jovial, diálogos como esse até podiam ser divertidos. Mas podia acontecer uma tensão de verdade. Duas vezes, achei que haveria briga. "Não! Não! Não!", gritou Dario com um homem que queria um pedaço menor de carne do que aquele que lhe fora oferecido. "O que está à venda é o que está exposto, e se você não gosta do que vê, pode ir embora. Você está no meu território. Você não é bem-vindo. Pra dizer a verdade, deve ir embora. Adeus." Eu tinha de lembrar a mim mesmo que se tratava de uma loja que vendia comida. Nem mesmo em Nova York (outrora famosa por sua grosseria, agora presa a um permanente estado de impaciência) eu nunca vira algo parecido. Lá, um vendedor, por mais exausto que esteja, ainda finge honrar o código do comércio que determina que o cliente sempre tem razão. Dario seguia a filosofia muito mais curta e grossa segundo a qual o cliente é um idiota.

Um dia, eu estava olhando para o balcão-vitrine do açougue ("O que está à venda é o que você vê"), quando me dei conta de que não havia costeletas de cordeiro. Também não havia aves, nem mesmo um frango. Não havia carne para fazer guisado. Não havia javali, coelho ou lebre, embora a Toscana seja famosa por seus animais de caça. Pela primeira vez notei que a maioria das coisas que se buscam num açougue não estava presente. Não sei por que não havia percebido isso antes, exceto que (como minha lição de polenta no Babbo me ensinou) às vezes é preciso estar num lugar por muito tempo para conseguir vê-lo.

O que eu via era o que Dario chamava de "minhas obras" (*le mie opere*), que eu relutava em aceitar porque parecia muito pretensioso. Mas era isso que se encontrava no açougue: um açougueiro e suas obras. Lembro o quanto ouvi quando sugeri que o açougue era um negócio — uma afirmação inocente, se pensarmos bem. Minhas palavras, na verdade, eram uma pergunta: o que acontecerá quando Dario morrer? Eu provavelmente me expressei mal. Não queria me alongar sobre a morte de Dario. A questão era mais teórica: uma das características de um bom negócio, pelo menos nos Estados Unidos, é a capacidade de funcionar sem o sujeito principal.

Dario explodiu. "Do que você está falando? Não tenho um bom bizzzness. Não estou interessado em um bom bizzzness."

"Business" em italiano é *commercio*, mas Dario preferiu sua própria mutilação do inglês, com seu sentido corruptor de estrangeirice, exagerando nas sibilantes como se estivesse prestes a cuspir. "Não quero ser Mario Batali", disse, batendo no "B" como se fosse um *air bag*. "Sinto repugnância por marketing. Sou um artesão. Trabalho com as mãos. Meu modelo é da Renascença. A *bodega*. A oficina do artista. Giotto. Rafael. Michelangelo. Esses são as minhas inspirações. Você acha que eles estavam interessados em bizzzness?"

Hoje, depois de ter comido todas as carnes de Dario, posso testemunhar: são muito boas. É a melhor carne que já comi. Mas não é uma pintura de Michelangelo. É um jantar. Você come e acabou.

Contudo, naquele momento em que eu olhava a vitrine, fui obrigado a admitir que a comida tinha alguma coisa da intencionalidade do artista. Cada coisa ali dizia algo. Algumas tinham preparações longas e complexas, como a mostarda de pimentão vermelho, que demorava um dia inteiro para ser feita, ou o "sushi" de carne (uma preparação de carne crua feita com "azeite de oliva muito bom"), que demorava uma manhã, ou o "atum toscano", que precisava de quase uma semana. Cada uma delas era *realmente* uma "obra", mesmo as que pareciam mais simples.

Não havia presunto nem lombo de porco, mas sempre era possível comprar uma costeleta de porco. Por quê? Porque a costeleta era coberta com pólen de erva-doce. (Costeleta de porco, *não*; costeleta de porco com intensa expressão das colinas da vizinhança, de acordo com uma combinação clássica agora raramente vista, *sim*.) Não havia perna de cordeiro, mas na Páscoa os clientes podiam obter uma paleta de cordeiro — delicada, da cor de uma flor rosada, desossada e enrolada com alecrim e pecorino, o queijo local feito de leite de ovelha: "O leite da mãe com a carne do filho", parecendo violar algum código não escrito do consumo de carne, mas, de acordo com Dario, uma preparação romana tão antiga quanto o Mediterrâneo. (Corte de cordeiro convencional, *não*;

corte esquecido junto com um ingrediente único, de acordo com receita antiga, *sim*.) No norte da Itália, encontra-se *polpettone* em todos os lugares: um bolo de carne feito com um corte gordo e cozido numa forma de pão. O de Dario era diferente. A carne era músculo (mais uma vez) moído fino, misturado com cebola vermelha, alho e ovo e enrolado numa grande bola; na verdade, era gigantesco. Por quê? Certa vez, ajudando Dario a fazê-lo, escutei-o resmungar: "É um prato familiar, um prato familiar, deve parecer um pão para toda a família". Ele tinha uma imagem na cabeça, uma ceia familiar servida no fim da semana: é quando se come o polpettone, porque o pão toscano é normalmente feito no começo da semana, e esse prato usava os restos. E, além do músculo, um ingrediente essencial era o pão dormido: muito pão, esmagado e comprimido na almôndega gigante, um pão esbofeteado, espancado, esbordoado, até que as migalhas formassem uma casca grossa e exuberante. O resultado, quando "cozido no forno", parecia um pão camponês: redondo, marrom e com crosta. (Polpettone convencional, *não*; ovo de dinossauro mutante, rústico, evocativo da vida no campo, *sim*.)

Uma noite, Dario acordou perturbado pelo pensamento de que sua mensagem não estava sendo compreendida. Fazia frio, disse ele, eram três da manhã e a luz gelada da lua cheia enchia o quarto de Il Greppo. Ele se levantou como se atendesse a um chamado e começou a escrever. "Não sou um escritor, mas há coisas que as pessoas deveriam entender." Fez uma lista de suas vinte obras mais importantes e escreveu uma página sobre cada uma delas. Chamou a coletânea de *Breviário*, palavra eclesiástica usada para descrever um livro de orações. "Deveria ser suficientemente pequeno para caber no bolso de trás da calça." Dario não sabe digitar, suas cartas são feitas por Miriam (uma "poeta aposentada", outro objeto de caridade, aquela que é paga para ler-lhe os jornais); e depois que digitou o texto de Dario, Miriam me deu uma cópia.

Como era de se prever, tinha um forte sentido de missão: dedicado ao Maestro ("que me ensinou a qualidade da carne e [...] me transformou num homem"), abria com uma declaração de princípios ("Sou um artesão!") e concluía com uma promessa ao leitor de que, ao comer esses pratos, "sua vida ficará melhor".

Não é um livro de receitas e só vez ou outra descreve os pratos. Trata-se de uma defesa, uma apologia da importância de cada um deles. Os relatos têm uma tendência ao exagero retórico (o sal herbáceo, "o perfume do Chianti", expressa, em suas fragrâncias estonteantes, "as raízes de nosso solo" e "o amor que move o sol e as estrelas"). Alguns são mais pessoais (o polpettone é cozido de acordo com "o ritmo do pão" — uma evocação elegante da rotina de uma aldeia — e foi feito pela primeira vez por Dario para sua tia Tosca). Boa parte dele é caracteristicamente impudente: para aqueles que não suportam a carnalidade consumada do músculo braseado de Dario (o osso é retirado e substituído pelo tutano e cozido numa panela de chalotas caramelizantes), Dario o santifica borrifando-o com *vin santo* — o vinho doce "sagrado" da Toscana. Na realidade, o livro não trata da comida do açougue, mas de como visitá-lo. É um guia do usuário, dedicado aos estrangeiros, aos não-iniciados que vão a Panzano esperando encontrar um açougueiro.

Perguntei-me se estava tendo um vislumbre do segredo de Dario. Fundamentalmente, ele não queria ser um açougueiro e, portanto, se tinha de ser um — devido ao patrimônio da família ou apenas porque não teve escolha —, então seria diferente de todos os açougueiros. Tratava-se de uma vocação, não de um comércio — ele era um artesão, não um operário —, e suas "obras" tinham a ver com história, com a essência da toscanidade e só indiretamente com comida. Elas equivaliam, em última análise, a uma resposta torturada ao luto, e as "obras" haviam se tornado a maneira de Dario manter contato físico (aquelas mãos gigantescas) com as pessoas que não estavam mais presentes. Quando um cliente chegava ao seu açougue, Dario não queria que ele visse um açougueiro, e não sabia dizer o porquê disso — mas sabia o que se deveria ver: um artista, cujo tema era a perda.

Penso em Panzano como uma aldeia de pais mortos. No começo, eu os considerava fantasmas — como pais hamletianos erguendo-se de suas tumbas e instando os filhos a fazer juramentos de vingança ou continuidade, alguma coisa deixada pela metade. E tal como Hamlet, eu não sabia dizer se eram fantasmas bons ou ruins. Porém, depois de viver seis meses no lugar, eu passei a não vê-los mais como bons ou maus, mas apenas como presenças titubeantes e irritantes: patriarcas atrevidos que se recusavam a aceitar que estavam mortos. Caiam fora, seus filhos-da-mãe horripilantes. Fiquem em seus túmulos e deixem seus filhos seguir em frente.

Dario os pôs na minha cabeça. O mesmo fez Giovanni Manetti, que, continuando a busca de seu pai pela herança do Chianti, fora em frente e comprara um touro. Durante duas semanas, foi o tema das conversas em Panzano.

"Você está sabendo? Giovanni comprou o touro!"

"Cara, aquele garoto vai se dar bem" — cutucada, cutucada, piscadela, piscadela — "um touro e quatro esposas."

"O touro chega na semana que vem."

"Não, ele chega amanhã."

"Você está maluco. Giovanni está em Nova York. Nenhum touro vai chegar enquanto ele não estiver aqui."

Giovanni estava em Nova York vendendo seu vinho. Por sua vez, Dario estava no Veneto, numa conferência em que promovia sua carne. Os dois deveriam ser amigos, ambos dedicados a dar continuidade às tradições de Panzano: vinho tinto e carne, como cada um deles, separadamente, me havia feito compreender. Eu gostava dos dois. Mas eles não se davam bem. Vinham de posições sociais muito diferentes. Giovanni era filho de um pai orgulhoso do nome da família e de sua longa história. Dario era filho de um pai orgulhoso de ser membro de uma linhagem de homens que trabalhavam com as mãos e de sua longa história. Mas o problema que mais os dividia era uma questão de honra envolvendo um caso de amor e a cultura dos patriarcas onipresentes: Giovanna, a irmã mais moça de Giovanni, e Enrico, o filho do Maestro, se apaixonaram.

Enrico tinha trinta anos e era uma versão alta, desengonçada e de cabelos pretos de seu pai grisalho. Tinha um nariz parecido com argila, sorriso fácil, olhos castanhos maliciosamente expressivos, uma voz de barítono tão profunda que parecia impostada e muitos dos ritmos de fala e de gestos do Maestro, inclusive o modo de se inclinar de leve para trás, para afirmar alguma coisa e reforçar com as mãos, os dedos (também) longos enfaticamente juntos. Enrico fazia o "azeite de oliva muito bom" que Dario usava. Fazia também o *vin santo* borrifado no músculo preparado por ele. Era ainda um rematado enxertador de plantas — a meticulosa ciência de manipular a natureza —, talento que o levara a ser contratado, sete anos antes, por Dino Manetti para trabalhar nas vinhas de Fontodi, onde conhecera Giovanna. Os dois se apaixonaram, transgredindo limites que a maioria das sociedades modernas não reconhece mais. O pai de Giovanna, porém, as respeitava e, quando descobriu a relação, não ficou feliz. De acordo com Dario, Enrico foi despedido, Giovanna recebeu ordens de nunca mais vê-lo e obedeceu porque era isso que as filhas e os filhos dos pais de Panzano fazem: obedecem. (Giovanna insiste que Enrico foi embora porque quis e que, de qualquer forma, foi uma loucura de juventude — ela tinha dezenove anos e, como tantos jovens que crescem no alto das montanhas italianas, estava isolada dos hábitos do mundo.) Mas o súbito desaparecimento de Enrico, independentemente de como seja contado (*ele* acredita ter sido despedido), foi tão real e público — aos olhos de Dario, uma reprimenda direta do tipo "Como você ousa?" — que Dario, indignado pela indignidade sofrida por seu pai substituto ("O quê? Um filho do Maestro, do *meu* Maestro, não serve para uma Manetti?"), ficou furioso, uma raiva que dura até hoje. Quando Dino Manetti morreu, Dario se recusou a ir ao culto em sua memória, ao qual compareceram centenas de pessoas (Dino era muito querido por todos), o tipo de protesto público que provavelmente só Dario mesmo entendeu, porque mais tarde, no mesmo dia, ele resolveu ir ao enterro. Era uma distinção importante: mesmo em sua ira Dario não podia deixar de ir ao enterro. A morte de um pai ainda era o evento mais pesado na vida de um filho de Panzano. Dario sustenta que as condolências que então transmitiu e a expressão de agradecimento de Giovanni foram as primeiras palavras trocadas entre os dois em dez anos.

No fim do verão, minha mulher e eu estávamos na praça quando Dario e Giovanni se encontraram sem querer: pelo relato de Dario, a segunda vez em dez anos. De sua parte, Giovanni não tinha consciência de que os dois não se falavam, o que pode ser verdade: às vezes, os ódios de Dario eram assuntos muito privados. A ocasião foi um festival anual do vinho, realizado na época da colheita, quando os dezoito fabricantes de vinho de Panzano (em especial filhos e filhas de patriarcas recentemente desaparecidos) montam barracas e oferecem degustações. Dario, que não concordava com o fato de a maioria dos vinhos de Panzano ser envelhecida em barris de madeira, costumava boicotar o evento, mas agora ele tinha um novo amor na vida, Kim, e ela queria ir. Os dois apareceram tarde, Dario em suas roupas de festa "olhem para mim", uma camisa amarfanhada de linho, um colete de couro do tipo caubói e calça de listras vermelhas. Giovanni, com um terno de seda azul-escuro, camisa azul-clara, gravata e sapatos de couro marrom, voltava de um jantar com os proprietários, outro ritual da colheita, e havia parado junto à barraca do Fontodi. Dario o avistou.

"*Eccolo!*", gritou, tão alto que as pessoas pararam de fazer o que faziam. "Ei-lo!"

Giovanni cumprimentou com uma inclinação de cabeça.

Dario fez o mesmo.

Então eles são amigos, afinal, pensei, até me dar conta de que a exibição amistosa era do tipo que se vê entre pessoas que não são realmente amigas. Separados por uma distância segura de uns cinco metros, não corriam o risco de um aperto de mão, por exemplo. Seguiu-se um momento frenético em que cada um deles tentou pensar em algo simpático e vazio para dizer, a fim de evitar um ato de *brutta figura*.

Dario inclinou a cabeça de novo e limpou a garganta.

Giovanni repetiu o gesto.

Dario sorriu amarelo.

Por fim, num esforço de fazer graça, Giovanni mencionou que havia visto a carne de Dario no menu do Da Caino, onde havia jantado "ainda na semana passada!". Os restaurantes que compram a carne de Dario citam o açougue: uma honra e também uma maneira de justificar o preço. Da Caino era o famoso restaurante do sul da Toscana que não me ensinou a fazer macarrão.

Dario respondeu: "É verdade, o Da Caino encomenda minha carne", e inclinou a cabeça de novo, aceitando o cumprimento. (Havia múltiplas ironias naquilo: Giovanni não disse que havia comido a carne e, de qualquer modo, não precisava viajar cento e tantos quilômetros para vê-la ou comê-la, pois o açougue ficava logo ali. Mas Giovanni não comprava carne de Dario: preferia o outro açougue, de Filippo e seu pai.)

Os dois homens permaneceram assim — Dario estaria cantarolando? —, cercados por uma dezena de pessoas que pressentiam a possibilidade de um espetáculo terrível e não conseguiam parar de olhar. Incluí-me entre os membros dessa platéia voyeurista. Tinha uma câmera no bolso e, reconhecendo a singularidade daquele encontro tenso e admirável, quis uma foto. Mas como tirá-la? Os dois estavam tão distantes um do outro que eu não conseguia enquadrá-los juntos, porém não ousava pedir que mudassem de posição. Não consegui nem ter coragem de pedir que ficassem quietos (Giovanni não parava de se mexer), até que desisti. Ter tirado a câmera do bolso poderia ter funcionado como um gatilho, e a coisa temível, o que quer que ela fosse, então aconteceria, e Zeus provavelmente me fulminaria com um raio. Por fim, eles se afastaram um do outro.

"Bem", disse Dario.

"Bem", disse Giovanni.

Dario deu um giro de 180 graus e partiu, com Kim logo atrás, tentando acompanhá-lo. Giovanni também girou e caminhou exatamente na direção oposta. Não tenho certeza de que soubessem para onde iam. Ambos pareciam ter um destino diferente quando toparam um com o outro. Por causa do giro e da fuga apressada, suas costas estavam simultaneamente à vista. Eu vi primeiro — uma coisa grudada na nuca de Dario. Vi que Giovanni tinha uma também. Cutuquei minha mulher com o cotovelo e apontei; ela soltou um grito sufocado, mas depois não teve certeza de ter visto. "Olhe de novo", eu disse. "Giovanni não sabe que está lá." Ele penetrava lentamente na escuridão da noite, logo adiante do alcance das luzes do festival do vinho, mas parecia tão preocupado (com a colheita de que tinha de tratar agora, ou com a conversa que acabara de ter, ou talvez arrependido de não ter pedido uma bisteca no Da Caino) que não se dava absolutamente conta da coisa — uma figura minúscula e encarquilhada, parecida com um velho, preso às suas costas com garras esqueléticas.

27.

A entrega do touro de Giovanni — o animal acabou chegando numa quarta-feira, quando o açougue estava fechado, e minha mulher e eu corremos ao vale para observar — revelou-se uma das cenas mais iluminadoras que vi durante um bom tempo. Ninguém estava preparado para receber o bicho. Suspeito agora que, num nível não expresso, mas profundo, as pessoas não acreditavam que o animal realmente existisse até vê-lo com os próprios olhos.

O animal em questão andava para lá e para cá num caminhão de carroceria aberta. Os trabalhadores do vinhedo corriam em volta, confusos e agitados. Alguns enfiavam moirões no solo, pois era preciso erguer uma cerca com urgência: ninguém queria um touro branco gigantesco circulando livremente pelo vale aberto. Estavam construindo também uma manjedoura e era possível escutar as marteladas frenéticas de meia dúzia de carpinteiros logo depois da crista do morro. As quatro esposas do touro também precisavam mudar de lugar: até então estavam numa pastagem menor, junto com outra raça, uma francesa chamada na região de *la rossa*. Mas os trabalhadores do vinhedo não tinham idéia de como persuadir as vacas a andar.

Somando tudo, havia ainda muito a fazer, e o motorista do caminhão vivia um estado de total incompreensão. "Não acredito. Vocês sabiam que eu vinha, não sabiam?" (Ele também era diferente de qualquer coisa já vista antes. Parecia um sapo grande — cabeça cônica, sem pescoço e uma barriga que parecia capaz de coaxar — e usava uma camiseta do tamanho de uma barraca militar, provavelmente porque era uma das poucas capazes de cobrir-lhe a cintura. Até então, eu jamais tinha parado para pensar no tipo de pessoa que entrega touros, mas, se tivesse, estou certo de que teria imaginado alguém exatamente como aquele homem.)

A principal dificuldade eram as quatro esposas do touro. Elas definitivamente não estavam cooperando. Os trabalhadores gritavam com elas, faziam sons de caubói e as perseguiam com galhos de árvore. O efeito disso foi deixar os animais em pânico. Elas disparavam, saltavam, se esquivavam: poderiam ser uma espécie de antílope branco. Precisei lembrar a mim mesmo que elas haviam sido animais dóceis e passivos. Até então, o máximo de movimento delas que eu havia visto fora a ruminação.

"Por que estou deixando vocês torrarem o meu saco?", gritou o sapo. "Volto amanhã de manhã."

Um trabalhador tirou o cinto, girou-o sobre a cabeça e atacou, um gesto que as vacas interpretaram como um perigo ainda maior ao seu bem-estar, e dispararam em quatro direções diferentes. Havia agora uma vaca em cada canto da pastagem. Dois trabalhadores desistiram. Estavam encostados num moirão, as camisas escuras de suor, os peitos arfando. Uma vaca estava por perto, de olho neles.

Antes de mais nada, não sei por que eles assumiram a tarefa de mudar as vacas de lugar. Beppe é quem devia estar no comando da operação. Era o velhote desdentado da praça da cidade — aquele com o sotaque rústico incompreensível que crescera no *borgo* de Fontodi. Quando decidiu criar gado chianina, Giovanni espalhou que precisava de alguém. "Todo mundo queria o emprego", ele me contou, "mas havia só um lugar. Então pedi que escolhessem o mais qualificado deles." Cuidar dos próprios animais era um aspecto central do modo como uma certa geração de toscanos gostava de se imaginar, mas quase nenhum deles havia feito isso. Na verdade, de todos os homens da aldeia, Beppe era o único com alguma experiência. E, naturalmente, ao contratá-lo, Giovanni havia completado um círculo.

Beppe estava sentado num toco de árvore. Os trabalhadores do vinhedo o haviam irritado. Parece que, excitados pela chegada do touro, haviam se comportado como extras de um filme de faroeste.

"O que esses caras sabem?", perguntou Beppe. "São catadores de uva. Conhecem a terra. Não conhecem os animais. Beppe conhece animais. Você não consegue que os animais façam o que eles não querem fazer."

O motorista gritou: "Vou pôr o touro no pasto. *Isso*, sim, vai espantar as vacas". Soltou uma risada e o riso moveu-se como uma onda por sua imensa camiseta de algodão. "Lá vem ele!" Fez um movimento para abrir a parte de trás da carroceria. "Lá vem ele!"

"Paciência", alguém gritou.

"Paciência?", o motorista disse, e cuspiu. "Não me venha falar de paciência. Eu poderia escrever um livro sobre paciência, e o primeiro capítulo seria sobre vocês, seus idiotas." Andou bamboleando até a lateral do caminhão e sacudiu as ripas da carroceria. O touro parou de andar e bateu com as patas no chão. Por que ele provocava um touro que estava prestes a soltar?

"Não posso segurar mais o bicho. Ele está tão excitado que é perigoso."

Beppe deu uma risadinha. "O touro vai ter uma vida boa." Olhava descaradamente para as coxas da minha mulher ("Talvez tenha sido um erro usar shorts", ela disse mais tarde). "Esta noite, ele vai ter quatro mulheres."

Então, um por um, os trabalhadores do vinhedo foram desistindo. E como se o colapso deles fosse uma dica, Beppe mexeu-se para fazer uma espécie de abrigo, jogou um pouco de grãos e, com comida e palavras gentis, convenceu as vacas a ir para o pasto ao lado.

"Até que enfim", disse o motorista, e abriu a parte de trás do caminhão.

O touro era, de fato, um animal poderoso. Tinha também um focinho claramente jovem. Ficamos todos olhando para ele. Era um menino — um menino grande e musculoso. Era maior do que as meninas e tinha músculos definidos, especialmente ao redor dos ombros, e um corpo que se afilava para trás, como numa caricatura da masculinidade. Minha mulher e eu ficamos observando de trás de uma pedra, como se ela pudesse nos proteger se o touro atacasse. Os trabalhadores do vinhedo reuniram-se atrás de nós, como se pudéssemos protegê-los.

"Ele é lindo", alguém disse.

"Mítico."

"Mas a pressão está aí. Ou ele faz agora ou..." — um dos trabalhadores fez um gesto de degola no próprio pescoço — "é mandado de volta para casa. Ele conhece seu trabalho."

Estou certo de que o touro não sabia que tinha um trabalho pela frente. Parecia interessado em questões mais elementares, como saber por que estava ali, na carroceria de um caminhão, diante de uma platéia ansiosa por vê-lo fazer sexo com vacas que ele não conhecia. Olhou para a esquerda, para a direita, para a esquerda. Bateu as patas, bufou. Parecia querer se comportar como um touro. Então viu as meninas, largou a rotina, desceu pela rampa e juntou-se a elas, tão facilmente como velhos amigos que se encontram depois de uma ausência. Em menos de um minuto — e vá saber, talvez instantaneamente — assumiu seu papel de touro, tirou as meninas do caminho e se posicionou à frente. Conduziu então seu pequeno rebanho numa inspeção ao novo lar.

Durante a hora seguinte, os espectadores ficaram esperando que o touro se entregasse ao trabalho. Mas ele não parecia compreender os termos de seu emprego. Houve alguma agitação quando uma vaca se interessou por sua genitália e enfiou a cabeça entre as pernas dele.

"Ela está pronta", sussurrou um trabalhador.

"*Toro*, o que você está esperando?"

"Quatro mulheres. Realmente! *Veramente!* Podia ser melhor?"

Mas o touro não dava bola. De vez em quando parava e a vaca oferecida, vendo uma chance, se abaixava e lhe dava outra lambida. O touro não poderia estar mais indiferente. A língua amistosa da vaca em seus testículos não lhe dizia nada.

O touro, entendi então, era tão exótico para os habitantes de Panzano quanto para mim, e durante algum tempo ele foi o tema das conversas. Já faturou? Será que precisa de instruções? Será que é homossexual? O único lugar em que não o mencionávamos era no açougue de Dario. Nada de extraordinário. O açougue era uma espécie de país estrangeiro dentro de Panzano, com suas leis próprias e seu chefe de Estado (não muito diferente do Vaticano, se fosse um açougue gigantesco). Mas as preocupações provocadas pelo touro — chianine! Carne toscana! Alma toscana! — lembraram-me de algo que eu precisava deixar em pratos limpos, uma coisa para a qual eu não estava preparado quando a descobri, e que só fui entender após semanas de ensinamentos do Maestro. Desde que fiz a descoberta, vinha me perguntando como iria transmitir sua magnitude. Na verdade, não sei o que fazer, exceto oferecer o fato nu e cru: a carne vendida por Dario Cecchini — o açougueiro mais famoso da Itália, possivelmente o toscano vivo mais famoso — é espanhola.

Devo esclarecer que nenhum açougueiro abate seus próprios animais, uma idéia errada muito comum, especialmente na Itália, onde a palavra que designa açougueiro, *macellaio*, deriva de *macello*, matadouro. O trabalho do açougueiro é dominar o quadril, em todas as suas implicações, e no Chianti esse quadril, durante um ou dois milênios, veio de uma vaca do lugar, um animal que você via quando ia para casa todas as noites. A carne de Dario vinha de uma vaca espanhola, criada a milhares de quilômetros dali numa pequena fazenda da Costa Brava e entregue por caminhões que partiam da Espanha todas as quintas e chegavam a Panzano na sexta-feira, muito antes de seus moradores se levantarem da cama, exceto os dedicados empregados de um bar chamado La Curva, que abriam às seis da manhã e preparavam um cappuccino para Dario, o Maestro e eu minutos depois que terminávamos de descarregar. Durante algum tempo, me perguntei se o motivo de as entregas serem feitas antes do amanhecer seria evitar que alguém visse as placas espanholas do caminhão.

Minha suspeita surgiu quando estava desossando um porco e notei um carimbo na barriga: *Hecho en España*. "Feito na Espanha"? Aquilo era intrigante. Levei meus pedaços desossados para Dario e fiquei por perto enquanto ele preparava arista. Então, antes de enrolar a carne como um pedaço de lenha, Dario examinou o lado de fora para ver se havia algum defeito, inclusive o carimbo "Hecho en España", que ele cortou fora com a faca. Para esconder a prova?

Minhas suspeitas eram infundadas. Dario jamais negaria de onde vinha sua carne. Bastava perguntar-lhe, ele daria a informação. Mas não se esforçava em divulgá-la.

"Vem de *onde*?" (*Viene di DOVE?*), pergunta uma voz que sobe melodramaticamente, expressando incredulidade crescente.

Essa é a primeira parte de um diálogo conhecido de todos no açougue. Um homem — de meia-idade, profissional, instruído, dedicado à relação esquiva entre comida, cultura e identidade nacional — dirige seu carro durante muitas horas, com o mapa da Toscana no assento ao lado, encontra um lugar para estacionar, pede informações aos velhotes da praça e entra no famoso açougue. Por um instante, ele absorve tudo: o balcão-vitrine, a apresentação estética, a música alta. (E a melodia pode ser qualquer uma, mas, perto do final de minha estada não era mais — "Até que enfim!", desabafou o jovem Riccardo — Elvis. Dario voltara a Mozart, em particular *Don Giovanni*, e todas as manhãs tocava a ária de Leporello, aquela que cataloga as conquistas sexuais de Don Giovanni. "Mais feliz", observou o Maestro, sem maiores explicações.) O homem aproxima-se do balcão e grita as palavras que resultarão em seu banimento: "*Una bistecca di chianina, per favore!*".

Dario diminui o volume da música.

Não, ele não pode dar ao sujeito uma bisteca de vaca chianina, diz com voz monótona, entediada, oprimida e com cílios pesados, porque não tem vaca chianina para vender.

"Ah", lamenta o homem, "que tipo de vaca você tem?"

Dario lhe diz. Se o homem tem um espírito inquisitivo, dirá "Ah, que interessante". Uma frase simples que, durante o período em que estive no açougue, foi murmurada apenas por duas pessoas, ambas instantaneamente recompensadas com uma bisteca, mesmo quando a carne já estava reservada. Se seu espírito se caracteriza mais por respeito do que por curiosidade, o homem dirá "Ah, por que isso?". Ele não levará uma bisteca, mas poderá reservar uma. As coisas ficam feias se o estrangeiro é inflexível, mesmo que seja um adepto muito romântico da correção das coisas. Um homem desse tipo faz invariavelmente a pergunta acima mencionada ("Sua carne vem de ONDE?"), embora sua força seja mais afirmativa do que interrogativa. O que a pergunta quer dizer é: "Gastei um tempo precioso de minha vida vindo até esta aldeia onde o diabo perdeu as botas por uma estrada cheia de curvas, para visitar montanheses como você e ter uma experiência toscana autêntica, e você está me dizendo que dava na mesma eu ter ido a Barcelona?".

O homem está prestes a ser expulso, mas antes de sua saída e sua jornada de volta para casa, quando refletirá nostalgicamente sobre o desvanecimento da italianidade, escutará que não tem chianina porque a chianina agora não é boa. Trata-se de uma preleção — todo mundo ganha uma — feita num tom rápido de "eu já disse isso um milhão de vezes". "A chianina não é mais boa porque é fundamentalmente banal. É um nome. Prada é um nome. Versace é um nome. Armani é um nome. Chianina é um nome. Se eu a vendesse, o que não faço, estaria vendendo um nome. Ganharia dinheiro vendendo um nome? Com certeza. Seria bom para o bizzzness? Com certeza. Mas bizzzness não me interessa. Nomes não me interessam. A carne me interessa. É por isso que vendo carne, não nomes. Além disso", Dario acrescenta num floreio final, "não acredito na pureza das raças. Você, evidentemente, acredita na pureza das raças. Hitler também acreditava. Mas Hitler, na *minha* opinião, estava errado." Aquela lendária vaca branca é agora uma vaca ariana nazista e o estrangeiro, um fascista e traidor da causa do nacionalismo italiano. É quando ele é convidado a se retirar.

De todas as tensões no açougue entre cliente e proprietário, de todos os incêndios e explosões, a questão da chianina era a mais litigiosa. Eu percebia, observando Dario nesses recontros — seu rosto enrijecia, a cabeça caía antes do discurso, a saturação da mesma mensagem —, que, secretamente, ele ansiava por servir uma carne que viesse de um animal criado nas redondezas. Odiava ser um destruidor de mitos, em especial porque ele também vivia uma versão do mito, sabia como ele era difuso e como as pessoas se agarravam a ele com tenacidade. Afinal, o homem que havia atravessado as montanhas em busca da experiência toscana acreditava tanto nele que havia ficado cego: nunca lhe ocorreu que não havia visto uma única vaca em sua jornada a Panzano (e maldizendo Dario no caminho de volta, não perceberia que ainda não estava vendo vacas). Uma vez, quando fui a Porretta para uma de minhas aulas de tortellini e mencionei por acaso que a carne de Dario era espanhola, Gianni agarrou a mesa — um gesto expressivo, como se a terra tremesse —, me interrompeu no meio da frase e declarou-se arrasado: "A partir de agora, não tenho mais ilusões".

Pedi uma explicação ao Maestro.
"Nos anos 70", ele disse, "as chianine eram boas. Tinham gosto de encosta do morro e ar puro. Comiam relva e tinham hectares para pastar e, como eram animais de trabalho, se exercitavam constantemente. A carne era firme e pura. Talvez levasse duas semanas para amaciar." Aludia ao processo de maturação da carne. Eu costumava observar esse processo no frigorífico do Babbo: a cada dia, o pedaço cedia um pouco mais à pressão de meu dedo. "Hoje, as chianine não têm mais morros para pastar, porque eles estão cobertos de videiras. As vacas não se exercitam, porque hoje se usa trator para trabalhar nos vinhedos, não um animal. E em vez de capim elas comem cereais, grãos e pílulas de proteína: *mush*." Ele usou a palavra inglesa [que significa papa], com sua irresistível veracidade onomatopaica. "Elas comem *mush*. Têm gosto de *mush*. E depois que o animal é abatido, a carne se comporta como *mush*: se desintegra em poucos dias. Uma chianina é uma coisa de se fugir dela!" (*Da sfugire!*)

No açougue, o Maestro era o mais velho, mas tinha a inocência de um homem mais jovem — uma falta de malícia. Não tinha campanhas ou polêmicas. Jamais fazia discursos sobre Hitler ou marketing. "Não tenho inimigos", disse durante uma refeição coletiva, depois que foi feita uma referência indireta ao romance entre seu filho e Giovanna Manetti. "Não tenho ressentimentos." Assim, quando o Maestro emitia um julgamento, não se pensava duas vezes sobre o assunto, e se ele dizia que a chianina era ruim agora, parei de me esforçar para achar uma delas. "Você deve sempre dar ouvidos ao Maestro quando ele fala", disse-me Dario, "porque ele não fala muito. Seis, talvez oito frases por mês. Mas as frases têm o peso do pensamento." (Eu sabia o suficiente para dar ouvidos ao Maestro, porém não sei de onde vinha essa coisa da taciturnidade masculina. Minha suspeita era que Dario e o Maestro não passavam mais muito tempo juntos, exceto às cinco da manhã, esperando pelo caminhão da carne que vinha da Espanha; naquela hora, eu também teria sorte se ouvisse seis ou oito frases por mês.)

"Quando eu era jovem", relembrou o Maestro um dia, "havia só um tipo de prosciutto. Era feito no inverno, à mão, e envelhecido durante dois anos. Era doce quando se cheirava. Um perfume profundo. Inconfundível. Envelhecer um prosciutto é um negócio sutil. Se estiver quente demais, o processo nunca começa. A carne estraga. Se o tempo está seco demais, a carne fica arruinada. Precisa estar úmido, mas frio." *Umido ma freddo*. "O verão é quente demais. No inverno — é quando se faz salame. Seu prosciutto. Sua soppressata. Suas lingüiças."

O Maestro de repente me lembrou Miriam — não sei por que não havia feito a conexão antes — e sua insistência em fazer culatello somente em janeiro, porque é quando se faz a carne. Ambos eram membros da escola da "maneira antiga é a melhor maneira porque é a maneira antiga".

"Quando eu era jovem", continuou o Maestro, "não havia supermercados. Agora existem muitos. Eles são capazes de vender mais prosciutti do que é possível fazer. Então inventaram novos tipos. Além do prosciutto envelhecido dois anos, tem agora um mais barato de um ano, um mais barato ainda de seis meses e uma variedade muito barata, de três meses. São feitos o ano inteiro, em fábricas de prosciutto. A verdade é que só há um tipo de prosciutto, e ele é feito no inverno, à mão e não numa fábrica, e envelhecido por dois anos. Essas variedades novas não são boas. Não têm cheiro doce. São ruins."

O que o Maestro descrevia era a história familiar e triste da criação de animais desde a Segunda Guerra Mundial, uma história italiana, mas também européia e americana. Não sei se a culpa é dos supermercados — eles são um alvo fácil e, tal como os jornais ruins, não existiriam se as pessoas não os quisessem. Mas alguma coisa, de algum modo (mais uma vez chame de século XX), deu muito errado, em quase todos os lugares, como se grandes faixas do globo tivessem sido inexplicavelmente atacadas por amnésia gastronômica e esquecessem que a carne vem de uma vaca, um animal que, como todos os animais, precisa ser bem tratado.

"Todo mundo gosta de bife na Itália", disse o Maestro, "e os supermercados sempre conseguem vender mais do que poderiam obter. Você percebe o problema." Na história do Maestro, os supermercados eram incapazes de inventar novas variedades de carne, como haviam feito com os diferentes tipos de prosciutti. O desafio, portanto, era produzir quantidades industriais de bife, mais depressa e mais barato; o resto do animal poderia ser liquidado como derivados de carne. "Alguém apareceu com a idéia de alimentar os animais com farinha de peixe. Era barata e rica em proteínas, e as vacas engordavam rapidamente. Mas a carne tinha gosto de peixe. Depois tentaram alimentá-los com uma mistura de proteína manufaturada, feita com os restos do próprio animal. A carne não ficou mais com gosto de peixe, mas não estava correta." Esse canibalismo high-tech ficou famoso por suas conseqüências desastrosas: a encefalopatia espongiforme bovina, ou doença da vaca louca. "Agora", suspirou o Maestro, "bem..." Sua voz sumiu. Preparei-me: a qualquer momento, ele declararia que se tornara vegetariano.

"Você percebe por que Dario não vende chianina. A raça não importa. Essa carne espanhola: por acaso ela vem de uma vaca branca. Não é chianina. Mas não importa. Poderia ser uma vaca americana ou francesa. Não é a raça. É o modo de criar."

A carne espanhola vinha de uma fazenda rústica remota: atrasada, familiar, ideologicamente minúscula, incapaz de se tornar maior, exceto se papai ganhasse na loteria e comprasse a montanha ao lado. A família sabe o que pode fazer com sua terra e o que não pode fazer mais. No mundo segundo o Maestro, o conhecimento mais importante é compreender o que não se pode fazer. A maioria dos melhores produtores de carne, na opinião do Maestro, são pequenos, antiquados e filosoficamente conservadores.

"Carne muito boa na Namíbia", ele disse um dia.

Meu Deus, pensei. *Namíbia!* Será que terei de ir à Namíbia para comer um bom bife?

"Iugoslávia — carne muito boa lá também."

Argentina, disse em outro dia. "Carne muito, muito boa. Provavelmente a melhor do mundo. Tem gosto de ar aberto, capim alto e morros selvagens. Na Argentina, é onde você vai descobrir carne toscana de trinta anos atrás." Ele parou o que estava fazendo e apontou seu longo dedo para mim. "Billy" — ele passara a me chamar pelo diminutivo porque parecia mais italiano —, "você tem de ir à Argentina. Pela carne." Fez uma pausa, gozando a lembrança de alguma coisa cozida sobre o fogo a céu aberto e sorriu. "E quando estiver lá, poderá comer também um cabrito excepcionalmente bom."

Vi-me escrevendo em minha caderneta: "Não esquecer — quando na Argentina, comer cabrito".

Na verdade, todos os lugares citados pelo Maestro eram provincianos e não modernos, com uma exceção: a Dinamarca. "Não sei como explicar, mas na Dinamarca tem carne muito boa", admitiu.

"Não a raça, mas o modo de criar": era a senha secreta do açougue.

28.

Em uma sexta-feira de setembro, fui até a igreja mais velha de Panzano, La Pieve di San Leolino. Eu estava na cidadezinha havia quase sete meses e ainda não tinha ido vê-la. Ficava no alto de uma colina, junto ao caminho de terra perto do cemitério, e era conhecida por ter a melhor vista da região. A igreja era uma espécie de quebra-cabeça: erguida no século x, destruída logo depois (quando o vale era uma zona de guerra entre Florença e Siena) e reconstruída no século xii, era agora uma mixórdia românica, uma construção quadrada com pedaços antigos anexados, precariamente inclinados. Para complicar sua genealogia, um vestígio de pedra foi desenterrado nas proximidades, com um texto etrusco incompreensível impresso em seu contorno, datado de cinco séculos antes de Cristo. As pessoas apreciavam aquela vista havia muito tempo.

Dario define esse vale como uma das terras cultivadas mais antigas do planeta. Depois dos etruscos, os romanos o ocuparam (resta uma torre para grãos, construída para forragem de animais domésticos); alguns séculos depois, foram expulsos pelos lombardos, os assim chamados bárbaros da história, que foram então convertidos pelos cristãos no século VIII. Durante séculos, seus arrendatários mudaram, mas o vale não, e cada novo ocupante retomava as atividades do anterior, assumindo práticas agrícolas que prosseguiam sem interrupção desde a invenção da enxada. Essas práticas estavam implícitas numa carta do século XIII de Luca di Matteo, um proprietário de terras, escrita logo após o vale ter sido devastado pelas tropas de Siena. Os soldados haviam incendiado cabanas e casas (*chapane e chase*, no italiano antigo de Di Matteo), matado gado e animais domésticos (*perduti buoi e bestiame*), e todos ficariam sem grãos e forragem por um ano (*un anno senza richore grano e biade*). A carta é reveladora pelo que não diz. Em meio a tanta destruição, não há menção a oliveira, videira ou trigo, embora eu tenha certeza de que tudo isso estava presente na paisagem. Depois da igreja e do lar, o que importava era o gado (*buoi*) e a forragem (*biade*) para alimentá-lo. Dario pode estar correto quando diz que essa terra é cultivada há muito tempo, mas, se é assim, foi cultivada para criar gado. As vacas chegaram junto com as pessoas.

De onde eu estava, podia ver o pequeno rebanho de Giovanni. O jovem touro acabou mostrando que não era homossexual nem ignorante, apenas tímido. "Um amante noturno", disse Beppe quando o encontrei na praça. "Ele machucou o ombro." Beppe fez então um movimento de quadril universalmente reconhecido. O touro havia caído de mau jeito durante a cobertura, mas não antes de faturar todas. As quatro esposas haviam deixado de menstruar. Assim, Giovanni obtivera sucesso e o gado chianina estaria de volta às colinas do Chianti. Era uma coisa curiosa de contemplar. A história nos ensina sempre que não podemos fazer o relógio voltar, mas eu parecia estar cercado por gente que continuava tentando andar para trás.

Era o primeiro dia do outono e o tempo estava quente de novo. Os trabalhadores do vinhedo estavam saindo para o almoço e não voltariam à tarde. Quando esquentam demais, as uvas se comportam de modo imprevisível, e a prática é fazer votos para que o tempo esteja mais fresco na manhã seguinte. Giovanni estava à frente dos outros e a maior parte de sua sangiovese já havia sido colhida. Baldes de uvas eram jogados num pequeno caminhão, com gelo por cima para evitar que as frutas cozinhassem. Para Giovanni, a uva era outro item essencial de sua identidade toscana, e fazer vinho com ela o ligava à história do solo. "Todo mundo sabe que a sangiovese está aqui desde os tempos romanos", me disse uma vez. "Está no nome: *sangue*, mais o deus Jove. Mas poucas pessoas acreditam que foram os romanos a introduzi-la. Achamos que já estava aqui." Tal como criar gado, plantar uvas sangiovese era, na opinião de Giovanni, apenas mais uma das práticas de que os novos ocupantes se haviam apropriado e que, desde que aqueles vales foram habitados, as pessoas bebiam uma versão do sangue de um deus.

No extremo oposto do vale, fica o Castello dei Rampolla. Ali, as uvas eram as variedades menores e mais escuras de Bordeaux, plantadas por Alceo, outro patriarca fantasmagórico, embora, de onde eu estava, eu não pudesse ver a diferença. Via apenas as linhas simétricas de folhas verdes e pessoas curvadas e cansadas subindo o morro entre elas. Minha mulher e eu havíamos visitado recentemente a filha de Alceo, Maurizia — delicada, evanescente, perto dos cinquenta anos, vestido solto cigano e um estilo intelectual direto —, que morava com o irmão no castelo ventoso. Em geral, ela se recusava a receber visitas e raramente saía, até mesmo para promover seu vinho, bebendo-o apenas "uma vez ou outra, quando em Florença, talvez", e dizia gostar mais do perfume do Bordeaux do que de seu gosto. "Em nossas refeições em família, preferimos leite", confessou. Ao contrário de todos os outros viticultores do Chianti, ela não estava preocupada com o verão brutal (se suas uvas se darão bem ou não), porque era filosoficamente indiferente aos extremos do clima ("Que a natureza faça o que a natureza faz").

Colhia de acordo com as fases da lua, exceto se fosse instruída por certas configurações das estrelas, e rejeitava qualquer prática que parecesse moderna demais, como o uso de refrigeração, bombas, ar-condicionado ou filtragem, embora certa noite eu e minha mulher, ao olhar para o castelo do outro lado do vale, tenhamos visto algo que parecia luz elétrica. No final de nossa visita, Maurizia nos levou à famosa adega da família, onde os vinhos completavam sua fermentação havia mais de 1100 anos. A adega, construída no século x, tinha a mesma idade da igreja.

Havia tempos eu vinha me entretendo com uma teoria que se completou naquele vale. Quem a enfiou na minha cabeça foi Enrico, o filho do Maestro. Ele parava de vez em quando no açougue, mas nunca conversei com ele até irmos juntos a um evento em Montaperti, próximo a Siena, para celebrar o aniversário de uma batalha que ali se travou em 4 de setembro de 1260. Até o advento das armas de fogo, a data esteve entre os dias de guerra mais devastadores da península italiana. Dez mil florentinos foram mortos, um por um, detalhe que Dario saboreia como um bom açougueiro entusiasmado por facas. Ele era o convidado de honra. A festa teve muito Dante, declamado por Dario com seu estilo vaudevillesco, para o aplauso frenético da platéia. Houve também uma apresentação de um dos últimos praticantes de uma arte de declamação trovadoresca melancólica e monótona. O trovador era de Pistóia e fingia inventar enquanto declamava parelhas de versos rimados, numa estrutura mais ou menos assim:

> *Sou um homem velho que é duro de suportar,*
> *Sei que sabem disso porque os ouço roncar.*
> *Que posso fazer? É meu instrumento, não há remédio,*
> *Que parece um poema, mas é, na realidade, tédio.*
> *Ademais, isso não é um jogo, com pontos a marcar,*
> *Apenas um velho bêbado que é muito duro de suportar.*

A noite foi interminável e me lembro pouco dela, exceto de um curto diálogo com Enrico sobre seu azeite de oliva. Eu queria saber por que era tão bom.

"Há dois motivos", ele respondeu. "*Quando* eu colho e *o que* eu colho. O resto não importa."

Enrico começa sua colheita em setembro, quando o bom senso sugere que as árvores não devem ser incomodadas. Em setembro, as azeitonas estão verdes e duras. A maioria dos plantadores colhe no final de novembro e dezembro. "Dez a doze semanas depois, as azeitonas estão gordas e cheias de suco. Quanto mais suco se obtém, mais azeite se pode engarrafar, mais dinheiro se ganha", disse Enrico. "Mas, para mim, a azeitona está inchada. Está cheia de polpa e água." A fruta está como "*mush*", a palavra de seu pai. "Em conseqüência, o azeite é fino. Tem-se volume, mas não intensidade. Para mim, intensidade é tudo. Para mim, menos é mais. Meu azeite é muito, muito intenso."

Enrico tem mil pés de oliveira, mas colhe apenas da metade deles. "As outras são jovens demais." Ele vende as azeitonas das árvores mais jovens ou as deixa cair e apodrecer, mas seu tom de voz revela que só um réptil, sem orgulho ou dignidade, e não um verdadeiro toscano, faria azeite de uma oliveira jovem. "Não faço azeite para ganhar dinheiro", disse Enrico.

(Pergunto-me se não devia parar por aqui e reconhecer que conversas desse tipo estavam se tornando familiares demais. Cito Enrico como se ele fosse um ser humano perfeitamente normal. Mas às vezes, enquanto eu assentia com a cabeça de forma socialmente afirmativa, sem dizer nada, escutando sentimentos do tipo "não estou interessado em bizzzness", "não me importo se o tempo arruinar minhas uvas", ou "faço isso só pelo cheiro", eu precisava acionar um imaginário botão de pausa, como fiz agora, e admitir a mim mesmo que não havia nada de normal no que eu estava ouvindo. Às vezes, nessas pausas para reflexão, eu me perguntava o que havia transformado essa gente em poetas pirados das montanhas. Seria porque não comeram verdura suficiente na infância? Excesso de proteína? Eu queria gritar: ei, você aí, Enrico! Você não gosta de férias numa ilha e de tevês de tela plana? Não gosta de dinheiro?)

O azeite de oliva de Enrico, posso testemunhar, é muito bom, mas há muitos azeites bons, feitos por outros artistas malucos sem interesse por dinheiro, obcecados com o cheiro, olhando por cima dos ombros para ter certeza de que serão os primeiros a colher suas azeitonas ainda verdes e espremer a menor quantidade de suco intenso de suas oliveiras mais velhas. O líquido viscoso e verde-dourado que pinga de seu fruto duro não se compara a nenhum outro azeite que eu tenha testado, e seus fabricantes dizem com orgulho chauvinista que nenhuma gota desse azeite vai para fora da Itália.

Para mim, esses azeites têm qualidades também encontradas nos bons vinhos da região (e há muitos vinhos bons — no Chianti é difícil ir para a cama sóbrio). O melhor produto de Giovanni (seu Flacianello, batizado com o nome da aldeia romana junto à velha igreja) é feito com as uvas de videiras velhas, grandes, retorcidas e improdutivas. Tal como as oliveiras velhas, elas produzem menos frutas, no entanto suas uvas possuem uma intensidade que as mais jovens não têm. A reserva de Giovanni é muito boa, mas para mim o azeite de oliva é a coisa mais preciosa. Ao contrário de uma garrafa de vinho cara, um azeite bom não melhora com o tempo. Ele é mais vibrante logo depois que as azeitonas são esmagadas. Depois essa vibração se dissipa inevitavelmente, minuto a minuto, até desaparecer: evanescente como uma estação.

Minha teoria é a da pequenez. Ela é agora minha medida: uma variação de todas as frases que andei ouvindo, como a do Maestro "não é a raça, mas o modo de criar", ou a de Enrico "menos é mais". Como teoria, a minha é bem tosca: comida pequena é boa; comida grande é ruim. Para mim, a linguagem que usamos para falar sobre a comida moderna não é bem precisa ou, pelo menos, não dá conta de como aquele vale italiano me ensinou a pensar. A metáfora usada é geralmente a de velocidade: a *fast-food* arruinou nossa cultura, a *slow-food* vai salvá-la (como diz o manifesto do movimento de mesmo nome, fundado em Bra, no norte da Itália). Percebe-se o encanto da metáfora, mas ele obscurece um problema fundamental que pouco tem a ver com velocidade e muito a ver com tamanho. A *fast-food* não arruinou nossa cultura. O problema já existia, na verdade é sistêmico, e começou no momento em que o alimento passou a ser tratado como um objeto inanimado — como qualquer outra mercadoria — que poderia ser manufaturado em quantidades crescentes para satisfazer o mercado. Com efeito, os dois atores principais da cadeia alimentar (o que faz e o que compra) trocaram de papel. Antes, o produtor (o sujeito que conhece suas vacas, ou a mulher que preparava o culatello somente em janeiro, ou o velho que colhia suas azeitonas em setembro) determinava o que estaria disponível e como seria feito. Depois, o consumidor passou a ser determinante. O Maestro culpa o supermercado, mas os supermercados são apenas um sintoma. (Ou, para invocar um ponto de vista familiar da filosofia do varejo: o mundo mudou quando o negócio dos alimentos concordou que o cliente tinha razão, quando, como todos sabemos, o cliente na realidade não... bem, nem sempre tem razão.) O que aconteceu nessa área ocorreu em todos os aspectos da vida moderna, e a mudança trouxe muitos benefícios. Gosto de férias nas ilhas tropicais e tevês de tela plana, e não discuto a economia de mercado global, exceto no que ela fez com a comida.

    Os ovos aguados que Gianni comprou quando dormiu depois do almoço: comida grande. Os ovos que a vovó vendia por baixo do pano para seus clientes de Panzano: comida pequena. O porco que levei para casa em minha motoneta: comida pequena, mesmo que fosse em quantidade tão grande que eu não conseguia acabar com ela. Um presunto de um animal tratado quimicamente que passou toda a sua vida sem se mexer, num ambiente fechado e cientificamente controlado (todos os cortes idênticos, como se feitos por uma máquina): comida grande. A assim chamada ricota num supermercado: comida grande, não toque nela. A ricota da loja de Lou di Palo, na Little Italy de Nova York (mais barata do que aquela coisa do supermercado, mas como Lou está nos fundos, fazendo-a, e não no balcão servindo, você terá de esperar uma hora por ela): comida pequena. (Até mesmo em Nova York existem algumas pessoas sem pressa, porque você é apenas um cliente e, portanto, um idiota.) O queijo de Lou é ao mesmo tempo comida pequena e comida lenta; na verdade, comida muitíssimo lenta. Mas essas são exceções.

Os italianos têm uma palavra, *casalinga*, caseiro, embora seu sentido primeiro seja "feito à mão". Minha teoria é apenas uma variante do *casalinga*. (Comida pequena: feita à mão e, portanto, preciosa, difícil de achar. Comida grande: feita numa fábrica e, portanto, barata, abundante.) Quase todas as preparações que aprendi na Itália eram feitas à mão *e* dependiam de eu aprender a usar minhas mãos de modo diferente. Minhas mãos foram treinadas para abrir massa, usar a faca para abrir um quadril, fazer lingüiça, lardo ou polpettone. Em algumas técnicas, eu precisava tornar minhas mãos pequenas, como as de Betta. Em outras, tornava-as grandes, como as do Maestro. As mãos, diz Dario, são tudo. Com elas, os cozinheiros se expressam, como os artistas. Com elas, fazem alimentos que as pessoas comem com as mãos. Com as mãos, Dario transmite para mim o que aprendeu com seu pai. Com as mãos, Betta me dá suas tias. As mãos da mãe de Miriam, suas avós. As mãos do avô de Dario, o bisavô que ele nunca conheceu, exceto indiretamente, no que se transmitiu por meio de suas mãos.

Miriam, que não consegue uma *pastina* para abrir massa, não faz mais macarrão feito à mão. Quando sua filha assumir o negócio, ela fará a massa à mão? Na Toscana, não se consegue carne no coração da região, então Dario e o Maestro acharam uma fazenda pequena na Espanha que reproduz a intensidade do sabor com que eles cresceram. Quanto tempo essa memória perdurará? O Maestro vai morrer. Dario vai morrer. Eu morrerei. A memória morrerá. A comida feita à mão é um ato de desafio e vai na contramão de tudo em nossa modernidade. Encontre-a, coma-a: ela vai desaparecer. Esteve presente durante milênios. Agora é evanescente, como uma estação.

Fui visitar a velha igreja porque eu sabia que estava indo embora. Sentia que eu enfim havia, provavelmente, aprendido o suficiente, embora não soubesse como articular o que aprendera até visitar o açougue pela última vez. Então, Dario já era como um irmão para mim e não seria fácil deixá-lo. E o Maestro?

Decidi dar ao Maestro minha chaira — o instrumento de aço usado para afiar a faca. Era uma piada particular. O Maestro afia sua faca quinhentas vezes por dia. Era o que marcava o ritmo de seu trabalho. Sua faca estava sempre muito afiada. Mas sua chaira estava muito cega e, a certa altura, ele passou a usar a minha: não pediu licença, simplesmente a pegou. Fiquei lisonjeado com isso, não sei bem por quê. Talvez fosse uma maneira de demonstrar confiança: sim, você está fazendo uma bagunça por aqui, mas vai melhorar.

"Maestro. Olhe. Para suas facas." Empurrei a chaira em sua direção.

Ele olhou para o instrumento durante um longo tempo. Quando ergueu os olhos, estavam cheios d'água. Gaguejei pateticamente, pensando: como vou dizer adeus a essas pessoas? Jamais partirei.

Então, ele explodiu: "Não!". Aquela formalidade conhecida que eu havia escutado tantas vezes. "Não, não posso ficar com essa chaira. Não seria correto." Ele abriu sua gaveta das facas. "Vai ficar aqui, até você voltar."

(É assim que se vai embora: sem nunca dizer adeus.)

E aprendi isto: a voltar. Voltei no ano seguinte e no ano depois do seguinte. Espero retornar todos os anos (afinal, talvez nunca tenha a chance de aprender tanto), até não ter mais ninguém para quem retornar.

JANTAR COM MARIO

O requisito principal para escrever bem sobre comida é ter um bom apetite. Sem isso, é impossível acumular, dentro do breve espaço de tempo atribuído a ela, a experiência de comer o suficiente para levar em conta tudo o que vale a pena. Cada dia traz apenas duas oportunidades para a pesquisa de campo e elas não devem ser desperdiçadas minimizando-se a ingestão de colesterol. Elas são indispensáveis, como as horas na estrada de um boxeador profissional. (Li que o falecido *gourmand* profissional francês Maurice Curnonsky só fazia uma refeição por dia — o jantar. Mas isso foi mais para o final de sua vida e, de qualquer modo, sempre suspeitei de seus sucessos; tantos chistes medíocres são atribuídos a ele que não pode ter tido muito tempo para comer.) Um bom apetite dá ao comedor oportunidade para se virar.

A. J. Lebling, *Between meals*

Nova York, agosto de 1998. A crítica do *New York Times* que concedeu ao Babbo suas três estrelas, escrita por Ruth Reichl, consistia em variações sobre o tema de que ali, finalmente, estava um lugar preparado para assumir riscos. O serviço era descrito como atencioso mas excêntrico. Reichl ficou particularmente fascinada pela técnica de Joe de remoção das migalhas de pão da mesa com uma colher, que ele defendeu dizendo que era assim que se fazia na Itália e, além disso, "gosto do jeito". A carta de vinhos era rigorosamente italiana. Segundo a crítica, Mario teria dito, sobre um vinho desconhecido: "Experimente e se mesmo assim não quiser, pode deixar que eu bebo". E o cardápio estava "cheio de pratos de que os americanos supostamente não gostam" (Reichl citava *headcheese*, polvo, bochechas, língua de cordeiro e miolos de bezerro). Seu prato preferido era um prato de lulas "condimentado, robusto" chamado "*Calamari* dois minutos, estilo salva-vidas siciliano". "Ao comê-lo, sempre me imagino numa praia da Sicília varrida pelo vento", escreveu Reichl, revelando de forma elegante que não só gostava da comida como era uma freqüentadora habitual.

Ela também havia sido um alvo. Quando aparecia no Babbo, nem imaginava com que dedicação todos haviam se preparado para ela. Até a publicação de sua crítica, o piso superior do restaurante estava fechado, o bar não recebia mais do que seis pessoas, o número máximo de lugares estava restrito a onze mesas e, ao final da noite, não se computavam mais do que cinqüenta couverts. (Hoje, o Babbo serve até 350.) Quando chegava, Reichl era atendida pelo garçom mais experiente, por mais um de reserva, um gerente de salão e dois cumins. A música era calculada — na primeira visita da crítica, uma seleção de canções de Bob Marley, preferência pessoal de Reichl, que Mario ficara sabendo de antemão — ou então estudadamente atmosférica: uma compilação lânguida de árias de ópera, digamos (e muito diferente do que você escutaria agora, uma mistura heterogênea, datada da turma de 1982 da Rutgers, de Moby, Jayhawks, Squeeze, R.E.M. e os primeiros Stones, cujo único objetivo é entreter o proprietário enquanto ele derruba taças de vinho branco no bar; o volume alto transmite a mensagem de que esta é a minha casa e toco o que bem entender).

No conjunto, as estratégias montadas em torno da visita de Reichl lembram um treinador preparando-se para um grande jogo. Elas também criavam a ilusão de serenidade no salão e de uma genuína serenidade na cozinha. A comida que lhe serviam também era diferente? Não há como saber, mas sua preparação decerto era mais organizada do que no habitual frenesi estressante. Elisa lembra que o restaurante inteiro (ela fazia então as entradas) se punha num estado constante de ensaio geral, à espera de Ruth. Joe ficava na frente, supervisionando o serviço. Mario ficava na cozinha, sussurrando cada pedido e inspecionando os pratos antes de irem para as mesas. Até Andy estava cozinhando. Estava na grelha e só obteve permissão para expedir *depois* que a crítica de Reichl saiu.

A crítica foi ao Babbo cinco vezes e comeu tudo que constava do cardápio. O *Times* estimula seus críticos a buscarem o anonimato. Reichl, que tem cabelos pretos, era conhecida por usar uma peruca loira e não fazer reservas em seu nome. Mas a verdade, na prática, é que um crítico, depois de um punhado de resenhas, é descoberto pelas pessoas que se preocupam com esse tipo de coisa. Mario sabia que Reichl viria muito tempo antes de ela chegar.

A importância atribuída à crítica parece agora exagerada, mas era um sintoma das ambições do novo restaurante. Mario e Joe queriam aquelas três estrelas. (Antes da abertura do Otto, eles passaram por um treino similar; a esperança, então, era obter a classificação mais modesta de duas estrelas, as quais receberam devidamente, um laurel mais do que honroso para uma pizzaria.) Mas fiquei impressionado com as histórias — os estratagemas, as preparações clandestinas — e perguntei a Mario se ao saber que havia um crítico na casa ele poderia fazer uma refeição melhor do que o normal. O importante não era a consistência da cozinha — um prato era um prato era um prato?

"Confie em mim", ele disse, "o fato de a gente saber faz diferença."

Reichl deixou o *Times* em 1999 e foi substituída por William Grimes, que foi o crítico de restaurantes nos cinco anos seguintes (foi ele quem deu as duas estrelas ao Otto). Quando houve a troca, Mario estava convencido de que o Babbo seria reavaliado. Essa preocupação estava presente na primeira instrução que recebi em meu primeiro dia: esteja preparado, os críticos voltarão. Mario nunca mais mencionou essa preocupação. Mas tornou-se o refrão paranóico de Frankie ("Vocês estão fazendo isso de propósito, para que o Babbo perca suas três estrelas e eu seja despedido, caralho"). Quando Grimes saiu, seu lugar foi ocupado por Amanda Hesser, uma renomada jornalista gastronômica e, ao que parecia, uma amiga do método Batali-Bastianich. Eu não sabia que havia uma metodologia unificadora, mas Mario parecia acreditar em uma: "Ela nos *adora*", disse-me um dia, citando seu entusiasmo pelo

Lupa, a trattoria deles de inspiração romana que ficava perto do Babbo, e a dedução era que, se ela gostava do Lupa, gostaria de todo o resto. Mas Hesser não assumiu o posto permanentemente e ele ficou vago por mais cinco meses.

Na época, eu estava agradecido por minha filiação ao comércio gastronômico, porque me dava um vislumbre de como era esse período entre os *restaurateurs* que conheci: a especulação era constante e, na base de tudo, estava uma preocupação comercial legítima. Nova York é diferente da maioria das cidades européias, que costumam ter vários jornais de classe alta competindo pelo público de alta renda, do tipo que tende a sustentar os restaurantes caros. Nova York tem apenas um, o *Times*, e seu crítico, na visão de muitos proprietários de restaurantes, pode construir ou destruir um negócio. O medo não é de que o crítico possa ter motivações pessoais; o problema é que o julgamento é imprevisível e, às vezes, arbitrário, mas suas conseqüências podem ser definitivas: se seu restaurante for arrasado, por qualquer motivo, seu negócio vai sofrer e, se sobreviver à crítica ruim, você talvez não tenha outra chance de se pôr à prova.

Numa noite de sábado, em junho, eu deveria jantar com Mario, mas ele cancelou o compromisso na última hora. Acabara de saber que o *Times* havia preenchido o lugar deixado por Grimes. O novo crítico era Frank Bruni, que havia chefiado a sucursal do jornal em Roma. Sem que ninguém percebesse, Bruni havia jantado no Babbo várias vezes no mês anterior. (*Puta que pariu!*) Foi só em sua última visita que ele foi identificado. Sua crítica inaugural seria sobre o Babbo e, dessa vez, ele havia percorrido o cardápio anonimamente. Mario havia cancelado nosso jantar na esperança de que Bruni pudesse retornar. Ele não apareceu. Não precisava disso: sua crítica já estava pronta e sairia na quarta-feira seguinte.

Haveria uma apresentação prévia numa estação de tevê local: era costume que a crítica fosse lida na New York One às nove e quinze da noite anterior à sua publicação (pelo crítico, que ficava na sombra para proteger seu anonimato). Na tarde de terça, minha mulher, ao passar pelo Babbo, viu o *maître* John Mainieri na frente do restaurante com uma turma de funcionários, fumando furiosamente (ele não costuma fumar) e com a camisa ensopada de suor. "Volte à noite", pediu. "Estaremos celebrando ou chorando, porque nosso futuro está em jogo."

"Como estou?", disse Mario, repetindo retoricamente a pergunta que eu lhe fizera. "Direi amanhã. O ano inteiro pode ser arruinado."

Minha mulher e eu passamos a noite no restaurante, suportando a contagem regressiva, bem como as repetidas exibições de dúvida. Martin Gobbee, o garçom que servira Bruni em suas últimas três visitas, relembrava os diálogos que tivera com o crítico. Outro garçom confessou que acabara de comprar um apartamento no Brooklyn ("Cacete, acabei de assumir uma hipoteca!"). A mulher do *sommelier* David Lynch estava grávida ("Porque, sabem, achamos que o futuro era sólido"). Mario não estava por perto.

Havia dois temores. Um dizia respeito ao crítico. Só se sabia uma coisa sobre ele: havia vivido em Roma. O tal de Bruni conhecia realmente comida italiana. Seguia-se que o Babbo não seria julgado apenas em comparação com outros restaurantes nova-iorquinos, mas também com os da velha bota. Nenhum outro crítico de Nova York tinha esse tipo de conhecimento.

O outro temor era Frankie.

Ele continuava tendo dificuldades para se firmar, o que não era de surpreender, pois quase toda a equipe da cozinha se demitira. Nesse meio-tempo, ele havia despedido o novo subchef e contratado outro. E depois, com aviso de um dia, Abelardo, da preparação, fora promovido para a praça das massas, a mais difícil da cozinha. Mario precisava estar todas as noites no Babbo. Além disso, alguns comentários pejorativos haviam circulado. Um *habi-*

tué do restaurante, escritor e jornalista gastronômico ocasional, havia comido uma refeição ruim — "Meu cordeiro estava cozido demais e o pombo estava cru" — e contara para tanta gente sobre seu cordeiro plúmbeo e seu pombo rosado ("Seria porque Andy não está mais lá?") que o comentário se tornou um refrão público que de tempos em tempos chegava aos ouvidos de Joe e Mario. O temor era que a fofoca provocasse uma reavaliação — irônica agora, uma vez que uma reavaliação já estava em andamento. "Isso é o que acontece com os *habitués*", disse-me Joe. "Todos se autodestroem. Eles esperam coisas demais da gente. Esquecem que isto aqui é um negócio. Você nunca consegue fazê-los felizes. Todos os *habitués* ferram com a gente." Eu nunca vira Joe tão bravo.

Recentemente, entrei em contato com Frank Bruni. Eu tinha perguntas óbvias — sobre a italianidade da cozinha do Babbo e como ela se comparava com o que ele havia comido na Itália —, mas o que realmente me interessava eram questões mais insinuantes. Ele se dava conta de que sua crítica havia deixado todo mundo em pânico? Ele tinha idéia de que representava o que todo mundo temia, uma reavaliação, num momento em que a cozinha estava em convulsão? Mario estivera no restaurante todas as vezes que Bruni havia aparecido: ele realmente achava isso normal?

Bruni admitiu que ficara surpreso de ninguém ter percebido que ele estava lá como crítico, especialmente depois de ter sido servido pelo mesmo garçom três vezes seguidas. E não, não havia achado o desempenho da cozinha irregular, acima ou abaixo da normal (e considerável) "sensação disruptiva" do lugar inteiro. E, não, não havia escolhido o Babbo por sua italianidade, embora fosse verdade que se descobrira comparando a comida com a que havia comido em Roma. ("O Babbo é elaborado demais para ser genuinamente italiano. A cozinha italiana é simples. O Babbo não é simples. A Itália é um ponto de partida.") Estava espantado, principalmente, que tivessem ficado tão nervosos. Explicou que, antes de assumir o posto, buscara o melhor que a cidade tinha a oferecer. Passou quatro semanas comendo nos grandes restaurantes de Nova York e depois pensou sobre onde tinha se divertido mais. "Eu queria que minha primeira crítica fosse sobre a alegria de jantar em Nova York. Não era científica. Eu apenas gostei muito do Babbo. Tem a consistência do deleite que eu sabia que ia gostar de descrever."

A crítica foi um delírio. Mario chegou, logo depois das nove e meia, com uma fotocópia ampliada (o texto fora divulgado pela internet). Bruni escreveu: "Entre os restaurantes que fazem meu estômago vibrar de um jeito especial, o Babbo está perto do topo, e esse é um motivo para que uma nova crítica seja publicada hoje, seis anos depois que o Babbo abriu as portas e recebeu uma classificação de três estrelas de Ruth Reichl". Bruni confirmava as três estrelas, mas sugeria que gostaria de dar uma quarta. No momento, destacava, havia cinco restaurantes quatro estrelas em Nova York, todos franceses. Havia algum motivo para que um restaurante italiano não estivesse entre eles? "Por que não o Babbo?"

"Há uma resposta curta e emblemática: a música. Na primeira de minhas recentes visitas ao Babbo, o que trovejava — trovejar é a palavra certa — do sistema de som era um rock relativamente pesado. Bucatini com Black Crowes? ('O segundo disco deles!', nos informou, orgulhoso, o garçom.) Linguine com Led Zeppelin?"

Era a crítica perfeita para Batali: a comida era tão boa que poderia ser francesa e ganhar a classificação mais alta da cidade; mas, pensando bem, o lugar era roqueiro demais, um rebelde sem uma quarta estrela.

Era também uma defesa de Frankie. Fui à cozinha e o encontrei encostado no balcão lendo a fotocópia ampliada. Ele dirigia a cozinha havia seis meses. Havia ganhado peso (a manteiga) e perdido cabelo (seus fios crespos e escuros de ítalo-americano recuavam para revelar uma testa de homem mais velho e sábio). E estava calmo como eu nunca o vira. Desde que eu conhecera Frankie, ele vinha se preparando para o dia em que um crítico entraria no restaurante para avaliar sua cozinha. O dia havia chegado e ele se saíra bem: dirigia uma cozinha quatro estrelas, prejudicada apenas pelo gosto musical de seu patrão. Com efeito, se Mario não estivesse lá, preocupado com a cozinha de Frankie, a música não estaria tão alta — somente Mario punha o volume naquela altura para que todos os freqüentadores do restaurante fossem obrigados a escutá-la. Seria possível que Frankie, sozinho, conquistasse a quarta estrela? Frankie soltou um risinho de satisfação. "Estou feliz", disse. Abraçamo-nos. Que posso dizer? Ele é um cabeça-dura, mas um cabeça-dura talentoso, embora eu vá sempre ficar atônito com o complicado processo pedagógico de um restaurante, aquele no qual Mario aprendeu tantas coisas com Marco Pierre White, inclusive a não ser como Marco, e que depois continuou na geração seguinte, quando Frankie aprendeu tantas coisas com Mario, inclusive a ser como Marco Pierre White.

Fiquei mais tempo por lá, curtindo o dia de Frankie, aquele momento único na vida de uma pessoa, o ponto alto de anos passados em cozinhas quentes, horas de aprendizagem, aperfeiçoamento, memorização, até finalmente se chegar ao ponto em que se aprendeu o suficiente. A história de Mario me veio à lembrança — sobreviver àquele pub londrino, as humilhações na Itália, o fracasso do Rocco. É preciso muito tempo. Andy precisara de muito tempo. E Frankie agora: ele tinha chegado lá.

29.

"E então", Mario me perguntou, "o que me diz de ter seu próprio restaurante? Digamos, um lugar pequeno na Itália, talvez nas montanhas, italiano para os italianos. Poucas mesas. Aberto só nos fins de semana. Completamente autêntico, Jessica na frente, você nos fundos." Dario fez uma pausa teatral: "Ou você poderia fazer alguma coisa aqui". Ele ergueu as sobrancelhas. "Nós temos os meios..."

Era uma sugestão absurda, mas aceitei-a como uma indicação lisonjeira do quanto eu havia aprendido. Eu não tinha idéia de quanto isso era até me sentar com Mario e tagarelar sobre o *girello*, especular sobre o que poderia ser feito com a *sottofesa*, enumerar os milagres que se podiam fazer com um músculo. Eu supunha que todos que passavam algum tempo na Itália conheciam aquelas coisas. Não me dava conta de que nem mesmo a maioria dos italianos as conhecia.

"Não tenho idéia do que você está falando", disse Mario.

Uau. Nessa pequena área de *expertise*, eu sei mais do que Mario. O aprendiz se tornou um discípulo, que se tornou um... o quê? Alguma coisa: quanto mais não seja, o aluno do Maestro e de

Dario, bem como de Berta. (Só agora percebo que esqueci uma lição importante do açougue: que quando chegasse em casa, ninguém saberia do que eu estava falando.) Ainda assim, contra meu melhor juízo, minha cabeça viajou, pensando na sugestão de Mario: preparar uma comida que fosse genuinamente italiana e genuinamente simples. Uma coisa "simples" poderia funcionar em Nova York? Ou uma versão da *macellaria*? Imaginei o balcão-vitrine, os horários excêntricos de abertura, as horas que eu gastaria decorando Dante: "*Nel mezzo del camin di nostra vita*". No meio do caminho de minha vida, uma vez mais.

A ocasião era um jantar de balanço final, adiado por Mario (devido a Bruni), embora o Mario pós-Bruni não exibisse mais a arrogância da testosterona alta que eu conhecia, e sim algo maior: onipotência, talvez. Nossa noite havia começado na escada da entrada, onde Mario fica e chama os garçons pelo celular para manter sua taça de vinho cheia. Ele havia surgido numa espécie de corrida, com clientes agarrando-o até ele sair da porta. ("Kathleen Turner acabou de me dar um beijo de língua", ele disse, esbaforido, não tendo conseguido escapar da atriz, que, em vez de lhe dar um beijinho na bochecha, enfiou-lhe a língua. "Odeio quando as pessoas fazem isso, especialmente com o marido olhando para mim.") Mario carregava duas garrafas de vinho branco que desapareceram com tanta rapidez que não lembro de tê-las bebido. ("Ei, Lynchy", telefonou para o *sommelier*, "nos traga mais duas garrafas junto com suas duas melhores prostitutas mexicanas.") Entornamos as duas e fomos para o Lupa, mas não antes de despachar três policiais para o Otto. Eles conversaram conosco na entrada, observando-nos com tolerância enquanto perdíamos lentamente a capacidade de observá-los. "Ei, Amanda", telefonou Mario para a gerente, "dê-lhes uma mesa de canto e esqueça a conta."

No Lupa, tomamos um Vernaccia di San Gimignano (quinta garrafa) e comemos 35 pratos diferentes, muitos compostos no mesmo instante pelo chef genial do restaurante, Mark Ladner — um banquete que, antes de minhas experiências na Itália, eu teria considerado excessivo, mas que agora parecia perfeitamente razoável: afinal, em comparação com o almoço de 1347 pratos de Scappi, o que eram 35 pequenos pratos? Havia coisas curadas, coisas fritas e coisas vegetais, inclusive flores de abobrinha recheadas e fritas numa mistura de azeite de oliva e manteiga que, segundo o chef, dava uma textura mais interessante do que o óleo de amendoim normal, um detalhe que me fascinou tanto que anotei na minha caderneta, acreditando que percorreria o mercado hortigranjeiro na manhã seguinte em busca de flores de abobrinha (na realidade, não levantei na manhã seguinte).

Partimos para os tintos, duas garrafas do Flacianello de Giovanni Manetti, feito com as mesmas uvas que eu havia visto da velha igreja de Panzano. Terminadas essas, Mario e eu passamos do ponto da meia caixa e partimos para a caixa inteira. Quando as massas apareceram (eu não havia me dado conta de que os primeiros 35 pratos eram entradas), minhas anotações ficaram menos confiáveis. De acordo com uma delas, foram oito tipos de massa, mas o que escrevi parece incompleto: "alho-poró, farinha de rosca, espaguete, esposa" (quando ela chegou?), seguido de uma ordem de Mario para ela — "Você vai comer sua massa, ou vou esfregar o camarão em seus seios" —, o que é confuso, porque não lembro de nenhum camarão. Àquela altura, já tínhamos, pelas minhas contas, 43 pratos de comida, embora eu me sinta na obrigação de acrescentar que os pratos eram realmente muito pequenos. Chegaram os pratos principais. E mais vinho. ("Bricco dell'Uccellone", dizem minhas anotações. Três garrafas, o que elevava nossa contagem para dez, mitigada pela presença de uma terceira pessoa, minha mulher, se é que ela estava bebendo. Se é que ela estava lá.) Lembro de um guisado de porco e rabada e de um tumulto após a chegada de um peixe-espada. "Está tudo bem", protestou Mario, "mas, olha, é um peixe. É do fundo do mar. Quem quer peixe?" Depois disso, vá saber! Para começar, minhas anotações estão de cabeça para baixo (nada tranqüilizante), e o que significa esta observação: "Vamos empurrar um pouco o envelope?". Ou o pedido de Mario à garçonete: "Não é justo eu ter esta vista só para mim quando você se inclina. De sobremesa, você tiraria sua blusa para os outros?". (Mulher de sorte — ela trabalha para o cara.) Ou isto: "Duas e meia; exterminador aqui". Para desinfetar o restaurante ou nós? Alarmantemente, saímos então para beber (Mario estava ressecado), quando ele me perguntou de novo: então, um restaurante?

 E eu me dei conta: não. Eu não queria um restaurante.

 Quando comecei, eu não queria um restaurante. O que eu queria era o *know-how* das pessoas que dirigem restaurantes. Eu não queria ser um chef, mas apenas um cozinheiro. E minhas experiências na Itália me haviam ensinado por quê. Durante milênios, as pessoas souberam como fazer sua comida. Elas compreendiam os animais e o que fazer com eles, cozinhavam conforme as estações e tinham um conhecimento de agricultor de como o planeta funciona. Elas preservavam as tradições de como preparar os alimentos, transmitidas de geração em geração, e passaram a ver nelas expressões de suas famílias. Hoje em dia as pessoas não detêm esse tipo de conhecimento, ainda que ele pareça tão fundamental quanto a terra, e é verdade: aquelas que o detêm tendem a se tornar profissionais — como os chefs. Mas eu não quis esse conhecimento para me tornar um profissional, e sim apenas para me tornar mais humano.

 Eu tinha também um negócio inconcluso que não achava que Mario iria compreender. Durante mais de um ano, eu vinha pensando em Caterina de Medici.

 A história de Caterina era contada sempre no açougue de Panzano, embora eu a tenha ouvido em outros lugares também:

em Porretta, por exemplo, Gianni a repetia tanto quanto Dario. Uma dama querida da principal família de Florença atravessa os Alpes para se tornar rainha da França e entrega os segredos da Itália. Assim acaba a gastronomia italiana e começa a francesa. Fora da Toscana, é claro, ninguém acredita nisso. O *Oxford companion to food* coloca essa história entre as fábulas gastronômicas mais descabidas, em um verbete chamado "mitologia culinária", e mostra como ela costuma ser demolida pelos historiadores que destacam que Caterina nunca foi destinada a ser rainha, mas apenas princesa. Mais ainda: ela tinha só catorze anos na época, então o que poderia saber de comida? Além disso, é provável que não tenha atravessado os Alpes, mas chegado de barco a Marselha (logo, nada de mulas de carga cheias de guloseimas), e, de qualquer modo, ficou malvista nos dez anos seguintes (questões de fertilidade). E, por fim, uma cozinha francesa codificada só surgiria um século depois, pelo menos, muito tempo depois de sua morte.

Devo admitir que é uma lista persuasiva de objeções, mas isso significa que a história foi inventada? Tudo bem, os toscanos atribuem méritos demais a Caterina, porém pode-se culpá-los por isso? Eles são toscanos. E seria essa a primeira vez que os historiadores modernos, trabalhando na destruição de mitos, teriam ido longe demais?

A rainha, sabemos, viveu em tempos difíceis. Só teve seu primeiro filho quando já estava com quase trinta anos (velha para os padrões do século XVI), mas então, tendo pegado o jeito da coisa, teve cinco em rápida sucessão. O rei revelou-se um mulherengo escroto com uma inclinação estúpida para circular de armadura (ele morreu numa justa quando a rainha, agora Catherine, tinha quarenta anos). O país estava à beira da guerra civil (católicos e huguenotes) e não sobrava muito tempo para pensar no almoço. Mas o episódio mais revelador da vida culinária de Catherine de Médicis ocorreu na década de 1560, quando não tinha catorze, mas bem mais de quarenta anos, e, na ausência do falecido marido trapalhão, ela se tornou a mulher mais influente da França. Para criar unidade numa época de lutas entre facções e infundir respeito pelo monarca (e para o reinado de seus três filhos), ela, na qualidade de rainha regente, montou uma campanha extraordinária. Com um séquito de 8 mil cavalos, soldados e criados, mais o chef real, bem como uma imensa equipe de chefs, cozinheiros, trinchadores e servidores, deu início a uma excursão culinária de dois anos pela França, montando banquetes, festivais e entretenimentos reais, numa espécie de *road show* real do século XVI. Durante dois anos, ela buscou consolidar a monarquia de uma forma que os italianos compreenderiam: alimentando as pessoas.

Em que outro lugar da Europa, naquela época, alguém preparava banquetes sofisticados e luxuosos com tantos pratos? Não na França, nem na Inglaterra ou nos países germânicos. Mas vem à lembrança um almoço italiano de oito pratos, com 1347 opções diferentes, feito por Bartolomeo Scappi. O cardápio não estava datado — isso fazia parte de sua força retórica quando foi incluído na edição de 1570 das obras de Scappi —, mas quase com certeza foi preparado na década anterior. Um tal banquete, ou algo parecido, foi certamente um dos modelos para o *road show* de Catherine de Médicis: um banquete italiano renascentista.

Porém, até mesmo essa especulação não atinge o ponto central. Não estou persuadido de que Catherine de Médicis ensinou os franceses a cozinhar, mas acredito agora que ela foi uma de várias influências culinárias importantes. No século XVI, muita gente na França já reconhecia que a cozinha italiana havia passado por um longo renascimento, junto com a própria Renascença artística. O relato de Platina sobre Maestro Martino foi traduzido para o francês e tornou-se muito conhecido. Dez anos depois, Giovanni Rosselli localizou o manuscrito do próprio Maestro (aquele que Platina havia plagiado), reivindicou sua autoria e o publicou com o título de *Epulario*, também imediatamente traduzido. A corte papal de Avignon tinha cozinheiros italianos, assim como o sogro de Catherine. Rabelais já havia escrito sobre suas três viagens à península italiana; Montaigne estava prestes a começar sua própria jornada. Foi Catherine que mudou sozinha a culinária francesa? Não. Mas ela foi claramente o clímax de uma tendência que já estava em andamento quando cruzou os Alpes (ou o Mediterrâneo).

Para mim, não era o momento de abrir um restaurante. Quando pensava no que havia aprendido na Itália — a arista do século xv, o quadril, o ravióli da Renascença, as receitas de Martino —, eu percebia que havia dominado uma tradição culinária (que chamarei de florentino-toscano-renascentista tardia) até certo ponto: quando Caterina se transformou em Catherine e cruzou os Alpes (ou o Mediterrâneo) em direção à França.

Não estou pronto, eu disse a Mario. Ainda há muito que aprender, e eu talvez não tenha essa oportunidade de novo. Quero seguir os passos de Catherine de Médicis. Se quero entender realmente a culinária italiana, preciso cruzar os Alpes e aprender o que aconteceu depois. Tenho de ir para a França.

Referências e agradecimentos

A referência ao primeiro uso de "*pasta*" em Cagliari, em 1351, é de *Pasta: the story of a universal food*, de Silvano Serventi e Fransoise Sabban, traduzido para o inglês por Antony Shugaar (2000). A referência ao primeiro relato publicado sobre uma polenta de milho na Itália vem de *Italian cuisine: a cultural history*, de Alberto Capatti e Massimo Montanari, traduzido para o inglês por Aine O'Healy (1999). Esse livro descreve também a autobiografia de Antonio Latini. A teoria do alimento da demanda dominante é apresentada em *Culture of the fork: a brief history of food in Europe*, de Giovanni Rebora, traduzido para o inglês por Albert Sonnenfeld (1998).

Além dos textos óbvios, os seguintes livros foram especialmente úteis: *On food and cooking: the science and lore of the kitchen* (1984, e a edição revista e aumentada de 2004), de Harold McGee; *Platina, on right pleasure and good health*, editado e traduzido por Mary Ella Milham (1998); e *Apicius, cookery and dining in Imperial Rome*, editado e traduzido por Joseph Dommers Vehling. Além disso, vários textos italianos foram essenciais, entre eles a coleção em dois volumes *Arte della cucina, Libri di recette testi sopra lo scalco, il trinciante e i vini*, editado por Emilio

Faccioli (1966); a edição fac-similar do texto de 1692 de *Lo scalco alla moderna, overo l'arte di ben disporre i conviti*, de Antonio Latini (1993); *Ne pomodoro ne pasta, 150 piatti napoletani del seicento*, editado por Claudio Novelli (2003); e a edição fac-similar do texto de 1570 de *Opera dell'arte del cucinare*, de Bartolomeo Scappi (2002).

Sou muito grato pelos conselhos e comentários daqueles que leram o manuscrito: Leyla Aker, Jessica Green, Austin Kelley, Cressida Leyshon, David Remnick e Andrew Wylie, e de meus dois editores, Dan Franklin, em Londres, e Sonny Mehta, em Nova York.

Este livro não teria sido possível, de forma alguma, sem o apoio, a tolerância, o estímulo, a instrução e a amizade de Mario Batali. Uma expressão adequada de minha gratidão poderia encher outro volume.

ESTA OBRA FOI COMPOSTA EM MINION POR OSMANE GARCIA FILHO E
IMPRESSA PELA RR DONNELLEY MOORE EM OFSETE SOBRE PAPEL PÓLEN SOFT
DA SUZANO PAPEL E CELULOSE PARA A EDITORA SCHWARCZ EM MAIO DE 2007